U0114725

警察的政治學分析
The Politics of the Police
Fourth Edition

羅伯特·賴納 (Robert Reiner)　著

但彥錚　譯

商務印書館

本書中文譯文由知識產權出版社有限責任公司授權使用。

警察的政治學分析

作　　者：羅伯特・賴納 (Robert Reiner)

譯　　者：但彥錚

責任編輯：李　鐸

出　　版：商務印書館 (香港) 有限公司

　　　　　香港筲箕灣耀興道 3 號東匯廣場 8 樓

　　　　　http://www.commercialpress.com.hk

發　　行：香港聯合書刊物流有限公司

　　　　　香港新界荃灣德士古道 220-248 號荃灣工業中心 16 樓

印　　刷：美雅印刷製本有限公司

　　　　　九龍觀塘榮業街 6 號海濱工業大廈 4 樓 A 室

版　　次：2020 年 10 月第 1 版第 1 次印刷

　　　　　© 2020 商務印書館 (香港) 有限公司

　　　　　ISBN 978 962 07 6592 6

　　　　　Printed in Hong Kong

獻給

托比（Toby）、夏洛特（Charlotte）、

本（Ben）和喬安娜（Joanna）

題　詞

（連古代的基督徒都很清楚，這個世界是魔神所統治的）捲入政治的人——就是以權力和武力為手段的人——與魔鬼的力量締結了協議，就這類人的行動而言，「善因必有善果，惡因必有惡果」絕對不是實情；反之，情況往往正好相反。不了解這一點的人，在政治上實際是個幼童。

—— 馬克斯‧韋伯：《以政治為志業》

若不是耶和華看守城池，看守的人就枉然警醒。

——《舊約‧詩篇》第 127 章

世人啊，耶和華已指示你何為善（他向你所要求的是甚麼呢），只要你行公義，好憐憫，存謙卑的心，與你的神同行。

——《彌迦書》第 6 章第 8 節

警察的傳奇……也是整個人類的傳奇。這種傳奇基於這樣的事實：道義準則是最晦暗和大膽的密謀。警察的傳奇故事提醒我們：警方實施的管理工作悄無聲息、不易覺察，在管制我們的同時也保護了我們，但它卻不過是一次成功的游俠行為。

—— G.K. 切斯特頓：《被告人》

犯罪不是疾病，只是病徵。警察就像一個給人阿司匹林治療腦瘤的醫生，所不同者，不過是警察更願意用金屬警棍來治腦瘤罷了。

—— [美] 雷蒙德‧錢德勒：《漫長的告別》

第四版前言

　　在上一個千年中，在奧威爾的政治諷刺小說《一九八四》的故事發生的 1984 年，我完成了本書的第一版。如今，時過境遷，警務的政治學分析也像其他一切事物一樣，發生了根本性的變化。那一年之後，警察經歷了一場政治衝突與爭議的暴風雨。在 1984 至 1985 年礦工罷工事件 [1] 中，警察一方面受到了左派人士的大加撻伐，另一方面又得到了右翼人士的大力推崇，且兩者的程度高低完全一致。工黨政治家傑克・斯特勞（Jack Straw）、保羅・博滕（Paul Boateng）、彼得・海恩（Peter Hain），以及之後出現的工黨政治人物哈里特・哈曼（Harriet Harman）和帕特里夏・休伊特（Patricia Hewitt）（當時公民自由運動中的著名人物）共同發起了一場限制警察權和警察羣體獨立自治的運動，力求將警察置於民選地方政府的控制之下。有關警務工作的政治觀點如此兩極分化、尖銳對立，這種現象特別令人震驚，因為自 20 世紀中期以來的幾十年中，英國警察似乎是超然於政治之外，並且是公認的民族自豪與團結的象徵。

　　到 1992 年我撰寫本書第二版的時候，警務的政治化特性已經變得不那麼顯著了。部長們開始奇怪，為甚麼警察部門在 20 世紀 80 年代與其他公共部門相比格外受到優待，但是似乎卻並沒有收到降低犯罪率的成效，這樣一來，保守黨人與警方之間一度火熱的關係就冷淡下來了。另外，在尼爾・金諾克（Neil Kinnock）和約翰・史密斯（John Smith）的領導下，工黨披上了務實主義的外衣，也開始拉攏警方，以期重新奪回在法律和秩序等政治領域的失地。工黨影子內閣的內政大

臣貝理雅（Tony Blair）通過承諾「嚴厲打擊犯罪，徹底鏟除犯罪成因」（tough on crime and tough on causes of crime），成功地重新贏得了公眾對工黨的信任。對警察局長而言，他們認識到獲得民眾支持是刻不容緩、必不可少的，因為此前出現的一系列醜聞，以及公眾對於犯罪與擾亂社會秩序的混亂日益強烈的擔憂，損害了公眾對警方的支持。20世紀 90 年代初期，政治精英與警方上層之間逐漸達成一種共識：需要以社區為導向來對警務工作進行改革，以達成確保警務效率和服務質素的目標。

所有這些在 1993 年發生了變化。那一年，保守黨內政大臣肯尼思・克拉克（Kenneth Clarke）實施了「一攬子」的警察改革措施；之後，其繼任者邁克爾・霍華德（Michael Howard）蕭規曹隨，繼續推行這些改革措施。這些改革措施的基礎是明確將警察的工作重點縮小至「抓捕罪犯」（catching criminals），並按照務實高效的企業管理（businesslike）原則對警方的組織和管理進行重構，以確保實現政府設定的業績目標中的經濟成就。

1997 年選舉產生的新工黨[2] 政府大體上接受了 20 世紀 90 年代中期對警察治理進行的改變，儘管這些改變大部分是與工黨人士 20 世紀 80 年代曾經極力主張的問責制模式背道而馳的。不過，工黨政府推出了《犯罪減少計劃》（Crime Reduction Programme）和《1998 年犯罪與公共秩序法》（Crime and Public Order Act of 1998），把警務工作放到了一個不同的大環境之下。該計劃和立法要求警察同地方政府和其他社會機構合作，共同建構解決犯罪問題的夥伴關係，對當地的犯罪和擾亂社會秩序的問題進行循證分析（evidence-led analyses），為解決這些問題制定「聯動」（joined-up）戰略，並定期監測它們的成效。

警察部門存在的歧視、腐敗以及濫用職權等問題曾經是 20 世紀 80

年代政治衝突的核心問題，工黨執政後儘管採取了一切可能的方法或手段，這些問題也遠未銷聲匿跡，媒體仍然繼續關注警察部門在這些領域反覆出現的醜聞。不過，公眾一直最為關切的是安全和防範犯罪與社會秩序混亂的風險，因而這些問題相對而言就被淡化了。誠如傑克·斯特勞所指出的那樣：鬧得滿城風雨的史蒂芬·勞倫斯謀殺案[3]成為 20 世紀 90 年代的標誌性事件，這一事實表明 20 世紀 90 年代與20 世紀 80 年代早期相比存在重大反差。

20 世紀 80 年代英國城市出現的騷亂事件中，有關人員最為不滿的一點是警察部門武斷地將男性黑人青年視為犯罪嫌疑人對待的歧視性警務工作做法（這一問題今天依然受到人們的強烈關注，圍繞「攔截與搜查」的種種爭議就是明證）。不過，對少數族裔提供有效和平等的安全保護，使他們免受犯罪侵害（史蒂芬·勞倫斯死於非命這樁無頭案就是一個赤裸裸的象徵）這一需求已經處於黨派鬥爭的風口浪尖。英國主要兩黨之間已經達成了一項新的共識，即治理犯罪是警務工作的重點，不過關於究竟哪個政黨才能有效治理犯罪，兩黨之間的論戰仍然猛烈如火。

在新千年的頭十年裏，兩黨之間關於應當採取嚴刑峻法、強化治安的政策的根本性共識得到了延續，但是雙方就如何貫徹實施的爭議則變得愈加激烈。2001 年 9 月 11 日，美國發生了恐怖襲擊慘禍，隨後恐怖襲擊又陸續禍及多個國家，包括 2005 年 7 月的倫敦爆炸案，這些襲擊引發的恐懼導致兩黨關於安全與警務工作的爭議愈演愈烈。此外，在極盡煽風點火之能事的小報媒體的攛掇之下，公眾本來就揮之不去的對於更為常見的犯罪和騷亂形式的擔憂就變得更加強烈，恐怖主義引發的恐慌更是使之火上澆油。

在這樣一個風雲詭譎、矛盾重重的政治漩渦中，警察營私舞弊、

玩忽職守、行為不公的問題雖然肯定不至於湮沒不聞，但是依然還是湮沒在一片要求祭出重拳打擊犯罪的喧囂之聲中了。在新工黨上台之初樂觀向上的幾年中，曾經明確表現出基於證據導向的堅持不懈地徹底鏟除犯罪原因的強硬態勢，但是這一態勢卻由於後來陸續推出的多項旨在作秀的短期舉措（貝理雅曾經稱之為「強硬並且立竿見影」）而日漸式微﹝紐勃（Newborn）和賴納，2007：335﹞。保守黨執政時期啟動的，對警務工作進行中央化、管理主義、「務實高效」的微觀管理，在新工黨政府執政後得到了延續並變本加厲。無獨有偶，警務工作的多元化也是一樣，並且私營部門和「責任化」公民的作用日益得到加強。

　　在工黨與保守黨在為如何為犯罪與缺乏安全感提供警務解決方案而彼此競爭、相互指責的同時，有一個因素一如既往地被忽視了，那就是社會大背景。由於人們把重點局限於哪些手段在警務工作中行之有效──追求諸如「零容忍」（zero tolerance）等自吹有望以技術手段來解決犯罪和社會秩序混亂問題的種種靈丹妙藥，因而也就看不到社會大背景。本書通過對警務發展歷程進行分析，提出警務戰略固然重要，但是英國警察之所以能夠在 19 世紀和 20 世紀早期成功取得合法化，主要依靠的是社會融入的不斷增強和公民權的不斷擴展這一範圍更為廣闊的社會發展進程。自 20 世紀 60 年代後期以來，警察部門的工作成效和合法性呈現出明顯下降的趨勢，表面上看是因為警察政策及策略的失敗，而實際上並非如此。導致這一問題的根本性變化是更為宏觀的社會背景出現的變化，尤其是轉而採用新自由主義、自由市場經濟政策，這些變化逆轉了 18 世紀啟蒙運動以來一直居於主流地位的、增加社會平等與團結的總體趨勢（儘管該趨勢是緩慢和時斷時續的）。近年來，政治經濟和社會結構發生了轉型，與之相伴相生的是文化領域的一場革命：愈加粗糙樸實的個人主義（rugged individualism）

以及新社會達爾文主義（neo-social Darwinist）對適者生存理念的吹捧甚囂塵上。要在一個被新自由主義經濟政策引發的不平等和對立撕裂的、日益碎片化和多元化的後現代社會或曰晚期現代世界中開展警務工作，已經變成一樁越來越令人感到膽戰心驚、如臨深淵的事業了。自從 2007 年由信用崩潰引發的金融危機以來，如果不採取社會民主的、福利主義的和凱恩斯主義政策，並以此提供社會保障作為公共安全的必不可少的支撐，那麼警務工作的局面極有可能會雪上加霜。

本書對英國警察的歷史、運作和治理進行了回顧，並提出，正如扉頁引文中所高度概括的那樣，警務工作中存在一個根本性的悖論。警務要解決的是人類本性和社會組織之間的基本矛盾。正如在第一章中所論述的那樣，警務是任何社會關係和羣體中關於控制的那個方面，其目的是對衝突和越軌行為進行辨識並進行應急矯治（emergency rectification）。賴以達成這一目的的資源是合法武力，運用合法武力的模式是實施監控，同時威脅使用懲戒。警務的內在特點之一是要做事就得髒手。它需要採用在道義上受到質疑的手段來達到維繫和延續社會秩序這一最高職責。然而，在分化對立、紛繁複雜的社會裏，關於維護秩序和實施壓迫之間的界限，不大可能存在一致意見。在一方看來屬於合理且必要的強制力，對另一方而言就是不公正的專制行為。在現代社會中，警察已經演變為一個專門性組織，它負責維持秩序，並受托行使原本由國家壟斷的合法武力。對自由民主社會（雖然紛繁複雜的市場社會導致了林林總總的不平等現象與對抗衝突，但是自由民主社會依舊聲稱自己代表了民意和法治）而言，這一「邪惡的權力」始終是一大恥辱。在一個公正的社會裏，政治所關注的應當是最大限度地降低對警務工作的需求，而不是像工黨和保守黨那樣競相強化警務工作。

這裏有一個悖論，套用涂爾干（Durkheim）關於合同的話來說就是警務工作並非事事取決於警察部門。對警察部門需求度越低，那麼警察看上去就越成功。秩序的來源並不在警察的作用範圍之內，而在於一個社會的政治、經濟和文化。只要一個社會的政治、經濟和文化能讓多數人過上有意義和有價值的生活，衝突、犯罪和無序混亂就會相對減少。通過微妙而無形的社會管控，以及內嵌於其他制度之中的警務工作程序，大部分潛在的不端行為都能得到矯正。如果這些無形的管控措施得以成功實施，警察在預防犯罪方面就會顯得大有成效；對於那些實際發生的犯罪和擾亂社會秩序的行為，警察也能有效且正當地加以處理。警察是秩序和道義的化身，就像「游俠騎士」（Knight Errants）一樣，時刻準備保護人們免受各種威脅。

20 世紀最後三個十年中的顯著特點之一，是發生了一系列意義深遠的轉變。社會和經濟的不平等與排斥現象急劇大幅增加，逆轉了後啟蒙時代緩慢走向團結和公正的態勢。與之俱來的是犯罪與無序的急劇增加。公眾與政府對於這一態勢的回應變得越發具有懲罰性並日益嚴厲。在壓力的作用下，警務工作對於那些身處社會邊緣和局外人羣採取了「零容忍」的態度。作為自由放任經濟政策（laissez-faire economics）與生俱來的一部分，所有人與所有人之間的爭鬥（war of all against all）勢必導致人們越來越肆無忌憚、咄咄逼人地維護一己之私。簡而言之，由先知彌迦（Prophet Micah）所定義的美好生活的三大支柱：公正、仁慈與謙恭遭到了動搖。由於文明禮貌的條件遭到侵蝕，「看守的人就枉然警醒」（the watchman keeps watch in vain）。良好的警務或許可以幫助維持社會秩序，但是卻創造不了社會秩序。可是，人們卻恰恰在越來越多地要求警察創造社會秩序。正如扉頁引用雷蒙德·錢德勒（Raymond Chandler）的言辭，警務充其量只是緩解病徵的

阿司匹林，它無法從根本上縮小我們社會的腫瘤，更別說根除社會腫瘤了。此外，警務總會留下不良的副作用。

在本書的較早幾個版本中，我曾就借鑒他們的學術成果一事向多名學者表達了謝意。我對警務工作的了解都是從他們那裏獲得的（所有謬誤之處都是我自己的責任）。自本書第一版問世，已經過了 25 年，在這期間，警務研究領域取得了長足的進展，即便是一直致力這一領域研究的專業人士也望洋興歎。1979 年，西蒙・霍爾德韋（Simon Holdaway）主編了一本名為《英國警察》的論文集，這本書可以稱得上是幾乎囊括了當時所有活躍在該領域的研究人員的文章。最近幾年，蒂姆・紐伯恩（Tim Newborn）不僅先後出版了兩個版本的《警務手冊》（這本卷帙浩繁的鴻篇巨製有將近 1,000 頁，對裝訂藝術構成了極大的挑戰。這部書共分 30 章，涵蓋了警務領域的眾多方面，由該領域專家撰寫），而且還為該手冊配備了一部篇幅相似、由 45 個核心閱讀問題組成的著作。

不過，這些非常寶貴的百科全書式的學術探索，卻連英國一國的當代警務研究的所有成果都未能盡收其中，其證據是同一時期還出現了一大批篇幅大小與這幾部著作類似、以警務工作特定專門領域為主題且數量還在不斷增加的「手冊」：《刑事犯罪偵查手冊》、《刑事司法程序》、《偵查訊問》、《知識警務》（*Knowledge-Based Policing*）、《犯罪預防與社區安全》——以及其他眾多屬於廣義犯罪學領域的著作。這樣一來，如果要逐一列舉出那些在我撰寫本書各個版本過程中曾經給予我靈感的學者，恐怕就要超出我可用的篇幅了。在本書第三版的序言裏，我曾經列出了 85 位學者，有興趣的讀者可以參閱這個清單；此舉至少可以使第三版免於在書架上因為無人問津而朽爛。對於前述學者以及其他學者［尤其是我的博士導師邁克爾・班頓（Michael Banton）

教授] 多年來的啟迪與支持，我感激不盡。

　　像所有作者一樣，我應該向家人致以最真摯的感激。我的幾個孩子 —— 托比、夏洛特以及本 —— 始終在用他們清新奇妙的想法、鼓勵和「甚麼時候才能寫完」的催問激發着我。對於他們的成就，我感到非常自豪，並且非常清楚他們有能力 —— 而且毫無疑問肯定會 —— 寫出遠比本書優秀的佳作。我的妻子 —— 喬安娜・本傑明博士，則始終如一地給予我鼓勵、啟迪、知識上的協助和道義上的支持。無論是在我的寫作順風順水之時，還是困難重重的時候，我的姐姐安和她的家人都始終不渝地支持我。最後，我家的小狗 —— 卡麗娜，經常陪我散步，舒緩身心，使我得以完成了本書的前三個版本；令我悲痛不已的是，在我開始撰寫本書第四版之前，牠卻不幸離世。這件事對我的血壓可沒有任何的好處。

　　我要把最誠摯的謝意獻給我已故的父母，他們是我現在所做一切的原動力和靈感源泉。正如《聖經》中《箴言》（1 ： 8）所諄諄教導的那樣，我將竭力聽取父親的訓誨，也絕不離棄母親的法則。

2009 年 8 月

目　錄

第一篇

警務：理論與研究

第一章

對守望者的守望：
警務研究的理論與探索

　　有關警務的學術研究至今大約才 50 年，對這一領域人數日漸增多的研究人員中的大多數人而言，它儼然已是蔚然大觀，算得上一個老資格的宏大知識結構體系了，但是與其他學科相比，這一領域仍然顯得相當年輕。不過，最近有人提出，鑒於安全與治理領域的轉型已經發生了翻天覆地的變化，該學科最近面臨基本範式轉變的威脅，也許面臨消失的危險，因此，其概念體系的轉變也是必然的。本章將對前述觀點進行全面詳細的討論，並為警務研究提供一個全面的概覽。本章首先討論警察和警務這兩個概念以及警察和警務這兩個進程的長期嬗變。之後，將對警察研究的發展進行回顧，並對有關人士新近提出的轉型理論進行批判性評估。最後，將深入探究警務與政治之間頗為棘手的概念性關係問題。

一、誰是「警察」，甚麼是「警務」

　　絕大多數有關警察的研究將注意力主要放在最為直接的政策問題之上。研究人員對警察及其職能採取了一種被認為是理所當然的（taken-for-granted）理念（凱因［Cain］，1979）。這樣一來，人們就毫無疑

義地對警察這樣一個專屬於近現代的概念安之若素，認為早已有之。提起警察，人們首先將他們視為一個身着藍色制服、在公共場所巡邏執勤的羣體，在控制犯罪、維持治安方面擁有廣泛的授權，並擁有若干可協商的社會服務職能。任何一位生活在現代社會中的人都對警察是甚麼有這樣一個直覺概念。然而，要真正理解 —— 特別是在一個較大的時間與空間跨度上理解 —— 警務的本質和作用，就必須對前述關於警察的理所當然的觀念進行概念性探究。

現代社會具有一種可以稱之為「警察崇拜」（police fetishism）的特點，即在意識形態上認為警察是社會秩序的功能性先決條件，沒有警察勢必會引發混亂。事實上，自古以來，許多社會並沒有任何類型的正式警察力量（自然也就沒有當代模式的警察），卻也照樣能夠持續存在。正如關於警察效能（police effectiveness）的研究所示，警察究竟對控制犯罪和維持秩序貢獻幾何是有爭議的（見第五章）。

區分「警察」和「警務」這兩個概念是非常重要的。「警察」指的是一個特定的社會機構，而「警務」則指的是一整套具有特定社會功能的進程。「警察」並不是在每個社會中都存在的，而且警察組織與警察人員的形式是多種多樣、變化多端的。而「警務」則可以說是任何社會秩序都不可或缺的，可以通過多種不同的程序和制度性安排來實施。由國家組建的、現代專業化的「警察」組織，只不過是警務的一個例證而已。

（一）社會控制

警務這一概念是社會控制這一範圍更為廣泛的概念的一個方面。社會控制本身是一個複雜的、頗具爭議的概念（科恩 [S. Cohen] 和斯卡爾 [Scul]，1983；科恩，1985；薩姆納 [Sumner]，1997；英尼斯

[Innes]，2003c）。在一些社會學理論中，社會控制的範圍非常廣，凡是有助於再造社會秩序的任何事情均屬於社會控制。這就使得社會控制成為一個包羅萬象的概念，實際上在其內涵和外延上與社會這一概念幾乎一致。它涵蓋了文化的構建以及個人（作為文化傳承人）的社會化的所有方面。

社會控制這一寬泛概念存在一個問題，那就是它不具有確定的形式。它未能對人們通常理解的控制過程的特異性進行區分，即控制過程在本質上是反應性的，旨在防範或者應對社會秩序所面臨的威脅。按照斯坦・科恩（Stan Cohen）頗為刻薄的說法，社會控制這一概念的上述廣義用法是「一個多餘或無關緊要的概念」（Mickey Mouse concept），這個術語應僅限於指「社會對那些它認為脫離正軌的、造成問題的、令人擔憂的、帶來威脅的、製造事端的或不受歡迎的行為和人員進行有組織應對的方式」（科恩，1985：1至2）。

社會控制這一理念會由於政治利益和立場不同而得到或積極或消極的評價。功能主義社會學（functionalist sociology）的保守派觀點，將社會控制視為支撐社會秩序的共識的一個不可或缺的屏障。維繫充足的控制機制來應對越軌行為或社會解體，是任何社會都必須具備的一個功能性前提條件，不過，在快速變化的現代社會裏很難做到這一點。

標籤理論[1]的發展以及對越軌行為的犯罪學和社會學激進態度，改變了對社會控制機制的道德評價。社會控制除被看作保護人們免受越軌行為侵害的必要措施之外，還被視為是通過貼標籤和描繪（烙印）的方式來創製不端行為或越軌行為（貝克爾[Becker]，1963）。社會控制機構被認為是壓制者而備受質疑和反對（貝克爾，1967）。更加具有結構主義[2]和馬克思主義色彩的批判犯罪學（critical criminology）

認為，這些道德指責的簡單反轉，只不過使社會控制機構因其作為寬泛的權力結構和特權的鐵面無私與冷酷無情的工作而成為「替罪羔羊」（fall-guys）（古爾德納〔Gouldner〕，1968；麥克巴尼特〔McBarnet〕，1979）。所有激進的分析觀點，在某種程度上都把社會控制看作優勢羣體特權地位的壓制性維護工具。然而，更多綜合性的批判觀點認為，社會控制不可避免地與維護大家普遍受益的秩序和社會優勢羣體以及受壓迫等問題纏結在一起：「違規停車罰單」和「階級壓迫」，正如梅瑞林（Marenin，1983）所說的那樣。

（二）警務的理解

當警務與社會控制的邊界幾乎一致時，就不能對其進行有效的分析，然而警務又必須被視為是社會控制的一個具體方面。警務意味着一系列旨在維護特定社會秩序或總體社會秩序安全的活動。這種秩序被認為是建立在利益共識之上，或者是基於擁有不同優勢的社會羣落之間的（隱形或顯現的）利益衝突之上，或是上述兩種情況錯綜複雜的纏結結果。

警察以保障社會秩序安全為目標宗旨，但是其實際效果如何始終存在爭議。警務並不包含旨在實現社會秩序預期目標的所有活動。警務的具體任務就是為已經發現或存在的越軌行為創製監管制度並輔之以處罰和制裁威脅 —— 要麼是直接進行懲罰，要麼通過啟動刑事程序進行威脅。當然，這種制度最常見的形式就是前面已經討論的現代意義的警察：身着整齊制服在公共場所進行有規律的巡邏，在此之後，對告發的犯罪或者發現的犯罪和擾亂秩序事件進行調查。

(三) 警察的理解

上述定義的警務內容可由各種不同的人和技術來完成，而警察的現代概念卻是唯一的。事實上，「警察」這一術語本身的起源包含了比「警務」更為寬泛的內涵，更不用說現代警察所隱含的狹義的制度含義（羅林斯 [Rawlings]，1995，2002，2008；澤德納 [Zedner]，2006）。18 世紀和 19 世紀的早期，「警察學」(science of police) 的興起是一個廣泛的國際運動，警察的概念成為警察學發展的典型例證，警察的目的就是維持和促進全體居民的「幸福」(拉齊諾維奇 [Radzino-wicz]，1948 至 1969；賴納 [Reiner]，1988；帕斯奎諾 [Pasquino]，1991；麥克馬倫 [McMulan]，1996，1998；加蘭 [Garland]，1997；尼奧克勒奧斯 [Neocleous]，1998，2000a，2000b，2006；杜布爾 [Dubber]，2005：第 3 章；杜布爾和瓦爾維德 [Valverde]，2006)。

　　警務可以由多種機構來完成：由國家組建的擁有綜合警務授權的組織僱用具有專業資格的人員 —— 原型的現代警察概念 —— 或由為其他目的而設立的國家機構（如原子能管理委員會警察機構、公園警察機構、英國交通警察機構和其他職能「混合」的警務機構，參見約翰斯頓 [Johnston]，1992：第 6 章）聘請專業人員完成。警察可以是由專業的私人警務公司 —— 通過安全服務合同 —— 僱用的專業人員，或者是由某個組織其主要業務為其他事項的部門所僱用的從事內部安全保衞的安全人員（希林 [Shearing] 和斯滕寧 [Stenning]，1987；索思 [South]，1988；瓊斯 [T. Jones] 和紐伯恩，1998，2006；巴頓 [Button]，2002，2006，2008；韋克菲爾德 [Wakefield]，2003)。巡邏工作也可以由那些沒有像正規的國家警察那樣取得完全合法地位、權力、裝備和訓練的組織去完成（霍夫斯特拉 [Hofstra] 和沙普蘭

［Shapland］，1997；克勞福德［Crawford］等人，2005；約翰斯頓，2007b）。警務功能可以由公民在國家警察組織內（例如，特別警察隊，參見利昂［Leon］，1989；吉爾［M. Gil］和莫比［Mawby］，1990）根據自己的能力自願參與來完成，也可以通過與國家警察聯合的方式來完成（諸如參與鄰里守望計劃；參見班尼特，1990；麥克康維爾［McConvile］和謝菲爾德［Shepherd］，1992），或者由完全獨立的機構或實體來完成（諸如守護天使［Guardian Angels］以及在許多時間和地點都非常活躍的自發組織起來的治安維持會［vigilante］，參見約翰斯頓，1996；亞伯拉罕斯［Abrahams］，1998）。警務功能也可以由履行其他職責的國家實體機構（例如，軍隊）完成，或是由國家或私營機構聘用的僱員作為其主要工作的附屬工作來完成（就像看門人、公共汽車售票員）。警務職能也可由科技設備來履行，例如，公共錄像監控系統攝影機（諾里斯［Norris］和阿姆斯特朗［Armstrong］，1999；薛普特基［Sheptycki］，2000b；戈爾德［Gold］，2004，2009）。警務也可以通過街道及其建築物的結構體系及其附屬設施的設計來完成（瓊斯［R. Jones］，2007），其中最為有名的是邁克‧戴維斯（Mike Davis）設計的防治流浪漢的長椅，是這種環境設計的集中體現（戴維斯，1990）。所有這些警務策略在今天已經得到廣泛的運用，儘管只有國家機構才獲得各種各樣的授權以維護秩序，通過貼上「警察」的標籤才被人們所普遍理解。

（四）警務的演進

直到近代，警務功能的實行，主要是作為其他社會關係的產品，以及由市民「志願者」或私人僱員來實現。人類學的研究表明，在許多文字出現以前的社會中，根本就不存在任何正式的社會控制系統或

警務制度。通過一項對前工業社會中有關法律演進與社會複雜性之間的關係進行跨文化研究的 51 個樣本中，發現「合法組織的要素依序出現，每個要素均構成下一要素的必要條件」(施瓦茲 [Schwartz] 和米勒 [Miller]，1964：160)。這 51 個樣本表明，所有社會都有充分的經濟發展，都擁有金融體系、高度發達的專業分工，包括全職的牧師、教師和各種各樣的公職人員。研究表明，警察的出現「很大程度上只與勞動分工有關」(同前，166)，並且是在諸如調解和損害賠償等發達的法律制度之外的其他要素具備以後，才會產生警察。

專業化的警務機構僅僅在相對複雜的社會中誕生，然而，它們並不是正在迅速發展的勞動分工的直接映象。警務可能起源於集體的和共同的社會控制過程，專業的警察力量是同社會不平等和等級制度同步發展起來的。他們是應對緊急情況的工具，是對越來越集權化的控制、統治階級及其國家制度的保護工具。

人類學文獻中一篇相當有影響的評論總結道，專業化警察的發展與「由親緣關係佔主導地位的社會，向以階級統治佔主導地位的社會轉型中出現的經濟專業化和對資源稟賦的利用差異現象息息相關」(魯濱遜 [Robinson] 和斯凱格萊昂 [Scaglion]，1987：109)。在這一轉型期過程中，羣落共有的社區警務模式在增量階段快速地轉變為國家和政府主導的警務模式，警察職能從一般社會控制功能轉化為階級控制的代理人(魯濱遜、斯凱格萊昂和奧利維羅 [Olivero]，1994)。現代警察的複雜而又自相矛盾的功能，同時尋求維護一般社會秩序和不同社會階層需要的秩序 ——「開具違章停車的罰單」和「階級鎮壓」的職能(梅瑞林，1983)—— 從警察誕生的那一刻起就打上了深深的烙印。

英國警察的思想意識始終停留在神話般的傳說上，認為他們以社區為基礎的警務模式與「歐洲大陸的、國家控制的警察制度」格格不

入，兩者之間存在根本區別。英國警察的歷史沿革可以直接追溯到古代部落的集體自我警務形式（forms of collective self-policing），與現代的「博比」（Bobby）[3] 式的警察存在歷史傳承關係。這種主張所描述的特徵可以貼切地稱之為「歷史意識形態」（ideology as history）（魯濱遜，1979）。事實上歐洲許多國家的警察系統已經發展成為越來越明顯的國家控制工具（查普曼 [B. Chapman]，1970；莫比 [R. I. Mawby]，1991，2008）。然而，修正主義歷史學家重視在英國、美國以及其他普通法系國家的現代警察的發展，與階級及其國家結構變化之間的相互關係。據認為，和藹可親、寬厚仁慈的「英國」模式的警察，無論如何只適合英國本土的消費（home consumption），而具有更多軍國主義的、強迫性的特徵的警務模式，從一開始就被輸出到殖民地地區，包括愛爾蘭（布羅格登 [M. Brogden]，1987；帕爾默 [S. H. Palmer]，1988；安德森 [D. Anderson] 和基林格雷 [Kilingray]，1991，1992；布魯爾 [Brewer] 等人，1996；馬爾卡希 [Mulcahy]，2008）。

　　儘管當代警察模式在細節上千差萬別，但從根本上看，在組織結構和文化上的相似性越來越多，與傳統上的英國警察思想理念沒有本質的區別（貝利 [Bayley]，1985；莫比，1991，1999，2008）。一個新的警察技術專家組成的國際機構的出現助長了這種觀念，國際警察技術專家以在全球範圍內傳播時尚新穎的警察思想為己任，最近熱心「社區警務」戰略的傳播是其最好的見證（斯科爾尼克 [Skolnick] 和貝利，1988；菲爾丁 [Fielding]，1995，2002，2009；斯科甘 [Skogan]，2003，2006；布羅格登，1999；布羅格登和尼吉哈 [Nijhar]，2005）。

（五）警察：功能或是強制力量

　　主要根據設定的警察功能給現代警察下定義是有問題的（霍克阿爾斯 [Hockars]，1985）。正如比特納（Bittner）所強調的那樣，警察應召從事的例行公事是執行各種各樣讓人暈頭轉向的任務，從控制交通到控制恐怖主義等不一而足（比特納，1970，1974；布羅德 [Brodeur]，2007）。這種老生常談是從一開始就對警察進行的實證研究的結果（正如第五章所論述的那樣）。這些任務的共同特徵使人們逐漸意識到警察工作 —— 不管是控制犯罪、社會服務、維持秩序，還是政治鎮壓 —— 都不是其特定社會功能的某些方面。相反，所有這些事務都涉及「某些事情本不應該發生，但一旦發生以後最好還是有人立即做點甚麼事」（比特納，1974：30）。換句話說，警務工作起源於緊急情況的出現，通常是潛在的社會衝突的某一要素顯現時就存在警務行為。警察儘管可以憑借他們擁有的法律權力來處理這種事情，但通常情況下，他們更願意藉助其他各種方法和手段來維持治安秩序而不是啟動法律訴訟程序。儘管如此，構成維護和平的所有的策略手段的底線，仍然是運用法律制裁，最終使用合法的武力。「一個和藹可親的警察 —— 仍是身着制服，手拿警棍和電棒 —— 當綏靖政策安撫失敗之際，就是警察揮舞拳頭發揮作用之時」（龐奇 [Punch]，1979b：116）。

　　警察的特殊性不在於他們履行某項具體社會功能的表現，而在於他們是在其所屬領域內擁有國家壟斷的合法暴力的專家隊伍。這並不意味着所有的警務活動都要使用武力。相反，「良好」的警務常常被視為不需要使用強制力而採用技巧性的策略來處理麻煩，通常是通過靈巧熟練的口頭言辭策略和措施來解決問題（繆爾 [Muir]，1977；拜爾 [Bayle] 和比特納，1984；諾里斯，1989；肯普 [Kemp]，諾里斯和菲

爾丁，1992）。

　　警察並非是唯一的可以使用合法暴力的實體。每一個公民都擁有這種權利（在某些特定的情況下是一種道德義務）。在很多職業中，合法使用武力的潛在可能出現的頻率相當高，最明顯的就是私人安全人員，儘管他們擁有的法定警察權力與那些市民一樣。合法暴力也可能經常需要那些主要不擔負警務角色的人員來行使，例如，衞生或社會服務部門的工作人員處理那些心理失常的患者，或者公共交通部門的職員處理不當行為者。無論如何，他們不是「被武裝起來的、經法律授權並遵照命令以處理每一件需要使用武力的危急事件」的人（比特納，1974 : 35）。事實上，其他工人在面臨麻煩事端時，一有機會他們都喜歡「呼叫警察」，而且，在此期間，他們自己使用合法武力僅僅是作為直接的緊急避險措施。

　　總而言之，「警務」是社會控制進程的一個方面，社會控制無一例外地出現在所有的社會情境中，無論如何，只要有潛在的衝突、越軌行為和秩序混亂存在，就會有社會控制。「警察」是一個專業化機構，人們賦予其首要的正式的職責是使用合法暴力以保護安全，是相對複雜社會的一個特徵。警察隨着現代國家形式的興起而發展，成為國家的一個重要組成部分。在歷史上，通過中央集權的國家對警察的竭力宣傳，以及警察在國家領土範圍內保護由統治階級構想的治安秩序和正當行為，警察已經成為熱情的「本土宣教士」（domestic missionaries）。

　　然而，這也不能說警察僅是國家的工具，忠實地執行由上級決定的任務。不管這些任務是合法的或是不合法的，所有警察部門的一個顯著特徵就是由在警察組織中職級最低的普通警員行使自由裁量權，這使其成為作為分散監視的警察工作的基本特徵。在實際工作中，警

察工作的決定是由各種各樣的過程和壓力相互作用、相互影響來實現的,存在的問題在於相關的正式政策是由上層決定的。

現代警察組織的許多特徵,目前正面臨嚴峻的挑戰,同時警務正經歷深刻的變革,正如許多評論家所指出的那樣,從根本上講,警務改革正處於社會發展的一個嶄新階段。在過去的半個世紀中,警務已經越來越成為一個政治爭議的焦點,這一直是促使研究機構和理論分析迅速發展的一個因素。

二、警務研究的發展

英國的警察研究起始於 20 世紀 60 年代早期。研究英國警察的推動力來自對刑事司法的政治學分析以及犯罪學、社會學和法學的理論發展。這種相似的壓力使得美國的警察研究同步發展(沃克 [S. Walker),2004;斯科甘和弗里德爾 [Frydl],2004:第二章;斯克蘭斯基 [Sklansky],2005:第二部分)。潛在的背景是對犯罪和秩序混亂的關注不斷增強,以及不斷增大的公眾對政府權威的質疑。對這些緊張和壓力作出反應,使得警察更引人注目、更具爭議性和政治化。許多研究者參與研究,主要是為促進對作為一種控制和治理模式的警務的分析研究。雖然如此,在最近的 30 年裏,法律和秩序的政治化已經形塑了警察研究的軌跡(要了解詳細的解釋,參見賴納,1989b,1992a;賴納和紐伯恩,2007)。

(一) 警察研究的來源

英國的警察研究發源於各種各樣的主體,包括學術機構、官方的及與其相關的機構、智庫和利益集團以及新聞工作者。

1. 學術研究

20 世紀 60 年代至 80 年代，絕大多數警察研究都是由大學教師及學術研究機構進行的，包括各種不同的學科，如犯罪學、社會學、社會政策、法律學、歷史學、心理學以及經濟學等對警察的研究。自 20 世紀 70 年代後期以來，警察研究成為許多犯罪學和刑事司法研究中心的中流砥柱，並在全國範圍迅速發展。有關警務的教材和專著的出版如雨後春筍般湧現，即使那些在該領域的專家也很難跟上警察研究迅速發展的步伐。

2. 官方警察研究

今天大量優秀的警察研究著述已經不再僅僅來源於學術界。由政策制定機構和警察羣體自身所進行的研究增長也非常迅速。在最近的 25 年裏，內政部「研究、發展與統計專門委員會」（以前的「研究與規劃部」）越來越關注警察事務的研究。在 1979 年之前，內政部主持的研究工作很少涉及警務工作，但是在 20 世紀 80 年代，警察研究已經成為該部門研究的一個突出重點。

官方對警察的研究並不僅限於內政部，一些地方政府機構也發起和資助對警察的研究。20 世紀 80 年代，幾個激進的工黨地方政府機構建立了警察監督組織，這些組織定期地收集警察實踐與政策的信息（謝斐遜等人，1988），並資助學術機構以外的研究項目。在《1998 年犯罪與擾亂社會秩序法》頒佈以後，地方政府以完全不同於以往的方式介入警察研究。早期地方政府對警察的研究主要是批判性的，而新的研究模式是政策導向的研究，即與警察部門展開協同研究，其主要的直接目的是通過對當地特定情況的稽核，以使犯罪率降低的政策獲得最大的效果。

20 世紀 90 年代，一些政府建立的半官方機構也成為警察研究成

果最重要的產出者，迄今為止最有影響力的機構是審計署（Audit Commission），他們對警察績效方面的問題提供了一系列相當有影響力的研究成果，這些研究的目的在於提高警察活動中資金的使用價值（審計署報告，1990a，1990b，1993，1996）。

也許官方警察研究中最顯著的增長點是警察自身進行的研究（布朗和沃特斯 [Waters]，1993；J. 布朗，1996），他們進行了形式多樣的研究。自 20 世紀 80 年代以來，大量的研究生加入警察隊伍以來，許多現職警官也開始攻讀第二學位或者通過業餘時間攻讀學位。許多警官掌握了進行科學研究的技能本領。也有的研究項目是由作為學生的現職警官開始的，其結果是出版了許多非常有影響力的著作（早期的事例包括霍爾德韋 [Holdaway]，1983；楊格 [M. Young]，1991，1993）。相當數量的前警官事實上已經成為警察研究領域的學術專家（例如，沃丁頓 [P. Waddington]，1991，1994，1999a，1999b；瑞特 [Wright] 2002；威廉森 [Williamson]，2006，2008）。

早在 20 世紀 80 年代中期，警察機構內部的警察研究部門基本上只有一到兩個人員專門從事研究工作，而且幾乎不具備任何研究的專業知識和技能。他們的職能主要是負責為警察局長的年度報告及其官僚形式的規劃藍圖等常規出版物收集和整理統計資料與信息。他們的研究項目充其量只是「預料之中的必然結果」（foregone conclusions），討人喜歡的研究項目計劃的評估，在方案設計的時候根本就不說明存在的不足或失敗（韋瑟里特 [Weatheritt]，1986）。然而，隨着警察機構設置研究部門的比例不斷增多，研究方法論也日益成熟老練起來，對警察政策及其實務的許多方面的研究，有時還能夠得出批判性的結論。

3. 智庫和獨立的研究機構

獨立的研究機構，最著名的是政策研究所（Policy Studies Insti-
tute，簡稱 PSI）和警察基金會，他們對警務的研究作出了重大貢獻。政
策研究所在其第一次冒險進入警務研究領域以前（1983），是一個在經
濟和社會問題的研究方面聲譽卓著的研究機構，隨後對其他警務話題
實施了具有重要意義的研究工作。

警察基金會是一家政治獨立的注冊慈善機構，其主要資金來源不
是政府資助。儘管該慈善機構具有深厚的政治背景（查爾斯王子是該
組織的主席），但它成功地保持了研究工作的獨立批判性和客觀性的品
質（歐文和麥肯齊 [McKenzie]，1989；韋瑟里特，1986，1989；韋
克菲爾德 [Wakefield]，2006；菲爾丁，2009；蒂爾 [Thiel]，2009；
勞埃德 [Lloyd] 和福斯特 [Foster]，2009）。除了資助各種內設研究機
構以外，警察基金會還對學術研究機構和警官的研究提供贊助（例如，
布萊爾 [Blair]，1985）。

警察基金會與政策研究所於 1994 年聯合確立了一項題為「警察角
色與職責」的獨立調研項目。該調研項目直言不諱地表明自己的非官
方立場，以代替皇家委員會對警務的調查報告，許多來自警察部門內
部和外部的評論員認為，應當圍繞對警察不斷增大的公開爭論及其公
眾支持明顯下降的事實作出理論回應。這最終導致他們進行了一次意
義重大的研究，提交了一份重要報告和幾份有重要影響的出版物（警
察基金會／政策研究所 1996 報告；索爾斯伯里 [Saulsbury] 等人，
1996；摩根 [Morgan] 和紐伯恩，1997）。

除了上述獨立的警察研究機構以外，最近其他更多的機構諸如
政策交流會（洛夫迪 [Loveday] 和里德 [Reid]，2003；洛夫迪，
2006）、一些利益集團和政治聯盟成立的智庫也加入到警察研究的隊伍

裏來，並對警察開展了具有重大意義和影響的研究性工作。這些機構
包括自由聯盟（前身為全國公民自由聯盟理事會［the National Council
for Civil Liberties]），該機構擁有的公民自由信託基金（以前稱為科布
登信託基金［the Cobden Trust]）通過其研究機構為學術研究活動提供
資金資助，定期發佈有關警務的新的立法和政策的評論報告。同時，
它還成立了一個獨立的調查委員會，委託彼得・沃靈頓（Peter Wall-
ington）教授為首席調查專家，對 1984 年爆發的礦工罷工事件中的警務
問題開展調查（麥凱布［McCabe］等人，1988）。其他由具有政黨導向
的智庫所開展的警察研究，包括由新工黨主導的公共政策研究所進行
的警察責任性研究（賴納和斯賓塞［Spencer]，1993），以及經濟事務
研究會等具有保守傾向的機構所進行的研究工作（丹尼斯［Dennis]，
1998；丹尼斯和厄爾多斯［Erdos]，2005）。

4. 新聞工作者

自 20 世紀 60 年代早期警察研究開端以來，由新聞工作者對警察
所作的研究，對分析和爭論警務問題也作出了重要貢獻。包括惠特克
（Whitaker，1964）、勞里（Laurie，1970）、考克斯（Cox）等人（1977），
以及格雷夫（Graef，1989）、羅斯（Rose，1992，1996）和戴維斯
（Davies，1999b）等人進行的研究。絕大多數傑出的新聞工作者所作
的研究都是標誌性的，他們具有對諸如警察玩忽職守、不當行為等各
個方面問題進行深入研究的能力，而這正是學術界很少涉獵的問題。

(二) 警察研究議程的發展變化

不同時期警務研究關注的焦點不同，同時還與對刑事司法的政治
觀點的變化密切相關。英國早期的警察研究，我認為可以劃分為以下
四個不同的階段：形成共識、公開爭論、衝突和自相矛盾時期（賴納，

1989b，1992a）。自相矛盾階段現在看起來已經分解為由一個明確的研究主題主導（雖然不是絕對如此），即以研究犯罪控制議程為主導的時期（賴納和紐伯恩，2007）。

英國歷史上第一部關於警務的實證經驗性研究的學術著作是邁克爾・班頓的《社區警察》（班頓，1964；對這個問題的最新研究參見麥克勞林［McLaughlin］，2007：第二章，穆爾吉［Murji］，2009）。像同一時期的絕大多數有關警察的學術著作一樣，《社區警察》一書的基本框架是以一種慶賀式的方式進行寫作的，並假定英國是一個和諧的社會。本書提出以「對分析機構具有指導意義，社區警察工作運行良好，能夠從他們的成功經驗中學習甚麼」為前提條件（班頓，1964：vi），班頓的研究成果是警察研究共識時期的典範。

20 世紀 70 至 80 年代，英國警察研究圍繞警務中不斷增長的衝突這個主題展開，並成為其越來越顯著的特徵。在 20 世紀 60 年代後期和 70 年代早期的警察研究的公開爭辯時期，警務被一系列問題所困擾，最終導致社會各界對待警務的意見出現了分歧，而且對警察及其工作的順從和尊重也日益下降（在本書第三章中有詳細的論述）。

越來越多學者開始對 20 世紀 60 年代後期和 70 年代早期的警察工作進行研究，思考這一緊張的局面。對這些研究起重要影響的理論是符號互動論[4]和標籤理論，認為警務是一種通過行使自由裁量權以形塑（而不是對其作出反應）越軌行為模式的重要過程（凱恩，1973；查特頓［Chatterton］，1976，1979，1983；霍爾德韋，1983；曼寧，1979，1997a；龐奇，1979a，1979b）。

西蒙・霍爾德韋在 1979 年出版了一本研究英國警察的論文集，收錄了絕大多數學術成果和實證研究樣本，他在該論文集的導言中對上述社會焦點問題進行了總結：「貫穿本書的一個基本主題是，較低層

級的警官從事的服務工作佔據了他們的大部分工作時間，而這些服務性工作也許能夠掩蓋備受質疑的具體執法行為」（霍爾德韋，1979：12）。

　　不論警務的制度性基礎如何，這一時期的研究傾向是對警察實踐工作的批判性研究。雖然學術界、新聞工作者以及利益集團主要關注警察的不當行為，但是官方的研究仍然指出了警務作為一種控制犯罪的手段所存在的局限性，表現出一種更為常見的「無關緊要的工作」（nothing works）的心態（克拉克〔R. Clarke〕和霍夫〔Hough〕，1980，1984；莫里斯〔Morris〕和希爾〔Heal〕，1981；希爾等人，1985。參見第五章）。

　　公開爭辯時期所審視的問題與警察研究衝突時期的關鍵問題直接相關：責任問題 —— 誰控制警務？這表明在 20 世紀 70 年代後期至 80 年代早期警務政治化明顯增強，這將會在第三章裏詳細論述。它也反照出激進犯罪學理論的興起。這個時期的有關警察的許多學術研究都直接受到馬克思主義者觀點的影響（例如，霍爾等人，1978；布羅格登，1981，1982，1987；謝斐遜和格里姆肖〔Grimshaw〕，1984；斯克拉頓〔Scraton〕，1985；格里姆肖和謝斐遜，1987），幾乎所有其他的（包括內政部和由激進的地方政府主持和發起的項目）研究也對警察的種族歧視問題提出了尖銳的批評。把對各種各樣的引起公開爭辯和關注的原因聯合在一起的，無非是對現行警察責任機制存在的不足的批判，在現行機制下無論是作為個體的公民通過投訴程序或者法院訴訟程序，或者是通過警察管治體系現出來的作為整體的警察暴力政策和運行機制，都不能完成其應有的功能（參見第七章）。

　　20 世紀 80 年代後期有關警務的研究和爭論進入了一個新的階段，各種相互矛盾的觀點紛呈並出現相互競爭的態勢。這時的主題是在整

個政治光譜中都開始有越來越多的人公開宣稱支持「現實主義」。這一時期在這個國家最為顯著的理論就是由喬克‧楊（Jock Young）和其他學者（利［Lea］和楊格，1984；金賽［Kinsey］，利和楊格，1986）所擁護的「新左派現實主義」。與此形成鮮明對比的是由內政部和刑事司法政策制定圈的其他學者提出的「行政犯罪學」（administrative criminology），以及與美國學者詹姆士‧Q‧威爾遜（Wilson，1975）有緊密聯繫的「新右派現實主義」。儘管這些變異體在政治和理論假設上存在非常明顯的差異，但是他們都有一個共同的「現實主義」主題。

對「現實主義」的支持和擁護，反映在犯罪學理論和刑事司法政治學觀點更為廣闊的發展方向上。在犯罪學的研究方面已經成為一個遠離宏大理論研究而轉向更一般範疇的研究，其發展趨勢是進行政策導向和管理主義類型的研究。其共同的理論假設前提是，犯罪對所有的貧困階層和社會弱勢羣體而言，是一個最為重要的嚴峻社會問題，研究工作的直接和首要任務是提出具體的、切實可行的犯罪控制策略。

警察研究越來越將重點放在對犯罪控制實踐、監視等工作的有效性問題研究方面，以及對警務主動性進行評估以便探索如何更好地提高警察工作績效。這些創新性的研究被認為對 20 世紀 90 年代的犯罪率下降作出了重要的貢獻，尤其是在美國產生了重大影響。在推行強硬的犯罪控制戰略的末期，所謂的「零容忍」[5] 方法被大肆吹噓和兜售，該理論方法起源於 1982 年美國學者詹姆士‧Q‧威爾遜和喬治‧坎寧（George Kelling）提出的「破窗理論」，[6]「零容忍」警務戰略被廣泛認為是 20 世紀 90 年代紐約暴力與犯罪急驟下降「奇跡」的理論基礎，儘管這種說法受到嚴重質疑（參見第五章）。

與這種研究趨勢相平行發展的是在 20 世紀 90 年代出現的一種新的有關法律與秩序的「次級秩序」（second order）的政治共識（唐斯

[Downes] 和摩根，2007；賴納，2007a：第五章）。在 20 世紀 70 年代期間有關法律與秩序的政黨政治觀念已經出現兩極分化的現象。在 20 世紀 80 年代警察沉浸在戴卓爾政府的蜜月時期之中。這裏存在一種有關注重實效的「物有所值」和削減公共財政支出的特殊情況，皇家警察被視為戰勝「內部敵人」的必不可少的力量，他們以富有戰鬥精神的工團主義和其他抵制形式，反對自由市場經濟制度下經濟發展兩極分化的結果。工黨被成功地打上反對法律與秩序的烙印，因為他們對犯罪和治安秩序混亂的社會民主主義解釋論調，認為至少在某種程度上這是由經濟不平等和社會排斥造成的；這同時也是由於他們對公民自由權利的關注。20 世紀 80 年代後期，工黨經過艱苦卓絕的鬥爭終於重新獲得了公眾對他們的刑事司法政策的信任，尤其是重新修復了他們與警察之間斷裂的紐帶。這個過程只有在貝理雅於 1993 年擔任影子內政大臣期間才獲得了成功，當時他公開發表了著名的「嚴厲打擊犯罪，徹底鏟除犯罪原因」的政策宣言。

在 20 世紀 90 年代出現了一種新的有關法律與秩序的跨黨派的政治共識，基於嚴厲打擊犯罪的共同承諾。人們重新開始信任警務與懲罰的效率，集中體現為邁克爾·霍華德（Michael Howard）提出的「監獄工作」圭臬（prison works mantra）。警察工作壓倒一切的任務是控制犯罪。這是由肯尼思·克拉克和邁克爾·霍華德所首先倡導的、在 20 世紀 90 年代中期提出的「一攬子」政策建議，並在 1994 年警務改革白皮書中具體化，同時也體現在 1993 年有關警察薪金和職業結構的《希伊報告》（Sheehy Report）以及《1994 年警察與裁判法院法》中，其目的在於營造一種務實高效的「企業型」（businesslike）警察，並受市場規則的制約，以實現他們的主要目標即「抓捕犯罪」（catching criminals）的社會效果及其經濟效益（正如白皮書所指出的那樣）。儘管有關法律

與秩序的政策很快轉向通過更為複雜的《1998 年犯罪與擾亂社會秩序法》及其通過合作夥伴關係和證據導向的執法和評估減少犯罪的項目，新工黨政府還是原封不動地支持這份「一攬子」改革法案（將在第三章、第六章和第七章裏詳細論述）。希望進行基於研究的戰略承諾，由於受到不屈不撓的追求短期結果的驅使而很快就破滅了（馬奎爾 [Maguire]，2004；霍普 [Hope]，2004），而標題新聞的激增則吸引了人們採取積極的行動處理面臨的緊迫危機（紐伯恩和賴納，2007）。

現在絕大多數警察研究的驅動範式顯然是犯罪控制。在美國和英國，政策制定者和某些研究者重新恢復了信念，即警務是犯罪控制的關鍵要素，不僅是通過範圍更為廣泛的社區警務戰略，而且還通過更為嚴厲的、定向更為明確的巡邏和偵查工作，能夠有效地控制犯罪。這是對早期「無關緊要工作」悲觀主義的直接的摒棄（謝爾曼 [Sherman]，1992，1993，2004；貝利，1998；納托爾 [Nuttall] 等人，1998；布拉頓，1998；韋斯伯德 [Weisburd] 和埃克 [Eck]，2004）。

在這種新的情報驅動的犯罪控制範式中，警察研究呈現出了一種整體性的態勢。政策取向的研究已經不再僅僅局限於對警察行為進行事後評估的研究，儘管評估的質素和精準性（即使有爭議）已經大大地提升了（班尼特，1990；波森 [Pawson] 和蒂利 [Tilley]，1994；科恩，1997a；布羅德，1998；斯科甘和弗里德爾，2004；斯科甘，2004）。精準的犯罪分析和針對特定地方量身定制的警務反應措施與其他機構有機結合，正是問題導向和情報導向警務方法的核心，這也正是新工黨政府所極力推崇的警務策略，儘管其成功的證據是混雜的（喬丹 [P. Jordan]，1998；馬奎爾，2000，2008；蒂利，2008；柯普 [N. Cope]，2008）。這就要求警察部門盡最大努力持續開展研究，同時與警察部門以外的政策取向研究者們開展更為緊密的合作研究。20

世紀 90 年代後期，犯罪率下降的同時，公眾對警務的信任上升，這一現象激發出了一種特殊的政策研究關注點，既關注犯罪本身，又關注降低公眾對犯罪的恐懼感問題，研究的重點集中在「安心警務」(reassurance policing)[7] 項目計劃上（霍夫，2003；米莉 [Millie] 和赫林頓 [Herrington]，2005；英尼斯，2006）。

當然，在英國及其他國家，批判和理論研究工作並沒有消失。正如即將在後文中論述的那樣，理論研究工作的羣體已經越來越宏大，並深入研究了後現代社會、風險社會、全球化和新自由主義等對政治經濟、文化和社會特性的主要變化的影響。雖然如此，批判和理論工作還是被務實型的政策導向的犯罪控制研究大量地侵蝕。

三、新的警務理論

近年來，許多人曾經在構建有關警務工作的全新視角方面作出了種種嘗試，本部分將對其中較有影響的幾種嘗試進行批判性綜述。本部分將提出，這些嘗試不僅在陳述舊有警務觀點時存在曲解事實之處，而且在對當前危機的特性描述時也存在頗多謬誤。催生這些嘗試的是有關人士急切地期望（這種期望其實頗堪嘉許），為近一個時期在治安和司法方面存在的人所共睹的種種問題找到行之有效的解決方法。但是，這些嘗試都推崇市場化的解決方案，卻沒有認識到這些解決方案中存在的根本性風險。本書提出，警務工作的歷史昭示我們，只有在社會民主 —— 而不僅僅是自由民主，當然更不是新自由民主 —— 的環境之下，才可能走向民主警務。

（一）新警務理論：評判性觀點綜述

所有這些新出現的警務視角有一個共同的主題，一位先驅性的批評家稱之為「轉型論」（T. 瓊斯和紐伯恩，2002）。按照轉型論最具影響力的倡導者的說法，「在犯罪控制與執法體系方面，美國、英國和加拿大等現代民主國家的制度演進已經到了一個分水嶺。後世子孫回望歷史的時候，會把我們這個時代視為一個新老警務體系交替的時代」（貝利和希林，1996：585）。

這種觀點進一步發展之後，就演變成了這樣一種說法：要釐清這些發展變化，就必須有一種新的理論範式，用一個構建在「安全治理」（the governance of security）基礎之上的框架徹底取代警察和警務的概念（約翰斯頓和希林，2003）。這些警務新視角的主要代表作無疑就是克利福德‧希林（Clifford Shearing）和若干與其志同道合的人士所編著的那部鴻篇巨製。這本書毫不掩飾地提出要進行一個徹底的範式轉移，從「警務」轉向安全治理。此外，還有一派著述（其數量正在不斷增長）倡導「新警察科學」，其領頭先鋒是馬庫斯‧道伯爾（Markus Dubber），他公開讚揚對「警察權」的歷史分析（道伯爾，2005；道伯爾和瓦爾維德，2006。參見洛德 [Loader] 和澤德尼爾 [Zedner] 2007）既鞭辟入裏又同聲相應的評論，雖然他的觀點的形成並未參考希林等人的研究成果，他們都從福柯關於「治理術」（governmentality）的理念中獲得了靈感啟發。第三個重要的警務新理論視角是理查德‧埃里克森（Richard Ericson）和凱文‧哈格蒂（Kevin Haggerty）有關「風險社會」的警務論述，這一論述頗具影響，基本上被歸入廣義上的轉型論與範式轉換論範圍之內（埃里克森和哈格蒂，1997；約翰斯頓，2000）。其他「新警務」論（麥克勞林，2007）包括眾多有關後現代性

或近現代性對警務的影響的各種各樣的討論（賴納，1992；麥克勞林和穆爾吉，1999；沃特斯，2007），以及帕特‧奧馬利（Pat O' Malley）關於警務工作現在已經進入「後凱恩斯主義」階段的論述（奧馬利及帕爾默，1996；奧馬利，1997）。根據貝利（Bayley）和希林（Shearing）在 1996 年所作的闡述，轉型論是建立在兩個因素基礎之上的：「警務工作不再由公共警察 —— 也即政府創建的警察 —— 一家獨攬」，以及「公共警察正在經歷……一場身份認同危機」（貝利和希林，1996，紐伯恩，2005 ： 714）。鑒於這些轉型中的第一個所顯示的種種實證性變化，如今書籍與論文的題目通常已經不再提及「警察」，而是轉而使用「警務」一詞。道伯爾等人致力探索的「新警察科學」（new police science）與這一用語趨勢背道而馳。他採用的是「警察」而不是「警務」這種說法，顯而易見的是其返璞歸真地採用了警察（police）一詞 18 世紀的用法，當時「警方」（the police）尚未出現，而且「警察」一詞的內涵尚未發生縮小。

　　儘管在用語上存在這樣的區別，「新警察科學」仍然與安全治理視角存在共同之處。首先，兩者均拒不接受約翰斯頓和希林所稱的「主流犯罪學話語」（據稱該話語「依然醉心於與國家實施的安全與司法行政管理事務有關的議題」）（約翰斯頓和希林，2003 ： 10）。無獨有偶，「新警察科學」也對「20 世紀犯罪學（該理論企圖將警務與其他權力實踐行為隔絕開來進行思考）的陷阱」大加撻伐（尼歐克萊奧斯［Neocleous］，2006 ： 19）。在一篇題為《論「新警察科學」的理論基礎》這篇在其他方面均堪稱質素上乘的學術性分析文章中，作者尼歐克萊奧斯卻在文章開頭對警務研究大加挖苦（而且關於警務的新理論著作中有不少也對這種的諷刺挖苦隨聲附和）。尼歐克萊奧斯大談「『警察研究』立意狹隘、一潭死水……局限於對犯罪和執法的研究……對於釐

清警察這一概念本身，或者從警察權力的歷史淵源，或者政治多樣化的角度探索警察權力多樣化的可能性，多數關於警察的研究均避而不談」（同上： 17）。尼歐克萊奧斯這篇文章的主要論點是要將警察這一理念轉移到政治經濟以及範圍更廣的治理事務的框架之內，也即重回現代警察出現之前的 18 世紀的「警察科學」。

我完全贊同這種從政治經濟學角度研究警務工作的呼籲 —— 但同時我還是要提議，警務工作的政治經濟學分析仍然要符合警察的社會學主流觀念，與他們並駕齊驅的尼歐克萊奧斯拒絕接受這種觀點並斥之為「一潭死水」（backwater）。新警務理論全盤否定了有關警務的實證性社會學研究的重要性，因而也就犯了良莠不分、以偏概全的錯誤，在潑髒水的同時將孩子也扔掉了。

（二）警務理論：分析維度

警務理論必須能夠解決若干相互關聯的問題。眾所周知，列寧曾經用他特有的言簡意賅的方式將所有政治問題都簡化為「誰是主體？誰是客體」，這一原則當然也是警務工作的核心問題。不過，在詳細論述這一對詞組的時候，我還是要建議，警務的理論化必須包括對下列八個維度的分析：

（1）甚麼是警務？

（2）誰參與警務？

（3）這些人要做些甚麼？

（4）警務的手段方式是甚麼？警務的權力有哪些？

（5）警務要達到甚麼社會功能？

（6）警務對不同羣體有哪些影響？

（7）警察自身是由誰進行監管的？通過甚麼方式進行監管的？監

管的目的是甚麼？

（8）如何理解和解讀正在演進中的警務目的與實踐？

新警務理論家對於上述問題的回答不用說是各不相同、紛繁複雜而且尚未定論的。即便如此，這些答案有時還算得上理想——下文章節所探討的正是其中有代表性的答案。

1. 甚麼是警務

正如先前所述，轉型論的主要理論支撐點是宣稱國家對警務工作的壟斷已經終結，也即轉型論首先關心的是由誰來從事警務工作。令人意外的是，雖然轉型論對有關警務的論述影響深遠，但是它們在對「警務究竟是甚麼」這一重大理論問題進行定義時，卻忸怩作態、含糊其詞或是輕描淡寫，而對於警務在轉型之前以及在飽受詬病的傳統警察研究中是甚麼樣的，他們倒是旗幟鮮明——但其實卻大錯特錯的。雙方的一致之處正如前文所提出的那樣，必須將警務（一種行動）與警察（一個特定類型的機構）區分開來。

正如前文所看到的那樣，對警務的特異性進行定義則更為麻煩。我們可以區分出兩種定義：功能性定義與策略性定義。在對警務進行定義的種種嘗試之中，多數都屬於功能性的定義——警務能夠實現甚麼目的，或者應當說警務應該達到甚麼目標。新警務理論大抵屬於這種情況：

> 我們關注的是那些為創建有形可見的犯罪控制的工具——無論是政府機構還是非政府機構——而作出的各種顯而易見的努力。所以，我們討論的是警務，而不僅僅是警察。與此同時，我們之所以說為創建警務機構而作出的顯而易見的嘗試，是為了避免把我們的討論延伸到社會賴以維持秩序的各種非正式機構之上。

因此，我們討論的範圍比警察這一「麵包箱」(bread box) 的小範疇要大，但是卻小於如「大象」一般龐大的社會控制。我們把重點放在高度自覺的自我意識過程 (self-conscious processes) 上，通過這一過程，社會得以指派並授權有關人員創造公共安全。（貝利和希林，1996，紐伯恩 2005 ： 715 至 716）。

這樣一來，我們就用各種各樣的預期功能對警務進行定義：控制犯罪、維持秩序和公共安全。將警務再概念化為安全治理，並沒有對這一定義進行大的變動。「在本書中，當我們論及對安全的治理時，尤其是指那些在面臨威脅（不管是已經變成現實的威脅，或是可能預期實現的威脅）時促進平安的應對措施，這些對和平安全的威脅，與其說是源自於集體生活，倒不如說是起源於導致人類意圖與行動的非人類根源因素」（約翰斯頓和希林，2003 ： 9）。

這種對於警務的功能性定義是有問題的，因為它們與警察（無論是公共警察還是私人警察）實際所做的事情或者能夠做的事情幾乎沒有甚麼契合度。正如新警務理論學者自己在他們的實證研究著作中所展示的那樣，公眾要求警察處理除了犯罪或秩序混亂問題之外的形形色色的事務，而且無論他們的工作多麼卓有成效，警察對於犯罪控制或者社會平安 (social peace) 的貢獻都有可能是微乎其微的（希林，1984；貝利，1985 ： 120 至 127，1994 ： 29 至 41；約翰斯頓，2000 ：第三章；本書第五章）。實現那些歸結於警察的警務功能（假如它們果真得以實現）的是社會控制這個「大象」，而不是警務機構這個小「麵包箱」。這是因為秩序的源頭並不在警察作用範圍之內，而是在一個社會的政治經濟與文化之中。只要一個社會的政治經濟和文化能讓多數人過上有意義和有價值的生活，衝突、犯罪和無序混亂的狀

況就會很少發生。牢牢地嵌入其他機構的非正式社會控制，不易覺察而機巧地實施了繁重的警務工作。公開的警務機構這個小「麪包箱」，對很多人的日常生活確實產生了重要的影響，但是它對社會的整體秩序與治安的貢獻卻不過是象徵性的，根本談不上起關鍵作用（曼寧，1997a，2003）。

對警務的功能主義定義還對警務的一個重要方面（警務需要處理衝突，因而具有兩面性，需要通過控制一些人來幫助另外一些人）進行了粉飾。這樣一來，一方的功能性警務對另外一方而言可能就是壓迫。因此，警察負責保護的秩序總是具有雙面性。總體秩序是任何井然有序、複雜縝密的文明的必然要求，它在概念上與特定秩序既涇渭分明卻又盤根錯節。這種特定秩序意味着不平等與支配控制他人的具體模式。警務要同時應對「違規停車罰單和階級壓迫」（馬瑞林 [Marenin]，1982），也正是這種緊張狀態使得規範警務的努力舉步維艱（N. 沃克，2000）。因此，正如上面各種定義所揭示的那樣，有人大談特談授權實施警務的是「社會」，而不是佔主導地位的社會力量（無論民主與否），以此來掩蓋粉飾這種局面。

關於警務還有另外一個更為令人信服的非傳統的替代分析。該分析提出，構成警務獨有特性的是警務策略或者能力，而不是功能（克洛克卡爾斯 [Klockars]，1985）。埃貢・比特納（Egon Bittner）大約在40 年前就曾經提出這一觀點，本書也在前文對此有詳細論述（比特納，1970，1974；布羅德 [Brodeur]，2007）。警察與眾不同的獨特性不在於履行了某個特定的社會功能，而在於他們是國家在其所轄領土範圍內合法暴力的象徵性壟斷的專門機構。

2. 哪些機構和人員參與了警務活動

此前已經說過，除了警察之外，還有很多其他人員和機構有能力

而且也在實際履行警務工作職責。儘管警務已經變得多元化，普通大眾對於「警察」這一標籤的理解，依然僅限於只有國家機關才能獲得秩序維護的綜合授權。

　　這裏有一個問題，那就是新警務理論堅稱，從國家主導的警務向私立、公民和跨國形式的警務轉變，是一種根本性的和本質上的轉型。這一說法究竟是否正確？這種說法已經招致了若干令人信服的批評。在很多國家中，私人安全機構僱用的人員數量大為增加，已經超過了公共警察機構的人數（巴頓，2008：5至6）。其實在「二戰」之後的幾十年裏這一所謂的國家警察的鼎盛時期，私立安全機構與公共警察在人數上已然是旗鼓相當了（瓊斯和紐伯恩，2002）。此外，私立安全機構僱用人數出現增長，部分原因是公司企業正越來越多地僱用合同制人員取代機構內部的負有部分安全職責的員工。從更寬泛的意義上講，瓊斯和紐伯恩曾經揭示，私立安全機構的擴張代表了社會控制正式化的不斷增強，因為與此同時負有從屬但依然重要的安全功能的人員（公共汽車和火車售票員以及檢查人員、公園管理員、巡視人員等）大幅減少（2002：表41.1）。這一點與新警務理論家關於此類附屬安全功能（secondary security functions）大大增加了的說法是背道而馳的（約翰斯頓和希林，2003：126）。雖然前不久引入的社區輔助警察（Police Community Support Officers，簡稱 PCSOs）迅速增加，顯示「警務工作大家庭」（extended policing family）出現了多樣化，但某些形式的公民輔助警察，例如，志願警察（Special Constabulary）[8] 的數量卻是減少，而不是增加了。私立安保機構如雨後春筍一般迅速增加，承擔的功能也越來越多，並且國家主導的警務工作內部也出現了多樣化。這些無疑屬於重大的發展變化，但是真正值得商榷的是，這些發展變化是否意味着一個定型的新警務模式，這需要一種全新的分析範式。

　　儘管在穩定的自由民主國家裏，國家掌控了所有合法的武力，國家卻從來沒有壟斷過安全安排架構（security arrangements）（澤德納，2006）。不過，這裏並沒有證據顯示國家對合法性武力的控制受到了挑戰。新警務理論家聲稱私人安全機構的地位與形象（而不僅僅是它們的數量）都發生了轉型（貝利與希林，1996，引自紐伯恩 2005 ： 716至 717）。一方面，對私人安全機構的需求更多，但是要說普通公眾對於它們的看法更加正面，這一點則還遠遠不夠清晰。值得注意的是，直到第二次世界大戰時，在通俗小說與娛樂節目之中，公共警察的形象與英雄人物相去甚遠，而在有關犯罪故事的影視作品中的主人公，正如本書第六章將詳細描述的那樣，則是那些形形色色的私家偵探（從足智多謀、神機妙算的神探夏洛克・福爾摩斯 [Sherlock Holmes] 與大偵探波洛 [Poirot] 等人物形象，到偵探小說家哈米特 [Hammett] 與錢德勒 [Chandler] 所塑造的那些硬漢偵探）。第二次世界大戰以來，特別是 20 世紀 60 年代以來，雖然新警務理論家聲稱公共警察的壟斷地位日益受到挑戰，公共警察出身的英雄人物卻獨霸了大眾文化。私人警察轉而變得邊緣化，除了作為點綴或者毫不出彩的角色之外幾乎沒有露臉的機會，例如，在電影《黑色追緝令》（*Pulp Fiction*，又譯《危險人物》）中的生性殘暴的保安人員以及喜劇《百貨戰警》（*Mall Cop* 中的滑稽角色保羅・布拉特 [Paul Blart]）。這種情況的出現，雖然主要是基於經濟原因，但政府推動警察文職化以及社區服務警察（PCSOs）[9]等人員的政策驅動也功不可沒，而且這些努力並未危及「宣誓」警察在公眾印象中的主流形象。大眾媒體還經常嘲弄社區輔助警察（被戲稱為「布倫基特的博比」[Blunkett's Bobbies]）以及類似舉措。近幾十年來，警務工作確實出現了多元化，但是無論是在本質上還是象徵意義上，都算不上實質性的轉型。

3. 警察究竟做了些甚麼

與公眾印象完全相反，對警務的社會學研究的最早成果之一（在過去的五年間這些研究一再重複）表明，絕大多數的警察工作內容並不涉及犯罪，也根本不涉及任何執法活動（參見第五章）。警察的日常工作都是一些屬於亞執法性質的事務，運用他們擁有的自由裁量權處理各種事件，即便是某人實施了違法行為，警察仍然會採用各種其他「維護和平」（peacekeeping）的方式進行處理。自由裁量權的實施可能會採用各種各樣的歧視性方式或者其他具有爭議性的方式，不過在處理問題時，自由裁量權卻往往是大家一致認為明智的做法。不過，儘管自由裁量權的行使方式或許往往是存在問題的，但警察行使自由裁量權卻是不可避免和必不可少的，但願僅僅是出於諸如刑事司法體系處理能力有限等現實原因。向警方求助的電話中，只有在少數的情況下會涉及犯罪問題，不過這一比例的具體大小會因為地點、時間，尤其是對有關事件類型與研究方法定義的不同而發生變化。儘管如此，毋庸置疑的是，絕大多數的警務工作根本不涉及執法權的運用問題。通常情況下，警察或許確實是通向刑事司法程序的正規途徑，但是它卻很少大開方便之門。

總體而言，警察在控制犯罪和維持秩序方面的作用一直都是邊緣化的。引起警察部門注意或者被警察部門記錄在案的犯罪只佔一小部分，而且這些引起注意或者得到記錄的犯罪案件中，壓倒多數的案件沒有偵破（殺人等嚴重暴力犯罪案件除外）。不過，這並不意味警察在管理他們負責處理的犯罪行為時無所作為，沒有發揮有益的作用，也不意味着他們無法通過探索採用新的戰術來提高工作成效（一如他們近年來所做的那樣）。但是，犯罪控制活動中，將警察視為主力軍是一個「不可能的任務要求」（impossible mandate），他們的首要貢獻是而且

依然是象徵性的，而非實質性的。根本原因正如本書第五章所述，面對大量的潛在違法行為與違法人員，一切可想像得到的警務資源都只能望洋興歎。無論是最為強硬的「零容忍警務」方法，還是最為機敏靈巧的「情報主導警務」方法，所能做到的也不過是對這樣一個龐大的潛在目標對象的邊邊角角進行零敲碎打而已。

犯罪不過是警務工作中不起眼的邊角，而警務在控制犯罪方面的作用也非常邊緣化。直到 20 世紀 90 年代，這一直都是警察社會學的最基本的結論，而且幾位新警務理論家自己進行的若干開創性的研究也證明了這一點（埃里克森，1982；希林，1984；貝利，1985，1994）。因此，看到諸如後文這樣的說法頗為令人感到觸目驚心：「我們在此提出的關於警務工作的風險溝通理念（risk-communication view）顯而易見地剔除了警察工作在刑法與刑事司法層面的中心地位」（埃里克森與哈格蒂，2002，引自紐伯恩 2005 ： 553）——就好像它們之前原本就處於中心地位似的。或者「警察已經不再是社會中遏制犯罪的首要力量了」（貝利和希林，1996，引自紐伯恩 2005 ： 717）——就好像警察除了在媒體編造的神話與警方的自吹自擂之外，真的曾經充當社會中遏制犯罪的首要力量似的。轉型理論將當代警務工作形式與對過去的警務描述相提並論，對舊有警務不是實事求是的描寫，而是誇張歪曲的呈現，這些轉型理論家們較早前的實證工作已經對此現象進行了眾多解構。這種對過去的警務工作所作的不準確敘述，將其歪曲為主要關注打擊犯罪的做法，與警務工作手段與權力在發生假定的轉型前後存在的所謂反差這種說法之間是存在關聯的。

4. 警務有哪些手段和權力

新警務理論家的一個關鍵主題是，打擊犯罪、維護秩序和確保安全的責任從由公共警察一家獨攬轉變為當代警務中的由多元化市場承

擔，是與警務風格、計劃與做法方面的一個根本性的、受人歡迎的轉變存在關聯的。「看來有理由得出這樣的結論……多元化使社區更加安全了」（貝利和希林，1996，引自紐伯恩 2005：720）。

為證明這一點，有人曾經引用了一個定量的論據：多元化不僅導致了私立安保機構人員和公共警察的輔助人員數量大為膨脹，並使公民「責任化」，而且也使公共警察的人數有了相當可觀的增加（即便按比例計算，增長速度也是相對較慢的）（同上，約翰斯頓，2007：28至29；紐伯恩，2007：232）。有人認為，這一變化本身能夠強化公共安全，儘管有大量的研究質疑增加警察人數對防治犯罪的影響（貝利，1994，1998；本書第五章）。但是，新警務理論家們爭論的主要論點是，正是多元化促成了聲稱的所謂警務工作的質變。這一論點的主要依託是私人警察與公共警察在手段和風格上的區別。

新警務視角的核心是多元化，代表的是一種品質上的且令人稱心如意的轉變，因為國家警務體現的是「懲罰精神和強制技術」（punishment mentality and coercive technologies），而私立安保機構則構建在「風險範式」（the risk paradigm）的基礎之上（約翰斯頓和希林，2003：第三章和第六章）。新警務理論家聲稱，「私人警察機構突出強調安全的邏輯，而公共警察則強調的是司法的邏輯。私營安保機構的主要目的是未雨綢繆地採取預防性措施降低犯罪的風險；而公共警察的主要目的則是通過抓捕和懲罰犯罪分子來阻遏犯罪」（貝利和希林，1996，引自紐伯恩 2005：721）。據稱私營安保機構的更有成效、效率更高並且更為溫和寬厚的私營企業模式已經被人視為一種推動公共警察機構積極轉型的公司化模式，在「新公共管理主義」（NPM）的影響下，正通過內部的治理變革，以及諸如以社區、風險與問題導向的警務等運作戰略，大力推進公共警察脫胎換骨的轉變（奧馬利，

1997；約翰斯頓，2000 ：第四章、第五章、第十章；麥克勞林，
2007 ：第四章）。他們聲稱，這種轉型存在一個悖論：英美的公共警
務最初是在 1829 年根據時任首相皮爾提出的模式建立的，具有鮮明的
預防性和前瞻性理念。隨着時間的推移，他們宣稱這一理念已經退化
成一種被動反應式的、強制的和懲罰性司法精神（約翰斯頓和希林，
2003 ： 15），如果能夠採取改革行動，恢復被皮爾首相推行的警務模
式所取代的私人警務模式，未來肯定能夠獲益匪淺。

　　這一分析對舊式和新式警務的手段、計劃和資源的特性描述存在
謬誤。正如前文所述，將過去的警務描繪為專注於犯罪的做法，已經
受到了多項研究證據的質疑。雖然國家警務的決定性特徵是對合法
暴力的象徵性壟斷，在實際工作中，出於原則和務實的原因，警察部
門卻傾向於盡量少用武力，不過，濫用武力（abuse of force）—— 特
別是針對那些處於邊緣、無權無勢、被巧妙地稱為「警察資產」（J. A.
李，1981）的羣體 —— 卻一直是一個亙古不變的老大難問題。儘管
如此，在多個警務的民族志研究中發現，居於優勢支配地位的警務工
作風格是維持和平和「隱秘」的社會公益服務（social service）（龐奇，
1979b）。一個佔主流地位的分析報告強調，有效控制犯罪和擾亂社會
秩序的行為並不是警察一家的職責；要警察做到這一點根本就是一個
「無法完成的使命」（曼寧，1997a）。保障安全、進行犯罪控制和秩序
維護取決於一個由非正式社會、經濟和文化控制組成的複雜的網絡體
系，而警察不過是其中一個組成部分而已，其重要性主要是象徵性的，
而不是實質性的（班頓，1964；沃克，1996；洛德，1997；洛德和馬
爾卡希 [Mulcahy]，2003）。這驚異的先見之明揭示了「節點式治理」
（nodal governance）的真面目 ——「治理是通過多個節點和節點式安
排實施的……警察僅僅被視為是眾多安全治理節點中的一個節點而已」

（希林，2007 ： 252），提出這種假說的目的是駁斥「警務屬於警察」（同上）這一陳舊觀點。新警務理論家們大力推崇這一理論學說，認為這就是未來警務的面貌（儘管有人認為，他們關於節點式治理的理念是一個由公開而明確的安全服務提供者組成的網絡，而不是一個有利於諸如維持充分就業或者穩固家庭、以及擁有文化資本的社羣等社會平安的整體進程，參見約翰斯頓，2007a ： 32 至 33）。不過，警察是眾多安全治理環節或稱「節點」中的一個這樣的理念，自其產生以來就成為警務社會學的一個慣常話題。

如果說，新警務理論家誇大了轉型前公共警察工作中的控制犯罪的基本元素的話，他們在描述私營安保機構的執業活動時還極力縮小了其中暗含的強制內容。事實上，私人警察機構（還有諸如社區輔助警察［PCSOs］等警務輔助人員）普遍缺少公共警察擁有的特別警察權力和可以使用的武力（斯滕寧，2000；巴頓，2007），雖然如此，這一局面正在逐漸發生變化（克勞福德，2006 ： 114 至 117）。但是，這並不意味着，他們掌控責任區域的能力是構建在優越的風險分析思想理論和智能的問題解決方法之上的。確定無疑地，私營安保機構的人員就其個人能力而言，在選拔和培訓方面的水平還是遠遜於公共警察的（邁克爾，2002；班頓，2007，2008 ：第四章）。不管怎樣，私營安保機構擁有源自私有財產權帶來的種種有利條件，而且職責範圍小得多，因而具有重大優勢。新警務理論家通過對「公眾使用的私人財產」（mass private property）過度擴張的解釋，來說明近年來範圍日廣、程度日深的社會控制發展軌跡（希林和斯滕寧，1983，1987；凱姆帕［Kempa］等人，2004）。公眾使用的私人財產是指在法律上屬於私人財產但是卻發揮了公共空間的功能，可供眾多人員進出的地方，例如，大型購物中心、「封閉式」住宅小區、綜合娛樂設施、主題公園和工業園區

等。新警務理論家強調說，這些場所發生犯罪和擾亂社會秩序行為的概率普遍不高，這倒是客觀實情（不過其中部分原因是這些場所的犯罪和擾亂社會秩序的行為，並沒有向警察部門報告或者由警察部門記錄在案）。但是，新警務理論家自己的說法也表明，這些場所內部之所以能夠平安無事，在很大程度上是因為採取了非請勿進的「排斥策略」（exclusionary tactics），而這些策略的效果最終還要依賴強制力。這裏的重點是，公眾使用的私人財產的所有者，以及安保公司僱用的安全人員，擁有阻止他人進入的權力，卻沒有受到合理懷疑的法律障礙（克勞福德，2006： 124 至 134；T. 瓊斯，2007： 848 至 849）。作為進入這些場所的條件之一，公眾使用的私人財產的所有者及其安保人員，能夠實施而且切切實實地對希望進入的人員進行搜查和檢查，並且這些搜查和檢查與他們那些經常惹起非議的公共警察同行們在街頭上實施的搜查和檢查行為相比，不僅更具侵犯性，而且往往帶有歧視性，甚至連最低限度的法律責任也不用承擔，而這些法律問責制度卻束縛住了公共警察的手腳。他們可以把可能帶來麻煩和衝突的源頭統統掃地出門 —— 可能是趕到公共街道上去（這是一種以鄰為壑的策略 [a burgle-my-neighbour tactic]，意味着強化私營安保可能會直接削弱公共安全）。就連節點理論自己也將這樣的場所稱為「安全氣泡」（security bubbles）。不過，鑒於它們主要依賴的是財產所有權和金錢勢力帶來的排他性，這些氣泡的規模大小和好壞程度也不盡相同。這些氣泡屬於地位商品（positional goods），[10] 從香檳酒泡沫直到啤酒泡沫，甚至有毒廢水泡沫等，不一而足。

　　希林和斯滕寧曾經將迪士尼世界樂園（Disney World）作為未來安保工作的楷模進行了分析，這一分析因其迷人有趣而理所當然地大受讚揚。該分析明白無誤地揭示了在保護縱情享受田園般浪漫生活的安

寧祥和環境方面，將各種安全隱患拒之門外的重要性。迪士尼樂園能夠通過進入成本控制、物理隔絕、嵌入各種建築物中的無數安全設備和例行程序實施安全排斥，以及當所有這些安全措施統統不起作用的時候，身穿米奇老鼠服裝的安保人員有權將那些不遵守規矩的人驅逐出去（正如該研究人員提及的一個實例，迪士尼樂園的安保人員曾經威脅該研究人員的小女兒，如果她不遵守禁止赤腳的規定，就要把她趕出去）。約翰斯頓和希林（2003：9）曾經舉過一個類似的例子——「地中海俱樂部」（Club Med）。這個例子明確表明，這種封閉機構的安保是一種「俱樂部產品」（club goods），依靠的是將除了少數有特權人士之外的人統統拒之門外（霍普，2000；克勞福德，2006）。與此相類似的是，將「內緊外鬆」或「外柔內剛」（iron fist in the velvet glove）這種陳詞濫調用到私營保安機構身上，比起公共警察機構來說至少是不遑多讓的，證明有人聲稱兩者之間在思想精神和做法方面差異顯著的說法是站不住腳的。私營安保表面上看起來似乎要成功得多，但是這來源於私營安保機構有權強制要求他人服從管理，並以此作為躋身「安全氣泡」之內的條件之一，以及私立安保的職責範圍要狹小得多，總而言之，就是：最大限度的盈利底線，沒有任何公共利益的理念。公共警察則不同，私營安保機構對於那些被排除在自己職責範圍外的人，根本就不管不問，至少基本上以及可能在實踐中確實如此。

5. 警察能夠實現哪些社會功能

對新警務理論家而言，警察的社會功能的底線是明白顯見的：「無論是在數量上還是在質素上，警務多元化都要增強公共安全」（貝利和希林，1996，轉引自紐伯恩2005：721）。這種觀點繼受了普通公眾有關警務的大眾形象（我稱之為「警察崇拜」[police fetishism]），即警察是社會秩序的至關重要的功能性先決條件，沒有警察，勢必會產生

混亂。這個神話是在過去兩個世紀的歷史裏，經由一整套複雜的文化進程構建而成的，其中警察自身的包裝造勢倒是居功至偉，以及媒體無休無止地反覆描繪警察英雄的英勇戰鬥故事（通常情況下都是成功的故事），這些處於社會動盪環境下的「警藍線」(the thin blue line) 捍衛或恢復秩序與公正的故事情節往往令人津津樂道（本書第六章會有進一步探討）。但是，正如前文已經論述的原因，警察部門在控制犯罪與擾亂社會秩序的行為方面只起到了最低限度的作用。公共安寧與安全主要是政治經濟和文化中更深層次的進程所達成的。

不管怎樣，這並不意味着警察策略的戰略變化不會產生犯罪降低的效果，而且聲稱取得這種效果的說法大行其道。其中最值得注意的是，人們普遍把 20 世紀 90 年代紐約市犯罪率大為降低的功勞給了警察，當然，警察部門並不羞於為自己邀功也是其中重要原因之一。不過，關於警務工作對 20 世紀 90 年代犯罪率的下降究竟有多大的貢獻，存在廣泛爭議（參見本書第五章）。很多分析人士指出，犯罪率出現下降的時間階段與警務工作變革的時間安排並不吻合，美國和世界其他國家很多地區在沒有採用類似警務策略的情況下，犯罪率同樣大大地降低了（雖然程度不及紐約），這些分析人士還指出，經濟、社會和刑事司法方面的變革起到了很大的作用。

傳統警務策略（身穿警服的警察進行「隨機」巡邏，以及事後調查）存在一個重大問題，那就是他們的精力被過度分散地用在數量龐大的潛在受害人員和違法分子身上，根本實現不了眾多的預防性保護功能，也偵破不了多少犯罪案件。那些使警察部門業績取得一定改善的創新性策略，無一例外都是針對改進這一現象的某一個或者多個層面的問題而提出的（參見本書第五章）。「靈巧」警務、情報主導分析技術方法，有助於辨識犯罪熱點地區和慣犯 (prolific offenders)，並將他們作

為重點打擊目標。「問題解決」型警務策略可以識別並消除風險。「社區警務」模式，可以促進對調查工作至關重要的信息流動，並使公眾合作得到改善。聲勢浩大的「零容忍」式秩序維護行動，能夠創造警察無處不在、無所不能的假象，可能會遏制潛在的違法分子並使其他人感到安心。所有這些警務戰略措施，都被新警務理論家歸因於受商業性私營安保行業影響的風險導向戰略（risk-oriented strategies）的一個個成功實例。「通過社區警務和秩序維護型警務，公共警察正在制定多項旨在減少秩序混亂和犯罪機會的戰略。這些戰略與被那些公司企業和非正式社羣所欣然接受的私營保安機構的實際做法相類似」（貝利和希林，1996，引自紐伯恩，2005：721）。不過，對這些戰略進行貌似更為合理的解讀是，作為一種已經形式化的警務策略，它們深深地根植於傳統的公共警務策略之中。正如本書第二章和第三章所述，從皮爾式警務模式誕生之時起，培植公眾合作的氛圍就佔據警察工作的中心地位，其中尤其重要的一個原因就是 1829 年新式警察的組建招致了強烈而廣泛的敵意，為此，警方採取了多項措施來贏得公眾的支持。社區警務發端於約翰·奧爾德遜（John Alderson）於 20 世紀 70 年代在英國德文郡和康沃爾郡推行的具有開拓創新視野的警務模式，之後風靡全球。社區警務旨在重新贏得公眾的支持，並且在 19 世紀中期到 20 世紀中期，警方確實曾經逐步贏得了公眾的廣泛支持，但是後來，公眾的支持卻由於社會和經濟上的轉型變化而受到了威脅（布羅格登，1999；布羅格登和尼吉哈，2005；薩維奇，2007：75 至 78，131 至 135）。唯一具有可比價值的實例是，由於社區警務的出現和發展與文物產業（heritage industry）的發展處於同一時期，應對的壓力也類似，因此，也只有在這個意義上可以說社區警務受到了私營企業的啟發。消費主義階段於 20 世紀 90 年代早期達到其頂峰，隨着「高效

務實」（businesslike）式管理模式開始成為新福音，就連囚犯都貼上「顧客」的美名，這種模式被私營部門效仿，但是其成效卻乏善可陳。對情報信息的精心搜集和認真運用是警務工作的常用工具之一，相關實例在關於新式警察創建前後的刑事偵查的研究中比比皆是（例如，斯泰爾斯［Styles］，1982，1983；羅克，1973；馬奎爾和約翰，1996a，1996b；諾里斯和鄧寧漢［Dunnighan］，2000）。評估形勢以及人們對風險和危險進行評定，是一個被人反覆強調的老生常談問題，認為這是傳統警察文化的代名詞（參見本書第四章）。儘管近年來科技的發展讓這些手段如虎添翼，但是它們卻沒能進入新的風險導向、保險精算理念（actuarial mentality）的法眼（蒂利，2008；科普，2008；馬奎爾，2008）。

毋庸置疑的是，借鑒私營部門的模式，主要但並非完全按照新自由主義政府的旨意，新公共管理（NPM）致力於中央政府通過將權責下放給地方層級的服務提供機構的方式實現「遠端管控」（ruling at a distance）的目的，即「掌舵者」（steering）通過設定目標、工作狀況的測定、名次排行榜、競爭、「最佳價值」（best value）、財政金融以及其他工具性懲戒措施來管控地方的「划船者」（rowers）。新警察理論家熱心於接受新自由主義信條的這些策略，認為私營企業和市場模式運行效果最好（奧馬利，1997，引自紐伯恩2005：701至710；約翰斯頓和希林，2003：第五章；麥克勞林，2007：96至97，182至187）。不過這一信條很大程度上屬於由因及果的假設推理，除了那些確實存在特殊異常狀態，並清楚明白地表現出工作不如預期的部門（如20世紀90年代改革之前的紐約警察局）之外，很少有證據表明這些新管理模式在實踐中取得了預期的良好效果。甚至就連一些政治觀點中間偏右的、篤信市場導向的智庫，也對新公共管理的實施方式提出了質疑，

認為很有可能會出現「反常動力激勵」（perverse incentive），可能會導致警察部門的行動，從意義重大但是難以辦到的事務，轉向那些無足輕重卻能夠辦到的事情上去（洛夫迪等人，2007：16至19）。

不過，「多元化更好地實現了警務職責」這種說法從根本上講是站不住腳的，這種說法不僅在以經驗為依據的實證方面站不住腳，而且還是一個範疇性錯誤。這種說法的前提是，衡量警務工作的最佳依據是有否實現了諸如控制犯罪、執行法律、維持公共秩序以及安全等宏觀功能。但是，這一前提在實際運用方面存在不少棘手的問題，那就是如何衡量這些功能是否達成了，以及如何辨識警務工作在實現這些功能方面所起的作用，並且這還不是問題的全部。正如前文所暗示的那樣，功能主義對多數警務活動存在錯誤辨識，警務活動其實只是對多種多樣、紛繁複雜問題的一種緊急回應；對於這些問題，警務工作至多只能提供一個「頭痛醫頭，腳痛醫腳」的暫時性解決方案。對此，坦科‧沃丁頓（Tank Waddington）一語中的：「對於社會而言，警察就相當於汽車協會（AA）或者英國皇家飛行俱樂部（RAC）的故障救援人員，他們在發生意想不到的問題的時候出手相助，並提供一個臨時解決方案」（沃丁頓，1983：34）。如果轉而用醫療行為來打比方，警察就相當於醫療輔助人員或者急救室醫生一樣，他們雖然能夠提供緊急救治，但是通常情況下對於根治病症卻無能為力。如果警察部門能夠與《1998年犯罪與擾亂社會秩序法》授權的其他地方機構攜手合作，那麼警方倒是有可能為實現這些宏觀功能作出更大的貢獻；新警務理論家曾經大加稱頌這種合作夥伴關係，認為這類合作基本上屬於節點治理思想（nodal-governance mentality）的一個範例，這一說法其實倒也不算言過其實（約翰斯頓和希林，2003：第七章；麥克勞林，2007：126至130）。不過，即使警察部門能夠與地方部門通力合作，也不大

可能解決問題的根本，因為問題的根源並不在於地方，而是需要中央
政府乃至跨國協助才能得到解決（例如，解決失業、放鬆信貸以幫助地
方企業；或者投入公共財政進行基礎設施建設）。這是節點理論的重大
缺陷之一，也表明國家這個角色是不可或缺的（洛德和沃克，2001，
2006，2007；戈德史密斯〔Goldsmith〕，2003；馬克斯和戈德史密斯，
2006；T. 瓊斯，2007： 859 至 861；澤德納，2009： 161 至 167）。

　　不能認為警務工作主要是為了實現甚麼宏大的社會功能，而更應
該把它看成一項西緒弗斯式的無休無止的差事，只能為反覆出現的問
題提供治標不治本的緊急緩解。應該根據警察在案件工作中所做干預
活動的互動質素，而不是干預活動的結果來評判警察，也就是要依據
過程而不是結果，但這樣一來就產生了評估與問責這兩個棘手難纏的
問題（賴納，1998）。對工作績效進行統計度量是新公共管理的慣用手
段（stock-in-trade），以及「務實高效」的企業管理模式或許算得上有用
的診斷工具，能夠促使人們就結果的比較情況提出問題，並針對某一
部門的成績不及比較對象的原因進行反省分析；但是，如果將它們用
作處罰措施，就很有可能導致出現虛假做法、統計數據失真等問題，
並促使警察部門將行動轉向便於測量和易於實現的活動上去，反而適
得其反、達不到預期目標（霍夫，2007）。儘管警察確實能夠緩解絕望
無助的痛苦，但是想當然地以為警務工作能夠實現維護秩序、保證安
全這兩個宏大的功能，卻是一個危險的範疇性錯誤。

6. 警務工作對不同羣體產生了甚麼樣的影響

　　警務在其作運作過程中經常受到不平等、不公正和歧視的影響。
那些無權無勢、地位低下的羣體，例如，生活困頓並且生計無着落者、
少數族裔人士、青年男性（以及社會下層青年女性）、男同性戀以及女
同性戀成了「警察資產」（police property）（李，1983），在刑事司法的

各個環節：截停搜查（攔截盤查）、逮捕、拘押、檢控過程中，這些羣體被當作嫌疑犯對待的可能性之高，與他們在人口中所佔比例極不相稱（第五章對此有詳細論述）。導致出現這一局面的原因是多方面的。就警方在實際工作中重點關注的犯罪行為種類 —— 侵犯財產的常見犯罪、暴力犯罪以及擾亂公共場所秩序等 —— 而言，年紀不大、生活困頓的男性青年實施這些違法犯罪行為的概率更高（而且某些少數族裔的貧困率偏高）。這些羣體無緣進入消費活動的城堡（citadels）這一需要必要資金才能供公眾使用的私人財產場所，因而在公共場所度過的時間更多。因而，他們更「有條件」成為被懷疑的目標（沃丁頓等人，2004）。較之其他羣體，這些人與典型嫌犯形象的吻合度更高，幾乎沒有能力成功地質疑（並阻止）警察所採取的強制行動。此外，這些羣體成為犯罪受害人的概率也偏高，他們對警察的處理態度也非常不滿（海登索恩 [Heidensohn] 和格爾索普 [Gelsthorpe]，2007；菲利普斯和鮑林 [Bowling]，2007；霍伊爾和澤德納，2007）。再者，這些羣體也很少能夠通過招募程序進入警察隊伍；即便他們進入警察隊伍，也經常在職務升遷方面受到歧視。

在對待不同羣體方面存在歧視和不平等，是警務工作中一個揮之不去的問題。歧視與不公與警察為公眾服務的使命背道而馳，也與法律面前人人平等這一原則相衝突。歧視行徑一旦曝光，往往會產生重大醜聞或引起軒然大波，並促使有關方面對警察進行大力整頓（福斯特等人，2005；薩維奇，2007：第一章；麥克勞林，2007：第六章、第八章）。

這與私營警務形成了鮮明的對比。對所謂公共服務警務這艘大船而言，對不同羣體不能一視同仁是船體上所附着的一個甲殼動物。但是，對於私營警務這艘大船而言，卻是整個船體。私營安保公司對

它們的股東以及它們簽約服務的人士均負有責任。而它們對其他人士 —— 警務工作對象以及廣大公眾 —— 的所作所為會產生甚麼後果，根本不能引起這些公司的正式關注。對此，澤德爾（Zedner）的說法可謂一語中的：

> 儘管國家警務在實踐中從來沒有實現過自我標榜的為集體服務的目標，它至少還宣傳要提供一項所有人都可以享有的公共服務。在這個意義上，如果它未能實現這一想法（而且也確實沒有能夠實現），還可以對這種失敗進行衡量、批判和懲戒。而私人安全服務提供機構則絕口不提這樣的主張，而是公然聲稱只單方面保護支付費用的一方的利益（無論是個人的、社羣的還是商業性的利益）。這是沒有甚麼好奇怪的：市場經濟社會的核心邏輯之一就是商品不是根據需求，而是根據消費者的購買能力進行分配的。（澤德納，2006：92）

新警務理論家們自己通過實例論證了公眾使用的私人財產場所的發展，是如何催生了與周圍社會格格不入的森嚴的安全堡壘（security fortresses），並將這一局面稱為「新封建主義」（new feudalism）（希林和斯滕寧，1983）。關於這種日益增長的社會隔離的最初分析，頗有示警與批判的意味，但是隨着轉型論的發展，這一分析轉而被作為「節點治理」進行正面描繪，且私營部門及風險預防的保險精算思維，還被認為應該為公共警察提供一個示範模板。但是，正如前文所述，安全氣泡中的平安是通過源自財產所有權的排他性以及強制性手段獲得的，而不是通過甚麼更為高明的戰術策略實現的。新警務理論家們承認這中間存在公平合理性的問題，並且在探究提升安全部門能力水平

的可能性。他們意識到,向較為窮困的地區增加警力或增添警務設施,或讓社區自行負責安全事務,存在諸多困難(貝利和希林,1996,引自紐伯恩,2005: 722至723)。因此,他們的主要目標是想方設法通過提供代金券或者分類財政補貼的方式「使窮人能夠參與安保市場」(同前: 730至731)。「事實上,社區獲得安保預算經費,專門消費於多種形式的公私混合的警察服務」(同前)。這一主張的前提是,有關問題可以通過警務工作得到解決,並且多元化能夠提高警務工作的效能 —— 前文已經對這兩個觀點提出了質疑。這一主張還引發了這樣一個問題:這種再分配性質的安保預算經費,如何能夠得到政黨的支持與認可?對此,新警務理論家也並不諱言。「當然,富人和窮人之間的安保經費分配問題依然會出現,特別是在富人拒絕支付費用的情況下。但凡有望緩解公共安全領域不斷加深的階級差異的政策,都有賴於我們社會中的富裕階層認識到,安全保障是不可分割的。現在,富人已經在為犯罪付出代價;但是他們並沒有認識到,如果提升總體安全保障水平,而不是將安全保障集中在小範圍內,反而會收到事半功倍的效果,他們會節省更多的支出」(同前,730)。要取得這種支持安全保障再分配的共識絕非易事。但是,鑒於安全要依賴更為寬泛的社會與經濟公平,而不是僅僅通過單一的安保措施,在處理產生安全威脅的「根本原因」(root causes)時,必須完成的任務是構建共識,以在更廣大的範圍內消弭不公平,這是一項更為艱巨但同時也是必須完成的任務。在貧困社區內組織安保工作方面,新警務理論家列舉了若干給人印象深刻並且鼓舞人心的成功範例,例如,南非茨威列森巴鎮(Zwelet-hemba)(約翰斯頓和希林,2003: 151至160)。

不過,這些成功實例離不開外來的資金和其他方面的支持(馬克斯和戈德史密斯,2006;T. 瓊斯,2007: 858至860)。在安保方面,

國家依然是不可或缺的「定海神針」（洛德和沃克，2006，2007），這個安全穩定之「錨」能夠避免治安良好的區域與混亂可怖的區域之間壁壘森嚴，公然出現赤裸裸的兩極分化。

7. 警察自身由誰進行監管，如何進行監管

監管者由誰來監管是治理工作中歷史最為悠久的謎題之一。正如第七章所示，在關於警務工作的論戰中，人們依舊就警察的問責問題爭論得不可開交。其中原因之一是此前討論過的警務工作的兩面性：警務工作通常涉及衝突控制，它既是面向所有人的福利，也是服務於部分人的偏好性商品。這樣一來，問責問題就有了雙面性：需要做到有效且高效地提供服務，同時在使用強制權力時還要力戒濫權或者不公。

在過去 20 年間，由於法律與秩序的政治性佔據主導地位，問責問題的中心已經大幅轉向強調有效提供安全保障，而管控警察不端行為的重要性則大為降低。控制犯罪已經被公開宣稱為警務工作中壓倒一切的首要目標，為了實現這一目標，建立起了一個「精細化與合同化」（calculative and contractual）的監督與激勵架構。警察權的擴張愈演愈烈，而《1984 年警察與刑事證據法》（Police and Criminal Evidence Act）設定的防護措施與安全設施則遭到了削弱。《1998 年人權法》（The Human Rights Act）以及《2002 年警察改革法》（Police Reform Act）設立的獨立警察投訴委員會，是針對這一局面的兩項重大反制措施，但是顯而易見的是，警察權力相對不受約束地在增長，仍然屬於主流趨勢（參見第七章）。

轉型論聲稱，多元化正在使警務工作問責性更強和反應性更靈敏。轉型論者宣稱，私營安保具有與生俱來的高問責性和強回應性，因為客戶與安保公司、安保公司與其員工之間具有合同關係，為工作績效

達不到規定標準設定了懲戒措施。直到目前為止，就公共部門關心的問題而言，他們是歡迎以新公共管理原則為基礎的、更加企業化的問責制框架的（約翰斯頓和希林，2003 ： 26）。新公共管理大師奧斯本（Osborne）和蓋伯勒（Gaebler）曾經用航海做過一個比喻：政府對公共服務應當「掌舵」而不是「划槳」（奧斯本和蓋伯勒，1992）。這個比喻曾經被無數人所引用。「划槳」工作必須下放到諸如基本警管單元（Police Basic Command Units）等地方層級的服務提供機構，並對這些機構設定目標、進行業績測評和根據情況進行制裁，以這種形式對它們的績效進行「掌舵」。這種「遠端管控」的美麗新世界與國家警務機構的中央集權化命令與控制的陳舊僵化體制截然不同，兩者形成了鮮明的對照。後者必然是效率低下的，因為這是一個哈耶克式（Hayekian）的問題：「組織管理嚴密的自上而下的政府，不允許企業家的創新精神，因為那些『處於金字塔頂』的人，並不『掌握充分的信息，作出明智的決策』（奧斯本和蓋伯勒，1992 ： 15），如何治理地方」（希林，2006 ： 23）。這樣的問題對於私營警務部門並不適用，因為據稱私營警務部門在市場激勵的作用下，是充滿生機活力、善於回應和富有效率的。

這種表達方式歪曲了過去和現有的警察治理模式。在英美兩國的警務工作中，從來都不是由國家來「划槳」。英國奉行警察獨立這一法律原則，該原則明確尋求保護警察免於承受政府（無論是中央政府還是地方政府）的直接指令，儘管在實踐中，這一原則的實施是否得到嚴格遵守一直存在疑問（參見第七章）。在美國，直到最近不久，法律與秩序被政治化之前，聯邦政府在地方和州實施法律的警務工作中的作用是微乎其微的。對警務工作實務進行的社會學研究表明，警務工作中的決策在很大程度上是由在街頭執法的基層普通警員作出的，因為他

們擁有相當大的自由裁量權（斯考爾尼克，1966；威爾遜，1968；繆爾，1977；史密斯，1983；馬斯特諾夫斯基［Mastrofski］，2004）。

因此，英美兩國的警務工作傳統上一直都是由國家「遠端」管控的（除非是同等對待的同義反覆語）。在過去 20 年間，隨着「精細化和合同式」的新型警務監管方式付諸實施，這一局面已經有所改觀，給中央政府帶來了前所未有的、正式且有效的槓桿工具，以對「警察獨立」原則進行滲透，現在，「警察獨立」已經淪為一個華而不實、徒有其表的套話（薩維奇，2007：第三章、第五章；T. 瓊斯，2008）。警務控制工作的逐漸集權化，正在變得愈來愈具有爭議性。近年來，保守黨和工黨均承諾要增加地方在警務控制中的分量，並為此提出了多種紛繁蕪雜、令人眼花繚亂的手段，但是這一新近出現的地方主義能否成功地逆轉現行中央政府支配警務工作的局面，這一點尚存疑慮（麥克勞林，2007：第七章；紐伯恩，2007）。

法律以及國家對私營安保業的控制的虛弱無力是路人皆知的事，而且還存在漏洞和瑕疵，因此早就有人呼籲加強對私營安保的監管（巴頓，2008：第五章）。但是，新警務理論家卻認為在商業壓力的作用下，私營安保機構更能夠問責且回應迅捷。如果私營安保公司表現欠佳，客戶就會以終止合同相要挾，以此對其進行懲戒；安保工作人員也會由於擔心丟掉工作而時刻保持警覺，勤勉工作。「私人警察對安全的『底線』的回應比公共警察更為迅捷。如果安全狀況沒有得到提升，私人警察可能會因此遭到解僱」（貝利和希林，1996，引自紐伯恩，2005：721）。私營安保機構在滿足客戶要求方面究竟效果如何，無疑是眾說紛紜的，但是原則上講，說「服務質素好壞，買主自行判斷」（caveat emptor）是可以接受的。但是，除了獲准進入它們的「節點」的少數公眾羣體之外，私營安保機構並不負責「公眾」的安全。無論是在

回應公眾對於安全的關切方面，還是在治理營私舞弊、玩忽職守等不當行為方面，都很難看出多元化究竟如何強化了責任性。

8. 如何理解和解讀正在演進中的警務目的與實踐

轉型論主要是以對趨勢的描述及其「進步性」潛力分析的面目出現的。這一理論的首要解釋主題可以稱為「真相終將大白」(truth will out)：警務工作出現了多個新趨勢，因為它們使用舊有的、據稱是由國家主導的警務安排架構解決了多個突出的問題。這一局面可以用下面這段話加以概括：

皮爾[11]曾經期望通過有案必破、有罪必罰來預防犯罪。但是，在新式警察肇始以來的兩個世紀中，這一願望始終未能實現。導致這種現象的原因多種多樣，有些與警務工作的缺陷有關，有些則與整個刑事司法體系中的問題有關。例如，在戰後大部分時間中，犯罪率均呈現穩步增長的趨勢，這暴露了皮爾創立的警務制度的局限性。除此之外，不能想當然地認為……公眾一定願意舉報違法行為；警方偵破犯罪行為的能力是有限的；另外，法院（原文如此）確保對犯罪嫌疑人作出有罪判決的能力是受到限制的。（約翰斯頓和希林，2003：67）

這些說法在多個方面歪曲了警務工作的歷史。隨着皮爾式警務（在《1856年郡縣與自治市警察法》實施後）在英國全國範圍內得到推廣，犯罪率從19世紀50年代後穩步下降，並且直到第一次世界大戰為止，始終維持在較低的水平上（本書第三章將會對此進行討論）。非但如此，在19世紀晚期舉行的研討會上，需要思考的犯罪學問題反而是如何解釋犯罪率何以會呈現下降的趨勢（拉齊諾維奇和胡德，1986），

這種令人困惑的問題直到 20 世紀 90 年代才再次出現。將犯罪率的下降主要歸功於警務工作的變革是存在疑問的，其緣由將會在本書第三章和第五章進行詳細闡述。在降低犯罪率方面，則是將「危險階層」（dangerous classes）轉化為生活穩定且可依賴的工人階級，即賦予他們作為普通公民身份應當享有的一切公民權、政治和經濟權利。儘管這一進程漫長，不過所起的作用要比其他措施大得多。但是，就算犯罪率的下降是用來宣傳新的「博比」式警察的政治障眼法，但它確實取得了效果，蘇格蘭場神勇無敵、技藝高超的神話（「總能捕獲他們想抓捕的罪犯」），在國際上成為成功警務工作的象徵。

雖然犯罪率在 20 世紀 20 年代和 30 年代有所上升，犯罪率在「二戰」結束後第一個十年內有所有下降；作為英國民族自豪感重要組成部分之一，英國警察的神話在 20 世紀 40 年代和 50 年代達到了頂峰。不過，從 20 世紀 50 年代中期開始，納入統計登記的犯罪案件的發生率開始回升，而且上升勢頭幾乎持續不斷，只是在 20 世紀 90 年代初期和 2000 年年中曾經出現過短暫的下降。直到 1980 年，犯罪率的上升在很大程度上是統計數據帶來的錯覺，因為隨着家庭保險的擴展，財產犯罪的受害者向警察部門報告的財產犯罪有所增加。犯罪的真正爆炸式增長發生在 20 世紀 80 年代和 90 年代早期，當時最新發佈的《英國犯罪調查報告》（*British Crime Surveys*）確認了警察部門的記錄所呈現的這一趨勢（賴納，2007a：第三章）。自然而然地，犯罪率的飆升被部分地怪罪到警察頭上，但是一如此前將犯罪率下降歸功於警察一樣，這樣做是不公平的。導致犯罪爆炸式增長的主要因素是新自由主義經濟政策的實施和隨之而來的種種後果，急劇擴大的不平等、長期失業與社會排斥以及一種以不斷膨脹的消費慾望與利己主義為內含的文化的出現（賴納，2007a：第四章；霍伊爾等人，2008）。面對犯

罪的急劇增長，警察部門的資源捉襟見肘，導致警察能夠偵破的犯罪行為的比例不斷降低，從而進一步削弱了公眾對警察的信任。

但是，無論是犯罪的變化趨勢，還是警察在公眾心目中形象的變遷，其首要成因都不是皮爾警務模式的種種不足。近年來，犯罪與刑事司法之所以呈現出種種令人擔憂的態勢，其背後的真正推手恰恰是新自由主義佔據了警務工作的主導地位，新警務理論家認為該理論蘊含了問題解決方案的種子。新警務理論在論及新自由主義時，幾乎毫無二致地將其視為一套理性的綱領和理念，並且不可思議地將其從它的物質效果與起源中抽離出來（哈維 2005 年對新自由主義的經濟和政治來源及其後果進行了言簡意賅的闡釋）。鼓吹新自由主義的人士的論調，看上去似乎與實踐相吻合（例如，奧馬利，1997，引自紐伯恩，2005：701 至 712），卻忽略了新自由主義帶來的、如今已經顯而易見的種種災難性惡果。新自由主義者關於國家機構可能存在種種弊病的論斷得到了接受，然而，就連阿爾弗雷德・馬歇爾（Alfred Marshall）和庇古（Pigou）等前輩新古典主義經濟學家都明白指出的市場存在的弊病，卻沒有得到認可。

從表面上看，新警務理論家對國家的批評似乎是從 20 世紀 60 年代和 70 年代興盛一時的激進犯罪學演化而來的。

> 30 年前，犯罪學前沿理論所極力應對的是解決「國家這個問題」……一方面，國家通過法律，以相互競爭的利益方之間的獨立評判者的面貌出現，並自稱要保證所有人都能平等獲得公平正義，然而，正式權利的法律平等在事實上是個虛偽的假象……30 年前，國家被視為「全部問題之所在」。國家的資本主義性質，導致它在結構上沒有能力代表普遍的「公共利益」，因為它不能超越特

定的私人利益。（約翰斯頓和希林，2003 ： 33 至 34）

　　隨後，新警務理論家對「許多當代的新自由主義理論家」痛心疾首
地哀歎「新自由主義是如何使國家機器分崩離析的」這個「奇怪悖論」
進行了反思。但是這裏卻沒有甚麼悖論可言。對國家的批評的核心要
害是國家被資本的利益所俘獲，[12] 問題在於如何使國家執行代表公共
利益這一承諾。正如托尼 [13] 在 70 年前所說的那樣，「問題並不僅僅在
於國家是否擁有並控制生產資料，問題還在於誰擁有並控制着國家政
權（托尼，1935 ： 165）。托尼提出，「掩蓋在政治民主的華麗外衣之
下的真相是，經濟大權掌握在數千人或者⋯⋯數十萬人 —— 銀行家、
工業巨子以及地主的手中」（同上： 60）。

　　為了擁抱新自由主義，拋開國家意識形態的面紗（格林 [Glyn]，
2006），「解除束縛的資本主義」可謂是剛跳出油鍋，又落入了火坑。
有人聲稱，「通過『穩步的』後福利政治來解構新自由主義的戰略與做
法，並將它們常常具有的高度創新性，創造性地接收過來並用於發展，
這是有可能做到的。但是，這個說法忽視了市場內在固有的機能失調
的後果」（奧馬利，1997，引自紐伯恩，2005 ： 712）。除非國家採取
反制措施，否則市場會產生很多不受歡迎的經濟後果：權力與財富上
不斷擴大的不平等，偏向富人意願的資源配置（市場的民主不是一人
一票，而是一英鎊一票）；健康、年齡、自然災害等種種變遷興衰所帶
來的不安全；以及正如我們又一次痛苦地領教過的，野蠻的宏觀經濟
的瘋狂波動（這幾點內容在賴納 2007a ： 1 至 11 中有詳細論述）。市
場主導型的社會，還存在社會、道德、政治和文化等其他問題：所有
價值的金融化、煽動無法實現的慾望和期望而引發的社會反常狀態、
自我主義、用金錢豢養（而不是按照賢能選拔）的最佳政客對民主的

敗壞（帕拉斯特 [Palast]，2004；雅各布斯和斯科克波爾 [Skocpol]，2005），以及「威權主義」成為「強勢國家」尋求壓制人們抵抗「自由市場」種種弊病的工具（波拉尼 [Polanyi]，1944；甘布爾 [Gamble]，1994）。

特別與警務工作相關的是，現在有大量的研究證據顯示，新自由主義——與社會民主主義形成鮮明對比——在自身經濟、社會和文化弊病的作用下，其後果出現嚴重暴力犯罪的風險更高，並更注重懲罰文化與刑罰處罰（霍爾和溫洛 [Winlow]，2003；多林 [Dorling]，2004；卡瓦迪諾 [Cavadino] 和迪格南 [Dignan]，2006；賴納，2007；萊西，2008；霍爾和麥克萊恩 [McLean]，2009；威爾金森 [Wilkinson] 和皮克特 [Pickett]，2009）。新警務理論在解釋說理方面的主要缺陷是，它們排除了政治經濟在塑造警察組織、文化以及警官所面對的環境與問題方面的重大意義。要對不斷變化着的計劃安排與實踐以及它們的影響進行解釋說明——無論是有意識的或是無意識的——都需要對那些塑造警務工作形象的宏觀的、中間層面的以及直接的社會進程及其內容，進行多層次的政治經濟學分析（賴納，2007b：343至344），這樣一個視角令人聯想起18世紀皮爾式警察制度出現之前的「警察科學」（賴納，2007b：345至347）。

如果透過政治經濟學的鏡頭對近年來警務轉型的歷史根源進行分析，所得出的診斷結果與新警務理論家的結論大相徑庭。警務工作的多元化，以及公共警察對新公共管理的運用是現有困境的症狀，而不是解決方案。正如第二章、第三章所論述的那樣，英國（包括美國）的皮爾式警察在19世紀早期成立之時，面臨着廣泛而且深刻的社會敵意，特別是面對來自當時在政治上、社會上和經濟上被社會排斥的羣體的敵意。之所以要建立皮爾式警察，不是因為此前各種形式的公民

警務存在的種種技術缺陷，而是因為這些形式的公民警務都是由士紳階層控制的，暴露了統治和法律的階級性（西爾弗［Silver］，1967）。早期警方領導人面臨的重要任務之一就是如何贏得公眾的贊同，在這一方面，英國和美國所採用的策略也有所不同（W. 米勒，1999）。英國採用的途徑是一整套組織性政策，力求將警察打造為守紀律的、與政黨政治活動無關的、配備最低限度武裝的、沒有特殊權力將其與公眾相分離的「穿制服的公民」（citizens in uniform），負責實施不偏不倚、惠及所有階層的法律，並為有需要的人士提供緊急社會服務。這些政策最後成功地消除了對警察的敵意，並為警察贏得了脆弱的正當性和合法性；但是這些政策，只有在公民的社會、政治和經濟權利全面進步這樣一個有利的環境下，才能得到順利實施，產生這樣的效果（馬歇爾在 1950 年的著作中對此有經典闡釋）。這就降低了警察面對的犯罪與社會秩序混亂的程度，使警察得以鞏固自己使用最低限度武力進行運作的形象，並讓警察有空間突出自己的服務角色。

　　20 世紀 60 年代晚期後，警察的正當性、合法性從其根基上逐漸遭到了削弱，但是並非出於警務工作模式的缺陷的緣故。最根本的原因是經濟上的新自由主義。經濟新自由主義由「賽爾斯登人」（Seldon Man）宣言首倡，英國前首相愛德華・希思的政府即係依靠該宣言於 1970 年當選；該主義後來由於工會反對而受挫。儘管工黨政府不情不願，但隨後於 1976 年在國際貨幣基金組織（IMF）支持下，該主義依然捲土重來，並在 1979 年得到了戴卓爾保守黨人（Thatcher Tories）的大力推崇，而且在 1990 年由於得到了新工黨的全面採納而變得根深蒂固。經濟新自由主義引發了大規模的經濟和社會動盪（特別是大範圍的長期失業、不平等和社會排斥），以及一個社會道德淪喪越來越嚴重和以自我為中心的自私自利的文化，凡此種種，在 20 世紀 80 年代導

致了犯罪與擾亂公共秩序行為的急劇增加，其規模之大為百年之未見。加之此前已經贏得正當合法性的警務政策被無意地推翻，因緣際會，其結果是公眾對警察的信心出現下降。

20 世紀 70 年代和 80 年代，就如何應對這一局面，在政治上存在爭議，並且法律與秩序這一問題出現了尖銳的政治化（道恩斯［Downes］和摩根，2007；賴納，2007a：第五章）。保守黨撿起了一個新的、大談法律與秩序的強硬論調，而工黨則依舊固守對犯罪與擾亂社會秩序行為的社會根源進行社會民主主義的分析（與本章提出的類似）。1992 年，這一局面發生了根本性的變化：工黨影子內閣內政大臣貝理雅提出了一個著名的口號 ──「嚴厲打擊犯罪、徹底鏟除犯罪成因」(tough on crime, tough on the causes of crime)，從而宣告新工黨轉而採用法律與秩序途徑，這是幾個顯示工黨欣然接受新自由主義的「第四條款」(Clause 4)[14] 的標誌中的第一個，具有非常重要的意義。

對警察部門而言，這就意味着要接受用虛幻的許諾蒙騙公眾的把戲被人揭穿後的嚴峻挑戰，而這套把戲已經成功地運用了 150 年。在這以前，警察被盛讚為公眾的守護神，保護他們免受犯罪和無序的戕害，但是真正做到這一點的其實卻是一系列經濟、社會和文化進程，這些進程把社會中大多數階層都納入公民這一共同身份之下，並成功地遏制了各種緊張關係和衝突。當新自由主義拆解了這一微妙而複雜的隱藏着的控制體系之後，結果發現引以為傲的警藍線[15] 其實是一條徒勞無用的馬其諾防線 (Maginot Line)。「主權國家」(sovereign state) 這個神話（加蘭，1996）的真實面目暴露了出來，原來像安徒生筆下的着新裝的皇帝一樣赤條條一絲不掛。正如研究人員一直以來所說的那樣，單靠警方孤軍奮戰，對治理犯罪與社會秩序混亂並不能起到多大作用。但是，這卻恰恰是當時聲勢日隆、毫無異議的法律與秩序的

政治主張要求警察部門那樣做的。《1993 年警察改革白皮書》(*White Paper on Police Reform*) 直言不諱地聲稱，警察的任務就是「抓捕犯罪分子」，這一說法證實了民間抱有的一種觀點，而這一觀點卻是從皮爾到斯卡曼等人在官方聲明中一直竭力否認的。這為 20 世紀 90 年代和 21 世紀在新公共管理啟發下的多項改革提供了最初動力：包括要求警察部門摒棄堂吉訶德式單打獨鬥的獨行俠行為 (quixotic hunt)，排除不相關的任務，將自己從抓捕罪犯這一核心角色中解放出來，構建一個基於精算和注重合同的務實高效的企業式管理機制，以確保警察時刻保持警覺，恪盡職守 (薩維奇，2007：第三章、第五章)。與此同時，「新封建主義」也加快了步調，那些具備相應能力的人士也為自己構建了排他性的安全氣泡 (security bubbles)。

　　警務工作的轉型並非源自舊有的、國家主導的警務的內在缺陷，也非源於綜合了私營安全服務公司與在新公共管理驅動之下的公共警務部門，並由此產生的新的多元化企業精神的技術優越性。這種轉型是新自由主義打破平衡和犯罪基因效果的惡果。新自由主義是問題所在，而不是解決方案。

　　關於警務工作的民主與正當性、合法性問題，許多學者從法律、憲法、程序和組織要求等視角有非常寶貴的分析研究 (參見第七章)。英國警務的歷史表明，除了這些因素之外，還需要另外一個要素：社會民主。警察合法化的組織因素之所以能夠成功起效，是因為英國社會範圍廣泛的轉型，其達到頂峰的標誌是第二次世界大戰後的凱恩斯主義與福利國家架構的確立，使社會各個階層的人士都融入公民這一共同身份。但是，這些和平與保障的條件卻遭到了自 20 世紀 70 年代以來新自由主義在政治上的勝利以及隨之而來的「社會死亡」(death of the social)[16] (羅斯，1996) 的侵蝕。扭轉這一局面以及未來實施社會

民主式警務的必要性問題，將在本書第八章進行討論。

四、政治與警務

「警察（police）、政策（policy）、政體（polity）、政治學（politics）、（人對人或集團對集團的）統治（politic）、政黨政治（political）、政治家（政客）（politician），這一組詞彙是在定義上具有微妙差別的最好例證」（梅特蘭［Maitland］，1885：105）。

絕大多數警官都堅稱警務與政治是不相容的。警察局長們時常宣稱他們提供的警察服務在政治上是持中立態度的。20 世紀 70 年代早期，時任倫敦大都會警察廳廳長的羅伯特·馬克爵士（Sir Robert Mark）寫道（1977：12）：「我們（警察）執行的是公眾的共同意願，而不是執行哪個政府部長、市長或其他公共官員的意願，也不是哪個政治黨派的意願。」正如在第三章中論述的那樣，英國警察的正當合法性中一個重要的組成要素就是不受黨派偏見左右。

警察的政治中立或獨立，這種觀點是經受不住仔細推敲的。這一理念建立在一個所謂的「政治中立」的「政治」（political）這一不堪一擊的狹隘概念之上，這將其限制在黨派衝突之中（阿爾馬特魯多［2009：第四章］）。從一個更為寬廣的意義上講，所有涉及權力維度的關係都是帶有政治性的，因此，警務不可避免地與生俱來就具有政治性。

正如上文所討論的，警察在維護秩序方面的特殊角色作用，就是充當專門使用強制手段的專業人士。最成功的警務策略就是使用最低限度的武力，儘管如此，使用武力依然是專供警察使用的潛在資源，尤其是在維護政治秩序方面發揮着獨特的作用。從這個意義上講，警察居於國家職能的核心地位，總的說來，政治分析往往傾向於淡化警

務作為政治文明品質的源泉與象徵的重要意義。

　　對明顯具有政治性的行為進行管控，是專門負責政治事務的警察的任務，或稱為「高級警務」。[17]（班揚［Bunyan］，1977；圖爾克［Turk］，1982；布羅德，1983；P. 吉爾，1994；梅佐韋爾［Mazower］，1997；哈金斯［Huggins］，1998；斯皮泰克［Sheptycki］，2000a、2007）。英國警察傳統的一個顯著特點就是試圖將負責管控公開的政治異議的「高級警務」職能與負責日常執法與街頭秩序的這些「低級警務」[18]工作都統一放在同一個組織之內。儘管英國在 19 世紀後期就已經在警察部門內部建立了負責特殊政治目的的政治保安處，[19]但在其他絕大多數國家裏，從事政治事務的警察部門與從事日常警務的部門之間，在組織機構上的分離度還是要高一些（波特，1987）。

　　警察局長們最想聲言的是：警察不參與黨派政治，而是不偏不倚地公正地執行法律。如果確實存在這樣的情況的話，這一宣稱（較之「警察在政治上是獨立的或者中立」）的範圍有所縮小，但是同樣是站不住腳的，或者縱然站得住腳，也只是在少數情況下站得住腳。我們必須將主觀上的黨派偏袒與效果上的黨派偏袒區分開來。在一個根據階級、民族、性別和其他並不平等的維度劃分若干階層的社會中，即便法律的制定與執行是不偏不倚、一視同仁的，依舊會再現前述那些社會分化。這一點在阿納托爾・法朗士[20]那言簡意賅的著名格言中表述得明白無遺：「法律的莊嚴公正性體現在它同時禁止富人和窮人在橋下露宿、在大街上乞討和去偷竊麵包。」（《紅百合》［Le Lys Rouge］，巴黎，1894）。當然，在現實生活中，社會權力的不平等，可能也會對立法和司法行政的過程產生影響，從而導致法律本身背離其形式上的公正性而產生不公的實質。由於上述這兩方面的原因，在一個不平等的社會裏，法律及其執行所帶來的影響在客觀上肯定會產生政治

性，即使是從較為狹窄的黨派偏見意義上看，也會導致犧牲某些羣體的利益來偏袒另外一些羣體。「富人越來越富，窮人越來越窮甚至進監獄」（雷曼 [Reiman]，2004）—— 而且較之富人，窮人更容易受到犯罪的傷害並成為刑事被害人和警察權的死結（the hard end of police power），即成為警察權作用的主要對象。在我們的社會中，最邊緣和最沒有權勢的羣體，承受着最大的警務壓力，事實上警察拒不承認這些羣體享有完全的公民身份，認為他們是「警察資產」（J. 李，1981），尤其是在發生經濟和政治衝突與危機的情況下更是如此（S. 霍爾等人，1978；克勞瑟 [Crowther]，2000a、2000b）。

正如後文我要提出的那樣，英國的警察傳統在很大程度上迴避了公開的黨派紛爭。警察賴以運作的憲法結構不受選舉產生的政府當局的直接控制，其用意就是為了維護警察不受黨派偏見左右。然而，必須強調的是，雖然警務天性固有政治性並在事實上具有政治偏見性，從而製造社會不平等，但與此同時，警務仍然維護了文明和穩定的社會賴以存在的最低限度條件，並且這種最低限度的環境條件使得所有的羣體都能從中受益，儘管受益的大小程度有所差異。

但是，雖說警務工作屬於天生就具有政治性的活動，這並不意味着警務工作通常看上去就具備政治性。或許警務工作不可避免地具有政治性，但是卻未必要政治化 —— 這正是圍繞警察運作和組織的方法、手段和模式所產生的公開政治爭議的中心之所在。警務工作是和踩單車類似的活動。踩單車時，大約只有在車輪掉了的時候才會想起自己在騎自行車；同樣，當一切進展順利的時候，警務工作往往就變成了不為社會所注意、也無人討論的例行工作。

本書從警務工作所產生的參差不齊的社會效果的角度探討了警務工作中事實上存在的政治性（第五章），警官們的政治意識形態以及在

大眾意識形態中警察的政治角色（第四章和第六章），以及警察的政治化和涉身於公開的政治衝突中（第二篇和第四篇）。正如第二章和第三章所示，英國警察是冒着尖銳的政治反對成立的。為了贏得公眾的認可與接受，英國警務傳統的設計師們為警務工作精心構建了一整套的警務形象、組織和戰略戰術，意圖爭取各個反對警察的政治派別的回心轉意。在英格蘭與威爾士警察問世之後的一又四分之一個世紀內，它基本上成功地實現了自身的去政治化，並被廣大民眾視為具備正當合法性。

需要指出的是，在任何社會，警察的合法性都帶有天生的局限性。警務被認為是主要的衝突解決方案，而且最終還要依靠使用暴力的能力，自此在絕大多數的警察行動中，警務就遭到了其作用對象的反對。從這個意義上講，警察天生就是與罪惡打交道的人，是根除罪惡的配藥師，所以警察永遠不會博得所有人的歡心。要想使警務工作的正當性、合法性得到他人的接受，並不需要社會中所有羣體或者每一個人都認同警察的具體行動的實質內容或者方向。警務正當性得到接受，意味着廣大民眾，甚至可能包括警務工作針對的對象中的某些人，認同警察擁有這樣做的權威與合法權力，哪怕對於警察的某些具體行動，這些人並不同意或者表示不滿。當然，在社會相對和諧的情況下，民眾對於審慎明智、恰到好處的警務工作的接受可能要真心實意得多。但是，警務作為與生俱來地解決秩序衝突的行為，「贊同式警務」[21] 並不意味着必須獲得完全一致的同意和普遍認可。提出相反的觀點（贊同式警務就意味着要取得民眾完全和普遍的同意）是危險的，因為這樣做會導致民眾產生根本無法實現的社會預期。這就是那些頗為流行的「社區警務」理念內在的局限之處，儘管「社區警務」一詞在全世界各地警務改革領域「風頭正勁」（rhetorical giant）（曼寧，1997a：11）。

正如沃丁頓（Waddington，1999a：223）一針見血所指出的那樣，「社區警務」一詞本身就自相矛盾，是一個逆喻，[22] 因為如果警察能夠為整個社區服務，那將意味着警察沒有多少存在的價值可言了。

在本書的第三篇中，根據一大批數量可觀的，關於警察文化、行為活動和形象的實體證據，我將對上述相互矛盾的說法與策略進行評估。我所得出的結論的核心是，近年來的這些改革舉措由於未能擯棄「法律與秩序」的框架，也未能認識到警務工作與生俱來的局限性而大受影響。政府的一些政策導致失業與社會排斥問題，特別是在青年人和少數族裔中存在的上述問題雪上加霜，催生了警察在治理新生且不斷膨脹的下等階層方面遇到的諸多問題，從而給這些改革舉措造成了致命的傷害（克勞瑟，2000a，2000b）。這些問題反映的是政治經濟和文化中發生的範圍更為廣大、往往被籠統地稱為「全球化」的結構性變化（這些變化限制了政府的行為範圍）。不過，自從 2007 年發生信貸緊縮以來，新自由主義全球化的惡果已經暴露無遺，並招致了經濟的崩潰。過去 25 年間發生的社會、經濟和文化轉型又導致警察面對的問題成倍增加。

20 世紀 80 年代上半段，警察深陷於尖銳對立的兩極化政治爭吵的旋渦中茫然無措。警察是保守黨的寵兒，與工黨控制的警察監管機構齟齬不合、衝突不斷，以至於工黨威脅要讓警察監管機構強化對警察的監督問責。警察超越黨派紛爭並成為受人愛戴的國家圖騰，那種公眾一致贊同的太平而美好的時光一去不復返了。到 20 世紀 90 年代初期，公眾對警方的信任與尊敬已經到了 19 世紀警察創建以來前所未有的低谷。警方發生了多起醜聞，將嚴重的司法不公的冤假錯案暴露於世人面前，警察超然於黨派紛爭的形象岌岌可危。與此同時，犯罪數量以空前的速度增長，警方保護民眾免受犯罪侵害的能力似乎有所下

降；儘管 20 世紀 90 年代中期之後，犯罪數量上升的速度總體有所下降，但是已成驚弓之鳥的公眾已經無法感到安心。

到 20 世紀 90 年代中期，局勢又發生了變化。工黨為實施「嚴厲打擊犯罪，徹底鏟除犯罪原因」的戰略，孜孜不倦地對警察部門大獻殷勤；保守黨則試圖將苛刻的市場化為基礎的「務實高效」型企業化管理規則用到警察行政管理與問責制之中。這對警察部門而言，既是好消息也是壞消息。好消息是關於警務工作以及警察在打擊犯罪（對任何政府而言都是重要目標）中的象徵性重要意義的共識在一定程度上得到回歸。這一點反映在了公眾對警察信任度趨於穩定，而直到 20 世紀 90 年代早期公眾對警察的信任仍然處於斷崖式下滑之中。壞消息是指，新共識的觀點是：警察部門幾乎在各個方面的表現都非常糟糕，需要進行大刀闊斧的改革。越來越明顯的是，警察感到自己被困在了一個扭曲的時空隧道中。警察部門確實矢志改革，但是由於警察醜聞頻遭曝光，加之在過去警察部門的醜聞會被掩蓋得嚴嚴實實，致使公眾對警察的業績和品德產生了不切實際的期望，最終導致警察改革對公眾觀念的影響效果大打折扣。

作為對上述問題的回應，警察部門和政府推行了多項改革戰略，速度之快令人眼花繚亂，並且同時推出的各種改革戰略舉措之間還存在對沖抵銷的現象。警察部門在政策制定層面的思想，是由不同時期為了應付當時的危機，而推出的各種應對措施拼湊而成的大雜燴。這中間還保留着 1981 年斯卡曼提出的強調維護平安與一致共識的理念的餘音。1999 年針對斯蒂芬‧勞倫斯（Stephen Lawrence）一案發佈的《麥克弗森報告》（*MacPherson Report*）強化了這一理念，以及對走向「社區警務」和「問題導向警務」的執念。這些斯卡曼理念的餘音又與管理理論的某些內容、「服務質素」這樣的消費主義話語以及一星半點的商

業經營理念交織在一起。不過，這些相對溫和的論調越來越受到人們對嚴打警務工作重新煥發出來的熱情的威脅，主要體現在「零容忍」這一頗具爭議的理念之中；21 世紀初期世界各地發生的恐怖襲擊使得人們對嚴打警務的熱情大為高漲。

本書分析了警察是如何走到他們今天所處的境遇的，以及關於警務工作的研究中，哪些成功經驗能夠為警務改革繼續進行提供啟示。結論遠遠談不上令人歡欣鼓舞，這在很大程度上是因為新自由主義、自由市場經濟政策所造成的種種後果：社會對立、貧困、不公以及相對被剝奪，以及它們所滋生的憤怒。這些都是警察部門必須應對的惡果。想要重溫《警探迪克遜》[23] 所象徵的、人們就警務工作擁有共識的「黃金時代」（golden age），至多也就是空想而已。一個更為務實但是可以實現的目標，應該是在一個日益碎片化和分裂的社會中，盡可能專業、高效和公正地做好這個「苦差事」（dirty work），並重新贏得公眾的認可。在一個社會大規模轉型並產生深刻的社會錯位與不安全的時期，就連這麼個退而求其次的目標能否實現，也是存疑的。一如近代警務在 19 世紀初誕生之時，警務工作能否取得成功，在很大程度上取決於政治經濟和文化這兩個更為宏觀的問題，現在能否重拾社會信任，尤其要看新自由主義霸權的惡劣後果能否逆轉，以及包容的社會民主公民身份修復的漫長征程。

第二篇

警察發展的歷史

第二章

制服警察的誕生：
英國職業警務的建立（1829 至 1856 年）

「我再未見到他們中的任何一位 —— 除了警察，還沒有人發明告別警察的方法」。菲利普・馬洛 [24] 以一種聽天由命的悲歡語調發出無奈的感慨：「除了警察自己，還沒有人會承認我們不需保留警察這一行當。」偵探小說家雷蒙德・錢德勒在他的經典推理小說《漫長的告別》（*The Long Good-bye*）[25] 中以此作為全書的結語，這段話包含了即便那些曾經反對警察的人們的一種基本假定。無論是對歡迎警察的人或者不歡迎警察的人、攝政者或者令人討厭的人，甚至是被社會遺棄的人而言，警察的存在都是現代社會生活中一個令人不快卻又無法改變的生活現實。正如第一章指出的那樣，警務是社會關係的一個普遍特徵，而專門的警察機構則不是。正式的警察組織機構與社會的複雜性、不平等和現代國家的發展有關。在近代或後現代社會中，這種形式的警察組織，其集中性是否能夠持續是沒有疑問的事。在某些方面，當前正在發生的警務轉型包含了前現代警務模式的再現（澤德爾，2006）。

英國現代職業警務制度的產生過程，伴隨着相當激烈的爭議，對警察應運而生的這一過程進行細緻深入的思考，使得對視警察為社會秩序存在的一個條件的這種警察崇拜現象，理所當然地產生懷疑。警察這一職業的建立是一個漫長而又痛苦的過程。它面臨着激烈的反對

以及愈演愈烈的敵意，特別是在 18 世紀末 19 世紀初，警察遭到了強烈的質疑。

一、有關警察歷史的闡釋

有關英國警察制度起源和發展的傳統描述，反映了明顯的保守主義理論假定框架。警察被視為社會發展進程中的一個必不可少的促進社會福祉的機構（beneficent institution），是民族驕傲的奠基石，是英國具有實用主義精神的天才精英們，為了應對社會秩序和文明生存現狀面臨的嚴重威脅的產物。警察機構成立之初所遭遇的各種強烈反對之聲，主要應當歸因於種種既得利益對新生事物的敵意以及心胸狹隘的蒙昧主義。[26] 然而，在這個溫和的警察機構開始顯現出其促進社會福祉之功用時，所有這些反對聲音便很快煙消雲散了。

關於警察是歷史發展的必然產物這種觀點，在 20 世紀 70 年代受到了挑戰，當時，一個新的馬克思主義修正主義思想觀念佔據了該領域的主導地位。這種觀念認為：警察本質上是維護統治秩序的一種手段（這些手段與刑事程序、懲罰制度、社會政策和政治代議機構的改革有關），是佔統治地位的統治階級，用以壓制佔人口絕大多數的工人階級的利益及其各種形式的反抗的一種工具。

這種修正主義者的解釋觀點，本身也受到他們自己後來的研究成果的挑戰（S. 科恩和斯卡爾 [Scull]，1983）。最近，越來越多的研究表明，傳統主義警察史論家和早期修正主義者的闡述中，都包含令人質疑的假設。一個更為複雜的有關警察發展的後修正主義的理論圖景已經出現（埃姆斯利 [Emsley]，1996、2007、2008、2009；D. 泰勒，1998：第四章、第五章；羅林斯 [Rawlings]，1999、2002、

2008；菲利普斯［Philips］和斯托奇［Storch］，1999；比蒂［Beattie］，2001；A.T. 哈里斯［Harris］，2004；戈德弗雷［Godfrey］和勞倫斯［Lawrence］，2005：第二章）。為了便於讀者理解各種解釋，附錄記錄了按照時間順序排列的英國警察歷史發展的重要事件的年表。

（一）警察視角的歷史：正統派的警察歷史觀

所有規範的正統歷史學的研究，或多或少都包含了與「作為歷史的意識形態」相同觀點的信息（魯濱遜，1978）。通觀有關英國警察傳統的一些早期的開拓性研究成果（M. 李，1901；里思，1938、1940、1943、1948、1952、1956），可以從那些意在提振人心的具有強硬外交政策頌揚性質的著述之中（明托［Minto］，1965），發現大量清醒嚴肅而學術嚴謹的著述，其中一些詳述和學術著作令人肅然起敬（拉齊諾維奇，1948、1956、1968；哈特，1951、1955、1956；克里奇利，1978）。在一些地方警察的歷史記述之中，甚至有時在通史中，也有關於警察發展歷史的規範性正統解釋（斯特德，1985）。儘管由於分析的洞察力和掌握的詳細信息不同，導致不同的正統闡釋，但是它們都有着相同的核心假設。從這些假設中提煉出來的精髓能夠回答有關「新」警察的十個問題。因此，可以用正統警察史觀的規範性研究結論，與修正主義者和後修正主義者在這些問題上的觀點進行比較。

1. 新式警察產生的原因是甚麼？

普遍公認的觀點認為，警察改革的必要性是直接應對城市革命和工業革命的雙重壓力而作出的理性反應。與新警察相伴而生的是新的秩序問題。「伴隨着工業革命的不斷推進，法律和秩序的崩潰也相繼發生」（克里奇利，1978：21）。

2. 舊的警務制度安排出了甚麼問題？

「18 世紀的警務制度安排是一種非常嚴厲的懲罰性體制……但卻是一個非常脆弱而任性多變的執法機器」（D. 菲利普斯［Philips］，1983：54）。《刑法典》的懲罰性日益增強，不僅體現出其冷酷無情和不人道，而且還事與願違地產生了相反的效果。它使得受害者不願意起訴犯罪，陪審團極不情願作出有罪判決。刑罰的確定性相比其嚴厲性對犯罪的阻遏作用更為有效，這成為 18 世紀晚期貝卡里亞[27]和其他「古典學派」犯罪學家們的一個基本公理。這種思想與亨利和約翰·菲爾丁、帕特里克·科爾奎豪恩和謝里米·邊沁[28]等人有關警察改革的建議所引發的爭議有着緊密的聯繫（羅林斯，2008：65）。

「舊」的警務制度的主要執行者治安官[29]、守望者[30]以及業餘法官，廣泛地受到了 18 世紀和 19 世紀警察改革倡導者們的辛辣嘲諷，同時也受到正統派史學家們的冷嘲熱諷。治安官的任務變得日益繁重而艱巨，以至於僱人代為履行職責的現象變得非常普遍。由於治安官的收入微薄、生活艱難以至於除了那些「幾乎是白痴」的人外，沒有人願意擔當此職務（克里奇利，1978：18）。許多地方法官又盤剝治安官的費用（所謂的「公平交易」［trading justices］）。以「查利」（Charlies）聞名的倫敦守夜人（在查理二世統治期間設立），被人描繪成「卑劣可鄙的、放蕩的、整天喝得酩酊大醉的小丑，在夕陽西下以後，拖着腳步沿着昏暗的大街蹣跚而行，一手持棍一手提着燈光搖曳的燈籠，沿街高聲唱報時辰和天氣狀況，同時警告那些潛在的罪犯他們正在巡邏當中」（同前，1978：30）。這些老舊治安官員們幹活並不缺乏效率，最主要的問題是腐敗，利用他們的職位勒索獎賞和酬金。抓賊者（thief-takers）[31]變成了造賊者（thief-makers）。這兩種行為的原型就是英國知名的捕盜人喬納森·懷爾德，[32]他指使其手下「偷盜他人財物，

並告訴失主他們只要向懷爾德提供酬金或者賞金，他就能幫助他們找回被盜的財物」（羅克 [Rock]，1977：215）。簡而言之，舊式的警務制度被認為是不確定、不協調的，它主要依靠私人力量和業餘人士的努力，且容易產生腐敗。

3. 警察改革的動機是甚麼？

隨着城市的大規模和快速發展，城市被視為犯罪和秩序混亂的溫床。18 世紀英國的小說家、律師亨利·菲爾丁，[33] 於 18 世紀 40 年代和 50 年代曾經擔任米德爾塞克斯郡法官，是警察制度改革的早期倡導者。他與他的兄弟約翰·菲爾丁 [34] 一道共同創建了一個名為弓街警探隊 [35] 的警察機構，這是一個捕盜人的先驅性實體組織（比蒂 [Beattie]，2006、2007）。菲爾丁將倫敦比作「一個大林場或森林，成為小偷藏匿的巨大的安全避風港，就像野獸隱藏在非洲或阿拉伯的沙漠那樣安全」，同時賀瑞斯·沃波爾 [36] 寫道：「有時即便是在中午，警探們也被逼着出去巡邏，就像被逼着上戰場似的」（克里奇利，1978：21）。快速發展的城市化與工業化的進程導致了無邊無際的社會混亂、紀律鬆弛、道德敗壞、犯罪事件頻發和社會衝突愈演愈烈。亞歷克西斯·托克維爾 [37] 在訪問曼徹斯特後寫道：「文明創造了人間奇跡，而文明人卻又幾乎倒退回到了野蠻人」（霍布斯鮑姆，1968：86）。

帕特里克·科爾奎豪恩，[38] 一位倫敦領薪治安官（stipendiary magistrate），警察制度改革的主要倡導者，在其 1795 年出版的《論大都會警察》（*A Treatise on the Police of the Metropolis*）的論文中，試圖統計確定犯罪案件的數量以及由犯罪活動造成的財產損失數量，以此作為正在快速發展的警察科學 —— 政治經濟學的一個分支學科 —— 的最新貢獻，當時的「警察」概念比現在這一術語所包含的特定的官僚行政組織範圍要寬泛得多（賴納，1988、2007：345 至 347；帕斯奎諾 [Pasquino〕，1991；麥克馬倫，1996、1998；尼奧克勒奧斯，2000a、2000b；道伯爾，2005：第3章；道伯爾和瓦爾維德，2006）。1810年，政府開始公佈在英格蘭和威爾士可起訴審判的犯罪案件的年度數據，這些數據顯而易見地表明，犯罪呈現出不可阻擋的上升趨勢（菲利浦斯，1980：180）。即使在當時，這些統計數據是否反映了犯罪率「真正」在上升，也是存在爭論的（埃姆斯利，2007）。與此相反的因素是，對犯罪行為的不起訴率也在上升（海伊〔Hay〕和斯奈德〔Snyder〕，1989）。但是，在《1829年大都會警察法》通過以前，內政大臣羅伯特・皮爾[39]在議會辯論中，憑借的論據主要就是這些統計數據。

除了當時人們對犯罪案件上升的極度擔憂已經到了三人成虎、談虎色變的地步外，正統派歷史觀點還意識到了公眾秩序混亂在推動警察制度改革中的重要性作用。人們對秩序混亂的憂懼更甚於對逐漸下降的道德標準和騷亂威脅的擔憂。科爾奎豪恩和其他警察改革者們，也大談特談道德衰敗問題，並將其視為對經濟和政治的一種威脅（多茲沃思〔Dodsworth〕，2007）。

正統派歷史學家們在論述催生新警察制度的因素時，對因政治原因而造成的秩序混亂在推動新警察誕生中所扮演的角色作用，往往輕描淡寫。1819年發生的臭名昭著的彼得盧屠殺[40]（在這次屠殺事件中，有11人死亡、數百人受傷。為支持議會改革，民眾在曼徹斯特聖彼得廣場上舉行了聲勢浩大的和平示威，他們都受到了來自治安法官、騎兵隊、自由民義勇士騎隊的殘酷鎮壓），克里奇利（他是標準的正統派歷史學家）在其著作中對這個問題從未論及。即使是在里思（1956：122）的著述中，也只是對此問題作了最為簡短的提及，而且這一問題還被「犯罪產業」（crime industry）的論述所同化吸納。正統歷史學家唯一提及的政治性騷亂是戈登暴亂，[41]這場保守反動的反天主教示威

遊行，直接導致皮特政府提交議會的《1785年警察法案》流產，這是第一次嘗試建立職業化的警察力量的努力。這些問題吸引了正統派歷史學家們的關注，他們很容易地將參與暴動的人描繪為「(倫敦)城市的黑社會和強盜」(里思，1943：29)。

那個時候，正統派歷史學家們的整個關注主題，就是對犯罪的恐懼成為促使警察制度改革的主要動機，同時還有對道德淪喪和秩序混亂的擔憂，而這些憂慮都是由傳統農業社會向城市工業社會快速變遷過程中帶來的問題所引起的。19世紀早期被視為純粹是一個「強盜橫行的黑社會」或一個「犯罪的新時代」(M. 李，1901：203)。

4. 反對建立新警察的人是誰？

鑒於新警察的基本圖景，即作為控制由工業發展帶來的邪惡的副產品的專門機構，其必要性是顯而易見的，而正統派歷史的觀點在解釋反對建立專職警察方面，似乎失去了其理論解釋力和強力地位，顯得有些茫然失措。

在1785年《皮特法案》(Pitt's 1785 Bill) 提議建立專職警察的法案被懸置以後，又提出了一系列的帶有權宜之計性質的立法議案，其中最為著名的是1792年的《米德爾塞克斯司法法案》(Middlesex Justices Act)，這個法案任命了21位受薪的地方治安法官，他們負責管控七支警察隊伍。1798年，一個主要受到科爾奎豪恩影響的金融特別委員會 (Select Committee on Finance) (議會中為調查某問題設立的特別委員會)，贊同建立新警察，但是沒有形成和提交任何立法建議。隨後總共有六個議會委員會對是否設立新警察力量提交了報告和立法建議，其中1812年和1816年各一個、1817年兩個、1818年和1822年各一個，這些委員會認真考慮了倫敦的警務制度安排建議，但是他們的建議均是反對建立新警察。這種狀況一直持續到1829年皮爾的立法議案

在議會通過為止。

　　正統派歷史學家們對這一問題的唯一解釋，就是責難那些反對設立新警察者的智力和正直誠實。1785年皮特法案（法國式警察力量）擱淺的原因就是受到倫敦市的反對黨的反對，因為他們擔心設立警察會侵害公民的整體權利，而皮爾1829年提交的警察法案，將城市警察排除在法案內容之外，則巧妙地迴避了這一問題。1785至1856年對警察立法的最大阻力，主要來自關於英國人傳統上追求自由權利的政治說辭，這種立場和觀點既得到了貴族托利黨人支持，同樣也激起了工人階級中激進分子的追隨。1822年議會委員會的報告中，經常引用這樣一段話——「很難調和有效的警察制度與完美的免於干擾的行動自由之間的關係，而行動自由和免於干擾的自由正是這個國家最大的榮耀和寶貴的社會財富」——但是克里奇利拒絕接受這個報告中的觀點，並認為是「徹徹底底的反動保守的觀點」。

　　里思（Reith）則以更加極端的態度反對建立新警察。他說：「那只是那些流氓無賴們努力的結果，是（建立新警察）宣傳所取得的成功，這宣傳近一個世紀以來一直挫敗企圖通過創建警察以消除人們對犯罪和秩序混亂的恐懼的努力」（里思，1943：12）。總而言之，正統派歷史觀點並沒有對警察的社會定位（social location）以及各種當時盛行的有關警察的理念的主要成分進行深入的分析研究，並且認為反對意見沒有任何意義，也是非理性的。

5. 反對新警察的活動持續了多長時間？

　　在新警察走上街道開始從事秩序維護活動後，正統歷史學家們在議會辯論中，必須為那些在議會中沒有直接代表的大眾的反對觀點做出解釋。這種反對聲音，儘管在19世紀30年代早期明顯是充滿敵意的，但是，一旦新警察所具有的價值與優點日益顯現以後，各種反對

聲和貶損描繪就迅速地煙消雲散了。最初，一本公開派發的用以規勸倫敦市民的小冊子上，印有這樣的一段話：「倫敦通報，同努力，**堅決廢除新警察**，無情打擊『皮爾一夥殘暴歹徒』。」在警察與國家政治聯盟集會的一次對抗中，一位名為卡利（Culley）的警員被人刺死。陪審團卻裁定這是「正當殺人」（justifiable homicide）。[42] 這就很明確地顯示出持續的公眾反對警察的力量，但是在議會對卡利案件開展調查以後，傳統的觀點發生了轉變，認為「民意……倒向了贊同警察這一邊」（克里奇利，1978：55）。按照正統派歷史觀點的闡釋，這是個關鍵的轉折點。「警察儘管當時還沒有意識到，他們在與極端過激行為的戰鬥中取得了最終的決定性的勝利。而且，尤為重要的是，從長遠的角度看，他們贏得了更大的勝利——『公眾認可』（public approval）的印章」（阿斯科利，1979：105）。總而言之，從正統論歷史觀的視角看，對警察的反對曾是骯髒下流、令人不愉快和粗野的，但所幸這段時間並不長。

6.「新警察」的「新」在何處？

正統歷史論認為，創建於 1829 年和 1856 年的「新」警察，在效率和誠實正直方面都是一個變革的創新之舉，而且認為它起源於古代的社羣自我警務（communal self-policing）的傳統。

新警察的所謂「新奇性」，主要是指建立了職業化的官僚行政管理的組織制度、「預防警務」（preventive policing）的理性管理政策，也就是說，通過定期的巡邏來阻遏犯罪、鎮壓動亂及維持安全穩定。隨着「新」警察力量在全國範圍內的逐漸擴展，遵循倫敦大都會警察廳的警察「原型」，一個更為協調的制度化的執法體系誕生了，這一體系沒有來自中央政府的指導，因為這指導勢必與傳統的自由主義者不能和諧相處。如此，最終達到了一個「與英國精英們相適應」的折中平衡（克

里奇利，1978 ： 101）。

倫敦大都會警察廳的「新奇性」主要體現在，強調高水平的招募標準和嚴格的紀律要求，這正是由皮爾和他所任命的兩個監管督察專員查爾斯・羅恩[43]上校（輕騎兵）和大律師理查德・梅恩（Richard Mayne）[44]創立的基本準則。這就意味着在最初招募入警的近三千名警察中，四年以後僅有六分之一的人還留在警隊中。

另一方面，社區自我警務（communal self-policing）的古老傳統與社區治安官的歷史連續性（以及他們在普通法上的權力在被合併進官僚機構之中後，在理論上講也未受影響）這兩個方面都得到了強調。這個觀點是梅爾維爾・李（Melville Lee）（1901 ： xxvi）最早提出來的：「我們英國的警察制度……是在人民完全贊同的基礎上進行設計的，我們知道在諾曼第人征服英格蘭之前，這種警務制度已經存在多長的時間。」這個觀點還得到了里思的呼應，他認為警察的歷史「可以直接追溯到歐洲歷史文明初創時期，可以追溯到歐洲大陸上雅利安人部落的傳統習俗，即部落首領負責維持秩序並確保部落法律得到遵守」（里思，1943 ： 14；同時還可以參見羅爾夫，1962 ： 1 至 10；克里奇利，1978 ： 1 至 28；阿斯科利，1979 ： 1 ，9 至 16）。早在 10 世紀左右，隨着侵略者征服英格蘭，為了維持秩序，征服者將宗族結構的殘餘與社羣集體共同自我警務的傳統，整合到輪廓分明的封建等級制度之中（魯濱遜，1979 ： 49 ，n.36）。

7. 「新警察」的社會影響是甚麼？

在正統派歷史觀念看來，警察的社會影響，最主要體現為它是一種解決秩序問題的溫和手段，並檢查違法狀態的蔓延情況：「3000 名不攜帶武器的警察，面對懷有敵意的公眾，在自己的崗位上謹慎行事，為幾個世紀以來持續混亂和不受法律制約的倫敦社會，帶來了和平與

安全」（克里奇利，1978 ： 55 至 56）。這不僅保護了市民個體免受不法之徒的侵害，而且在一個自由民主的框架內穩定了社會秩序。改革者們的意圖在科爾奎豪恩《論大都會警察》的論文中，有着最為清楚明白的闡釋，他說：「在某種程度上，所有能夠增強警察受人尊敬的措施，都有助於保障國家的安全，保護市民個人的生命和財產安全。」里思更是不惜筆墨，對皮爾所創設的新警察帶給社會的各種好處充滿溢美之詞：「這是一個不容置疑的歷史事實，在英國社會出現了秩序井然的現象，為了安全與秩序，市民個人表現出願意協同的意志，這與成功地建立起警察機構和制度密切相關」（里思，1943 ： 3）。絕大多數正統歷史學家對此觀點也同聲相應（M. 李，1901 ： xxv xxvi；戈洛 [Gorer]，1955 ： 294 至 298，305 至 312；克里奇利，1978 ： xvi；阿斯科利，1979 ： 3 至 4，346 至 349）。在正統派警察歷史觀看來，警察的貢獻不僅體現在最直接和平凡的控制犯罪和維持秩序方面獲得了成功；最為重要的是通過他們的努力，最終改變了整個國家的民族性，事實上還促進了世界文明。

8.「新警察」的建立使哪些人獲益？

正統派警察歷史觀的分析認為，警察不僅使整個社會受益，而且與最初令人恐懼的情況相反，他們最主要的是對工人階級和貧苦大眾的福祉產生了深遠影響，這是一個引人注目的話題。警察是弱者在強者面前的保護者。梅爾維爾（1901 ： xxx）聲稱，警察制度設計的目的就是「使其站在有權有勢者和弱者之間，以防止壓迫、危險與犯罪」。里思也接受這一觀點，並繼續發揚了這個觀點。1839 年，皇家委員會就建立鄉村警察的報告，被認為是提供了「一個非同尋常的畫面……由於缺乏警察的保護，結果是工人階級被迫忍受苦難」（里思，1956 ： 203）。克里奇利則進一步指出，窮人是從警察制度中獲益最大的羣體。

「富人花錢僱用獵場看守人（gamekeepers）保護他們的財產，並在睡覺時都手握武器，中產階級的商人們組成志願的保護團體。窮人們則只得各盡所能、聽天由命，直到鄉村警察的改革方案最終付諸實施，他們才得到保護」（克里奇利，1978：28）。

與此同時，雖然窮人和工人階級被正統歷史學家特別選出作為警察的受益者，但他們也被精確地定位為絕大多數犯罪的來源。這個觀點來源於科爾奎豪恩對貧困與犯罪的聯繫以及社會對警察的需要的當代分析（《論貧困》[*Treatise on Indigence*]，1806）。阿斯科利也強調了貧困對 18 世紀「犯罪問題」的特殊貢獻：「當中上層階級利用自身的特權和地位優勢進行金融剝削聚斂錢財時，而下層社會的人民由於沒有這種優勢可資利用，只能以訴諸犯罪的方式獲得生存條件，從而使犯罪的規模達到了空前的水平」（阿斯科利，1979：28）。儘管如此，到 1837 年為止，「新警察」已得到人們的「普遍認同」（同上：111）。

因此，正統派歷史學家們一致聲稱警察能夠給社會帶來普遍利益，但是他們特別強調窮人和工人階級從中獲得的益處尤其巨大。科爾奎豪恩認為，警察的主要職能就是通過「實施監督和約束以促進工人階級的道德完善」，工人階級不僅從此受到警察的保護不再成為犯罪受害者，同時也防止自己沉淪為罪犯（拉齊諾維奇，1956：233；多茲沃思 [Dodsworth]，2007）。

9. 誰控制警察？

正統派歷史學家的核心觀點是，英國警察的權力源於人民，是人民權利的具體化。這也是他們熱切地強調警察根源於集體自我警務這一古老傳統的原因之一。警察不是政府的警察，而是社區群體的公共警察。「令英國自由黨人士感到欣慰的是，在英國社會中從來不存在中央政府可以任意支配的警察力量，一般來說，他們的權力強大足以限

制政府逍遙法外。我們國家的警察永遠是來自人民，也為了人民」（M. 李，1901：61）。里思進一步強調「警察即公眾，公眾即警察的歷史傳統」（里思，1956：287）。

克里奇利冷靜、清醒而嚴謹地駁斥了「警察與普通市民之間的神秘融合」這種觀點（克里奇利，1978：xvi）。但是，他和阿斯科利兩人都特別強調，新警務安排是民主可問責的制度：「這個最具英國特色的制度設計，是用威望而非權力來武裝警察，從而迫使他們必須依靠大眾的支持」（同前）。

倫敦大都會警察廳，作為內政大臣領導的警察力量，向內政大臣負責，對「傲慢而無能」的地方治安法官和教區當局而言，令後兩者的地位和權力受到根本性的削弱，並因這種失敗而深感懊惱（阿斯科利，1979：93至95）。內政大臣與倫敦大都會警察廳警察總監的關係，是一種通過協商談判達成共識的成功嘗試，內政部長繞過大都會警察廳長直接干涉警局內部運作或者干預其「運作角色」（operational role）的做法都「應當被視為不明智和輕率的行為」（同前：106至112）。大都會警察廳警察總監是「女王陛下及王國政府和人民的僕人，他們對議會負責，最大限度地代表人民的心聲（vox populi）……警察局長及其領導下的每一位警員，都遵守他們所執行的相同的法律規定……因而，按照其定義而言，大都會警察，在他們的執法範圍內，就像法官一樣，應當是不偏不倚地秉公執法」（同上：11）。

梅恩成功阻止了內政部副部長塞繆爾·菲利普斯嚴密地干預警察事務的企圖，這被視為是戰勝「官僚機構的傲慢氣焰」的巨大勝利。這為職業化的警察局長們擁有相當大的實際的自主權清除了障礙，不再有行政干預的危險。事實上，「羅恩和梅恩一次也沒有濫用職權的企圖，他們始終將自己視為公眾的僕人，是擁有法定職責維護國泰民安

的僕人，除此之外，沒有其他任何特權」（同前： 112）。

自《1835 年市議會組織法》[45]（此法案要求所有有議員選舉權的市鎮都應當建立警察局）之後，一項中央指導地方郡縣警務安排的措施開始有條不紊地推進。這項措施卻遭到了持續反對，反對者公開指責這項措施的每一個步驟都是法國、俄國或威尼斯（也同樣是歐陸式）的罪惡警察制度對英國傳統的自治權的篡奪；伯明翰議員喬治・穆茲（George Muntz）曾稱「這種地方機構早在阿爾佛雷德國王（King Alfred）時期就已存在」（引自克里奇利， 1978 ： 116 至 117）。最終，1856 年的《郡縣與自治市鎮警察法》[46]明確規定了地方政府的持續責任性與法官之間的初步平衡方案，以及確定了中央政府的一個監督措施，即中央政府在內政部下設立警務督察室（Inspectorate of Constabulary），只有在警務督察確證某警察局能勝任工作後，後者才有資格在新的年度裏獲得財政部提供佔其全部薪金和服裝費用 25% 的撥款。這就為內政部提供了一個可以逐漸擴大作用的開端，使得內政部能夠進行更多的中央指導，警察局長也從地方控制之中獲得了更大的自治權。由於該法案包含了名義上的權力平衡，因而，正統派警察歷史學者將這種警務監管模式視為民主問責制的象徵。

就普通公眾來說，控制警察的最終要素是管控招募和訓練警員的策略。「招募『那些沒有任何銜級、不良習慣和身份地位的紳士』加入警隊，是深思熟慮的政策選擇……警察是同質性羣體和民主實體，他們來源於人民，與人民同呼吸共命運，理解人民、屬於人民，從人民大眾中吸取力量」（克里奇利， 1978 ： 52 ；引自加什 [Gash]， 1961 ： 502）。

因此，正統派警察歷史學分析認為，應當繼續堅持由「人民」控制警察的原則。在一定程度上，主要是通過正式的法律渠道和民主問責

制的方式進行控制。但從根本上講，主要是以一種代表性的方式挑選警察人員，即從那些最具代表性的羣體中挑選警察，並向他們灌輸這樣一種理念，即他們的權力來源於公眾的贊同或認可，而不是強制。

10. 正統警察史的歷史解釋模式的基礎是甚麼？

正統派警察史觀運用的歷史解釋模式，主要是目的論和單線性（階段）發展論。就所謂的「目的論」（teleological）而言，我的意思是指警察發展的驅動力是奠基在這樣一個假設的基礎之上的，即「新警察」模式是與工業化的自由民主社會的秩序維護需求相「適應」的。工業化民主社會對秩序的強烈需求，推動警務改革不斷向前發展，並最終促使改革設計者的警察理念的實現。然而，警察的發展並不僅是非人力（自然）作用的產物。工業社會與都市化所帶來的結構性問題，構成了純粹的「秩序需求」：那些富有「遠見卓識」的改革者們，他們是國家民族精英的人格化身，來自他們思想庫中經過深思熟慮的合理理念與制度設計，在能夠滿足人們對秩序的需求的同時，不削弱他們傳統上享有的自由。這些富有洞察力的「警務先驅」們，例如菲爾丁、科爾奎豪恩、皮爾、羅恩、梅恩等如羣星閃耀，正統派警察史學家們對他們的歷史貢獻大加頌揚，毫不吝惜溢美之詞（斯特德，1977）。不過，這些偉人們的「正確」思想（在反對派看來則是錯誤的理念）實質上都是附象性的（附帶現象）。事實上，（從某種觀點來說）他們頂多推動了歷史發展的車輪和加速了（甚或是阻礙了）發展的進程。

英國警務的發展模式之所以被描繪為「單線性」（unilinear），更確切地說，是因為它有一個明確的方向，儘管有過短暫挫折和偏向，但是從來沒有脫離其軌道。不可抗拒的工業化進程以及它所帶來的社會控制問題，與英國頑強地追求自由的這個不可動搖的目標相遇時，發展現代職業化的警察制度就成為歷史必然。克里奇利和拉齊諾維奇都

強調，英國現代警察制度的建立，是根據實證主義理念反覆實踐並在不斷試錯的過程中建立起來的，因而缺乏嚴謹的邏輯性和宏大的哲學構思或「崇高的憲法原則」。但是，反覆不斷的實驗和試錯只是描繪通往坦途的路徑的一種具體方法而已。對警察制度發展的隱含解釋是，最終出現（從發展階段來看也必然會出現）的這種模式最好地滿足了秩序與自由間衝突的需求。這種含蓄的解釋方法，是創新與實際社會環境之間的一種相互適應的互動，是某種較為理想的辯證作法。在勾勒出警察歷史的傳統觀念的輪廓以後，我將回過頭來對「修正主義」（re-visionist）的批評論調作相同維度的分析，修正主義的警察歷史學觀點在 20 世紀 70 年代已經成為當時的主流觀點，它在相同問題的回答上與正統派截然不同。修正主義的警察史觀有一個明確的發展進程，尤其是圍繞警察的政治衝突的社會基礎有着更為具體的和清晰準確的論述，並將警察的產生置於一個更為宏大的社會背景下進行論述。但是，他們反對理由的論點中包含扭曲正統派論據的方法 —— 在反駁正統派警察史觀的時候，採用一邊倒的例證方式，有失偏頗。

當傳統的正統派觀點將警察作為「歷史意識形態」進行分析並被視為是有益之時，修正主義者則以無可爭辯的方式揭露了正統派觀點在歷史問題上的短處，他們不認為歷史是一種意識形態。《里思主義警察準則》（*The Reithian Police Principles*）（里思，1956：286 至 287），這種起源於羅伯特・皮爾爵士在 1829 年提出的建警原則的最初構想，可能從來就沒有得到實現，甚或從來就沒有被人付諸實踐。但是，不可否認的是，它們都是英國警察思想的重要參照論點。而且，作為一種應然的警察理念，公眾對理想警察的強烈期盼，我們不能輕易地拒絕接受。一種帶有里思主義倫理規範（Reithian ethic）的警察，作為受人尊敬的制度理想，優於那種並不盡心盡力「將粗暴的武力……轉變為

公眾認可的……合法暴力」的警察（同前： 286）。

(二) 修正主義者的解釋：片面的歷史觀嗎？

我所構建的傳統觀念模式，很明顯是一種理想類型。它綜合了各派學者研究成果中的精華元素，而且他們中沒有一個人的研究成果與這個純正模式的任何一個方面相匹配。我所建構的「修正主義」的理想模式，甚至可能是一個更具「片面性強調」的理論模式。

關於修正主義的本質，斯托奇（Storch）在 1975 年的文章中引用恩格斯的論述對此進行了詳盡的闡釋，斯托奇是修正主義警察史觀的旗手。「因為英國的資產階級發現，他們無法超越自身發展的規律，就好像是上帝的旨意，警察的警棍……對於他們而言有着奇妙的撫慰力量。但是對於勞動者而言，則完全相反！」那麼，修正主義歷史觀將如何回答正統派警察史學家們已經論述過的那十個同樣的問題？

1. 新式警察產生的原因是甚麼？

修正主義者強調，工業化和城市化是在特定的資本主義框架中進行的。犯罪和秩序混亂問題，這些工業主義的後果被傳統主義者視為秩序需求的根源，但犯罪與混亂問題不是工業化發展的必然產物，同時也沒有明確的分類。每一個問題又被不同的政治觀點和社會階層劃分為各種不同類型的解釋。秩序新問題的根本是隨着資本主義的興起，隨之帶來的階級分化、階級衝突等形式的轉變及其格局的變化。

大城市的迅速發展使得階級間的分化對立越加嚴重。貧困地區因為其匿名性、道德敗壞、沮喪和絕望而產生了更多的犯罪和混亂。上層社會對待常見犯罪的看法已經發生了改變，認為犯罪已經成為對整體社會秩序的深層威脅的徵兆，因此，必須防止正在快速增長的城市貧民成為「危險階層」（西爾弗，1967 ： 3）。

羣體性失序（collective disorder）的含義也發生了變化。直至 19 世紀早期，以暴亂形式出現的抗議行動，即沒有任何政治傾向的公眾向統治階級中的精英人士表達不滿 ——「通過暴亂的形式進行討價還價」，仍是一種能夠接受的方式，也是一種相互理解的手段。但是，隨着工業資本主義的不斷發展，暴亂不再被認為是原始民主主義（proto-democracy）的一種形式，相反被視為一種對社會和政治秩序的致命威脅（霍布斯鮑姆，1959：116）。

資本主義社會的發展，需要對社會關係中迄今為止規制相對寬鬆的那些方面進行更為嚴格的紀律約束。「一個穩定的公共秩序是工業資本主義者基於自身利益進行理性計算的前提條件」（斯皮策［Spitzer］和斯卡爾，1977：277）。

正式的「自由」勞動力市場的發展，意味着傳統實踐中工人們保留一部分他們生產的勞動產品的方式不得不停止，取而代之的是「現金聯結」（cash nexus）（班揚，1977：61）。實物報酬的方式被重新定義為偷竊。這是一種更為寬泛的轉型模式即「道德經濟」（moral economy）[47] 的一個部分，在這種模式中，價格與人際關係被視為是傳統的公平正義概念的主題，但現在已經完全被純粹的市場經濟所替代，主要受沒有一點人情味的供求關係的規律所支配（湯普森，1968、1971、1975、1992；尼奧克勒奧斯，2000a、2000b、2006：29 至 34）。

工廠生產的新的機器化環境，也要求正式的自由勞動力不僅在工作時間內，而且在「閒暇」時間裏，都要接受更為嚴格的紀律約束，以適應資本主義組織化大生產的節奏和系統編組化的需要。這就產生了「（產業工人）傳統的街頭娛樂方式，同時也是他們唯一的消遣形式的刑事化」（P. 科恩，1979：120 至 121）。警官們成了「國內的傳教佈道者」（domestic missionary）（斯托奇，1976），「公共禮儀的道德企業

家」(the moral entrepreneur of public propriety)（P. 科恩，1979：128）負責轉變普通平民的皈依工作，將更多野蠻而尚未開化的街頭居住者教化成體面、正派且行為高尚、文雅的紳士！

修正主義者對統治階級的不同成分進行了區分，因而具有重大的意義。相對於那些仍然擁有土地的士紳來講，工業資產階級佔據了越來越重要的社會地位。資產階級以及他們的財產更加暴露在犯罪和混亂無序的社會之中，越來越少地嵌入傳統社會的那種順從網絡結構中和屈從於家長式個人專斷權威，更加不情願地向志願警察組織付出他們的時間和生命，因而，傳統的自願警察團體這棵大樹遭到了肢解。

2. 舊警察制度出了甚麼問題？

傳統的正統派觀點認為，舊警察制度安排的主要問題是腐敗和無能，修正主義者對此觀點表示質疑。他們認為，腐敗問題確實在抓賊者隊伍中普遍存在，通觀警察的發展歷程，這個問題是偵探職業特有的病症，並且這一問題在今天的警察職業和偵探行業中仍很普遍且會持續存在（霍布斯，1988；紐伯恩，1999；龐奇，1985、2009）。

然而，主要的爭議問題是對舊警察制度無效率的批判。一些批評家從傳統的貶損舊警察及查理守夜人的粗鄙的幽默笑談中，辨識出了一絲上層階級的附庸風雅和屈尊俯就的氣息（M. 布羅格登，1982：53）。是甚麼原因使得同屬一個時代的受尊敬的人成了無能和腐敗的代表？純粹而簡單的理由，可能是害怕舊警察與他們所來源的那個社羣和諧一致意氣相投，這使得他們作為管制道德的警務形象受損，不被信任，因而犯罪與秩序混亂問題也變得越來越政治化。來源於當地社區的工人階級出身的警察，在控制產業爭端和勞資糾紛的過程中，他們的忠誠度在工廠主看來，是不可依靠和難以信賴的（福斯特，1974：56至61）。據說，後來美國在建立國家警察時，以及 19 世紀

晚期和 20 世紀早期的城市警察的「職業化」運動時，也受到相同動機的啟發（魯濱遜，1978）。

　　無論如何，修正主義者們的觀點堅決主張，18 世紀的社會秩序並不依靠正式的社會控制機構的有效運行來維護。與當代警察改革者和正統派警察史學家們的觀點相反，修正主義者認為，18 世紀的刑事司法體系和刑罰制度是陳舊過時且荒謬無理的非理性的混亂之物，但是它們能夠有效地維持舊的等級制度社會的秩序穩定。這種儀式與法律規則的結合，體現出法律的嚴厲和恐懼，所有這些都體現在「血腥法典」（Bloody Code）[48] 之中，在 19 世紀早期，隨着新的死刑犯罪適用範圍的擴大（湯普森，1975；海伊，1975；斯泰爾斯，1977），判處死刑及公開執行死刑儀式化，並通過這種殘酷的儀式達到威嚇的效果（加特萊爾 [Gatrell]，1994；萊恩博 [Linebaugh]，2006）。這種死刑執行方式與嚴格的法律合規性相契合，象徵着不偏不倚與形式上的公正。儘管對許多新的犯罪都給予死刑的處罰，但只有不到一半的人被執行死刑。這正是功利主義改革家們批評的核心要害所在，對那些微不足道的行為給予非常嚴厲的刑罰懲罰，是不可能得到完全執行的，因而，這往往會導致適得其反的效果。在這一問題上，海伊轉而支持正統派警察史學家的觀點。他認為，在社會等級制度中，通過調停尋求寬容的過程，在上層社會與下層社會之間建立起一種道德紐帶聯結，一旦授予社會各階層應得的各種權利，相應的義務也就得以產生，較小的社區通過人際聯結就能夠建立起穩固的社會秩序，比那些無效的刑事司法制度所能夠產生的作用更為有效。最後，統治者們通過自己的寬容行為獲益最多。「富人和有權有勢者通過對法律的私下操縱，事實上這就是統治階級的一種密謀……［這］使得 18 世紀的英國得以在沒有警察力量的支持和一支強大軍隊的保障下，實施有效統治的原因所在」

（海伊，1975 ： 52 至 56）。

　　修正主義者們聲稱，鎮壓動亂的舊機制不僅對社會穩定不起作用，反而產生了相反的效果。響應羣體性失序事件的傳統手段和方式是使用軍隊、國民自衞隊（militia）（由郡縣治安長官［lord lieutenant］通過強制性投票［抽簽］挑選的僱民組成的民兵組織）、志願軍、自由民義勇騎兵隊（yeomanry）以及志願警察（special constables）進行鎮壓。從政治上說，國民自衞隊（民兵組織）是不可靠的，那些通過抽簽等選舉方式挑選的民兵，他們通常都是由衝突參與方所聘用的，來自參與暴動者同樣的社會階層。調動軍隊就像是殺雞用牛刀，小題大做。因此，它只能是一個備選的替代措施「要麼軍隊不介入和干涉，要麼就採取最激烈的嚴厲手段 —— 隨後可能宣告這是一場將會產生嚴重後果的內戰，持續的社會仇視和憎恨將揮之不去」（西爾弗，1967 ： 12）。志願軍（volunteer forces）從政治可靠性而言，是可以依賴的力量。但是，城市資產階級製造商們並沒有做好召喚武裝志願軍的準備 ——「這是一種典型的農業軍事傳統與和愛好和平的工商業傳統的衝突對抗」（同前： 10）。城市的製造商們在圍獵追捕和射擊方面，並不比那些居住在鄉村的對手們更勇敢，而且他們也明白「招募在社會和經濟上比較優越的人士為警察，是加劇了而非緩和了暴力衝突的發生」（同前）。正如 1839 年皇家專門調查委員會調查鄉村警察隊伍建設情況的報告所說：「由武裝的主人反對武裝的僕從、鄰居反對鄰居、一方的巨大勝利與另一方的徹底失敗所引發的普遍敵意已經產生或正在逐漸增強，甚至將會成為永恆的矛盾衝突，這種仇視比實際發生的犯罪和暴亂更令人感到可悲可歎」。正是這種情況促使建立了「一種官僚行政的警察制度……這種制度本身就招致了攻擊和敵意，似乎要將『憲法』權威與在社會和經濟上佔主導地位的階層區分開來」（同前： 11 至 12）。

　　新的生產製造商和商業店主等城市資產階級，缺乏農村紳士所擁有的那種保護措施，保護其免受犯罪的危害。他們沒有農村大地主所享有的那種生態保護屏障，既缺乏與「危險階層」的近距離接觸經驗（M. 布羅格登，1982 ： 49 至 50），也沒法享受私人僕從和護衛隊提供的服務。他們所擁有的資本大多表現為可移動的商品貨物和機器等形式，這比不動產更脆弱因而更容易被偷竊或遭到毀壞。

　　簡而言之，修正主義者的觀點強調的重點，不是老舊的私人警務內在固有的無效性，而是其與資本主義社會之間日益增長的不適應性。

3. 警察改革的動機是甚麼？

　　在修正主義者與正統派警察史觀看來，建立新警察的直接動機都是相同的，只不過兩者所強調的重點完全相反而已。日益加重的秩序混亂的基本原因是資本主義的發展。資本主義的發展打亂了現在的社會結構，社會的道德共同體遭到毀壞，個人之間的聯結被現金交易關係所替代，最終導致極大的剝削和道德敗壞及意志消沉。官方的犯罪統計在 19 世紀早期開始公開發佈，登記在冊的官方統計數據顯示出犯罪正處於上升趨勢（加特萊爾，1980、1988）。然而，修正主義者對此提出質疑，這些統計數據中有多少是真正的罪犯行為的增長？又有多少統計數據是由於對犯罪敏感度的變化、刑罰改革、警察有效性的提高而發生的改變，從而導致更多犯罪行為被提檢控（金，2000、2003、2006；埃姆斯利，2007）。確定無疑的是，許多當代受人尊敬的和具有影響力的評論家都認為，這些數據正是需要新警察的標誌。警察改革只是更廣泛的刑法典改革、懲戒措施（以監獄的運用為標準模式）、刑事訴訟程序以及起訴進程等合理化改革的一部分，這些改革還涉及與控制有關的社會政策的其他方面的改革（唐納吉格羅德斯基，1977；D. 菲利浦斯，1980；海伊和斯奈德，1989；比蒂，2001）。

　　然而，促使新警察制度產生的關鍵原因，既不在於控制犯罪、道德紀律約束，也不在暴亂控制本身，而在於社會需要一種力量將衝突中的社會階層的關係盡可能維持穩定。因此，警察被賦予一個「綜合使命」（omnibus mandate），以規制工人階級生活的所有方面（斯托奇，1975：88；尼奧克勒奧斯，2000a，2000b）。因此，在修正主義者看來，新警察力量形成的動力是資產階級維持秩序的需要：控制犯罪、暴動、壓制政治異議，以及作為這種綜合使命一個方面的獨立附屬職責：維護公眾道德。

4. 誰反對新警察？

　　反對新警察的力量有一部分來自上層社會的貴族階級。但是，正如傳統的正統派歷史學家所指出的那樣，這並不是不理智的蒙昧主義。反對的源頭是統治階級中的一個獨特階層 —— 擁有土地的地主貴族，他們的反對基本上是基於完全理性的理由。當地主貴族自己的安全已經通過私人手段（private means）的方式得到充分保護時，他們根本不需要支持由地方納稅人（rate-payers）的錢來養活的公共警察。他們完全可以依靠「大量的私人僕從來保衛他們的利益和家人」（海伊，1975：59）。而且，由於地主貴族階級控制地方治安官，這正是舊有的警務制度的關鍵所在，因此，一支更具理性和職業化的警察力量的出現，必然使他們所擁有的地方政治權力基礎從根本上受到削弱。從這個角度講，貴族階級的反對是理性權衡的結果。1829 至 1856 年，每一次增進警務標準化的改革，都遭到了貴族階級的強烈反對，這些改革涉及地方警察權威當局最終應當採取何種管控形式這個根本問題。與此同時，他們更擔憂越來越合理化的犯罪控制系統的發展，將會破壞順從和優越感之間微妙的結構關係，這正是秩序得以維繫的微觀基礎。鄉紳貴族們基於高尚的目的，以傲慢的語調大肆鼓吹受法國、

俄國或者普魯士影響的警務制度計劃的輸入而對傳統自由所構成的威脅，並嘲笑由科爾奎豪恩和皮爾所收集的大量的僅僅以盜竊類犯罪為依據所提出的警務改革計劃。但是，最初反對建立警察的勢力如果主要是地主貴族階層的話，那麼，隨着憲章運動的蓬勃發展，這種威脅已經不復存在了。後來上層階級的反對主要是針對建立警察的具體形式和對警察的控制問題，而不再反對建立警察的基本原則問題了。

在職業警察出現前後，新警察面臨的最激烈的反對來自工人階級。由於工人階級在議會中沒有投票權，因此他們的要求只能間接地被反映出來。但是，隨着絕大多數工人階級的階級意識的覺醒，伴隨着 1832 年《改革法案》（1832 Reform Act）賦予「那些依靠工人階級支持」的小資產階級投票選舉權以後，對下議院議員形成了一定的壓力，因而成功地達成了一項措施，使工人階級在議會中有了間接的代表（福斯特，1974 ： 52 至 4）。正如福斯特對奧爾德漢姆（Oldham）地區的研究所表明的那樣，奧爾德漢姆的下院議員援引標準的自由主義者有關「暴政」的論調，將警察描繪為「是一個如此明顯的違反憲法的壓迫力量，其顯而易見的目的就是強迫民眾」（同前： 69 至 70）。

除此之外，工人階級反對警察的主要鬥爭場所是在議會之外的其他地方，主要表現形式是集體騷亂和小規模的街頭衝突。在北部工人階級團體遭受「藍色蝗蟲瘟疫」（plague of blue locusts）之災後，反警察的暴亂事件就有規律地經常發生（斯托奇，1975 ： 94）。

5. 反對警察之聲持續了多久？

鑒於正統派警察歷史學者提出，最初工人階級對警察的反對之聲，在新警察誕生後很快地就消失了；與此觀點相反，修正主義者則描繪了一條公眾對新警察充滿公開敵意的間歇性線性發展進程（表現為持續的潛在衝突），這個進程一直持續到現代的城市騷亂。菲利普·

科恩（Philip Cohen）辨析了 20 世紀早期倫敦反對警察公開干預街頭生活的同樣的「集體自衞的古老傳統」（ancient tradition of collective self-defence），雖然警察與工人階級青年男性之間的公開的肢體衝突已經被長期存在的敵意所取代（P. 科恩，1979：120 至 121；參見懷特：1986、2008、2009）。M. 布羅格登（Brogden）先生記錄了相似的「持續性（衝突）的殘留物，如果警察機構與下層社會之間存在痙攣式的間歇性衝突……對於那些街道經濟的參與者而言……在警務活動開展的第一個世紀中，他們對警察機構的態度從本質上來說依然如故。下層社會人員仍然成為持續的、偶爾的和明顯的獨斷專橫的警務行為的『淘汰剔除』[49] 對象」（M. 布羅格登，1982：180 至 181）。他追溯研究了利物浦從 19 紀以來的反警察暴亂活動的軌跡，以及 1981 年的托克斯泰斯（Toxtech）反警察暴亂事件：「1981 年 7 月參與街頭格鬥的人員構成及其目標是那些早期反對警察的遊行示威活動者情感的再現」（同前：241 至 242）。與此同時，在工人階級中，那些有正常工作的、令人尊敬的及有組織的部分與警察之間並沒有（與工人階級中其他部分相比）同樣程度的公開衝突，但在 20 世紀前 30 年中發生許多警察與工人階級之間的暴力衝突和殘酷鬥爭，工人階級對警察的贊同和支持是暫時的和脆弱的（同前：186 至 189；1991）。

6.「新警察」有哪些「新奇性」？

對修正主義者來說，新警察之「新」不是他們的工作有效率，也不是新警察的正直誠實。無效率、缺乏組織紀律性、貪腐等，在現代警察中仍然是一種特有的「地方病」。「新警察」的新奇性主要體現在他們是官僚行政組織力量，[50] 其主要職責是通過有規律的巡邏以及對整個社會的監視，以「預防」犯罪的發生（尤其是通過對來自「危險階級」的居民的監視達到預防犯罪的目 —— 就如倫敦聖詹姆士區［St

James's] 因倫敦聖吉爾斯區 [St. Giles] 的守望而得到保護）。依靠私人倡議發起的斷斷續續和一陣陣的法律執行活動，已經被持續的國家警務所替代，這種警務由國庫提供資金供給。通過個人順從的特殊傳統進行的控制，已經被公正的不受個人感情影響的合法權力的控制所取代，合法權力的控制體現的是法律的理性價值與普世價值。「警察工作的官僚化，能夠準確地把控制系統的日常運作推到由國家掌控的預設的匿名機構之下，人們不再基於個人私利來運作這種控制機構，而是（推測起來可能是）基於大眾的普遍利益需求運行控制系統」（斯皮策和斯卡爾，1977a：280 至 281）。

在有關新舊警察尖銳對立的觀點中，修正主義者對現代治安官與部落自我警務（tribal self-policing）的古老傳統之間存在的最根本的連續體「身穿制服的公民」（citizen in uniform）的神話進行了反駁。警察已經變為一個規模龐大的、紀律嚴明的、擁有法律明確授權的以及技術先進的組織，與普通公民有着根本性的區別。

7. 新警察的社會影響是甚麼？

修正主義者認為，現代職業警務的出現將社會秩序轉換成為「受監管的社會」（policed society）。這種「受監管的社會」的「獨特之處在於中央權力的運作，主要是對整個人羣中的潛在暴力行為的監管，即通過廣泛地散佈在公民社會中的官僚行政管理手段，以較小的和自由裁量的運作方式對潛在的暴力進行管控，從而能夠快速地進行權力集中」（西爾弗，1967：8）。最終的結果是通過佔據主導地位的階層的政治和道德權威對社會的滲透，建構起一個本質上受到操控（正因如此才具有脆弱性）的共識。

新警察僅是正在建構的、一個更加集中化的社會秩序行動過程的一部分，通過警察機構這個先鋒部隊，國家滲透進社會的深層結構之

中。但是，對警察而言，作為國家的高級偵察兵，其運作過程意味着某種程度的監管集成與綜合。然而這種談判得來的和諧永遠是脆弱的，一旦處於危機的時候，就很容易被中斷，（公眾對警察合法暴力的）同意便會瓦解。然而，在一般情況下，警察被塗抹上了一層光滑的平靜表層，在這個光鮮的寧靜表象下面卻掩蓋了資本主義社會反覆無常的衝突。

8. 新警察的獲益羣體是誰？

修正主義完全顛覆了正統警察史學家關於警務是社會的普遍福利的觀念，也就是認為窮人和弱勢者是最大的獲益羣體。新警察制度的受益者被認為是建立他們的資產階級以及警察自身，他們拓展了推動社會發展和獲取更大權力的機會。資產階級從新警察制度中獲得的利益最大，警察保護他們的財產、保衛他們的安全，穩定的社會秩序是他們賴以獲得權力和社會地位的基礎。小資產階級，特別是店主們，也被認為是新警察的特殊獲益者，警察保護他們免受犯罪的掠奪和侵害，以及避免同下層社會階層的街頭經濟活動的競爭（M. 布羅格登，1982 ： 182 至 183）。這個獨特的觀點是許多正統的警察歷史學家所共有的觀點。最後，新警察的創立，為那些已準備好忍受來自昔日儕輩們敵意的工人階級兄弟，打開了一扇通往社會流動的方便之門。隨着警察職業獲得了某種職業穩定性的保障措施以後，該職業開始受到工人階級的青睞，他們被受人尊敬的體面的工作和擁有一份穩定職業的中產階級形象所吸引（斯蒂德曼，1984 ：第 2 部分；P. 勞倫斯，2000、 2003；西佩耶—馬科夫 [Shpayer-Makov]，2002）。警察局長們（郡縣警察部門中通常由曾擔任軍官的人擔任），現在則成為在地方政策的重要領域中，擁有相當自治權力的風雲人物（M. 布羅格登，1982 ： 70 至 71；斯蒂德曼，1984 ： 41 至 55；沃爾，1998）。

9. 誰來管控新警察？

修正主義者贊同這樣一種觀點，即「人民」並沒有掌控警察。但是，對於郡縣等地方警察力量是否受當地精英階層的控制（或者就倫敦大都會警察廳來說，是否受內政大臣的控制）還存在某種程度的爭議。正如先前所指出的那樣，內政大臣作為警察的監管機構，名義上對大都會警察擁有控制權。但是，從早期的警察總監開始，倫敦大都會警察廳長官一直以來都擁有較大的自由裁量權，能夠自行決定警察的行為。同時，警察局長們還成功地排除了來自地方行政官員（治安法官）的控制企圖。然而，內政部與大都會警察廳廳長的關係一直是不甚清楚明白的，例如，他們之間的爭論一直持續到 1886 至 1887 年，對警察部門在處置特拉法加廣場（Trafalgar Square）遊行示威活動的警務措施問題上，雙方仍然爭論不休（貝利，1981 ： 94 至 125）。

修正主義者的很多討論，都集中在地方精英階層即郡縣（通過地方行政長官或治安法官）和自治市鎮（通過市政委員會［Watch Committee]）對警察的控制程度上。對這些問題的兩種爭論觀點，反映了更為寬泛的理論差異，即將警察作為統治階級實施統治的「工具」的「工具主義」的警察概念，與將警察視為政治經濟的一種功能的「結構主義」的警察概念，在理論上有着重大的區別。

福斯特在對 19 世紀前 30 年發生在英格蘭西北部的蘭開夏郡的工人運動與生產製造商之間，圍繞着對警察的控制問題所展開的激烈鬥爭，進行了詳細的研究，他的描述中暗含了工具主義者的觀點。當地方治安官（警察）受到位於奧爾德漢姆的市鎮教區委員會的控制，或者根據 1826 年《奧爾德漢姆警察法案》（1826 the Oldham Police Act）的規定，受警察委員會的控制時，他們都面臨公眾的壓力。然而，當 1839 年的《郡縣警察法案》把對警察的控制權交由地方行政長官（治安

法官）時，警察則成為僱主或老闆們的武器。新警察的行為準則規定，警察必須是「非政治化」的，也就是說，必須擺脫較早之前由公眾進行控制的模式（福斯特，1974：56至61）。

福斯特的闡釋最清晰明白的重要意義在於：警察是在警察監管機構的控制之下，問題是在監督警察的機構中誰擁有最重要的位置？對此，斯托奇也提出了一個工具主義者的觀點，當他論述「在英國北部的工業區裏植入現代警察」時，將其原因歸於「有產階級之間的一個新的共識，即確有必要創製一個職業化的、官僚組織化的槓桿作用的城市紀律部隊」（斯托奇，1975：86）。

M. 布羅格登（1982）對結構主義的警察觀點進行了最為清晰的解釋。布羅格登著作中的主要論點之一是，與正統派警察的歷史觀以及被接受的看法相反，他認為在新警察建立之後不久，郡縣警察局長很快就獲得了很大程度的自治權。不僅在郡縣的警察局長公開地控制整個警務活動；在那些自治市鎮也是如此，其警察局長被認為受市政委員會的直接控制（相同的立場見之於謝斐遜和格里姆肖的論述，1984b）。布羅格登在對利物浦警察發展歷史的研究中，發現該市的警察局長早在1841年（新警察建立五年之後）就開始避開市政委員會的監督而享有一定程度的獨立自主權，到19世紀末他們已經取得了「程度範圍相當廣泛的決策權」。然而，利物浦的事例也許是一個比較特殊的個案：利物浦警察局是最大的自治市鎮警察力量之一，布羅格登着重強調了當地政治經濟的特殊性。而且，布羅格登的主要論題是，由警察局長創設的組織性自治權是一個相對的概念。由於受到來自政治經濟的迫切情況的約束，無論是警察局長還是地方精英分子，都沒有太多任意操控警務活動的自由。因此，布羅格登參考了一個被經常引用的事例來說明其觀點，即1890年市政委員會命令警察局副巡官隊

長（Head Constable Captain）諾特－鮑爾（Nott-Bower）「起訴所有的妓院」。這個命令通常情況下被用來證明市政委員會對警察的控制權。而布羅格登則認為，這個有趣的事件剛好得出了與此完全相反的結論。這不僅僅是一起孤立的事件，而且警察局長可能在一年內完全恢復到原來的老舊方法上，因為這種嚴厲的起訴政策對貿易帶來了毀壞性的影響。布羅格登所要證明的事情並不是警察局長擁有多大程度的自治權，因為警察局長和市政委員會都只不過是結構性規則（命令）的搬運工而已（M. 布羅格登，1982 ： 69）。

然而，雖然修正主義警察歷史學者們對有關地方精英階層與警察長官之間的準確關係論以及他們與政治經濟的關係都有爭論，但是，他們卻聯合起來否認正統派警察史觀所宣稱的新警察受到大眾控制的觀點。

10. 修正主義的警察歷史解釋模式的基礎是甚麼？

修正主義警察歷史觀的解釋方法（如同正統派警察歷史學者使用的方法一樣）是目的論和線性論的。工具主義者的變異論認為，統治階級將警察視為與資本主義的控制要求（與工業主義本身是有根本區別的）是「相適應」的，因而催生了警察的建立。「英國統治階級的精英階層意識到了他們需要這種力量，並着手創建這種力量」（I. 麥克唐納，1973，引自班揚，1977 ： 62）。

結構主義者認為，資本主義的迫切要求與新警察的發展，並不一定要由一個具有這種目的的統治階級來進行調和。但確實存在相同的理念，認為一個不可阻擋的驅動力推動新警察沿着唯一可能的發展軌跡運行。修正主義者以欣慕的態度頌揚工人階級的反抗，儘管如此，這種不切實際的幻想注定會落個羅曼蒂克式的失敗下場。相反的（值得讚揚的）觀點或者是倡導警察改革（應當予以壓制）的觀點，只不過

是一種最終結果的附帶現象而已。（促成新警察建立的）真正的動力機制是對資本需求的不斷拓展。與傳統的正統派警察歷史觀所持的唯心主義辯證法相對立的，是修正主義警察歷史觀所持的唯物辯證法，在闡釋警察的歷史發展進程中都起着相同的決定性作用。

（三）正統主義與修正主義警察史觀：批判與綜述

在我們對新警察出現問題的理解上，修正主義者在許多地方起到了顯著的作用。其中最為重要的是，它從更寬廣的角度對社會衝突進行分析，尤其是對 18 世紀和 19 世紀的階級和權力結構的分析，進行了明確的定位。這一點毫不出人意料，因為在很大程度上這個領域的研究是專業歷史學家們的工作，他們對社會、經濟和政治歷史問題有着廣泛的關注。然而，修正主義者早期的觀點，在許多方面僅是對傳統路徑方法的反轉。為了反對傳統路徑的不加批判的盲目一致的共識模式，他們提出的是一種同樣片面的衝突觀點。正如正統派警察歷史學家們面對敵視和反對新警察的證據時，認為這是一種基於惡毒心腸或幸災樂禍的惡意態度甚或是帶有誤導性的；同樣如此，當修正主義觀念的警察歷史學者在面對工人階級對警務活動的周期性的贊同時，他們認為這種對新警察和警務活動的態度是受人操縱的，這種態度如同即將噴發的火山口上那層脆弱的薄薄外殼一樣，隨時都有可能爆發仇恨。對修正主義警察歷史觀者而言，在資本主義社會中，警察與工人階級之間的衝突有着結構性的根源，因此社會融合時期只能是一種不自然的人為建構的臨時休戰措施而已。另外，因循守舊的傳統主義者分析認為，一個自由民主的工業社會，是一種結構性的社會融合，因此社會衝突可能只是一種表面現象（superficial phenomenon）（且通常被視為是受煽動觀念的操縱和影響 —— 與此相對應的修正主義警察

歷史觀學者，人為建構了一個「虛假意識」[false consciousness] 的意識形態共識概念）。我將從前面已經比較分析的十個維度對正統派警察歷史觀和修正主義警察史觀的結論作出批判性的評價，同時，結合最近三十年來迅速發展的歷史研究文獻所提供的信息，建構一個更為複雜的警察歷史發展的分析圖景（最新的研究摘要參見：羅林斯，2008；埃姆斯利，2008）。

我的分析將首先從這個問題開始，即構建修正主義的歷史解釋模式的基礎是甚麼？我認為邏輯推理優先於問題 —— 這是歷史解釋的基本模式。正統派警察歷史觀和修正主義警察歷史觀，其解釋方法都假定警察制度的類型與工業或資本主義社會的控制需求之間是「相匹配的」。然而，警察得以產生的各種條件，不是人們自己創造的，而正是那些產生警察的各種條件促使人們採取相應的行動，他們通過創建新警察從而創造了自己的歷史。最終的問題是，在沒有某種形式的警察力量存在的前提條件下，一個複雜的現代工業社會是否能夠獨自生存下去，從最低限度的意義上講，當社會潛在需要使用合法暴力進行干預的情況下，公眾及社會能否授權給警察進行管制？從根本上來說，這是一個形而上學的問題，它取決於人性、社會互動與組織之間的「鐵律」（iron laws）（如果有的話）、思想道德觀念、公平正義，涉及人類生存發展的終極目的、意義、人類本性等更為深層次的問題，甚至涉及宗教信仰領域的諸多問題。人類學研究的證據清晰地表明，在小型的社會中，沒有專門的警察，警察機構的出現需要具備複雜的各種條件。不管怎樣，在任何一個可以想像的大規模和複雜的工業社會秩序中，無論是資本主義社會或是其他社會形態，在沒有警察力量存在的情況下，能夠維持生存和發展所必要的秩序與和平，這似乎是一種不切實際的烏托邦幻想。警務就像是一個雅努斯雙面神，[51] 同時再現複

雜社會共存事實的種種社會存在條件 ——「一般秩序」或「總體秩序」
（general order）；以及不平等或等級制度的特殊模式 ——「特別秩序」
（special order）與「違章停車罰款傳票與階級壓迫」（馬瑞林，1983）。
但是，即使是在最新的一些研究分析看來，某些形式的警察是社會不
可或缺的力量，但這並不意味着警察會按照兩種可以任意選擇的發展
方向進行，或者兩個方向發展，都是不可能的。在沒有建構警察發展
歷史的「反事實假設」（counter-factual）的前提下，讓我們只考慮一種
或兩種警察發展方式的可能性。

可以想像的是，如果沒有先前的試點和探索實踐，皮爾提出的建
警議案能夠在 1829 年的議會中如此巧妙地獲得通過嗎？其結果是可
想而知的。要知道，畢竟絕大多數歷史學家確實對此感到驚奇，在歷
經了那麼多年的強烈反對之後，建立新警察的法案居然還能夠如此順
暢地獲得議會的通過。那麼，是否可以這樣認為，倫敦大都會最終是
需要新警察的。但是，在這種最終可能性變成為真實的現實之前，也
許改革後的議會對內政大臣掌管警察將有不同的看法？也許他們希望
採取這樣一種監管警察的制度，即由地方選舉的代表組成警察監管部
門 —— 畢竟沒有民選代表的參加就不可能名正言順地徵稅。[52] 或者我
們可以周密考慮另外一種完全不同的「反事實假設」。這是不可以想像
的事情，即如果說在拿破崙戰爭之後與改革法案（Reform Bill）的危機
期間，那些要求對工業和政治騷亂採取更激烈的軍事手段進行鎮壓的
同輩人，他們能夠獲得成功嗎？[53] 如果他們獲得了成功，那麼今天我
們就可能不會談及英國所具有的比較獨特性，即使它沒有一支明確的
專業化的「第三力量」以鎮壓騷亂活動，也不會談及其控制羣眾集會方
面相對溫和的傳統。一旦承認發展的道路不是預先注定的，那麼，我
們對所有其他問題的看法都會隨之改變。尤其重要的是，同時代人的

觀點和爭論認為，一個新的具有重要意義的獨立來源對警察的出現產生影響，而不僅僅是或多或少的明智的或誤導性的附帶現象正在加快或阻礙歷史發展的進程，也不是改變其歷史進程的方向。並且，這些觀點和爭論都與階級地位有關，並受到由政治經濟產生的結構性約束的限制，而不是由其所預先注定的。同樣，人們所採取的任何策略措施，並非一定能夠給他們帶來最大的利益。[54] 正是基於此，接下來我將對有關警察出現的其他九個問題進行逐一論述。

1. 需要新警察的根源是甚麼？

人們需要警察來處理衝突、社會混亂以及各種需要協調的問題，這些問題是任何複雜和物質高度發達的社會秩序所帶來的必然結果。正統的歷史學家（毫無疑問還包括許多警官自己）都將上述問題的來源，歸結為正義與邪惡之間常年進行的不合羣的較量（asocial struggle）的結果。否認大都會警察們每天都面臨邪惡罪行的現實，這無異於使那些為了「美好的明天」而奮鬥不息的一線警官們蒙羞受辱，可以恰當地將這種觀點視為是那些脫離實際的書呆子們的烏托邦幻想。但是，他們所面臨的許多問題，根源於在任何發達的社會都不可避免的結構性矛盾衝突和緊張。在分析警務問題的過程中，面臨的一個最基本的難題是，警察在處理這些問題時所具有的如影隨形的雙重職能作用，這些問題主要來自兩個方面：一是來源於任何工業社會的問題；一是來自於具體的特定的資本主義形式所產生的問題。正統派警察歷史觀忽略了後面一種維度的問題，即忽視了警察在處理由不平等和特權現象引起的衝突的過程中，所起的角色作用問題。但是，修正主義警察歷史觀卻把有關社會秩序、社會內聚力和安全保護等關乎普遍利益的警務行為推到一邊置之不理。我們不能將警察視為是「欺騙的混蛋」（conning bastards）或是將其視為是社會（或政治上）的和諧，而予以取

消（M. 布羅格登，1981）。無論甚麼樣的社會結構，工業化和城市化的壓力將會引起人際冒犯以及政治衝突問題，但是這些問題在 19 世紀早期的英國，卻是以資本主義社會中的階級衝突的形態出現（雖然階級內部的受害矛盾也不容忽視）。在新自由主義霸權的全盛時期，隨着馬克思主義觀點在學術領域的影響力的下降，階層不平等在形塑警務過程中的重要性被排除在核心要素之外。歷史學家們的研究越來越關注具體的問題，而將寬泛的社會問題暫時擱置一邊，而這正是修正主義者所關注的核心問題。在某些情況下，他們又明確否認這些問題。最近一篇研究 18 世紀警察改革家們的論文，對尼奧克勒奧斯（2000a、2000b）的研究著作「基於時代錯誤的新馬克思主義者有關資本主義及其階級鬥爭的推論」提出了尖銳的批評（多茲沃思，2007：440）。然而，18 世紀的警察改革者們所運用的「一套話語結構⋯⋯是與馬克思主義完全不沾邊的東西」（同前：451），但這並不意味着他們所闡述的問題，沒有受到工業資本主義社會中出現的階級不平等和衝突問題的塑造。雖然正統派的解釋能夠正確地辨識由快速發展的城市化和工業化所產生的大量的控制問題，並以此來塑造要求進行警察改革的需求，但修正主義者對由階級分化所導致的具體的緊張和衝突問題的強調亦是正確的。

然而，這種狹隘的觀點只能把我們的注意力集中到某一個方向。為有助於我們進行進一步的深入研究，我們必須對常見的疑問進行審視。

2. 舊警察體系的弊端是甚麼？

正統派警察歷史學家將舊式警察描述成腐敗而低效的控制機構；而修正主義者則將其描述為一個頗有效率的機構，能夠在 18 世紀缺乏技術理性的條件下，精確而有效地維護統治階級的絕對支配權。從直

接的工具意義角度講，這兩者都一致認為舊警察機構是沒有效率的。

　　最新的研究對於爭論中的雙方已經得到普遍承認的觀點產生了質疑。無論是舊式的治安官或是守夜人，都不像正統派警察歷史學家所描繪的那樣腐敗或低效（肯特，1986；佩利［Paley］，1989；雷諾茲，1998）。有一些郡的地方司法人員在犯罪偵查方面還是勤勉和富有效率的（斯泰爾斯，1982）。有些地方在18世紀已經發展形成了警務制度，例如，弓街巡警隊和泰晤士水上警察，他們在預防和調查犯罪方面的能力及其獲得的成功，並不比隨後成立的皮爾式警察力量明顯遜色多少（斯泰爾斯，1983；比蒂，2001、2006、2007；A. T. 哈里斯，2004；羅林斯，2008）。

　　現存的騷亂控制措施，無論是在技術方面或是在政治方面，也並不是像正統派和修正主義警察史學者所說的那樣低效無能。尤其是，無論是軍隊還是地方治安官，他們在很多情況下似乎都很精於處理潛在騷亂的懷柔之道。在較長的時間內，慈善和濟貧活動經常被動員起來，以減輕和降低社會緊張所產生的騷亂。這一切使我們更該去提問，就在經濟蕭條和19世紀早期的動亂時期，伴隨着法國革命思想形態的形成，為甚麼當時沒有出現更多的政治動盪。如果對暴動騷亂和「危險階層」的恐懼，真的像正統派和修正主義警察歷史學家們所說的那樣強烈，那麼警察改革為甚麼會長期延遲，這仍是一個令人困惑的謎團。「在1829年以前，英國並未建立起大規模的警察力量，因為權力當局自信他們能夠運用舊式警務制度以及一些靈活變通的特別措施，就能夠維護公眾秩序。從這個角度而言，他們對此的解釋比人們普遍承認的理由顯得更為合理」（史蒂文森，1977：47至48）。

　　海伊（Hay）對18世紀刑事司法制度的分析，遭受到了後來的研究者們的質疑。斯泰爾斯（1977）指出，隨着新的立法中死刑罪名的不斷

增多（尤其是《黑匪法》[55]的頒佈），這些法律被海伊、湯普森（Thompson）以及其他修正主義警察歷史學者們視為「排他性的私有財產的延伸暴政」的先鋒，但卻是所有的死刑罪名立法中使用頻率最低的。與此同時，海伊及其助手們著重強調的一些犯罪活動，涉及地方權力當局與當地社區之間在詮釋問題上的衝突，如敲詐、偷獵、走私。他們還故意淡化常見的偷盜和傷害等慣常犯罪的影響，而這些犯罪行為卻是刑事起訴的主要犯罪類型，對這些犯罪類型的輕描淡寫，似乎還成了獲得更大多數人贊同的普遍共識。布魯爾和斯泰爾斯在 1980 年的文集中，證實了海伊有關 18 世紀的刑法具有高度的自由裁量特徵，以及「法治精神」的論述。但是，他們所描述的圖景僅僅是將法律作為統治階級單方面的武器。司法程序被貴族階級用作一種階級壓迫的工具，以便使現存的社會安排或統治階級謀求的變革要求合法化。因為在任何一種法定秩序中，受惠澤者是不均衡的，那些佔有最多財富的人獲益最大。「但這並不意味着我們應當將 17 至 18 世紀的司法程序視作少數精英階層的一種簡單統治工具，或者只是起一種階級功能作用」（J. 布魯爾和斯泰爾斯，1980：19）。即使是貧窮階級的抱怨，主要也是傾向於對政府權力當局的法律職責的瀆職，而不是對政府權威本身的挑戰（P. 金，2000、2006）。

　　朗拜因（Langbein）（1983）對於海伊研究中存在的「致命的缺陷」進行了最為尖酸刻薄的抨擊。他的抨擊部分是根據他自己從中世紀老貝利（Old Bailey）[56]所審理的案件中得來的數據，這些數據顯示「當我們從罪犯走向其受害者時，我們經常需要跨越一道階級線，但那不是一道無法跨越的階級鴻溝」。過分比例的貧窮階級成員成為被告，並不是法律和刑事司法制度的內在固有的階級特徵的標示，而是在一個不平等的社會中，普世法律得到公平的執行而產生的一種鏡像。「無論如

何，如若緊緊抓住這一點作為刑事司法制度存在的原因和理由（raison
d'être），則就好比是將船底附着的甲殼動物誤認為是船隻一樣」（朗拜
因，1983 ： 120）。

總而言之，相比正統派或修正主義的研究結論而言，後來的歷史
學家們對有關「舊式」警務安排的研究得出的結論要複雜得多。18 世
紀的刑事司法制度是多種多樣的，並有隨意性；但並不像早期的研究
者所認為的那樣效率低下和不起作用。也不是修正主義警察歷史觀者
所描述的那樣，警察僅僅是為統治階級服務的單邊武器。新警察的建
立既不是因為舊警務安排的崩潰，也不是因為舊警務制度的機能不全。

3. 警察改革的動機是甚麼？

警察改革者所強調的建立新警察的動機，主要體現在皮爾於 1829
年向議會提交的《大都會警察改革法案》的導論中，即建立新警察的
主要動機是基於對不斷上升的犯罪的憂慮。但犯罪率是否真的上升這
個問題並不是很清楚。移送法院聽審的案件統計數據，非常明確地表
現出犯罪率不可阻擋的上升趨勢這一殘酷事實。甚至在 1829 年還有
許多人質疑這些數字的有效性，因為自 1750 年以來，向法庭起訴的
案件已經大大減少了（D. 菲利浦斯，1980 ： 179 至 180；埃姆斯利，
2007）。當我們談及有關 1839 年和 1856 年警察改革法案的辯論時，反
對者們顯然早已做好了投入爭論的準備，即警察改革者們運用不斷上
升的犯罪統計數據以證明延展預防性警察概念的合理性，而這些統計
數據恰好引起了反對派對警察效能的質疑。警察改革者們不得不放棄
這個數字遊戲（沃茨－米勒，1987 ： 43 至 47）。

托拜厄斯（Tobias，1967）這樣的正統派歷史學家所提出的論點認
為，無論犯罪的數量多少，一個更為嚴重的特徵 —— 職業犯罪階層的
不斷增長 —— 也沒有從最近的證據中得到多少支撐。在倫敦以外，幾

乎沒有跡象表明違法行為是人們將犯罪作為維持生存的一種工作，他們也不會因這些行為而發家致富。而另一方面，修正主義者將「社會性」犯罪的概念作為政治抗爭的源泉，這種觀點也是很難立足的。絕大部分犯罪行為都是「平淡無奇的和非戲劇化的，通常都是一些小額財物的偷盜，卑鄙骯髒的搶劫，入室盜竊和傷害……並沒有甚麼明顯可見的社會目的，更不是甚麼個人主義者發動的階級鬥爭，在這些現象的背後，絕大多數都是一些『普通的』犯罪行為」（菲利浦斯，1977：286 至 287；D. 泰勒，1998：第一至三章）。

《1856 年郡縣和自治市警察法》，[57] 使新警察得以在全國各郡縣普遍建立，主要的立法動因源自在克里米亞戰爭結束後對遊民犯罪活動的恐懼，以及在城鄉盲目遊蕩的龐大的無業退伍軍人們無拘無束的自由散漫前景的擔憂。同時，人們還擔心那些假釋出獄的人的自由流動，會導致「一場有組織犯罪的競爭」（an organized race of criminals）在廣大的農村地區蔓延（斯蒂德曼，1984：25）。但是，在政客們的各種陰謀詭計和基於利益的滑頭交易（wheeler dealing）的操縱之下，1854 年和 1855 年兩個警察法案在議會的表決失敗之後，只有對這些問題的憂懼，才能夠壓倒有關自由和納稅人錢包受到威脅的擔憂。毫無疑問，正如一些政治改革家（或傳統的和修正主義警察歷史學家）表明的那樣，由犯罪引起的對社會秩序的威脅，顯而易見不是壓倒一切的勢不可當的問題。

警察的產生必須要求人們對政治和社會秩序混亂的擔憂處於同一水平，這正是修正主義者所認為的警察改革的首要動因。事實上的確如此，關於暴動和騷亂的問題（正如正統派所認為的那樣），在皮爾於 1829 年向議會提交的警察改革法案的陳述裏，並不是完全沒有提及（儘管在他呈請的警察改革法案的介紹性陳詞中沒有提到這一問題，但

他引起了對這一問題的辯論）。社會秩序混亂問題與 19 世紀英國的人民憲章主義運動（Chartism）密切相關，這個問題毫無疑問在《1839 年郡縣警察法案》的議會辯論中處於最為重要的位置。但是，一個具有強大影響力的時代潮流支持時任首相迪斯雷利（Disraeli）[58] 的政見，將警察制度擴展到所有的郡縣，等同於宣告一個反人民宣言，並將會產生事與願違的相反結果。只有在這個國家的特權階級重新認識他們對新型國家所擔負的責任時，社會和諧才有可能恢復（沃茨－米勒，1987 ： 47 至 48）。即使是在人民憲章運動激越振蕩的全盛時期，對保存社會秩序的憂慮，也不足以完全克服英格蘭和威爾士一半以上的郡縣對新警察制度的傳統性猜疑和吝嗇的支持，這些地方拒絕根據《1839 年郡縣警察法案》要求在廣大農村地區建立鄉村警察的規定（菲利浦斯和斯托奇，1999）。那些經歷過暴亂的郡縣和那些還未準備建立新警察的郡縣之間並沒有明顯的區別。蒙克科倫（Monkkonen）也曾對平行發展論提出相似的觀點，他認為美國城市警察的發展，是對日益上升的犯罪浪潮或者政治和階級衝突的直接反應的結果，他認為「如果只有在發生暴亂之後，每個城市才正式接受制服警察，並以此來改變犯罪率，或者需要一個新型的階級控制機構的話，那麼現今的許多地方就不會有制服警察了」（蒙克科倫，1981 ： 57）。他還更確切地指出「城市制服警察力量的增長，應該僅將其看作是城市服務機構發展的一部分」（同前： 55）。英格蘭和威爾士郡縣警察的建立是理性化城市行政管理模式漸進的、參差不齊的擴散進程的結果（埃姆斯利，1996 ：第三章；瓊斯，1996；泰勒，1998；菲利浦斯和斯托奇，1999）。例如，樸茨茅斯市警察力量的發展，不是因為應對犯罪或者騷亂而日益上升的任何地方改革的結果，而是在全國範圍內傳播的輝格黨理念和理性化地方政府管理的一部分，根據《1835 年市鎮議會組織法案》的規定，

所有的自治市鎮都要成立觀察委員會（Watch Committee）並建立「新」的警察力量（J. 菲爾德，1981：42至48）。

　　簡而言之，正統派和修正主義警察歷史學家們，都把犯罪和騷亂的威脅視作警察改革的動因，警察改革家們也確定無疑地感受到了犯罪和騷亂所帶來的威脅。但是，那些在社會上具有影響力的上層精英們，並沒有感到這樣的恐慌。具有企業家精神的警務改革家們，成為中央政府推動改革的主導力量，他們提出的理性的地方政府行政模式的擴散，在整個英國建立新式警察的進程中發揮了重要的作用。新式警察的建立不是對城市化和工業資本主義的一種自動反應。

4. 誰反對新警察？

　　修正主義者批判正統派學者沒有對人們對警察的反對給予足夠的重視，將反對警察的理由簡單地視為誤導和存心不良，這種漠視已經被後來的研究者所證實（D. 泰勒，1998：第四章；菲利浦斯和斯托奇，1999）。「19世紀30年代和40年代反對新警察的運動，是『拒絕』陣線的一部分，既包括托利黨成員到保守的貴族階層又包括工人階級，他們激進地反對數量不斷增多的政府管理措施，這些措施企圖尋求對生產和社會生活各個方面進行越來越多的調節和控制」（溫伯格，1981：66）。然而，通過對各種各樣的針對新警察的議會辯論的詳細分析發現，複雜多變的和形形色色的流行觀點，幾乎沒有顯示出任何明確的階級利益。如前所述，生產製造商們也許比地主貴族階級更需要新警察（正如修正主義者所說的那樣），他們比位於威斯敏斯特的議會（議會政治）對地方自治政府具有更大的影響力，因此他們抵制中央政府的集中化管理措施是其利益使然，就像他們抵制1856年警察法案那樣（以及更不用說前面兩個未獲通過的警察法案先例）。然而，最重要的是，在仔細閱讀議會辯論觀點後會發現各種不同的政治哲學以及

政治原則的重要性，它們不能簡化為完全的局部（派別）利益（哈特，1978）。而且，許多同時代的人並沒有從後見之明中獲益（或者他們可能已經從後見之明中獲得了益處），他們真切地對各種相互抵觸的爭辯缺乏信心，對有關新的警務安排在犯罪控制、維持社會和諧和政治秩序穩定方面的功效或負面後果等問題沒有把握。鑒於人們對自由受到威脅的恐懼，以及對審慎財政政策的關心，對警察的地方民主問責制的憂慮，這些憂慮無不與已經固有的利益有關。這些部分的獨立的相互衝突的意識形態源流 —— 無論是被誤導的，或是值得稱讚的，或者其他任何形式 —— 不僅形塑了警察改革的步伐，而且還塑造了警察改革的模式。

5. 反對者堅持了多久？

修正主義者積累了大量的支撐反警察的敵意和暴力行為的證據，足以消除正統派所持的觀點，正統派認為新警察成立之初就得到了大多數人羣的接受和認可。但是，修正主義者卻以相反的方式犯了錯誤，他們忽視了一個明顯的證據，那就是持續增長的來自工人階級和中產階級中的大多數人對警察的默許和支持的態度。在許多地方，警察這種職業一經出現，就很快地被工人階級所接受和習慣了。這種現象也不能歸因於警察的「服務性」活動，這種服務活動就像是給鎮壓的鐵拳縫上了一副外表柔弱的天鵝絨手套（儘管警察的這種「服務」角色是非常重要的）（參見埃姆斯利，1983： 146 至 147，158 至 159）。

例如，菲利浦斯（D. Philips， 1977）在對英格蘭中部地區的黑鄉[59]早期的新型警察隊伍的研究中，以實例證實了警察的行為方式在許多方面都受到工人階級的憎恨。新警察通過對違反公共秩序行為的執法活動侵入了工人階級的業餘生活之中，或者工業資本家利用警察作為鎮壓罷工的工具；並對傳統上得到工人階級普遍認同的合法的「附帶

福利」概念重新定義為是小偷小摸，這些侵入行為引起了工人階級的極大不滿。但這並不意味着工人階級拒絕承認警察的合法性。在季審法院（Quarter Sessions）⁶⁰ 處理的檢控中，有相當一部分是那些技能較低的勞動階級提起的。許多勞工階層的人都接受那些保護財產的法律的基本合法性和正當性，同時也認可那些執行這些法律的人的正當性，但是，他們可能對財產保護法律中的某些特定方面最為憎恨（其中最為引人注目的是《狩獵法》），這些法律從立法目的到執法實踐，都帶有明顯的階級等級偏見（埃姆斯利，1983： 158 至 160）。勞工階層對待法律及其執法人員的態度，也體現出非常明顯的複雜性和自相矛盾的兩面性，隨着時間和地點的不同而有不同的變化。但是，早在 19 世紀 50 年代，似乎在許多方面都有大量的工人階級贊成法律秩序的基本合法性，這種認可並非基於意識形態操縱的結果，而是基於在工人階級受害者控訴犯罪加害者時能夠利用法律秩序的強制力因素（伊格納季耶夫 [Ignatieff]，1979）。一些激進主義領導者，以及一些新興的「令人尊敬的體面正派」的工人階級人士，也非常贊同對那些粗鄙的行為習慣中「最為墮落和放蕩」的生活習慣進行控制，這些問題在人們的日常生活中，不僅被視為一種直接威脅，而且還威脅到了整個社會的政治和社會進步（埃姆斯利，1983： 157 至 158）。到 19 世紀 70 年代，警察的許多手段措施，經過長期努力似乎已經獲得了工人階級眼中的合法性，儘管這種合法性很容易受到一些特定的執法行為的影響。但是，對警察個體行為的憤恨的論調，與其說是對警察合法性的抱怨，還不如說是對警察本身的不滿。「鑒於人們真正反對的是建立警察社會這種理念，極端批評主義者開始用那些由該制度的先驅者們所制定的抽象標準來衡量警察；在執法過程中，要求將明智慎重的自由裁量與堅定的公平正義有機結合，而這些法律卻常常是對勞動人民的公然壓制」

（J. 菲爾德，1981：59）。

6. 新警察到底新在哪裏？

一項有關郡縣警察力量的當地研究成果表明，通常情況下，「新」警察並非徹頭徹尾都是新的。事實上，有許多傳統警務的革新為新警察的誕生鋪平了道路（埃姆斯利，1996：第二至四章；菲利浦斯與斯托奇，1999）。

早在 19 世紀 20 年代，在一些郡的縣和市鎮，根據特別的法令，例如《1826 年奧爾德漢姆警察法令》（Oldham Police Act 1826）的規定，就已經建立了小型的警察力量。更為常見的現象是，根據《1833 年照明和守夜法》（Lighting and Watching Act 1833）的授權規定，納稅人可以成立屬於自己的獨立於地方法官和舊治安官管轄的警察力量，這個法令也適用於一些小鎮的教區行政當局。例如，霍恩卡斯爾警察就是通過他們控制日常犯罪和維護公共秩序的行為，使那些受人尊敬的體面正派的市民們感到非常滿意（戴維，1983）。在 1856 年警察法案通過之前，有關是否廢除那些小型獨立警察力量的爭論中，大家爭辯的焦點主要在於維持這些小型獨立警察力量的成本分攤和職業警察的控制權問題，而不是建立新型警察力量的基本原則問題本身。儘管從表面上看，「新」警察的建立是《1835 年市鎮議會組織法》通過的結果，而事實上在「一些小的自治市，從前的守夜人穿上制服被吸納進了職業警察隊伍之中，現在人們都稱呼其為警官」（埃姆斯利，2008：76）。《1839 年鄉村警察法》（Rural Constabulary Act 1839）也導致了同樣的結果。該法案將是否成立警察力量的決定權，交由郡縣治安法官自由裁定。在英格蘭和威爾士，不到一半的郡縣根據這個任意性法案的規定建立了警察隊伍，即便那些建立警察力量的郡縣，通常情況下，也並不意味着在警務風格、警務人員或警務活動的介入性與干涉性方面

將會發生激劇變化。極度吝嗇的財政支持政策，常常會削弱招募大量警察的可能性，因而也就不可能對任何地區進行全面的嚴密監控（埃姆斯利，2008）。

也沒有證據能夠表明「新」警察代表了職業警察建立過程中的一個重大突破，不能說明新警察比舊式治安官具有值得注意的更高的個人效率和更多的長處。在許多方面，至少是在短時間內，他們中的大部分人都幾乎是同樣的一類人（J. 菲爾德，1981：43 至 47）。不再以「等級、習慣或紳士身份地位」（不管是基於極度拮据的財政緊缺的影響或是基於政治智慧的驅使）招募新警察的政策，意味着被招募入警者的社會身份地位與舊治安官是相似的。與此同時，許多研究文獻表明，在新警察剛剛成立的最初十年裏，人事變動頻率非常高，既包括因為酗酒或其他小過錯而被解僱的人員，也包括那些因為工作性質原因不適應嚴格紀律和要求，而在入警後很快就辭職的人（D. 菲利浦斯，1977：64 至 75；J. 菲爾德，1981：52；溫伯格，1981：79 至 84；埃姆斯利，1983：71 至 73；斯蒂德曼，1984：第 3 至 5 章；希佩爾—馬科夫，2002）。從保護或是從壓制全體居民的角度看，都不存在一個被正統派和修正主義者所認為的那種不同尋常的運動，推動建立一種強有力的職業化的監視控制制度。

7. 新警察的社會影響是甚麼？

不管從好的方面還是壞的方面來說，前文所述都意味着這樣一個事實：「新」警察的影響力並不像其支持者或者其批判者所宣稱的那樣大。新警察的直接影響主要是處理更多的擾亂公眾秩序的輕微案件（埃姆斯利，1996：第四章）。一份有關謝菲爾德市警察局 1845 至 1862 年統計數據的分析報告表明，警察拘捕了相當大比例的工人階級成分的男性，在所有的按照簡易程序處理的輕微案件總數中，佔據了絕對

多數的比例（C.A. 威廉斯，2000），而且佔整個警察局記錄在案的案件總數中男性案犯的五分之一。然而，在較長的時間內，警察在促進維多利亞女王時代的良好社會秩序與社會和解的同時，自身也得到了普遍的發展。加特萊爾指出，自 19 世紀 50 年代起到第一次世界大戰期間「國家取得了反對犯罪擾亂社會秩序的戰爭的勝利，這是一個明顯的事實，同時代的人都知道這一點」（加特萊爾，1980 ： 240 至 241）。「警員政府」（Watchman State）的建成並非一蹴而就，但是，經過漫長的努力，警員政府最終還是出現了（加特萊爾，1990）。儘管最新的研究成果對 19 世紀晚期犯罪率下降的相關統計證據提出了質疑，認為這些統計數據可能是警察和政府基於兩者共同的利益而人為操縱的結果，其目的是想創造一個秩序與和解的社會表象（H. 泰勒，1998a、1998b、 1999；對泰勒論文的一個重要的評估，參見莫里斯，2001；埃姆斯利，2007）。

　　其他學者，在普遍贊同加特萊爾關於犯罪率下降的觀點的同時，也對警察在導致犯罪率下降中的確切貢獻表示質疑（埃姆斯利，1983 ：第七章，2007）。無論如何，警察影響法律執行的主要方式，不是他們在拘捕罪犯時的高效率，因為這是由超越他們控制能力以外的許多因素決定的，而是由於他們象徵着一個功能性法律秩序的存在。從這個角度講，警察的效用並不特別依賴於他們偵破案件的比例，正如他們的一貫做法那樣，通過一個足夠高比例的絕對結案率（破案率）數字來高調炫耀警察的功效（加特萊爾，1980 ： 242 至 243）。埃姆斯利對這一問題有着明確的闡述，他認為：「警察不是像他們以及許多改革家所斷言（並且將繼續堅持這種斷言）的那樣，是解決偷竊與秩序混亂問題的終極答案，而只是財產保護的一種安慰劑而已」（埃姆斯利，1983 ： 162）。

　　同時，警察也是降低社會秩序混亂程度的一個因素，不論是從大街

上發生的暴亂行為，或是從警察每天的日常街頭巡邏而言。顯而易見，
騷亂並沒有消失，在某些時候，就像 19 世紀 80 年代和第一次世界大
戰爆發前夕的社會狀況一樣，政治與工業衝突還有可能加劇。有時，
警察不僅不能成功地控制羣體性騷亂，反而因為自己的挑釁性行為或
低劣的戰略戰術而使社會秩序的混亂狀態更加惡化（貝利，1981：94
至 125；埃姆斯利，1996：第五章）。但是，從總體上來說，除了警察
工作的有效性外，也因為公眾聚集方式變化，羣體性暴力的程度長期
以來已經表現出下降的趨勢。街道的日常生活秩序逐漸改善向好，這
也得到了一些有教養市民們的贊同。

　　總之，不管警察對社會各方面的最初影響是甚麼，對那些沒有固
定工作的勞動者的街頭經濟行為和處於社會邊緣地位的弱勢羣體的不
法行為的影響比較小，逐漸地警察成為維多利亞時代社會和解或融合
的一個更為寬泛的社會進程的一部分。對於他們在這一進程的獨特貢
獻，儘管很難精確地表述出來，但警察在促進社會融合方面確實起了
非常重要的作用。

8. 誰是新警察的獲益者？

　　正統派認為，警察帶來普遍的社會福祉，尤其對那些社會弱者來
說是一種福利。而修正主義卻剛好與此相反，認為警察是統治者和中
產階級基於自身的利益對絕大多數人實施壓迫的工具。當然，警官自
身也從警察制度中獲益匪淺，警察系統為警官們提供了一個獲得更多
安全性、更高社會地位和更大權力的社會流動的管道。

　　近期的研究表明，這兩種觀點都失之偏頗。但當工人階級成為偷
盜和傷害等日常犯罪的受害人時，他們就從某些警察機構那裏獲益，
但在其他方面來講，工人階級處於許多警務活動的最前端，成為警察
工作的對象（溫伯格，1981：73 至 76；威廉斯，2000）。當然，對

於那些主要依賴街頭經濟和非正規就業的工人階級下層人士來說，事實上尤其如此。他們成為日常公共秩序警務活動的目標對象，而這種警務活動得到了中產階級滿腔熱情的支持。在工業衝突加劇的時期，固定就業的工人也成為警察行動的受害人。有這樣一種可能性，即警察受人尊敬的程度與他們所接觸者的社會地位成反比（埃姆斯利，1983：152；斯蒂德曼，1984：6）。

確定無疑的是，中產階級和上層社會階級獲得了安全感，關於這一點，同時代的許多學者對此予以熱情洋溢的讚賞和高度肯定。其他一些人也開始理所當然地將警察視為是社會的隱形公僕。有些人則玩世不恭地認為，警察只不過是「身着藍色制服的笨蛋」，他們除了四處遊走外一無是處，而人們則懷疑警察是否值得他們付出更高的稅率（斯蒂德曼，1984：6至7，142至145）。

很明顯，最初的第一代警察並沒有從他們的工作中獲得社會流動以及作為一種職業所帶來的任何好處。當人們找不到其他工作時，獲得警察這份工作可以幫助他們暫時渡過難關。然而，在19世紀最後25年的時間裏，把警察工作當作與眾不同的獨特職業的意識得到了發展，警察是一種獨特的意識形態，擁有服務性職業的身份認同和專業技術，這種意識觀念開始在社會中慢慢出現並擴散開來（斯蒂德曼，1984：第八章；克萊因 [Klein]，2001；希佩爾－馬科夫，2002）。警察工作開始為一些工人階級人士展現出社會流動的機會。

9. 誰控制警察？

中產階級和工人階級對舊式的教區治安官（Parish Constables）[61] 或地方治安力量的影響力，在新警察誕生之前比新警察誕生之後要大得多。這也正是許多市鎮反對實施《1835年市鎮議會組織法》成立市政議會（市政委員會）或根據1856年警察法案有關合併郡縣周邊的小型

警察力量的提案的根源所在（埃姆斯利，2008）。此外，這也正是查德威克和其他改革者希望強化中央控制的原因之一。對他們來說，地方控制意味着腐敗和效率低下。在工人階級的選舉權得到緩慢擴大之前，他們一直以來對市政委員會（Watch Committees）沒有直接的影響力。這也許並非巧合，因為在當時，隨着郡縣警察局長自治權力的不斷擴大，市政委員會逐漸喪失了他們對警務的絕大部分監管權力。中產階級對市政委員會擁有的影響力主要取決於地方的政治平衡。他們幾乎不參與由士紳貴族階級主導的地方行政官或執法官制度，直到 1888年，郡縣警察力量一直以來都完全由這些士紳貴族所控制。

　　從表面上看來，郡縣警察局長有掌控警察政策和郡縣警政管理的權力。然而，當地方行政官或執法官在挑選人員時，都有一定的社會背景和觀點立場標準，其目的是確保社會前景的和諧，因而士紳貴族的觀點主宰着郡縣地方警務（沃爾，1998）。在自治市鎮，不管是從理論上還是現實中，市政委員會仍然有權監督郡縣警察局長，而且是最主要的和最高的監管權。即使是在 1856 年通過內政部督察室和財政補助的措施中摻和了中央控制的元素，最初也沒有改變這一模式。然而，在 19 世紀 70 年代郡縣和自治市的警察局長們開始堅持主張採取更為有力的措施，確保職業獨立。這一趨勢又由於立法的變化而得到強化，法律賦予警察更多的職責，政府賦予警察更多的職責、授予更大的權力和更為豐富的資源（斯蒂德曼，1984 ： 53 至 55，62 至 63，第 10章；埃姆斯利，2008 ： 78 至 81）。

　　總而言之，正統派警察歷史觀所聲稱的由「人民」控制警察的觀點，缺乏相應的基礎。新警察預示着在某種程度上背離了由公眾控制的實踐傳統，這種由大眾控制教區警察的傳統曾經在一些地方長期存在。在 19 世紀 70 年代後，隨着地方政府和地方行政官（執法官）的自

治權力的不斷擴大，對新警察的控制模式也開始形成。

二、小結：新里思主義與修正主義者的結合分析

　　所有研究英國職業化警務制度誕生的歷史學家均認為，職業警察的產生過程一直伴隨着尖銳的政治衝突。正統派警察歷史學家的觀點存在着明顯的錯誤，他們對反對新警察制度的理性基礎缺乏應有的鑒賞，因為這些理性基礎根植於不同的社會利益和政治哲學之中。此外，修正主義則過分強調來自工人階級對新警察的持續反對的程度，以及警察在階級和政治控制中的公開角色。雖然新警察的出現，並沒有像里思主義者所認為的那樣迅速地和相對而言付出較少代價地獲得人們的承認，警察確實獲得了絕大部分工人階級越來越多的認可和贊同，這不僅僅是新警察「柔性」服務活動的結果，同時也得益於諸如執法和秩序維護職能的「硬」性功效的發揮。這種普遍贊同固定了牢固的利益和合作，而不純粹是意識形態操縱的結果。警察成功地獲得了這種程度的合法性，他們不再被廣泛地視為是政治鎮壓工具，通過各種戰略策略的綜合運用，使英國警察具有獨一無二的特性，並牢固地植根於國家神話中。我認為綜合新里思主義者與修正主義者的警察歷史觀，是理解新警察制度的最恰當的方法。[62] 應當充分重視警察改革者所取得的成功及他們所創造的傳統，但是同時也應當認識到，警務深深地內嵌於社會秩序之中，這一秩序的結構性基礎是衝突，而不是最重要的社會融合。管理一個紛繁複雜的社會秩序的警務方式，或許是和諧的、一致的，也或許帶有明顯的壓迫性質。英國警察在建立之初備受爭議，經過一個世紀的發展形成了相對溫和的英國警務傳統，這一種及其他的合法性與去政治化的方式，將是下一章討論的重點。

第三章

始料未及的問題
── 1856 至 2009 年警察合法性歷程：
建構、解構與重構

　　現代英國警察在 19 世紀初期誕生之時，是一個備受爭議的機構。不過，到了 20 世紀中期，他們已然成了英國國家認同中一個關鍵的組成部分。本章第一部分將對英國警察的正當合法性的最初構建進行分析。在 20 世紀後半葉，隨着「法律與秩序」的深度政治化，現代英國警察此前獲得的圖騰般的神聖地位越來越受到質疑和削弱（唐斯[Downes]和摩根，2007；賴納，2007a）。本章第二部分將對警察的合法性（legitimacy）的解構問題進行分析。20 世紀 90 年代，英國警察的地位似乎進入了一個可以定性為「後合法性」（post-legitimacy）的新階段。英國形成了一種新共識，接受了「嚴厲」的法律與秩序政治，以及對國家、社會和文化的意義深遠的重構。本章最後一部分將對這種追求實用但是並不穩固的「後合法性」進行分析。警察是一個像特氟龍一樣堅韌的部門：在一個越來越走向新自由主義、私有化的世界裏，國家已然「空洞化」的背景下，他們卻在經歷了各種醜聞和公開非議之後依然屹立不倒，並且依然是一個比其他國家機構更為強大的政治和文化力量（洛德和馬爾卡希，2003；麥克勞林，2007；賴納，

2008）。不過，現在警察只是一系列相互競爭的警務服務組織體系中的一個組成部分，並且要接受日益嚴格的審計問責。在戰術層面上，警務工作政策方面的爭議程度之激烈可謂前所未有。但是，更為深層次的正當性、合法性問題，各方已經就此進行了兩個多世紀的拼爭——警察部門在塑造社會中權力與利益的根本結構方面所起的作用——卻基本上被排除在爭論之外。

一、從鎮壓者到警察兄弟：
1856 至 1959 年警察的去政治化

（一）警務工作的黃金年代？

英國警察制度是在冒着多種政治利益與哲學思想理念的強烈反對的情況下建立起來的。後來，中產階級和上層階級對警察的懷疑很快得到了消解，而勞工階級對警察的怨恨卻繼續存在，並通過不時出現的暴力事件表現出來，體現在一長串針對剛建立的警察的貶義綽號之中：「打手」、「皮爾的惡棍團」、「藍蝗蟲」、「珍妮手銬」、「生龍蝦」和「藍色雄蜂」等。然而，到 20 世紀 50 年代，警察已經不僅僅為人所接受，而且得到了各界民眾的追捧。從來沒有哪個國家像英國一樣，警察在這裏受到了民眾的深深擁戴，成了民族自豪的象徵（洛德和馬爾卡希，2003）。[63]

那一時期的很多言論都證明當時警察已經幾乎贏得了全體民眾的認可。1955 年，傑弗里·戈洛（Geoffrey Gorer）聲稱，「大部分民眾已經……將警察（無論是男警察還是女警察）看作完美的典範，並且越來越主動地進行自我監管（self-policing）」（戈洛，1955：311）。[64]

邁克爾・班頓（Michael Banton）正是憑借着「對運行良好的機構進行分析，以便探明能否從它們的成功之中借鑒些甚麼」這一理念，開始他具有開拓意義的警察社會學研究的（班頓，1964：vi）。最重要的是，一個虛構警察人物巡探喬治・迪克遜（PC George Dixon）所演繹的警察形象最為有名，是受人愛戴的英國警察的經典化身，而且時至今日仍然經常被人視為理想警察的完美典範（利什曼和梅森［Mason］，2003；麥克勞林，2005a；賴納，2008：320 至 321）。這個最早出現在 1950 年一部名為《藍燈》（*The Blue Lamp*）的電影之中的人物，後來被人們復活，並拍攝成了一部長篇電視劇集。20 世紀中期英國社會達到相對較高的和諧與共識 —— 其象徵為《倫敦上空的鷹》（*Battle of Britain*）[65] 和大不列顛慶典（the Festival of Britain）[66] —— 這一時期也是英國警察傳奇故事的巔峰時刻。

到 20 世紀 50 年代末，警民關係緊張已經開始顯現。記錄在案的犯罪數量大大增加，時任警察督察總長（the chief inspector of constabulary）將其形容為「飆升」；1958 年諾丁山與諾丁漢地區發生種族騷亂；警察也越來越對自己與擁車率越來越高的「守法」公眾之間的關係感到憂慮不安。20 世紀 50 年代末，一些相對輕微的事件卻促使內政大臣於 1959 年 11 月宣佈成立一個皇家專門調查委員會（Royal Commission），以「審查警察的憲法地位」（博頓斯［Bottoms］和史蒂文森，1990）。不過，值得玩味的是，該皇家專門調查委員會進行的全國民意調查卻發現「絕大多數民眾都對警察投了信任票」。從公眾對警察的接受這一角度而言，20 世紀 50 年代似乎是一個寧靜與和諧融洽的「黃金時代」，即將到來的危機還只是初露端倪。但是，名實不副的是，一如貧困地區的口述歷史和某些警察的回憶錄中的證據所預示的那樣，這一黃金時代背後很有可能掩蓋了相當數量的不端行為與腐敗（馬克，

1978；P. 科恩，1979；懷特，1986；戴利［Daley］，1986；布羅格登，1991；溫伯格，1995）。

1. 合法性與「贊同式警務」

正統派警察史學家們認為，到 20 世紀初葉，警察已經克服了對他們的存在所提出的一切強烈反對聲音。例如，克里奇利（Critchley，1978：326）將 20 世紀定性為英國警民關係的「鼎盛時期」（the zenith）。他曾經引用了《泰晤士報》1908 年的一篇社論，該社論聲稱「倫敦警察不唯和平之衛士，亦為廣大民眾最佳之益友，堪稱民眾不可多得之顧問人與保護者」。這種對警察的自鳴得意的令人溫暖如春的溢美之詞，令修正主義史學家大為不滿。「『公眾』（指中產階級與上層階級）……以高人一等的姿態對他們的『警察鮑比』滿是『喜愛與尊敬』……然而，下層民眾卻從未對這些情感有過共鳴，實際上，整個勞動階層都是普遍如此」（R. 羅伯茨［Roberts］，1973：100）。

有人對皇家專門調查委員會關於警察問題的《最終報告（1962 年）》提出了中肯的批評，認為該委員會忽視了他們自己調查數據中那些導致人們質疑該委員會對（警民關係）所做的樂觀概括的內容（惠特克［Whitaker］，1964：151 至 157）。不過，該委員會的調查發現，並沒有證據表明不同社會階級之間在對警察態度方面存在差異。這顯示中產階級對警察的敬重已經沿着社會結構慢慢地向下滲透了。一方面，有 85.2% 的職業人士與管理階層對警察表示「高度尊重」；另一方面，在高技能工人與低技能工人階層中，對警察表示「高度尊重」的比例也將近 82%。有 24.3% 的半高技能工人與低技能工人階層受訪者以及 29.8% 的高技能工人受訪者表示曾經對警察的行為有過「不滿意的經歷」，而職業和管理階層人士中這一比例（33.3%）則更高。這證實了當時的觀點是真實的，即強調警察已經贏得社會階級結構中各階層的廣

泛接受。邵（Shaw）與威廉森（Williamson）（1972）曾對公眾對警察的態度做過一項調查。該調查是少數帶有階級維度的調查之一，經常被人引作表明勞工階級對警務工作有保留意見的證據（例如，布羅格登，1982：204）。但是，這兩位研究者的數據表明，在對警務工作的態度方面，階級之間只存在細微的差異，有些結果還與此前的預計完全相反。例如，他們發現，來自三等階層的受訪者中，有86%對「警察」懷有敬意，與之相比，在第一階層中這一比例只有81.7%。

　　除了實證經驗證據（方面的問題）之外，贊同式警務這一備受爭議的理念還存在概念上的模糊。無論是正統派還是修正派，它們對於贊同式警務的內涵採用的都是絕對化到了荒謬程度的概念。警務是一種先天就充滿了衝突的工作。正如第一章討論過的那樣，警察的根本職能與獨特資源是他們可以使用合法武力。這樣一來，警察工作「是一個有污名的職業……具有既令人感到敬畏又讓人欽佩的矛盾情感心理，無論做多少公共關係工作，都無法完全消除屠龍者手中之龍的那種感覺」（比特納，1970：6至7）。

　　如果真有關於社會行為的規範、價值觀與恰當模式的普遍共識的話，警察也就沒有用武之地了。在多數情況下，總會有人受到警察的管制，這些人對警務工作的贊同必然是脆弱的。他們最多會按照英國黑幫電影中所描繪的由來已久的做派那樣，極不情願地咕噥一句「這倒是個公正的警察（It's a fair cop）」。那些經常成為警察權威的受領者們，除了極不情願地接受（警察從事警務工作）事實上的權力之外，是不太可能給警務行為多少贊同的。現實地說，「贊同式警務」的含義並非對警察的一致愛戴，而是那些警察行為的作用對象，不把他們對某個具體的警察行為的憎恨加以擴大，並全面撤回對警務機構本身正當性與合法性的承認而已。當代研究表明，警察的合法性只有很小部分

是構建在人們對警務實踐的觀感或者體驗的基礎之上的。警察的合法性更取決於人們在多大程度上認為警務工作是按照程序公正的方式實施的，而且警察工作的「壞的」實例對警察正當性的影響要遠大於「好的」實例的影響（泰勒 [Tyler]，2004、2007；斯柯甘，2006）。然而，最為重要的是，警察的合法性首先還是取決於人們對於社會秩序更為宏觀的印象（傑克遜和森夏恩 [Sunshine]，2007；霍夫，2007a、2007b；史密斯，2007a、2007b；傑克遜等人，2009）。關於公眾對警察合法性認識的研究中，最為堅固的研究結果是，那些沒有與警察部門及其警察人員打過交道的人對警察合法性的認可度，要高於那些接觸過警務行為的人 —— 無論是以嫌疑人、受害者、證人的身份還是以服務對象的身份與警察部門或者警察人員接觸的，他們對警察合法性的認可度都比較低（D.J. 史密斯，2007a：295 至 297）。

到 20 世紀 50 年代的時候，英國實施「贊同式警務」已經達到了前所未有的程度。警察得到了民眾中絕大多數人的衷心擁護，那些沒有經歷過任何程度的警察強制權力的人，他們理所當然地是支持警察的；即使是那些對警察強制權力的實施確有切身體會的人，在事實上也接受了警察權力實體的合法性。警察權力，即實施包括武力在內的法定制裁措施的能力，已經轉變成了一種權威，即至少其最低限度的合法性已經得到承認的權力。[67] 那麼，警察是如何擺脫在政治上有爭議的權力持有人的形象，成為獲得具有合法性的權威機構的身份地位的呢？他們的形象又是如何在 19 世紀初到 20 世紀中葉從階級鎮壓的「壓榨機」轉變成為令人喜愛的「鮑比」式警察的呢？

2. 贊同的構建

贊同式警務在英國的實現與更廣範圍內社會關係的和解進程是相互依存的。其中最為重要的是，贊同式警務的實現與勞工階級 —— 當

初反對新式警察的主要力量——被納入英國社會的政治和經濟制度以及社會事業機構之中的進程密切關聯。很多社會學家指出，英國警務工作的鮮明特點、其相對合法性以及避免使用武力，是英國社會同質性與安寧和諧的產物，與美國截然不同，形成鮮明的對照（班頓，1964：第八章）。然而，事實恰恰相反。皮爾以及英國警察和善且有尊嚴形象的其他設計師，在制定（警務）政策時面臨着對警察的強烈反對，正是這種反對壓力促使他們塑造了和善的警察形象。他們之所以倡導一種低調而不引人注目的形象、尊重法律的立場，恰恰是因為 19 世紀上半葉英國社會中存在激烈的政治衝突和尖銳的社會對立，而不是為了表達甚麼內在的和諧。[68] 與之相比，美國形成了一種更為隨心所欲和更具侵犯性的警務工作風格，因為美國在某種程度上接近於一個有產者的政治一體化的民主社會（W. 米勒，1999）。由於民眾廣泛參與政府治理，這就意味着人們自信可以將對警察的管控委託給政治進程，而不是法律規章制度。

英國警察的創建者們對警務政策的選擇，對人們接受警察力量存在的方式而言至關重要。但是，這些政策制定者們在行事之時面臨着階級抵抗和政治衝突，這衝突都不是由他們造成的，並且還要受到這樣或者那樣的意識形態傳統的引導和限制。皮爾、羅恩和梅恩一共定下了八項明確的政策。這八項政策在克服警察成立之初受到的反對，在構建民眾對警方的認可與贊同方面起到了至關重要的作用。

（二）警察政策與合法性

1. 官僚組織

「新型」警察理念的根基是建立一支由職業警察組成的全日制警察隊伍，並按照官僚制組織結構（bureaucratic organization）進行管理。

這與依賴形形色色的兼職人員、捕盜人和業餘志願人員的舊式警察形成了鮮明的對比。新式警察的入行和晉升靠的是能力（得到精英管理階層的認可），而不是靠選邊站隊或者裙帶關係。羅恩和梅恩起初為大都會警察廳設定的入職要求不僅相當苛刻，而且得到非常嚴格的執行（W. 米勒，1999：267）。而在很多根據 1835 年和 1839 年頒行的兩部相關法律 [69] 成立的外省警隊中，「舊式」警察和「新型」警察之間的延續性則要高得多。不過，到了 1856 年之後，以及隨着警察監督局（Inspectorate of Constabulary）向警察部門引入了最低限度的標準化，這一局面才開始改變（埃姆斯利 [Emsley]，1996：第三章，2008）。很多警察部門並不重視訓練，這種狀況直到 1919 至 1920 年「德斯伯勒委員會」（Desborough Committee）報告發佈之後才所有改變。德斯伯勒委員會報告，為警察部門在管理和服務條件的各個方面都引入了程度更高的標準化以及由中央政府實施的指導。該委員會是 1918 年和 1919 年在倫敦和利物浦兩地發生的警察罷工事件之後任命的，促使英國警方發生了走向中央化的重大轉變（克里奇利，1978：190 至194）。針對警察的着裝、儀態和紀律，以及與公眾打交道時必須遵行的行為舉止，羅恩和梅恩都精心制訂了一整套嚴格的規章制度（W. 米勒，1999：37 至 42）。這些規章制度在訓練和培訓期間被反覆進行灌輸，警方通過對違反規則的行為進行懲戒的方式，強制貫徹實施這些規章制度。在新式警察部門成立之初，由於被解職的警察人數眾多 —— 主要原因是酗酒 —— 警察部門的人員流動度很高（希佩爾-馬可夫 [Shpayer-Makov]，2002）。

新型警察建立了一種準軍事化的指揮體系。起初，警察部門實行的政策是任命無軍官銜委任狀的退役軍士（non-commissioned officers）擔任職銜較高的警員，原因是他們在執行紀律方面具有相當豐富的經

驗。後來這一政策發生了變化，警察部門轉而從內部基層警員中提拔任用警官（沃爾［Wall］，1998）。這種提拔晉升機制成了官僚機構實施控制的工具。只有那些「欣然而不折不扣」地服從命令者才有希望得到提拔，因為「人們認為只有習慣於服從紀律的人才最有資格指揮他人」（W. 米勒，1999：40）。

官僚化政策在一定程度上與薪酬低相抵觸。警察報酬微薄，此外還要忍受令人厭煩的紀律約束，這就意味着早期的警察部門都面臨着警員入職不久就快速辭職的嚴重問題。不過，在 19 世紀 70 年代，儘管警察的工資不高，但是警察職業是一種地位高、有保障的職業這一理念已經開始出現，並且還形成了一個軍心更為穩定的職業警察羣體（希佩爾－馬可夫，2002）。

截至 20 世紀 50 年代，警察作為官僚組織中一個職業化的紀律嚴明的一員的形象，已經在倫敦構建起來了，儘管這一形象從未完全得到實現。1856 年《倫敦評論季刊》（*London Quarterly Review*）的一篇文章，曾對於以普通人為原材料將其打造成為官僚權威機構的、不受個人情感影響的、「井然有序的機器」的化身這個從頭到尾充滿變數的過程，做過如下的總結：「無論是在熙熙攘攘的皮卡迪利廣場，還是喧囂熱鬧的牛津大街，X59 號警察都邁着莊重嚴肅的步子高視闊步地前行，與其說他是個特定的人，倒不如說他是一個機構的化身」（引自米勒，1999：15）。

2. 遵循法治原則

警察維持秩序、執行法律的方式本身也要受法定程序的控制和約束。恪守法治是倫敦大都會警察廳的首要規則之一。起初，倫敦的「警察法院」（police courts）普遍並不偏袒警察，並且對維繫自己作為警察行為合法性的獨立監管機構的角色與形象極為看重（J. 戴維斯，

1984：332）。治安法官在幾起案件中作出的裁決事實上中止了某些執法政策。

儘管服從法律的管控會影響警察權力的行使，大都會警察廳廳長清楚地知道，遵循法治原則對警察權威的合法性而言是一個重要的因素。不過，19世紀中葉之後，治安法官質疑警察行為的勢頭有所減弱，表現為他們對那些針對警察實施人身傷害的指控予以駁回的趨勢日益增大，以及更加願意根據警察部門提供的證據對嫌疑人定罪（同上：329）。

作為緩和民眾反對的一種方式，警察部門要維持一種順從法治的形象，這一點非常重要，對此倫敦大都會警察廳廳長們心知肚明。他們制定了嚴格的規章制度和懲戒措施來管控由《1824年反流浪法》[70]（該法為臭名昭著的《嫌疑人搜查法》[“sus” law]的源頭）以及《1839年大都會警察廳法》（the Metropolitan Police Act 1839）（該法律授予倫敦警察廣泛的截停搜查權）等制定法授予警察的寬泛自由裁量權的使用。一方面，大都會警察廳廳長們認為這些權力固然是必要的；另一方面，他們對濫用這些權力的行為嚴加懲戒，並鼓勵「所有受人尊敬的正派人士」向他們投訴此類行為（W. 米勒，1999：4至12，56至66，94）。

3. 最低限度武力策略

所有的警察部門都自稱要盡可能少用武力，但是英國警察傳統格外注重避免使用武力（沃丁頓和賴特，2008：466）。大都會警察廳廳長羅伯特・馬克爵士（Sir Robert Mark）在電視訪談中以他特有的直率道出了大都會警察廳的人羣擁擠控制（crowd control）戰略：「在自由社會或者民主國家中進行警務工作的精髓是以敗求勝。」他們的秘密武器不是水炮、催淚彈或者橡皮子彈，而是公眾的同情。在節目的最

後，他聲稱，大都會警察廳曾經訓練一匹外形格外出眾的馬──堪稱警用馬匹中的「碧姬‧芭鐸」（Brigitte Bardot）[71]──如何在聽到指令後倒地、裝死。此舉是為了確保贏得熱愛動物的英國公眾的同情。英國的「警察優勢」（police advantaeg）是公眾的支持，而非作為人羣控制手段的致命武器裝備，這是一個審慎選擇的戰略（鮑登［Bowden］，1978：35，第九章）。此前，英國民眾曾擔憂新成立的警察與欺壓民眾的法國式「國家憲兵警察隊」如一丘之貉，並由此對警察產生了強烈的抵觸。此舉正是在深思熟慮後對這些擔憂作出的回應。

羅恩和梅恩將警用武器限定為警棍，而且直到 1863 年還不能公開攜帶，並且非到萬不得已之時不能使用。19 世紀 30 年代初期之後，對警察暴力的投訴有所減少，這表明大都會警察廳警務督察的監管工作對警察的行為產生了一定的效果（W. 米勒，1999：49）。在從事危險任務或者巡邏之時，經篩選後，部分警員可以攜帶手槍或者短劍；不過每次使用手槍或者短劍，甚至僅僅是拔槍或者拔劍，都會受到仔細的審查；如果發現使用或者拔出手槍或者短劍並非為了正當的自衛，涉事警察可能會因此遭到解職。

1839 年之後成立的一些郡警察部門──特別是埃塞克斯郡（Essex）警察部門──採用的是軍事化警務模式。不過，1856 年之後，內政部倡導一種「由在本質上非軍事化的、不配備武器而且在工作中不接受軍事力量任何協助的警察部門」（斯蒂德曼，1984：32 至 38）。軍隊是在預防式警務不能奏效的情況下萬不得已才動用的後備力量，在 19 世紀後半葉以及 20 世紀初葉，曾多次使用軍事力量維持秩序。不過，不配備致命武器的民事警察還是逐漸成了壓制騷亂的唯一手段（沃丁頓和賴特，2008：467）。耐人尋味的是，英國 1919 年利物浦警察罷工期間，軍隊最後一次扮演維護公共秩序的角色。

儘管英國警察部門的行為從來都算不上謹小慎微，但毫無疑問的是，與其他國家相比，他們已經形成了一種在控制勞資糾紛和政治示威活動方面，使用最低限度武力的傳統。在英國歷史的若干時期內，政治集會示威衝突和勞資糾紛的激化，曾經引發了格外嚴重的焦慮與爭議，與之俱來的是人們對警察野蠻暴行與右翼偏見的指責。在這方面最為引人矚目的是 19 世紀 80 年代末期，警察與「被遺棄的倫敦貧民區」(Outcast London) 的失業人員組織之間爆發的一系列衝突，第一次世界大戰前夜以及之後發生的嚴重勞資糾紛，以及 20 世紀 30 年代警察部門與失業人士團體的抗爭運動和反法西斯示威人士之間的衝突 (J. 摩根，1987；溫伯格，1991)。不過，內政部總是竭力確保將警察部門的戰術手段控制在合法的限度之內 (貝利，1981：9 至 125；P.T. 史密斯，1985)。

在 20 世紀 30 年代空前的經濟、政治危機中，公共秩序問題之嚴重為 19 世紀中期以來所未有。法西斯分子頻頻集會，暴力頻生，催生了《1936 年公共秩序法》。當局使用野蠻手段鎮壓全國失業工人運動 (the National Unemployed Workers' Movement，簡稱 NUWM) 組織的遊行，引發了人們的擔憂，促使全國公民自由理事會 (National Council for Civil Liberties) 在 1934 年之後迅速發展。不過，如果對 20 世紀 30 年代的種種衝突進行詳細分析，將會得出這樣的結論：儘管有相當多的證據表明警察對全國失業工人運動和反法西斯人士存在偏見並且使用了野蠻手段，「警察的做法確乎更多是為了對付他人挑戰公共秩序以及警察部門作為法律與秩序的守護者地位的行徑，而非出於政治原因」(史蒂文森 [Stevenson] 和庫克，1977：243)。吉爾里 (Geary) (1985) 經研究發現，19 世紀 90 年代到 20 世紀 70 年代的罷工行動中，警察部門與工人糾察隊之間暴力衝突的程度呈下降趨勢，並提出，勞資糾

紛引發的罷工活動已經從類似於戰爭的行為演化為體育競賽之類的活動。在涉及針對警察的個人暴力事件方面，也有類似的證據表明，在新式警務開始實施以來的第一個世紀內，此類暴力的水平也呈現出不斷下降的態勢。不過，從 19 世紀 60 年代到第一次世界大戰這一時期，無論是就暴力襲擊總體而言，還是單就針對警察的暴力襲擊事件而言，均大為減少：1857 至 1860 年，全國記錄在案的暴力襲擊警察案件的年平均值為十萬分之六十七點五；到 1911 至 1914 年，這一數字已經降低到了十萬分之二十四點一，並且這一數值在這兩個時期之間始終呈下降態勢（坎特雷爾 [Gatrell]，1980：286 至 293）。鑒於警察部門長期以來往往傾向於少記錄此類案件，前述記錄數據的準確性還存在爭議（溫伯格，1995：31 至 32）。無論暴力長期減少這一趨勢究竟是由哪些原因共同導致的（艾斯納 [Eisner]，2001），有一點是顯而易見的，警察部門的統計數據既反映了這一趨勢，同時也對這一趨勢有所貢獻。

4. 無黨派偏見

在「新式」警察成立伊始，勞工階級領導人和激進主義者將其視為一個徹頭徹尾的政治性軍事力量和間諜機構，「政府豢養的走狗和僕從」（《窮人衛報》[*Poor Man's Guardian*]，1830 年 10 月 11 日第 3 版）。

無黨派性（non-partisanship）的形象對新式警察的正當化合法性至關重要。羅恩和梅恩斷言，在置身於尖銳的社會衝突之中的情況下，他們「力求防止警察表現或者抱有哪怕一絲一毫的政治情感或者偏見……警察部門不僅在事實上要在行為方面不偏不倚，還必須讓公眾相信他們確實不偏不倚，而且應當依照原則辦事」（轉引自 W. 米勒，1999：12）。

警察與直接政治控制之間是彼此隔絕的，警察監管機構（內政大

臣、地方治安巡邏委員會以及常設聯合委員會）則往往會避免干預警察部門的運行政策。不過，直到 20 世紀 20 年代，這種審慎的立場才開始公開轉變為警察部門獨立、不接受政策指導的理念，這一理念如果放到 19 世紀，會被視為「違反憲法到了荒唐的地步」（G. 馬歇爾，1965：31）。

在任人唯親在英國行政事務管理的官場中司空見慣的時代，皮爾以及大都會警察廳廳長卻堅持要在警察的任命和晉升中杜絕這種做法。此外，直到 1887 年，警察才獲得投票權。這種傳統根深蒂固，不會輕易消亡。在一篇紀念倫敦大都會警察廳成立 150 周年的文章中，時任大都會警察廳廳長的大衛·麥克尼爵士（Sir David McNee）這樣寫道：「我已經不再行使自己的投票權了，而且自從被任命為警察局長以來，我就不曾行使過這一權力。警察（不管是男性警察或者女性警察）必須是恪守中立的人，信奉法治原則」（麥克尼，1979：25）。這種刻意壓制對警察部門的公開的政治控制或者警察的黨派性的做法，軟化了民眾對警察部門作為政府進行壓迫的工具的最初認識（埃姆利斯，1996：第五章，2008：81）。《錢伯斯雜誌》（*Chambers's Magazine*）所刊發的一篇文章曾這樣評述警察：「他們對政治一無所知；一身藍色警服的人總是堅持自己中立的本色……警察唯一支持的一方就是維護秩序這一可敬的事業」（轉引自 W. 米勒，1999：13）。

5. 問責制

儘管在形式上，警察部門並不受任何經選舉產生的機構的控制，人們認為他們應當從兩個方面對自己的行為負起責任，即有兩種問責方式。第一，法院可以對警察行為的合法性進行審查；警察要服從法治。第二，通過一個幾乎堪稱神秘的與英國民眾緊密聯繫的過程進行問責，而非與國家發生這種緊密聯繫。雖然沒有任何經選舉產生的機

構對英國警察進行有形的控制，但是由於他們具有社會代表性而且沒有甚麼特別權力，因此據信他們還是與民意的期盼相一致。由此就形成了有關警察的這樣一種意識形態觀念：警察是「穿制服的公民」（citizen in uniform），他們所做的事情是所有公民都有權力和社會責任去做的，只不過他們還支領薪俸罷了（皇家警察委員會，1962）。因此，「警察就是公眾，公眾也即是警察」（里思，1956：287）。警察的招募政策要與這一原則保持一致：從那些從事體力勞動的勞工階級中選取廣大民眾的代表（溫伯格，1995：第一章、第三章；克萊因［Klein］，2001；希佩爾－馬科夫，2002）。第一次世界大戰之後，人們期望所有警察部門的警長的選拔都應該遵守這一原則，自第二次世界大戰以後這一原則得到了落實，所有那些從基層逐級晉升而來的警長幾乎都是勞工階級出身（沃爾，1988）。

6. 服務性角色

溫和友好的警察這一理念集中體現在「要問時間就找警察」這句現代人耳熟能詳的話。可是在 19 世紀，這句話的含義卻完全是另外一回事。「這句廣為人知的大眾流行語……反映的與其說是維多利亞時代民眾對警察可靠性的信任，毋寧說是反映了民眾這樣一種看法：要是哪個警察入職後不能很快從醉漢口袋裏……搞到……一只懷表來，那麼他要麼是過於老實，要麼就是笨得出奇」（羅爾夫，1962：52）。

19 世紀的警察改革人士之所以要培養警察的服務性角色，目的是為那些強制性更高的警務職能贏得正當合法性。在這方面，最為直言不諱的是埃德溫・查德威克。[72] 他提出，「如果向勞工階層表明，當局是關心他們的，而不是如他們想當然地設想的那樣，當局只是一味地將他們視為威壓的對象……此舉一定會對勞工階層產生有益的影響」（唐納吉格羅德斯基［Donajgrodski］，1977：67）。

當然，在 19 世紀，警察在執行法律和維護秩序之外，還要履行一系列其他職責。有些是正式的職責，諸如檢查度量衡或者巡視橋樑等；有些則是非正式的，例如，在清晨時分敲門喚醒民眾去工作等（埃姆斯利，1983：158 至 159）。如同現在一樣，當時警察也將此類事務視為討嫌的與警察事務不相干的「雜事」（斯蒂德曼，1984：53 至 54）。前述這些服務性工作中，很多是有益於中產階級但是卻有損於勞工階級利益的，例如，執行《妨害行為法》（nuisance law）等。不過，其他一些服務性工作則對勞工階級確實有好處。服務性角色在贏得民心方面究竟有多關鍵或許值得商榷，在某種程度上講，服務性角色對某些人而言不過是意識形態方面粉飾門面的惺惺作態（布羅格登，1982：208 至 219）。不過，不無道理的是，較之「友善的」非強制性的「服務」（「服務」一詞通常僅限於這些服務），警察控制犯罪的職能，特別是他們接手了絕大多數案件的公訴工作，對廣大民眾而言屬於更有價值和更加有用的服務。但是「服務性」角色對警察合法性的獲得仍然有一定的影響。

7. 預防式警務

皮爾（Peel）給大都會警察廳所做的著名訓詞的開篇名言，開宗明義地強調了預防犯罪優先於偵破犯罪（克里奇利，1978：52 至 53）：

> 開宗明義，吾人所欲達成之目的為預防犯罪。警察部門一應努力均應以此崇高目標為宗旨。在維護人身和財產安全方面……未雨綢繆、先期預防，較之在不法之徒已然完成犯罪之後偵破犯罪和懲罰罪犯而言，委實收效更佳。

在實踐中貫徹這一原則，就意味着要將人力集中用於由身着警服

的警察進行的定期巡邏之中。此舉的動機不僅僅出於對警察的「稻草人職能」（scarecrow function）之功效的信心，也是為了緩和民眾因為反對令人憎惡的法國式便衣警探而對警察產生的畏懼感。

由於人們對便衣警察這一理念抱有敵意，致使警察部門的偵查機構遲遲不能成立。鑒於公眾對遭到警察監視的擔憂，梅恩（Mayne）格外注重盡量減少對便衣警探的使用（W. 米勒，1999：33 至 34）。1842 年，羅恩（Rowan）才設法在一定程度上克服了公眾的這種擔憂，在獲得內政大臣批准後，成立了一支由六個人組成的偵查部門。1845 年，有人曾提議擴充警探人數。《泰晤士報》就此聲言道：「既然政府豢養幾個密探已然是危險的，甚至於或許是違反憲法的，那麼將這一危險且違憲性質的密探特徵加諸於首善之區的警察力量全體，其效果又當如何呢？」（轉引自鮑爾德溫和金賽，1982：11）。到 1868 年梅恩去世之時，在大都會警察廳的 8000 名成員中，僅有區區 15 名便衣偵探。梅恩的繼任者，埃德蒙・亨德森（Edmund Henderson）中校則更為重視偵探部門，成立了常設的偵探機構。促成此舉的部分原因是對 19 世紀 60 年代末犯罪率的上升所導致的道德恐慌。不過，1877 年，蘇格蘭場最為傑出的三名偵探捲入了一場重大受賄醜聞，這似乎證明梅恩的擔憂是正確的。耐人尋味的是，對此事的回應居然是另行成立了一個獨立的刑事犯罪偵查部（Criminal Investigation Department，簡稱 CID）（埃姆斯利，1996：72 至 73）。到 19 世紀 80 年代，警察部門已經從公眾那裏贏得了足夠的信任，使他們得以專門組建一個處理政治事務的機構 —— 愛爾蘭特別事務部（the Special Irish Branch）。該機構成立的目的是應對芬尼亞恐怖主義（Fenian terrorism）（B. 波特，1987）。後來，該機構獲得了處理愛爾蘭恐怖主義之外的其他職權，演變成了特別事務部（Special Branch）。不過，在英國現代警察早期，注

重通過身穿制服的警察進行巡邏來預防犯罪這一理念，確實是警察部門得以贏得合法性的一個因素。

8. 警察效能

在警察政策中，對警察贏得合法性作出貢獻的最後一個方面，就是警察部門預防犯罪與維持秩序這一核心使命。在控制犯罪方面，警察工作的成效究竟如何尚有爭論（坎特雷爾，1980、1990；溫伯格，1995；H. 泰勒，1998a、1998b、1999），不過，警察部門曾經確實精心打造過在打擊犯罪方面的成功的鬥士形象。在 19 世紀 60 年代，有身份、有地位的階層中曾經對新一輪「犯罪浪潮」產生了道德恐慌，人們把責任怪罪到了警察身上，尤其是怪罪於當時已經垂垂老矣的梅恩頭上。加之當時勒殺搶劫（維多利亞時代的攔路搶劫）似乎頗為猖獗，以及官方關於記錄在案的可公訴違法行為的統計數據不斷攀升，一時人心惶惶，致使人們對犯罪的恐懼愈演愈烈。保守派批評家大聲疾呼，要求「比照歐洲大陸警察，賦予警察部門類似的預防犯罪的權力」。而這卻正是勞工階級代言人所擔憂的。《雷諾茲周刊》（*Reynolds's Weekly Newspaper*）聲稱，「政府提議將英國皮爾式的警察轉變為歐洲大陸警察的翻版……（這樣一來）法國式的暗探或密探就會成為我國社會中一個揮之不去的痼疾」。

儘管如此，漸漸地絕大多數勞工階級還是心甘情願地接受刑事司法制度，並且利用它為自己服務。治安法院（Police Courts）的業務中，有相當一部分是針對勞工階層的男男女女們提出的盜竊與傷害指控進行的訴訟和傳喚工作。一方面，多數盜竊案是由「體面的」勞工階級人士提起的，這已經夠令人吃驚了；「但是更令人吃驚的是，在提起暴力傷害指控的人員中，人數最多的居然是那些偶爾需要救濟的窮人，有時候甚至是有犯罪前科的人員」（J. 戴維斯，1984：321）。慢慢地，

新式警察和刑事司法制度進入了勞工階級的生活中，它們不僅是一個侵入式的控制機制，而且也是潛在可用的救濟調節手段。對警察部門贏得合法性而言，警察效能感的增強，對警察形象的構建，具有同樣重大的意義。警察部門在「爭取公眾的合作方面的成功，與其說靠的是維持一個不偏不倚的美好形象，倒不如說是依靠他們在運用暴力與救濟手段方面擁有近乎壟斷的地位。警察逐個街區地與民眾達成了一種複雜、多變且基本上心照不宣的『協議』」（伊格納季耶夫 [Ignatieff]，1979： 444 至 445）。不過，對勞資糾紛或者政治衝突進行笨手笨腳的粗暴管控，或者對勞工階級的休閒娛樂過度熱情的監管，都會威脅到這一局面。有鑒於此，大都會警察廳早期的廳長們在執行不受勞工階級歡迎的法律，比如安息日法（the Sabbath laws）時，都會謹言慎行，考慮周詳。

　　直到 19 世紀 70 年代，人們已經開始認為，警察部門一直是在為中產階級和上層階級提供卓有成效的執法服務。當這一服務的質素有下降跡象時，這些階層就會表示不滿。當時，勞工階級也在享受這一服務，不過，勞工階級中地位較低的階層則主要是警察執行法律與維護秩序的對象。只要勞工階級認為並且切實感到自己被排斥在最低限度的政治和經濟參與之外時，那麼他們對警務工作的順從和同意就一直是脆弱的和並不情願的。

（三）警察合法化的社會背景

　　在促進警察合法化的各個因素中，最後一個也是最為重要的一個因素，並非警察政策或者實踐的哪個方面，而是社會、經濟和政治環境的變遷。勞工階級成為結構性的根深蒂固的反對警察的主要來源，但是隨着勞工階層漸漸地、參差不齊地以及不完全地被吸納到英國的

政治、社會和經濟機制中，他們被社會融合成為享有公民權利的公民（T. 馬歇爾，1950；布爾默 [Bulmer] 和里斯 [Rees]，1996）。

這一融合過程的局限性是非常明顯的。它固然使勞工階級中的多數人分享到了經濟發展的成果，但是從比例上看，階級之間的不平等卻幾乎沒有甚麼變化，而且，自從 20 世紀 70 年代末期，新自由主義自由市場經濟學理論的死灰復燃，以及今天人們所稱的社會排斥（social exclusion）現象的捲土重來之後，階級之間的不平等實際上還進一步擴大了（萊維塔斯 [Levitas]，2005；賴納，2007a：95 至 114）。

儘管如此，迪斯雷利（Disraeli）[73] 在「兩個國家」理念 [74] 中描繪的兩極分化尖銳對立的鴻溝 —— 這在 19 世紀中葉新式警察誕生之時是人人有目共睹的 —— 到了警察合法化達到頂峰的 20 世紀 50 年代，已然變得模糊不清了。人們認為，在「富裕社會」（affluent society）中「意識形態應當終結」（end of ideology），包括關於警察正當性與合法化問題的爭議也應當終結。警務工作在第一個百年中取得的成果，使警察從一個廣為受人憎恨和令人恐懼的機構，轉變成了不偏不倚、遵章守紀的權威的化身，代表社會廣大公眾的普遍利益，而非某個黨派的偏見，公正地施行法治。

二、從勤勉幹事的「老黃牛」到令人討厭的「豬玀」：1959 至 1992 年的警察政治化

1959 年之前，在政治問題中，幾乎完全看不到警務工作的蹤跡；但是，1959 年之後，警務工作卻陡然間成了驚世駭俗的醜聞、林林總總的公開論戰和種種彼此競爭的改革議程的淵藪。19 世紀 50 年代到 20 世紀 50 年代，警察部門與公眾之間基於法律的效力而小心翼翼地

維持的默契，開始出現顯而易見的裂縫。越來越多的證據表明，公眾
對警察部門的信任在迅速流失。在 1959 年皇家警察委員會對英國全國
抽樣調查的人員中，高達 83% 的人表示，他們「對警察非常尊重」。
1989 年市場輿論調查國際公司（MORI）為《新聞之夜》（*Newsnight*）節
目所做的一項民意調查中，向一個全國樣本人羣提出了同樣問題，對
警察部門「非常尊重」的比例已經驟降至 43%。

　　1960 年的皇家警察委員會（Royal Commission on the Police）是在
一系列轟動一時的著名案件（causes célèbres）催生下誕生的。現在回
頭看，這些案件實在是不過爾爾的一些無關緊要的事情。1956 年和
1957 年，有人針對威爾士西部的卡迪根郡、英國南部海岸的布萊頓市
和伍斯特三地的警察局長提起了涉及腐敗的紀律控告或者法律訴訟。
1957 年，又有人因某警察在蘇格蘭一小鎮瑟索（Thurso）毆打一名少年
而向英國議會提出訴訟，並且針對此事的訴訟未能得到應有的調查。
1959 年，諾丁漢發生了一場騷亂，引發了一個涉及憲法的根本性問
題：警察局長和市政委員會[75] 在執法方面分別承擔甚麼樣的責任。當
地監督委員會暫時中止了郡警察局局長波波克斯（Popkess）上校的職
務，理由是他拒絕向該委員會提交某位政務會委員（地方議員）涉嫌刑
事犯罪的調查情況的報告。內政大臣勒令該監督委員會恢復波波克斯
上校的警察局長職務，不過，這一案件表明，有關警察局長、監督委
員會和內政大臣三者的職責不夠清晰明確（G. 馬歇爾，1965 ： 13 至
14）。

　　有關警務工作的其他憂慮也在暗中滋生着。1955 年之後，犯罪統
計數據開始不可阻擋地逐年攀升，宣告了「近代以來絕無僅有的一輪犯
罪浪潮」的到來（克里奇利，1978 ： 254）。20 世紀 50 年代中期的古
惑仔（teddyboys，指穿着花哨，熱衷搖滾樂的年輕男子）和垮掉的一

代（beatniks）成了新的「害羣之馬」（folk devils），也預示了日後人們會對風格變化無常的青年文化，對法律與秩序的威脅感到揮之不去的道德恐慌（S. 科恩，1972；皮爾遜［Pearson］，1983；洛德，1996；M. 李，1998；紐伯恩，2007）。1958 年的諾丁山與諾丁漢種族騷亂，以及 1957 年發動的核裁軍運動（CND）和奧爾德瑪斯頓（Aldermaston，位於英國伯克郡的原子武器研究機構所在地）示威遊行運動的興起，則昭示了人們對公共秩序警務的關注。

但是，直接促使皇家專門調查委員會成立的因素卻並不是這些大事，而是白廳[76]的一椿鬧劇。1958 年 12 月，喜劇明星布萊恩・里克斯（Brian Rix）因為超速駕駛被一位名叫伊斯特蒙德（Eastmond）的警察攔下。隨後，伊斯特蒙德與一名干預該事件的公務人員發生口角，並演變為隨後的雙方互相指控對方企圖動手打人，最後雙方達成了庭外和解。英國議會就此事展開了一場辯論，這場辯論涉及了所有關於警察問責制的根本問題。

在這場辯論中，內政部長表示有意成立一個皇家委員會。皇家委員會成立後，對建立一支全國性警察部隊的主張進行了審議，儘管 A.L. 古德哈特博士（Dr A.L. Goodhart）為此提交了一份受到高度讚揚、備受尊重的備忘錄，為這一主張進行了卓有成效的辯護，但該項提議仍然遭到了否決。多數派的報告聲稱，建立全國性警察部隊所帶來的合理化、協調化與高效化的優勢，能夠通過一個更為有限的計劃得以實現，即通過對現有的警察局進行合併與強化中央管控就能夠獲得這種優勢。

人們廣泛認為，該皇家委員會針對警察問責與投訴提出的建議，以及他們對《1964 年警察法》的實施意見，都是意思表達不清楚、混亂難懂和自相矛盾的（M. 馬歇爾，1965）。實際結果是《1964 年警察

法》以犧牲地方警察當局的權威為代價，同時強化了內政部和警察局長的地位與權力。

《1964年警察法》通過前夕發生了若干起醜聞，證明確有必要建立一個有效的投訴與問責體系，並彰顯了那些促使建立皇家委員會的問題的持續相關性。在其中一樁醜聞中，大都會警察廳一從事偵查工作的警官查倫諾（Challenor），至少對二十餘名嫌疑人製造過虛假證據，這些行為顯而易見地未被同事和上級所覺察（格里格［Grigg］，1965）。在謝菲爾德發生的另外一樁醜聞中，有人指控警察的野蠻暴虐行為，包括使用「犀牛尾皮鞭」（rhino whip）毆打犯罪嫌疑人。對謝菲爾德警察部門這樁醜聞的調查突顯了一點，那就是對於同僚的惡行，警員們總是「裝聾作啞、視若不見」（惠特克［Whitaker］，1964：136至137）。此外，警察部門對參與反核抗議活動的示威人員的粗暴處理也引起了人們的關注。

儘管存在諸多不足，《1964年警察法》依然算得上一個解決方案，在一段時間內得到了各方的普遍接受。在這方面，該法令從20世紀60年代中期警察組織的轉型中受益頗多。這次轉型以新組建的機動化「警管區單元」（Unit Beat System）巡邏體系為核心，強調技術化、專業化以及職業化管理，並以此作為贏得「打擊犯罪之戰」的關鍵因素。原本「和藹可親的博比式『英國警察』（British Bobby）改頭換面，被重塑為強硬、勇猛、令人生畏（但是依舊勇敢誠實）的『犯罪剋星』（Crime-Buster）的鬥士形象」（奇布諾爾［Chibnall］，1977：71）。

如今，媒體對於警管區巡邏體系所造就的「消防隊式」警務風格（fire brigade' policing style）是一片指責之聲，但是當年這一體系誕生之初，人們對它可是一片讚譽之聲，今天對此舊事重提，或許是不無裨益的。這一體系意在多管齊下，既提高效率，改進與公眾的關係，

同時又改善警察的境遇。按照最初的設想，在該體系下，片區責任警察將起到與當地社羣保持密切聯繫的作用，駕駛小型巡邏車在住宅區巡邏的警察將能夠提供更為迅速的緊急服務，而信息分析員（collator）則負責對巡警提供的信息進行分析，並用於偵破犯罪行為，而且全體警察的地位和職業興趣都會得到提升。總之，這一制度起到了一箭多雕的效果。但是，在實踐中，該體系卻很快讓這些希望統統化為泡影，其中尤其突出的一個原因是缺少有效實施該系統所需的人力，不過主要原因還是因為基層普通警察的文化具有挫敗管理層意圖的能力，其後果令人始料未及。高速汽車、警笛和警燈等技術，令警員們以行動為中心的警務理念更加根深蒂固（霍爾德章，1977、1983）。不過，最初警察的形象或許有所變化，已經從 20 世紀 50 年代電視劇集《警探迪克遜》（*Dixon of Dock Green*）中溫情脈脈的形象，轉變成了 20 世紀 60 年代電視劇集《風暴警巡車》（*Z Cars*）[77] 中巡官探長巴洛（Inspector Barlow）那種行事風格較為粗暴強勢的形象了，但是這兩種人物形象在政治上都不存在爭議。警察已經不再是勤勉工作的老黃牛了，但是也算不上是令人討厭的臭豬玀。

到 20 世紀 60 年代末，隨着反文化思潮的增長，以及 1968 至 1969 年警察部門與反越南戰爭與反種族隔離遊行示威人士的衝突，標誌着警務工作又一輪政治化的到來。1970 年，英國警察聯合會（Police Federation）主席向參加該聯合會年度大會的全體人員宣佈：「我們在和狂熱分子、無知狂徒和地痞流氓進行面對面的針尖對麥芒的鬥爭。」在那一年的晚些時候，英國警察聯合會的會刊提請讀者注意一份名為 *Frendz* 的地下報紙所組織的一項名為「月度臭豬玀」（Pig of the Month）的活動。

　　我們該感到心煩意亂嗎？一點也不。警察已經對我們的全民
福利作出了幾個世紀以來最傑出的貢獻。正因為如此，它對於擅
自佔住別人空房的嬉皮士有很大的優勢⋯⋯這些嬉皮士對公共衛
生設施的觀念比他們自己所擁有的設施還要簡單、原始⋯⋯美國
人認為 PIG（也有警察之意）三個字母代表着自豪、正直及勇氣
（P-I-G stands for Pride, Integrity and Guts）（《警察》，1970 年 9 月，
第 6 頁）。

　　是哪些事情導致警察的形象從勤勉工作的老黃牛變成了令人討厭
的臭豬玀？那些此前促成警務工作去政治化的因素，在 1959 年之後全
都加上了一個問號，因為社會和經濟的變化導致出現這些情況全部逆
轉的非預期效應。

（一）警務政策與警務合法化的喪失

1. 官僚機構？[78]

　　招募新警察、訓練及紀律。導致警察合法性基礎削弱的第一個因
素，是警察作為一個效率高、有紀律的官僚組織的形象遭到了侵蝕。
其中部分原因是准入與訓練標準方面的問題，這兩方面的標準（儘管比
19 世紀高得多）未能跟上總體改進的步伐。1960 年皇家委員會曾經提
議給予警察豐厚的報酬，其目的就是克服這一問題。不過，警察的收
入很快就被通貨膨脹遠遠甩在了後面。招募來的警員教育程度不佳，
特別是受過專業教育的大學生稀缺 —— 皇家委員會對此深表憂慮 ——
依舊是一個問題。儘管對培訓的關注有所增加，但這同時也使警察部
門的人力資源捉襟見肘（J. 馬丁和威爾遜，1969 ：103），對此人們依
然怨聲載道，認為警察的培訓不足以應對現代社會複雜的需求。「人

員管理」(man-management) 理念日漸興盛,以及為吸引新警員就必須迎合社會風尚,導致過去對訓練與紀律的強調也隨之遭到削弱(賴納,1978︰186 至 194)。

從 20 世紀 60 年代以來,有關方面曾經多次試圖提高警察的教育和培訓標準。為了吸引大學畢業生投身警察隊伍,並鼓勵在職警員提高教育程度,警察部門實施了多項計劃(薩維奇等人,2000︰第 4 章)。這些計劃包括大學畢業生入警計劃(Graduate Entry Scheme)、布拉姆希爾獎學金(Bramshill Scholarship)以及在布拉姆希爾大學為潛在的有抱負從事警務工作的人開設特別課程等。這些計劃在高級警官的職業生涯中,起着越來越重要的作用(賴納,1991;沃爾,1998;薩維奇等人,2000︰第 4 章;戈爾丁和薩維奇,2008︰748 至 752)。不過,這些計劃直到 20 世紀 80 年代才取得顯著的效果,當時,在埃德蒙－戴維斯(Edmund-Davies)薪酬獎 [79](以及警察部門之外的失業問題)的作用之下,警察部門招募的大學畢業生人數有了大幅提高。在職警務人員對攻讀專門刑事司法學位的興趣也不斷增大(J. 布朗,1996;薩維奇等人,2000︰第 4 章)。此外,新警員的培訓也發生了變化,主要是在 1982 年《斯卡曼報告》發佈之後發生了重大變化(菲爾丁,1988;薩維奇,2007︰29 至 30,111 至 112;莫比和懷特,2008︰235 至 236)。儘管所有這些變化具有積極意義,它們卻依舊沒能阻止公眾對警察職業標準的信任逐漸喪失。

警察醜聞。 1969 年之後,一系列腐敗醜聞使蘇格蘭場受到嚴重衝擊,這是警察部門作為一個紀律嚴明、鐵面無私的官僚制機構的形象受損的主要原因(考克斯等人,1977)。從那時起,警察部門就深陷於醜聞和改革的循環之中(謝爾曼,1978;龐奇,2003、2009)。回顧刑事犯罪調查局(Crime Investigation Department,簡稱 CID)於 1878

年在一樁醜聞發生之後，作為一個獨立部門應運而生這段歷史，審視今天面臨的問題，腐敗變得更為嚴峻。就連大都會警察廳自己的歷史學者也得出結論道：「毋庸置疑，截至 1922 年夏季，刑事犯罪調查局已經淪為一支腐敗透頂、唯利是圖的私人武裝隊伍」（阿斯科利 [Ascoli]，1979：210）。有關倫敦警探行為不端、玩忽職守的指控依舊層出不窮（勞麗 [Laurie]，1970：第 10 章）。

雖然如此，與前面提及的事件相比，英國《泰晤士報》1969 年 11 月揭發貪腐事件堪稱一枚重磅炸彈，它帶來的衝擊和影響持久不散。這不僅是因為《泰晤士報》錄下了幾名警探與一個歹徒惡棍之間的對話，從而使《泰晤士報》的所有指控都毫無疑義、絕對可靠。也不僅是因為所揭露的腐敗行為非常嚴重（涉及多樁掩蓋嚴重罪行的交易、安排犯罪分子充當警方的臥底內線 [agents provocateurs]、作偽證以及編造假證據等）。最令人震驚的是，這些報道揭露了警察部門內部存在一個系統化、機構化以及範圍廣大的腐敗網絡，即所謂的「國中之國」（firm within a firm）。蘇格蘭場起初試圖進行調查，但是調查工作卻因為重重阻撓、泄密以及文件不翼而飛而裹足不前，恰恰證明了腐敗網絡確實存在。最後，曼徹斯特警察局前偵探總警司（detective chief superintendent），後於 1970 年擔任皇家警務總督察署（刑事犯罪偵查）督察員（Her Majesty's Inspector of Constabulary [Crime]）的弗蘭克·威廉森（Frank Williamson），受命進行調查。威廉森的調查同樣無果而終，威廉森本人也憤然提前辭職。

20 世紀 70 年代中期，倫敦大都會警察廳發生了兩樁重大腐敗醜聞，其中一樁涉及緝毒隊（the Drug Squad），另外一樁涉及淫穢出版物偵緝隊（the Obscene Publications Squad）。這兩樁醜聞均暴露了警察局內部存在系統性的營私舞弊、玩忽職守等不端行為，並導致多名高級

警探銀鐺入獄。緝毒隊在偵探總督察（Detective Chief Inspector）克拉赫爾（Kelaher）的領導下，涉及使用非正統手段，例如，為達到突擊搜查「破獲大案」的目的而捏造和操控證據。「色情物品」偵緝隊內則腐敗成風，不僅貪腐而且墮落。偵緝隊內的不肖之徒與各類歹徒和犯罪分子打得火熱，狼狽為奸。有一次，一名淫穢物品販子居然佩戴着刑事犯罪調查局專用領帶來到霍爾伯恩警察局（Holborn Police Station）檢查被警察查獲的色情材料，看哪些可供「回收利用」。該偵緝隊的不帶女伴「僅限男士」參加的例行周五晚會上，公然使用偵緝隊的投影設備播放查獲的色情電影（考克斯等人，1977：168）。

作為回應，時任內政大臣雷金納德・莫德林（Reginald Maudling）任命一位「局外人」羅伯特・馬克（Robert Mark）擔任大都會警察廳廳長。羅伯特・馬克從 1967 年起擔任助理廳長，不過此前一直在首都以外的地方警察部門工作。馬克的任命被視為發動反腐敗戰鬥的明確信號：「他眾望所歸，享有『廉潔先生』（Mr. Clean）、『曼徹斯特的馬丁內特』[80]、『來自萊斯特郡的獨行俠』的美譽」（同上：132）。

馬克清楚地認識到，蘇格蘭場必須以「刮骨療毒」的代價切除自身存在的「毒瘤」，方能繼續維繫自己的獨立地位，因此他實施了多項互相支撐的大刀闊斧的改革（Mark 1978：第 7 至 10 章）戰略。他新組建了一個名叫 A10 的專業精英部門，專門負責調查一切涉警投訴，任命一名制服警官主管蘇格蘭場刑事犯罪調查局，並分別為各個偵探分隊任命了一名制服警務督查員，解散了「色情物品」偵緝隊，將大量警探重新調回制服警察部門，頻繁對警探進行輪崗，並與媒體培養更為開放的關係。由於這樣一個新的氛圍，在馬克擔任大都會警察廳廳長期間，有大約 500 名警察離職，其中很多人是在預期將要受到調查時而主動離職的。

　　1978 年又有多起醜聞曝光，醜聞案件的反彈彰顯了倫敦大都會警察廳腐敗問題的頑固性。有人指控某些警探，包括反搶劫偵緝隊（Robbery Squad）成員，捲入了多起重大武裝搶劫案中（鮑爾［Ball］等人，1979）。這些指控是 20 世紀 70 年代實施的培養「內線犯罪情報員」（super-grasses）[81] —— 經勸導向警方吐露大量同夥姓名並以此換取免受起訴的警方線人 —— 這一策略意想不到的副產品（這一策略後來還被用到北愛爾蘭，收效也同樣令人懷疑：格里爾［Greer］，1995）。作為應對措施，時任倫敦大都會警察廳廳長大衛・麥克尼爵士（Sir David McNee）發動了「康特里曼行動」[82]，由多爾塞特郡警察局長（Chief Constable）亞瑟・漢布爾頓（Arthur Hambleton）負責指揮。亞瑟・漢布爾頓及其團隊曾多次聲稱，蘇格蘭場的某些腐敗分子正在施加壓力，企圖破壞他們的工作。到該行動收場之時，總共只對兩名涉嫌貪腐的警察定了罪。蘇格蘭場的警官們還倒打一耙，四處散佈醜化誹謗他們的言論，蔑稱他們是來自外省鄉下的「斯威迪」（Swedey）偵探，嘲諷他們昏聵無能。

　　「康特里曼行動」所開展的調查工作，為一切認為蘇格蘭場警探隊伍中泛濫成災的腐敗現象已經得到根除的想法統統打上了問號。對職業罪犯所做的研究表明，警隊內部存在一個由腐敗交易與警察瀆職積年累月形成的網絡（霍布斯，1988、1995）。

　　300 年捉賊捕盜的歷史經驗表明，在調查犯罪過程中採用便衣警察這種標準做法，即與犯罪分子培養密切的關係並將其用作線人，始終都是遊走在合法性邊緣的一種行為。警察部門與黑社會的回憶錄和口述歷史中的證據表明，即便是在公眾高度信任警察部門的「黃金時代」，警察在正當性的外表之下掩藏着範圍廣大且慣常化的腐敗（馬克，1978；戴利，1986；溫伯格，1995：第 10 章；埃姆斯利，

1996 ： 241 至 247)。前刑事犯罪調查局警探、《每日鏡報》首席犯罪報道記者湯姆・圖萊特（Tom Tullett）曾撰文大力頌揚過 20 世紀 60 年代謀殺案調查組（Murder Squad）對黑社會謀殺案件的調查工作。正如他在文中所說：「在這種『戰爭』中，警察自己必須像壞人那樣思維，並用盡一切計策、計謀和偽裝」（圖萊特，1981 ： 243)。問題是，歪曲規則（rule-bending）起初或許是因為真心實意地決心要採取嚴厲措施「打擊」嚴重犯罪，還情有可原，但是這卻有可能成為誘發 20 世紀 70 年代所曝光的那種大規模的集體共犯且貪得無厭的違法行為的「激勵誘因」（invitational edge）（曼寧和雷德寧格爾 [Redlinger]，1977)。腐敗醜聞的集中湧現，是由傳統破案手法中的固有風險，以及 20 世紀 60 和 70 年代新型犯罪的壓力共同造成的。這些新型犯罪壓力包括大規模有組織犯罪的異軍突起，以及人們對某些非法行為（例如，吸毒或者色情）越來越寬容，這不僅使此類行為更加有利可圖，而且也削弱了警探們關於「縱容此類行為是有害的」意識。公眾對警察敬重依順程度的降低，也提高了警察不當行為遭到曝光的可能性，以及人們更願意相信針對警察的指控。

　　20 世紀 70 年代發生的這些醜聞給警察不徇私情、紀律嚴明的執法者形象帶來了致命的打擊，這種形象正是羅恩和梅恩所構建的警察傳統所強調的。 1960 年，皇家委員會的一項調查表明，公眾中有 46.9% 的公眾不相信警察收受賄賂；與之相比，在政策研究所（Policy Studies Institute）1981 年對倫敦人所做的一項研究中，只有 14% 的人相信警察「幾乎不」收受賄賂（政策研究所，1983，i ： 249)。不久前有人對政策研究所（PSI）1981 年所做的研究進行了一項名為「倫敦警務調查」（the Policing for London）的複製研究，該項研究報告發現這一比例沒有發生變化（菲茨傑拉德等人，2002)，不過，到 2002 年，在其他某

些方面，認為警察存在腐敗的倫敦人的比例有所下降（霍夫，2007a：200 至 201）。

20 世紀 80 年代，涉及個人腐敗的醜聞數量有所減少（雖然在 20 世紀 90 年代，此類腐敗又重新抬頭：紐伯恩，1999）。人們轉而開始關注濫用警察權力破壞法治的問題，在 20 世紀 90 年代多數年份中擔任倫敦大都會警察廳廳長的保羅‧康登爵士（Sir Paul Condon），將其稱之為出於「崇高目的」（noble cause）的腐敗。

2. 法治原則？

警方遵循合法性這一問題在 20 世紀 70 年代變得嚴重政治化了。一方面，諸如全國公民自由委員會（National Council for Civil Liberties）等團體公佈了有關警察部門廣泛存在不端行為的證據；另一方面，警察部門開始進行遊說，要求獲得更大的權力，以幫助開展「打擊犯罪的戰爭」。

多年來，主張公民自由權的人士一直聲稱，嫌疑人的權力（集中體現在「法官規則」（Judges' Rules）之中。法官規則屬於非成文法的行政指令，規定了詢問嫌疑人和聽取嫌疑人陳述的程序）經常遭到侵犯（惠特克，1964：第 7 章；勞麗，1970：第 10 章）。這種說法在 1972 年的一樁有罪判決的案件中得到了集中體現。該案件中，三名十幾歲的少年（其中一人智力低下）（巴克斯特 [Baxter] 和考夫曼 [Koffman]，1983）被控謀殺了一個名叫麥克斯韋爾‧康菲特（Maxwell Confait）的人，並且被判罪名成立。其中一名少年的父母說服了克里斯托弗‧普萊斯（Christopher Price）（時任西路易斯海姆地區的國會議員）出面介入這樁案件，經過三年的艱苦努力，該項判決最後被上訴法院推翻。人們對該案件的關注促使官方決定進行調查。該調查由最高法院法官亨利‧費希爾爵士（Sir Henry Fisher）負責，並於 1977 年公佈了調查

報告。

《費希爾報告》認為，這三位少年的權利確實遭到了侵犯，從而導致他們作出了不實供述。在對他們進行訊問時沒有獨立成年人在場；沒有告知他們有權利打電話給律師或者朋友；在審問和指控方面也存在多項不當之處，已經到了不公正和難以忍受的程度。總體而言，費希爾發現，「部分當事警察似乎並不知道『法官規則和指令』」。他提出，應當在一項範圍更大的調查——「比如皇家委員會之類」——的基礎上，對這些規則進行改革。他的這項提示性建議不久之後就得到了採納，時任英國首相賈拉漢（James Callaghan）宣佈組建「刑事訴訟程序皇家委員會」（the Royal Commissionon Criminal Procedure，簡稱 RCCP）。該委員會於 1981 年公佈了調查報告。

一些高級警官曾多次反覆聲稱，如果嚴格地完全照搬法定程序的規定，那麼警察就無法有效地開展工作（馬克，1978 ： 58）。這種觀點在基層普通警員中也非常普遍（賴納，1978 ： 77 至 81，221 至 223）。根據多項觀察研究顯示，這種觀點已經轉化為行動。霍爾德韋（Holdaway）曾經對多種控制嫌疑人的手段進行過描述，他寫道：這些手段「使警察……遊離於法定規則與警察部門指令的強制約束之外」（霍華德，1983 ： 101），例如，「口頭描述」和「捏造口供」（working the oracle）（虛構或捏造口頭陳述或認罪供述）。[83] 政策研究所的研究還發現，「徹頭徹尾的偽造證據可能極為少見……違反證據規則和程序獲得或者影響證據的行為要常見得多……只要很多警察依然相信在程序規則規定的範圍內無法有效開展工作，就不會有任何根本性的變化」（政策研究所，1983，iv ： 228 至 230）。

除了反對違反證據收集規則的運動之外，20 世紀 70 年代末期，一項反對警察濫用肢體武力的運動，也在多起聲名狼藉的案件的刺激

下日漸高漲（博克斯［Box］，1983：82；沃德［Ward］，1986）。公訴處主任（the Director of Public Prosecutions，英國皇家檢察署檢察長）拒絕對捲入這些案件的警察提起公訴，則更是助長了批評人士的懷疑。內政事務特別委員會（The Home Affairs Select Committee）1980年就對有關人員在警察部門關押期間發生死亡事件的調查程序進行了報告。該委員會披露，此類死亡事件呈增加態勢，從 1970 年的 8 例增加到了 1978 年的 48 例，1971 至 1979 年，共有 274 例。由官方歸類為由「不幸事件」或者「意外事故」導致的人員死亡的比例增加了一倍。這些數據低估了警察部門關押的有關人員的死亡數量，因為它們並未將獲釋之後不久死亡的人員包括在內。雖然不能保證這些人員的死亡都涉及警察的不當行為，更不必說虐待或者暴虐行為了。但是，顯而易見地，這件事情還是令人們對警察部門背離法治的行為感到擔憂。

刑事訴訟程序皇家委員會（RCCP）的報告，最終轉化為《1984 年警察與刑事證據法》（the Police and Criminal Evidence Act 1984，簡稱 PACE）。該項立法意在為警察權力及其運行的約束機制提供一個平衡的成文化的法律編纂，綜合考慮「法律與秩序」和公民權利這兩派遊說集團的關注（參見第七章）。儘管如此，20 世紀 80 年代末期和 90 年代早期，警察濫用權力現象非但沒有減少，反而有所增加。1989 至 1991 年間發生的一系列醜聞，暴露了警察部門存在的嚴重瀆職行為，導致公眾對警察的信任受到衝擊。1989 年 10 月，英國上訴法院釋放了「吉爾福德四人案」（the Guildford Four）[84] 的案犯，該案中三名男子和一名女子因 1974 年的吉爾福德與伍爾維奇酒館爆炸案被判終身監禁。用首席大法官萊恩勳爵（the Lord Chief Justice, Lord Lane）的話說，埃文郡與薩默塞特郡警察局收集到的新證據表明，部分從事調查該爆炸案的薩里郡警員在這四人受審過程中「肯定撒了謊」。1990 年，

上訴法院無罪開釋了「馬奎爾七人案」(Maguire Seven) 的全部案犯，他們同樣也是因為該爆炸案被判處終身監禁的。1991 年 3 月，法院無罪釋放了「伯明翰六人案」(Birmingham Six) 的全部罪犯，這六人於 1975 年因為伯明翰酒館的嚴重爆炸案被判有罪，他們的獲釋再一次打擊了公眾對警察的信任。20 世紀 90 年代，上訴法院還審理了其他若干轟動一時的大案，包括朱迪思・沃德案[85]（此前，朱迪思・沃德曾經由於 1974 年愛爾蘭共和軍實施的客車爆炸案被判有罪；上訴法院推翻了該有罪判決），以及四人由於被控 1978 年謀殺一位名叫卡爾・布里奇沃特 (Carl Bridgewater) 的報童而被判有罪一案。此外，人們對若干時間更為久遠的審判不公的冤假錯案依舊持續關注，例如，始於 20 世紀 50 年代早期的克雷格與本特利案[86]和蒂莫西・埃文斯案[87]（沃芬登 [Woffinden]，1990）。在斯托克 (Stalker) 案中，有關腐敗分子合謀妨礙司法公正的指控甚至驚動了英國政府內閣，該項貪腐指控起因於在對北愛爾蘭皇家騎警隊 (RUC) 警察開槍致死多人事件進行調查的過程中，有人阻撓約翰・斯托克 (John Stalker) 的調查工作（斯托克，1988）。儘管這些案件對公眾輿論造成了嚴重的衝擊，警界代表卻經常聲稱，這些案件都是在近期實施的改革之前發生的，在現行程序之下不可能出現。但是，前不久發生的若干起涉及濫用職權的著名案件卻讓這種主張本身變得蒼白無力 (C. 沃克和斯塔默 [Starmer]，1999；諾布爾斯 [Nobles] 和希夫 [Schiff]，2000，2004；沃克，2002；諾頓 [Naughton]，2005，2007；薩維奇和米爾恩，2007)。這些案件中有的涉及街頭施暴，與提起訴訟無關，因而與《警察和刑事證據法》並無關係。例如，警方 1986 年在霍洛韋 (Holloway) 對一羣黑人青年進行毆打一案。而直接導致人們對警察部門是否堅持法治原則產生懷疑的，則是西米德蘭茲郡重案調查組 (West Midlands Serious Crimes

Squad)醜聞案。在有人指控該警隊存在嚴重的瀆職行為之後，時任西米德蘭茲郡警察局局長傑弗里・迪爾（Geoffrey Dear）於 1989 年 6 月將該重罪組解散。導致公眾對警察的信任感下降的破壞性最為嚴重的事件，或許當屬 1992 年 11 月上訴法院的一項判決。上訴法院根據三名被告的陳詞沒有被現場錄音（正如《警察和刑事證據法》所要求的那樣）這一情況，而作出了支持「托特納姆三人案」（Tottenham Three）上訴的判決（羅斯，1992）。這三人被控於 1986 年布羅德沃特農場騷亂（Broadwater Farm riot）期間，用殘忍手段殺害了巡邏警察布萊克洛克（PC Blakelock），並因此被判有罪。而所有這幾起案件的調查工作據稱都是根據《警察和刑事證據法》規定的程序實施的。

　　警察部門這些濫用職權的行徑曝光之後引起了民眾嚴重的憂慮，促使內政大臣於 1991 年 3 月（在伯明翰案六案犯獲釋之後）宣佈成立一個刑事司法皇家委員會（Royal Commission on Criminal Justice），該委員會由朗西曼勳爵（Lord Runciman）擔任主席，這是 12 年來成立的首個皇家委員會。托特納姆案三案犯成功上訴之後，《衛報》刊登了一幅漫畫，將公眾對警察部門所持態度的變化刻畫得淋漓盡致：男子在約會遲到後，竟然向女朋友講了這麼一番託詞：「我向警察打聽時間，結果他居然撒謊！」

3. 最低限度暴力策略？

　　警察部門是否已經放棄了「扮豬吃老虎」（winning by appearing to lose）的傳統戰略，或許可能是已經被與此相反的「扮虎吃豬」的戰略取而代之（斯夸爾斯［Squires］和肯尼遜［Kennison］，2010）？這個問題是由警察部門在處置政治衝突與勞資糾紛時，採取強硬路線的警務措施這樣一個顯著趨勢引發的。20 世紀 70 年代，警察已經做好了處理公共秩序問題的準備，警察權也開始得到擴張和改進提高。20 世

紀 80 年代，面對更為嚴重的騷亂，警務工作的軍事化迅速發展，不過從 20 世紀 90 年代初期開始，世界各地的警察都在探索更為先進成熟的戰略（D. 沃丁頓等人，1989，2009；謝斐遜，1990；P. 沃丁頓，1991，1994；沃格勒［Vogler］，1991；克瑞契［Critcher］和 D. 沃丁頓，1996；M. 金和布里爾利［Brearley］，1996；德拉·波爾塔［della Porta］和賴特，1998；貝賽爾［Bessel］和埃姆斯利，2000；M. 金和 D. 沃丁頓，2004；德拉·波提［della Porte］等人，2006；D. 沃丁頓，2007；P. 沃丁頓和懷特，2008）。

在沒有引起多少公眾爭議的情況下，事實上的「第三方力量」異軍突起，他們受過專門訓練，可快速動員起來處理騷亂。例如，成立於 1965 年的倫敦大都會警察特別巡邏組（the Metropolitan Police Special Patrol Group）作為一種機動後備力量，在處理公共秩序與恐怖主義問題的過程中，逐漸具備了準軍事職能。現在，所有警察部門都擁有類似的部門（名稱五花八門），它們接受過騷亂控制、武器使用（有時候包括催淚彈）方面的訓練。1974 年以後，所有的警察部門均組建了警察支援分隊（Police Support Units，簡稱 PSUs），[88] 協助控制人羣、罷工和示威遊行。警察支援分隊要接受有關公共秩序職責方面的專門訓練，包括使用盾牌在內，不過通常情況下它們主要在當地從事普通警務工作。不過，根據警察部門間的互助安排，它們隨時可以動員起來處理轄區外的問題。

所有警察部門間的互助安排，都是當局在 1972 年陷入恐慌後的產物。此前，警方在與礦工糾察隊對峙了六天之後，當局不得不關閉索爾特利（Saltley）焦煤儲存場。許多保守黨人士和警官都將索爾特利事件視為一場慘敗，其他人卻將其視為警察部門「扮豬吃虎」這一傳統戰略的實例之一。時任內政大臣雷金納德·莫德林（Reginald Maudling）

認為，固然可以調集充足警力來清除圍堵索爾特利焦煤儲存場大門的人員，但是此舉會對社會穩定帶來災難性的長期影響（傑弗里和亨尼西［Hennessy］，1983：236）。在索爾特利事件發生後，有關方面曾就是否有必要參照法蘭西共和國安全部隊（Compagnies Républicaines de Sécurité，簡稱 CRS）成立一支專門從事控制騷亂的「第三種力量」展開過大量的公開辯論。後來警察部門成功地將這個主張扼殺在萌芽狀態，不過事實上還是在警察部門內部組建了若干個「第三種力量」機構，這一點在 1984 至 1985 年礦工罷工期間得到了印證。在那場罷工中，警察部門在全國報告中心（the National Reporting Center）的指導下，實施了一場規模龐大、統一協調的行動，行動中據稱使用了屬於「警察國家」才使用的戰術策略手段，招致了不少批評之聲，相關爭議時至今日仍呈沸沸揚揚之勢（賴納，1984，1991：第 8 章；法恩［Fine］和米拉［Millar］，1985；麥凱布［McCabe］等人，1988；格林，1991；米爾恩，2004；貝克特［Beckett］和亨克［Hencke］，2009；格蘭維爾・威廉斯［Granville Williams］，2009）。1977 年，當人們看到警察部門在劉易舍姆（Lewisham）和諾丁山（Notting Hill）騷亂事件中使用防暴盾牌，而不是使用傳統的垃圾箱式蓋子保護自己之時，曾經大為震驚，可是今天人們已經很難記得當時的震驚之感了。盾牌、強化頭盔以及其他保護性裝備已然是公眾司空見慣的警察裝備了。警察部門在 1980 年未能控制住西部港口城市布里斯托爾騷亂（Bristol riots），之後又在 1981 年布里克斯頓（Brixton riots）、托克斯泰斯（Toxteth riots）以及其他騷亂事件中，未能有效地防止大範圍的破壞和減少警員受傷，於是警察部門就加緊了在控制騷亂方面的準備，並贏得了內政部的支持。當然，在這些騷亂事件中，警方明顯強化了戰術，特別是首次在英國本土使用催淚彈來控制騷亂，以及採用高速駕駛警車的手

段來衝擊、驅散人羣。總而言之，在 1981 年的騷亂中，警察和民眾雙方由於遭到拳打腳踢、投擲磚石、警棍抽打和汽油炸彈等而受到的傷害之嚴重，是將近 50 年來英國騷亂中從未見過的。

對此，保守黨政治家與警察部門的直接回應是，要求賦予警方更為強硬的戰術、更具防護力的裝備以及更為寬泛的法定權力。戴卓爾夫人告訴英國議會，如果警察局長提出要求，那麼政府就同意他們使用高壓水槍、催淚彈和橡膠子彈。[89] 一個由高級英格蘭警官組成的代表團訪問了北愛爾蘭，與北愛爾蘭皇家騎警隊（RUC）探討了騷亂控制問題，並考察了能夠從對方的「成功」中學到哪些經驗，此外，有關方面還曾向香港警方取經。

時任德文郡和康沃爾郡警察局長的約翰·奧爾德遜（John Alderson），他是警界自由派觀點的代表人物，也對這一趨勢表達了嚴重的質疑：「在盲目壓制之外，肯定有一種更好的辦法……我們決不能讓警察部門的回應措施超出情勢必需之手段。即便是那些破壞行為導致了幾百萬英鎊的損失，也不能任由警察憑着性子作出過度反應」（《星期日電訊報》，1981 年 7 月 12 日）。

最後，這種更為平衡的主張戰勝了斯卡曼勳爵的調查結論，斯卡曼調查團是政府在布里克斯頓騷亂後成立的（斯卡曼，1981）。不過，無論是 1981 年後准許警察部門使用的更為嚴厲的手段，還是實施更為廣泛的斯卡曼報告提出的各項改革建議，都未能防止 1985 年西米德蘭茲、利物浦和布里克斯頓等地發生更為嚴重的城市騷亂。其中最為嚴重的衝突是發生在倫敦北區托特納姆地區的布羅德沃特農場騷亂。在這場衝突之中，騷亂分子對警察使用了槍支，而警察部門為此配發了橡膠子彈（但是並未使用）。其中，最令人扼腕歎息的是一位名叫基斯·布萊克洛克（Keith Blakelock）的警察慘遭砍殺。他是 1833 年寇

爾德巴斯菲爾茲（Coldbath Fields）[90] 監獄暴動一案中卡利（Culley）警官身亡以來，首位在騷亂中遭到殺害的大都會警察廳警員。騷亂過後，時任倫敦大都會警察廳廳長肯尼思‧紐曼爵士（Sir Kenneth Newman）警告說，如果再次出現此類暴力行為，他一定會讓警察使用塑料子彈。他的繼任者，彼得‧英伯特爵士（Sir Peter Imbert）則在 1987 年為霍華德聯盟（Howard League）[91] 所做的一個講座中提出，鑒於如此嚴重的騷亂頻頻發生，只能放棄「扮豬吃虎」的戰略，否則警方勢必始終處於失敗的境地。

1986 至 1987 年，嚴重的公共騷亂再次發生，騷亂的主要原因是勞資糾紛。當時，英國沃平地區（Wapping）的印刷工人在新聞國際（News International）一家工廠外抗議資方用新技術和未加入工會的員工取代他們，在工人糾察隊進行糾察的過程中爆發了騷亂。有多人投訴警方過度使用暴力，警察投訴處（the Police Complaints Authority）在調查之後認可了部分投訴。在警察部門處置向巨石陣匯集的嬉皮士車隊的過程中，也出現了警方採用了顯然屬於過於嚴厲的公共秩序維護手段的現象。

1990 年，反人頭稅（anti-poll tax）抗議活動催生了多起嚴重的公共秩序騷亂衝突，特別是 1990 年 3 月 31 日在特拉法爾加廣場舉行的一次集會之後。騷亂分子從特拉法爾加廣場出發衝向倫敦市中心的毗鄰地區，沿途大肆打、砸、搶，大量遊客、去劇院的觀眾和購物者被困在混戰中不得脫身。儘管這些騷亂中出現了嚴重暴力與混亂，還是有人很快就批評警察部門濫用職權和反應過度，並且還有人成立了一個特拉法加廣場被告人委員會（Trafalgar Square Defendants' Committee）。1990 年 10 月，部分參與倫敦南部舉行的一個反人頭稅集會的人員脫離集會，逕直前往布里克斯頓監獄，聲援那些因為在特拉法爾加

廣場肇事而被判刑的人員。此舉引發了嚴重的騷亂，共有 45 名警察受傷，並有 105 名參與示威活動的騷亂人員被捕。

20 世紀 90 年代，公共秩序方面最令人擔憂的不是勞資糾紛或者政治衝突。人們對多種休閒環境中發生的擾亂社會秩序的行為產生了一種「道德恐慌」。1988 年，英國警察局長協會（ACPO）認為那些「灌多了啤酒又財大氣粗」的「行為不端的年輕人」（lager lout）在農村地區造成了日益嚴重的混亂，並對此表示擔憂。對此，英國內政部隨後對農村地區秩序混亂現象（與城鎮警察管轄區有着明顯區別）日益嚴重這一觀念進行了研究，據稱農村地區的秩序混亂日益嚴重與富裕地區之間存在一定的關聯性，財政部對這一看法提出了質疑（塔克［Tuck］，1989）。1989 至 1990 年，警察部門對「迷幻音樂」（Acid House）[92] 派對的泛濫以及它們所催生的暴力深感擔憂，因為有幾名警察在突擊檢查此類派對的過程中受了重傷。休閒環境中發生的最為嚴重的暴力與騷亂事件發生在 1991 年 9 月，當時警察試圖在牛津的布萊克伯德利斯莊園（Blackbird Leys）和泰恩賽德的梅多韋爾莊園（Meadow Well）制止飆車行為，由此引發了騷亂（B. 坎貝爾，1993）。20 世紀 90 年代中期，爆發了多種新形式的政治抗議活動。這些抗議活動主要是針對諸如活體動物出口以及在農村新建道路等具體問題。這些抗議活動使那些長期成為公共秩序警務對象的羣體，與中年中產階級人士包括很多婦女聯合起來，而後者在傳統上曾經是警察部門的堅定支持者。他們的聯合給警務工作造成了特別棘手的問題。從 20 世紀 90 年代末期以來，左翼人士針對金融全球化及其日益加深的不平等後果的抗議活動重新抬頭，包括 1999 年、2000 年和 2009 年在倫敦發生的嚴重衝突事件（美國西雅圖和華盛頓也發生過類似的衝突）。

20 世紀 70 年代和 80 年代，英國警察部門應對騷亂的措施無疑強

硬了起來，對技術、裝備和武器的運用有所增加。在控制騷亂的戰術方面，達斯・韋德（Darth Vader）[93] 取代了《警探迪克遜》中溫和可親的迪克遜警官。

　　除了越來越多地運用騷亂控制裝備外，英國警察使用槍械的機會也在快速增加（麥肯齊［McKenzie］，1996；斯夸爾斯，2000；沃丁頓和懷特，2008；斯夸爾斯和肯尼遜，2010）。儘管英國警察在日常巡邏時依然並不攜帶武器（除了佩帶傳統的警棍之外），但是向警察發放槍械的頻率卻不可阻擋地逐步增加，並且這些槍械的火力也逐漸增猛。很多警察部門如今都配備了武裝應變車輛（armed response vehicles，簡稱「ARVs」），警察總部一旦下令就可以出動。按照國際標準，警方開槍的次數依然不多，並且發生一系列造成嚴重後果的錯誤槍擊事件後，警察部門不斷強化武器使用規則和問責機制。這些錯誤槍擊事件包括 1983 年曾經使警察部門狼狽不堪的斯蒂芬・沃爾多夫（Stephen Waldorf）[94] 槍擊案，自那時起直到 2005 年 7 月倫敦恐怖爆炸襲擊之後風聲鶴唳之際，一名無辜的巴西籍電工瓊・查爾斯・德・梅內塞斯（Jean Charles de Menezes）被警察射殺等。多數警察都希望，在日常工作中他們仍然能夠繼續不攜帶武器，但是支持攜帶武器的人員比例有所上升。在維持公共秩序以及日常巡邏工作中，面對不斷增加的暴力危險威脅，無論給警察配備武器提供了多少合理的理由，英國警察不攜帶武器的傳統形象已經從根本上遭到了削弱。對於軍事化戰術究竟是導致警察部門負責處理的暴力行為更為嚴重還是有所減輕，有關各方爭論得非常激烈（例如，謝斐遜在 1987 年、1990 年、1993 年與 P. 沃丁頓在 1987 年、1993 年理論觀點的交鋒）。

4. 責任制？

直到不久之前，英國警察部門不受選舉產生的政府機構的控制的

獨立地位還常常被人視為優點，儘管長期以來也有一種激進的觀點認為，這在民主國家中是不正常的。在美國，幾代警察改革人士將英國這種隔絕政治控制的模式，視為杜絕警察腐敗與出現黨派傾向的方法。

隨着 20 世紀 70 年代和 80 年代英國警務工作爭議性的增強，人們對警察部門問責機制的看法也隨之發生了變化。過去那種將警察視為公眾的化身這種神話式的觀點已然站不住腳了，因為人們認為警察無論是在種族、性別還是文化方面都代表不了公眾。在整個 20 世紀 80 年代，激進的批評人士力圖對警察治理進行改革，以期通過選舉進程對警察部門的決策進行全面問責。但是直到 20 世紀 90 年代中期，各屆政府還是希望維持憲法有關警察治理規定的現狀。不過，政府越來越注重對警察權力的行使進行問責，尤其至關重要的是對資源利用的有效性進行問責。

與此同時，越來越顯著的是，警察督察機構對本地警察的問責出現了萎縮。地方警察機構的問責逐漸被一定程度的中央控制所取代，以至於形成了一支事實上的國家警察（第七章會對這些問題進行全面探討）。人們認為 20 世紀 70 年代和 80 年代警察正當性與合法性逐漸遭到削弱的主要因素之一，正是對警察缺乏充分適當的問責。

5. 無黨派政治偏見？

20 世紀 70 年代，時任曼徹斯特警察局長的詹姆士·安德頓（James Anderton）或者英國警察聯合會的代表們，動不動就大談英國道德淪喪，堅強品格的國民意志正逐漸沉淪，這成了當時常見的一個景致。當時，很難參透他們說這麼離經叛道的話的深刻意蘊（賴納，1978，1980；麥克勞林和穆爾吉，1998；洛德和馬爾卡希，2003：第 7 章）。

1965 年，當警察聯合會（當時還是一個不起眼的職業聯合會，還

沒有成為媒體意見領袖）在一次記者招待會上，推出一本名為《問題》
(*The Problem*) 的小冊子（這本小冊子主張提高警察的薪水，以推動打
擊犯罪的鬥爭）的時候，英國當局被驚得目瞪口呆。警察理事會 (the
Police Council) 中代表官方的一派強烈抨擊了警察聯合會「前所未有
的背信棄義」，而警察聯合會定期發送的內部通訊《簡報》(*Newsletter*)
(1996 年 4 月刊第 60 頁) 中，則引用警察理事會一位成員的話說：「從
未想到我在有生之年竟然能看到法律與秩序的代表鼓吹無政府主義」。

　　到 1980 年，所有層級的警察，從警察局長到基層普通警員，似乎
都在對有關法律與秩序和社會政策的辯論指手畫腳（湯普森〔Thomp-
son〕，1980）。這一變化的先聲是蘇格蘭場發生的「馬克革命」：羅伯
特‧馬克爵士 (Sir Robert Mark，1972 至 1977 年任倫敦大都會警察廳
廳長) 於 1972 年在英國廣播公司一個名為「丁布爾比講座」(Dimbleby
lecture)[95] 的電視節目中，發表了一個頗具爭議的演講，由此拉開了馬
克革命的序幕。

　　1975 年，警察聯合會發動了一場史無前例的「法律與秩序」運動。
這場運動的目標是「利用公眾對英國犯罪與公共秩序狀況不斷增長的
擔憂，並將其轉化為積極行動的計劃」。警察聯合會以 20 世紀 60 年代
某些自由派利益團體為榜樣，這些團體通過社會抗爭運動成功地促成
了對有關死刑、同性戀與墮胎的法律的改革。警察聯合會的意圖是喚
起「沉默的大多數」，對政治人物施加影響，促使他們支持「法治」，並
扭轉在刑事與社會政策方面的自由化趨勢。很多人對警察聯合會發起
的運動進行了抨擊，認為此舉背離了警察不參與政治這一傳統，是危
險的。對此，警察聯合會反問道：「犯罪有甚麼『政治』可言？」該聯
合會聲稱自己有權對那些「涉及警察工作生活，且警察可能抱有強烈
意見」的立法與政策進行評論。1978 年，為影響 1979 年的大選，警察

聯合會專門為此發動了一場論辯活動。作為被媒體稱為法律與秩序「大辯論」的一部分，警察部門的發言人與保守黨人發表了一長串內容驚人相似且得到大肆宣傳的聲明。在大選臨近之際，這場辯論出現了兩個高峰，表明警察部門越來越公然地涉足政治。其一，在大選投票日前兩周，羅伯特・馬克（Robert Mark）上了報紙的頭條：他火力全開，炮轟工黨與工會之間的關係，將其比作「德國國家社會主義工人黨（即納粹黨）獲得了不受限制的對德國的控制」。

媒體是按照《每日郵報》（*Daily Mail*）所稱的「羅伯特・馬克爵士福音」（gospel according to Sir Robert Mark）這樣精心組織的標題來報道這場辯論的，這一點在《晚間新聞》（*Evening News*）報道賈拉漢（James Callaghan）首相對該指控所作回應之時所選用的標題「吉姆穿上大馬靴」[96] 上體現得淋漓盡致，這一標題也是馬克形象的真實寫照。在馬克作出上述干預選舉之舉的翌日，警察聯合會在英國絕大多數全國性報紙上發佈了一個長長的廣告，標題就是《法律與秩序》。該廣告將犯罪率的上升歸罪於政府的政策，並號召讀者支持該協會提出的一系列主張，其內容包括提高警察薪水以及對犯罪行為給予更為嚴厲的處罰，不一而足。四天之後，影子內閣的內政大臣威廉・懷特洛（William Whitelaw）就法律與秩序問題提出了一項由六點政策綱要組成的承諾。這六點政策綱要與警察聯合會的觀點相吻合，突顯了警察部門與保守黨之間互利互惠、休戚與共的共生關係。儘管如此，警察聯合會主席吉姆・賈丁（Jim Jardine）依然言不由衷地聲稱，這一系列耗資21000英鎊的廣告無意左右選民的意見。果真如此，此舉可真是漫不經心、毫不在意地浪費會員們的錢財。

最後，事實證明投放這些廣告是一筆獲利頗豐的投資。保守黨在大選中獲勝後的第一個工作日，警察聯合會的領導們就被緊急叫到唐

寧街，並被告知，新政府將立即全面實施埃德蒙－戴維斯委員會（Ed-mund-Davies committee）建議的漲薪計劃（該委員會此前曾在 1978 年建議實施一個慷慨大方的能夠預防通貨膨脹損失的薪酬方案，當時工黨政府正在分兩個階段實施這一方案）。作為警察部門與新成立的保守黨政府之間更為公然的協和關係的象徵，警察聯合會打破了過去從反對黨中選取其議會顧問的傳統做法，再次任命埃爾登·格里菲思（Eldon Griffiths）擔任警察聯合會的議會顧問，這是一位在法律與秩序問題上以發表言辭尖刻的演講而著稱的保守黨議員。對於聯合會「公然將自己的旗幟釘死在保守黨的旗杆之上」[97]的做法，聯合會的某些成員頗為不安；對此，警察聯合會給出的理由是「它（保守黨）信奉警察聯合會此前一直提倡的法律與秩序政策」。1982 年 3 月，當倫敦大都會警察廳發佈年度犯罪統計數據時，警察聯合會根據受害者所確定的搶劫犯的種族特徵對統計數據進行了分析，大大強化了黑人攔路搶劫犯這一模式化形象。以具有明確政治含義的方式使用官方統計數據，這還是前所未有的頭一次。人們普遍認為，此舉意在對斯卡曼「扮鬼臉」（希姆［Sim］，1982）。

　　在同一周內，詹姆士·安德頓（James Anderton）發表了一場歇斯底里的演說，對「一個比『二戰』以來所面對過的任何敵人都更加危險、陰險和殘暴的敵人」大加撻伐，並揭露了一個他所稱的「意在摧毀已經得到檢驗的警察組織架構的長期政治戰略」。警察聯合會趁機在絕大多數的全國性報紙上刊登一個主張恢復死刑的廣告，助長了人們不斷增長的恐慌情緒。保守黨懷特洛右派針對犯罪的「軟」政策受到越來越多的批評，與警察對法律與秩序問題施加的壓力遙相呼應。［在 1982 年 3 月埃克塞特大學（Exeter University）舉行的一場關於社區警務的大會上，在打擊犯罪問題上跨黨派觀點和諧一致這一瀕臨死亡的傳統

得到了最後一次歡呼致敬。前工黨政府內政大臣默林・里斯（Merlyn Rees）由於無法親自到場向與會者發表講話，轉而提交了一份威廉・懷特洛——默林・里斯在保守黨內的對立人物——的講演稿，由他人代為宣讀，因為這篇演講稿表達的正是默林的觀點！〕1982 年 3 月發生的事件是警察部門為法律與秩序問題公然進行的遊說活動的頂峰。在麥克尼之後繼任倫敦大都會警察廳廳長的肯尼思・紐曼爵士（Sir Kenneth Newman）則避免像其前任一樣高調介入政治，自他之後的歷任大都會警察廳廳長也蕭規曹隨（薩維奇等人，2000 ： 50）。20 世紀 80 年代末，隨着公共開支的削減開始影響到警察部門的預算，並且警察部門擔憂保守黨有將警務私有化的隱秘動機和不可告人的打算，保守黨與警察部門之間的親密關係趨於冷淡（羅林斯，1991）。而工黨則在竭力與警察部門重修舊好，並最終如願以償。1986 年，工黨領袖尼爾・金諾克（Neil Kinnock）在接受《警察評論》（*Police Review*）專訪時表示，自己兒時曾經夢想成為一名警察。歷任工黨發言人均勤勉地參加警察聯合會的會議，並批評保守黨削減警察部門經費的做法。1990 年 3 月在至關重要的中斯塔福德郡（Mid-Staffordshire）遞補選舉中，警察聯合會的領導人們出面為工黨站台。不過，要說警察部門已經轉而投向另外一個黨派就有點誇張了。相反，警方是在逐漸重回關於法律和秩序政策問題的跨黨派共識。不過，之所以會出現這種情況，在很大程度上是因為 20 世紀 90 年代出現的「新工黨」接受了戴卓爾當政時期對法律與秩序（以及其他領域）的政策所做的許多變革。工黨在選舉中大獲成功的口號——「嚴厲打擊犯罪，徹底鏟除犯罪成因」——越來越多地強調前半句。這一點在 1997 年大選前，時任內政大臣邁克爾・霍華德和影子內閣內政大臣傑克・斯特洛，競相對法律與秩序問題作出的強硬表態之中表現得格外明顯（唐斯和摩根，2007；賴納，

2007a)。

那位直言不諱的警察局長的表率 —— 詹姆士‧安德頓爵士 (Sir James Anderton),於 1991 年退休。此前在 20 世紀 80 年代末期,他變得愈發具有爭議,因為他針對救援和其他話題發表了不少據稱得到過神諭的言論,以及他依據或許是莫須有的腐敗罪名將自己的副手約翰‧斯托克 (John Stalker) 停職,而當時斯托克正在調查北愛爾蘭皇家騎警隊 (RUC) 在北愛爾蘭地區的一些開槍射殺案件 (斯托克,1988)。儘管如此,他依然保住了警察部門上下全體人員對他的忠誠。《警察評論》在他辭職之時刊登的一幅漫畫傳神地表達了警員們的矛盾心態:漫畫中,在安德頓離開警察局之際,一名警察對另一名警察說:「他就這麼離開了我們,我還真是有點難過。他是我認識的唯一一認為『上帝是另外一個人』(someone else was God) 的警察局長!」到那時為止,絕大多數警察局長都認識到,警方公然介入政治和社會爭論是不明智的。儘管如此,警方在黨派爭鬥中選邊戰隊的那個時期,還是玷污了甚或是無可挽回地玷污了警察超然於政黨政治的神聖光環,這是此前英國警察像女王一樣一直享有的超然聲譽。

6. 服務角色?

這一時期,警察局長所說的服務角色仍然是說得好聽的空話,口惠而實不至。實際上,警界流行這樣一種思潮,特別是在 1981 年《斯卡曼報告》發佈之後,突出強調與警察首要地作為打擊犯罪的鬥士這種日益突顯的形象相反,絕大多數警服警察的工作中,即便不是多數,也有很大一部分 (根據時間或者處理的事件數量來衡量) 是處理服務求助電話。這一做法由時任德文郡和康沃爾郡警察局長約翰‧奧爾德遜 (John Alderson) 首先提出;隨後,奧爾德遜的社區警務理念 (奧爾德遜,1979,1984,1998) 變成了美國和其他地區支持警務改革的警察

局長中一項頗有影響的運動（斯考爾尼克和貝利，1986，1988；菲爾丁，2002，2009；布羅格登和尼吉哈，2005；薩維奇，2007： 55 至 59，128 至 141）。

　　基層普通警員文化對服務角色的貶低（正如某個警員總結的那樣：「就我的理解而言，履行公共服務這一理念就是一種負擔」（賴納，1978： 213 至 217），這會對警察的正當性和合法性製造問題。當《斯卡曼報告》認可了社區警務理念後，這就成了所有警察局長對警察角色的正統分析方法（賴納，1991： 第 6 章）。20 世紀 80 年代末期公眾對警察的支持有所下降，促使警察部門勇氣倍增地努力用服務與消費主義術語定義警務工作，其具體表現為倫敦大都會警察廳的《附加計劃》（Plus Programme）以及英國警長協會（ACPO）《關於共同目的與價值觀的聲明》（Statement of Common Purpose and Values）（沃特斯，1996；斯夸爾斯，1998；薩維奇，2007： 136 至 141）。[98] 但是，所有這些努力卻由於保守黨政府於 1993 年發起的「一攬子」改革計劃而付諸東流。保守黨的改革計劃明確要求重視「抓捕罪犯」（1993 年《警察改革白皮書》的原話），並將其作為警務工作的頭等大事（即便不是唯一任務）。新工黨政府發佈的《減少犯罪計劃》（Crime Reduction Programme）在此問題上的觀點儘管有某種程度的調整，但是依舊蕭規曹隨，繼續強調這一點（薩維奇，2007： 185 至 186；賴納，2007a： 136 至 139）。

7. 預防性警務？

　　皮爾最初提出的警務工作理念強調，警務工作應當以身穿警服的警察進行巡邏為本。「警察身穿警服外出巡邏是警察部門的根本基石，其他所有專業任務都是陪襯」這一理念依然是一種得到多數警察局長頂禮膜拜的觀念。這一理念作為一種象徵非常有說服力，但是用

於實踐卻並非如此（N. 沃克，1996）。話雖說得冠冕堂皇，但是專業部門卻異軍突起，徒步巡邏部門成了那些擁有雄心壯志的潛在的專業才俊的儲備庫，成為那些不能勝任專業工作或者在專業部門無所作為人員的西伯利亞流放地。巡邏工作是所有警察都必須經過的學徒入門階段，但是卻鮮有人願意一直從事或者重新從事這一工作。巡邏制警管區（The Unit Beat）重組，標誌着巡警職能本身也在走向專業化。此舉無意之間美化了警察駕車追逐罪犯、搏鬥以及抓捕罪犯的驚險刺激性（霍爾德韋，1977，1983）。與舊式徒步巡邏相比，塗裝有熊貓圖案的警車駕駛人員與公眾的關係，更多地被局限於衝突的場合（只有在發生衝突的時候人們才能見到警察）。正如一位穿警服的巡官告訴我的那樣：「在實施警管區巡邏制（UBP）之前，你接到報警說有人在前邊打架，等你趕到現場的時候，打架的人很可能都已經握手言和稱兄道弟了。如今警察幾秒鐘就能趕到現場，到達時他們還在打鬥之中，這時候警察就得將他們分開並對事件進行處理才行。」從 20 世紀 60 年代以來，犯罪預防的含義已經發生了變化（吉林，1997，2007；克勞福德，1997，1998，2008；休斯，1998，2006；休斯和愛德華茲，2002；伯恩與皮斯，2008）。起初，預防犯罪指的是通過身穿警服的警察定時巡邏來「嚇唬」犯罪分子，日常巡邏警察扮演的只是「稻草人」（scarecrow）的功能。20 世紀 60 年代時變成了通過先發制人來預防犯罪這一理念（巡邏警察已經變成了「消防隊」式的緊急服務）。先發制人有兩點含義。第一，先發制人意味着一種戰略，這一戰略要以警管區巡邏制為基石：收集並協調巡警與警管區其他警察提供的基層信息，並以巡警與片區警察收集的信息多少與好壞作為評價他們的標準。信息分析員（collator）在警管區巡邏制中發揮着中心作用。他們的任務是對街頭一線警察提供的信息進行匯總和監控。這項工作的

主要內容是：根據那些因行為反常而引起當地警察懷疑的人員的政治與個人傾向來進行預判。隨着警察部門大量使用計算機以及國家警察計算機系統（the Police National Computer）容量的擴展，這些信息不僅更加集中，且更容易利用，而且取得了「硬數據」（hard data）這個潛在的穩固地位。伴隨着「情報導向警務」、風險警務、跨部門合作警務以及「合作夥伴關係」警務方法的不斷發展，使所有警察部門的先發制人式監視與分析的範圍不斷擴大、程度不斷加深（馬爾克斯［Marx］，1988，1992；斐濟納特［Fijnaut］和馬爾克斯，1996；馬奎爾和約翰，1996a，1996b；鄧寧漢和諾里斯，1999；P. 吉爾，2000；馬奎爾，2000，2008；蒂利，2008；科普，2008）。

先發制人的第二個含義是發展專門從事預防犯罪的部門，就如何盡量減少受到犯罪侵害的風險為公民提供建議和諮詢，並針對某些類別的違法行為向公民進行風險警示。起初，犯罪預防部門是警察部門內部的「灰姑娘」：地位低下、預算拮据、姿態不高。不過，隨着 20 世紀 80 年代犯罪預防在政府的法律與秩序政策中的地位越來越重要，這些部門搖身一變成了警察部門的搶手貨（博頓斯，1990；賴納和克羅斯，1991：第 1 章）。不過，許多大張旗鼓宣揚的犯罪預防措施如「鄰里守望」（Neighbourhood Watch），其預防犯罪的效果卻喜憂參半（班尼特，1990；福里斯特［Forrester］等人，1988；麥克康維爾和謝潑德，1992）。

在有些對社區警務理念持批評態度的人士看來，同時強調服務與預防犯罪工作本身不過是一種更為隱蔽（因而更加難以捉摸）的滲透進社區以獲取信息的手段而已（戈登，1984）。社區警務的近親——同樣強調先發制人積極主動的「問題導向警務」（H. 戈德斯坦［Goldstein］，1979，1990；蒂利，2008）也受到過同樣的指責，不過問題導

向警務自稱在目標選擇上更為精準，專門針對具體問題。有一點是顯而易見的，那就是要在預防犯罪方面追求更高的成效，必然意味着要大量運用積極的戰術和專門的便衣警察機構，從而推翻皮爾、羅恩和梅恩三人當初設定的戰略。這些政策本身就是對使警察正當性和合法性的第八個因素遭到削弱而作出的回應。

8. 警察效能

眾所周知，警察效能（police effectiveness）是一個很難定義或測量的概念。但是，一般情況下，官方的犯罪統計數據都是由警察部門編製並由內政部公佈的，官方的統計數據表明，自 20 世紀 50 年代中期以來至 90 年代初期，嚴重犯罪案件以不可阻擋的勢頭上升，而破案率卻在不斷下降。然而，在 20 世紀 50 年代中期前的絕大多數年份裏，警察部門登記在案的可起訴案件還不到 50 萬件，但到了 1957 年，這個數字首次突破了 50 萬件。到了 1977 年，警察部門登記在案的犯罪案件總數已經超過了 200 萬件，到了 1982 年，又超過了 250 萬件，而到了 1992 年的時候甚至達到了 540 萬件。記錄在案的案件在 20 世紀 90 年代自 1993 年後連續五年持續下降，此後又開始出現新的一輪上升，但最近又開始出現下降（賴納，2007a：第 3 章）。在第二次世界大戰以前，警察部門登記在冊的犯罪案件的破案率經常達到 50% 以上，到了 20 世紀 50 年代晚期破案率已經下降到了 45%，而到了 20 世紀末期破案率則僅有 25% 左右。

這些統計數據不精確是眾所周知的事情（馬奎爾，2007；賴納，2007a 第 3 章）。許多已經發生的犯罪案件並沒有向警方報告，因此，犯罪率統計數字的增長僅僅只意味着公眾的報告傾向比以前更高，而非犯罪被害人真的增多，除偵查效率以外，破案率還受到許多決定性因素的影響，因而還存在因某種目的而修改數據的情況（M. 楊格，

1991；H. 泰勒，1998a，1998b，1999；戴維斯，1999b）。雖然如此，很難說最近的犯罪記錄所表明的下降趨勢（特別是自 20 世紀 50 年代犯罪案件的急劇上升）與現實的基本變化並不一致。確定無疑的是，這種變化與公眾對犯罪的恐懼感日益增加以及對警察效能逐漸下降的公共意識相關（霍普和斯帕克斯［Sparks］，2000；斯滕森［Stenson］和蘇里文［Sullivan］，2000；迪頓［Ditton］和法拉爾［Farrall］，2000；法拉爾和李，2008；法拉爾等人，2009），從而導致警察部門實施「安心警務」計劃（英尼斯，2006；克勞福德，2007）。由於警察明顯無力處理侵犯住宅等私人財產的案件，也無力處理發生在大街上的犯罪案件，因此，警察的合法性進一步被削弱。自 20 世紀 80 年代以來欺詐犯罪變得日益嚴重，公眾越來越關注警察在處理這些領域的犯罪案件的能力不足問題和選擇性執法偏好問題，特別是在最近因「信用恐慌」和經濟緊縮引發的金融危機背景下，這個問題更加突出（利瓦伊［Levi］，1987，2008；卡爾施泰特［Karstedt］和法拉爾，2006；內爾肯［Nelken］，2007）。

20 世紀 80 年代，內政部研究部門提供的越來越多的證據（與美國早期的研究結果類似）表明，當前警察部門的巡邏和偵查機制的有效性令人質疑（R. 克拉克和霍夫，1984）。從上面這些統計數據可以看出（斯卡曼報告中也提出了同樣的問題），幾位警察局長試圖對警務方式進行改革，以期重新獲得公眾的信任與合作，正如肯尼思·紐曼爵士（Sir Kenneth Newman）所說那樣，以一種新社會契約（new social contract）的形式對警務方法進行重構（賴納，1991：第 7 章；薩維奇，2007：127 至 141）。然而，在 20 世紀 90 年代，警察政治化的理念再次復興，認為警察能夠控制犯罪，尤其是使用創新型的警務方法能夠達到控制犯罪的目的，這一理念得到了犯罪學研究者們的支持（此問題

將在第五章裏詳細論述）。無論這些爭論的結果如何，毫無疑問的是，公眾似乎很關注正在逐漸下降的警察效能問題，以及鼓勵警察部門所發起的採用新戰術維護法律與秩序的活動，這正是 20 世紀 60 年代和 70 年代警察合法性逐漸式微的一個主要因素。

(二) 警察合法性下降的社會背景

　　警察活動經常對社會中那些在經濟上處於貧困狀態的公民產生重大影響，以及對那些生存在大街或者公共場所的失業者（特別是乞丐）和青年人產生影響。這些無權無勢的社會弱勢羣體經常被稱為「警察資產」（police property）（克雷，1972；李，1981）。他們被排斥在享有完全「公民身份」之外，並首當其衝地成為警務作用的對象。儘管工人階級的不合作態度已經有所緩和，尤其是對警務工作的一貫的憎恨態度有所減緩，但是處於最低社會階層的羣體與警察間的衝突仍然存在。警察自身也意識到了這一點，在他們的工作中有各種各樣用於貶損來自社會底層公民的行話隱語。加州警察稱這些人為令人討厭的「屁眼蟲」（assholes），在加拿大他們被警察視為令人作嘔的「蠅蛆」（pukes），倫敦警察對他們的蔑稱是「賤貨」（slag）或「人渣」（scum）（警察研究所，1983，iv：164 至 165），在泰恩賽德（Tyneside）地區他們又被稱為「自命清高的人」（prigs）（M. 楊格，1991）。絕大多數警察都是來自體面正派的工人階級家庭，受他們的道德價值觀的影響，他們蔑視那些背離或者質疑自己生活方式的人。儘管充斥着衝突，但警察與社會底層的「賤民」的關係並沒有政治化。這些社會邊緣羣體是暫時的（年輕人逐漸變得成熟了，失業者找到了工作），他們內部的社會關係也變得模糊化了，因此社會邊緣羣體的團體同一性（羣體認同感）也很難形成。而且，那些針對社會邊緣羣體的警務活動得到了絕大多

數人的支持，甚至（也許特別）是來自那些比較體面正派並有穩定工作的成年工人階級的支持（B. 約翰遜，1976）。

隨着對警務活動敵對意識的出現，社會階層的發展成了 20 世紀 60 年代後警務政治化的一個至關重要的因素。這主要是更具自我意識的青年文化、長期失業的重現以及 20 世紀 70 年代到 80 年代越來越多的工業衝突的發展促成了這個現狀。然而，一個更為重大的變化則是警察與黑人社羣的關係的災難性惡化。警察部門對黑人抱有偏見，黑人則抱怨遭到警察的種族騷擾，這樣的事情由來已久。截至 20 世紀 70 年代中期，有越來越多的明顯的證據表明，由於某些違法行為而遭到拘捕的黑人男性（尤其是黑人青年）的比例偏高，其中部分原因（但並非唯一原因）是警察部門的歧視。一方面警察部門對黑人抱有成見，另一方面黑人具有的某種易於涉身那些引起警方關注的情境的脆弱性，這兩者之間形成了一個惡性循環（參見第五章）。不過與傳統的邊緣性社會階層不同，黑人擁有一個明確的身份，並且清楚自己遭到了歧視。此外，由於全體黑人在社會生活中其他領域裏也擁有遭人歧視的共同經歷，很多品行端正的「體面正派」的黑人成年人，在與警察部門進行抗爭方面與黑人青年一樣，具有相同的身份認同感，並且在面對警察的責難時同仇敵愾（麥克勞林，2007：第 6 章）。這一局面的後果是黑人對警察部門的信任出現了災難性的衰減，這一點在斯蒂芬・勞倫斯案件中得到了集中體現。斯蒂芬・勞倫斯一案淋漓盡致地表明，警察未能保護黑人，而且實際上黑人成為犯罪受害人的比例之高與他們所佔人口比例極不相稱。關於警察與公眾關係的研究清楚地表明，一方面，警察與大多數民眾（包括大多數工人階級）的關係依然是和諧的，警察與青年人、失業者、經濟上處於邊緣地位的人員以及黑人的關係，卻往往是緊張且頻頻出現衝突的（政策研究所，1983，i：314

至 315，iv： 162 至 168；斯柯甘，1994；巴克［Bucke］，1997；菲茨傑拉德等人，2002。應當指出的是，近來有跡象表明，不同族羣之間在對警察部門的信任度方面的差異正在減少：邁希爾［Myhill］和比克［Beak］，2008；沃克等人，2009 ：表 5.19）。導致警務工作在 20 世紀 70 年代之後政治化的關鍵因素之一，是前述弱勢羣體（vulnerable groups）人數的不斷增多，其中首要原因是自由市場政策導致社會排斥愈演愈烈（E. 柯里，1998a， 1998b；I. 泰勒，1999；J. 楊格，1999；賴納，2007a， 2007b），以及這些人因常常成為警務工作對象而增長的強烈的自我意識。

這反映了西方資本主義社會中政治經濟領域所出現的深刻變化。長期的結構性失業（越來越多的是永遠無法就業）重新出現，導致青年工人階級中越來越龐大的部分，尤其是遭受歧視的少數族裔，被社會所排斥，「這些人已經被明確地排斥在公民範圍之外」（達倫多夫，1985 ： 98）。一個新的下層階級形成了，這不僅是因為失業，還由於失業具有顯而易見的結構上的不可避免性。圍繞着下層階級這個廣為人們接受的概念的爭論眾說紛紜。在這一概念的眾多爭論中，保守主義的、文化主義視角的定義具有令人無法接受的「指責受害者」（blaming the victim）的隱含意味。不過，由於結構性的原因導致社會中出現了一個徹底邊緣化的羣體，這是導致近年來犯罪、秩序混亂以及與警務工作的各種緊張事態激劇增長的主要源頭之一。正如保守黨人隨時準備告訴我們的那樣，失業與犯罪或者社會秩序混亂之間當然不存在任何直接和自動的聯繫。但是有大量的證據表明，從 20 世紀 70 年代以來，在對犯罪與社會秩序混亂進行解釋時，失業問題無論如何都是其中的一個重要的部分（賴納，2007a ：第 4 章；黑爾［Hale］，2009）。

社會邊緣羣體與警方之間的衝突是由來已久且亙古不變的，不過與戰後經濟繁榮的時期相比，如今被排除在社會之外的人羣更多了。但是，引發政治爭論的主要轉變是左右輿論（opinion-forming）的中產階級所發生的長期性文化變化。警方喪失了某些人數不多但是卻至關重要的、頗具影響力的「發聲階層」（talking classes）的信任，這些階層大致可以將其描述為閱讀《衛報》（*Guardian*）或者《獨立報》（*Independent*）的圈子。警察與某些受過良好教育的中產階級的觀點之間的鴻溝正在加深。這一過程的根源多種多樣，可以一直上溯到汽車的發明（溫伯格，1995：第 4 章）。不過，最為關鍵的發展變化是 20 世紀 60 年代早期以來中產階級政治抗議的增多（核裁軍運動［CND］，抗議越南戰爭的遊行示威，20 世紀 60 年代的學生運動和反主流文化，20 世紀 90 年代的反對活體動物出口和環保抗議），以及某些中產階級人士參與其中的邊緣性越軌行為的政治化，其中特別值得注意的是吸毒和同性戀問題的政治化。警察與普通民眾中那些話語能力強、教育層次高的羣體間的衝突，對於警務工作轉變成一個公開的政治問題起到了重大的作用。

三、警務是必要之惡？
後合法化時代的務實主義警務： 1992 年迄今

本章前面幾個部分詳細描繪了 1856 年以來的一個世紀內警察部門贏得合法性的過程，以及從 20 世紀 60 年代到 90 年代早期警察合法性所出現的逆轉。第三部分將要提出，在 1992 年之後，警務工作的政治化已經到了「超越合法性」（beyond legitimation）的階段。儘管警察部門沒有重新贏得自己在 20 世紀中期獲得的那種一致認同地位，但是與

20 世紀 70 年代末期和 80 年代相比，他們在原則性政治紛爭和公眾普遍質疑的社會問題方面受到的困擾有所減少。人們務實地將對警察部門的公開非議和不滿，集中到了警察未能完成控制犯罪這一廣得人心的使命之上，而不是放到任何對警方的整體作用、位置或者公正性的批評之上。這反映出，自從新工黨拾起嚴厲打擊犯罪的論調後，所形成的關於法律與秩序政治的共識已經深入人心（唐斯和摩根，2007；賴納，2007a：第 5 章）。

在 20 世紀 90 年代轟動一時的史蒂芬・勞倫斯一案就說明了這一點。雖然這樁案件又一次引發了有關警察部門存在種族主義和歧視這一爭論不休的問題，但是在這一案件中，種族主義和歧視主要表現為一名男性黑人青年遭到謀殺而警察部門卻未能及時將罪犯繩之以法，而不是表現為警察濫用權力。人們擔憂的是警察部門未能公正而高效地向公眾提供安全保護，使他們免受犯罪的侵害，而不是有人所指稱的拙劣粗暴的警務工作，而此類指控是此前公開爭議的主要內容。

警務工作的政治化如今變得高度狂熱化，充斥着喧囂與狂暴 —— 實際上卻混混沌沌，毫無意義。彼得・曼寧（Peter Manning）曾經強調，在一定程度上，用戲劇寫作術語來解讀警務工作，要勝過使用理性的術語完成工具性目標進行解讀（曼寧，1997，2003）。新型警察成立以後的第一個 150 年間，警察部門的一切履職努力就是以贏得合法性為目標，在這一過程中，他們採用公正、法治和最低限度武力等手段為公眾提供安全和秩序。前台的這一表演掩蓋了後台腐敗猖獗、瀆職泛濫的實情，觀眾席中看到的則是一齣神話劇：世界上最好的警察，誠實正直而高效，堪稱美德的典範。

警務工作的政治化問題是在 20 世紀 60 年代到 90 年代初這一期間發展形成的，其內容在很大程度上是根本性衝突概念之間的原則性爭

論。這些爭論可以簡單化地定性為美國法學教授赫伯特・帕克（Herbert Packer）所系統闡述的刑事司法程序中犯罪控制模式與正當程序模式之間的對比反差（帕克，1968），這一對比對當代的爭論仍然產生重要的影響（桑德斯［Sanders］和楊格，2007a，2007b，2008）。一方面，那些為「法律與秩序」奔走遊說的人士（包括很多警長、警察聯合會以及戴卓爾首相領導下的保守黨），認為犯罪和社會秩序混亂已經開始失控，並認為強化警察權力和採取嚴厲的刑罰政策是解決問題之道，並將對正當程序的法律保障定性為是桎梏有效警務工作的「鐐銬」。與他們相對的是鼓吹公民自由權利的派別，包括很多律師和（「老」）工黨的很多成員以及自由黨。在這一派別看來，為嫌疑人提供充分的法律保護，不僅在原則上是法治的一個重要方面，而且對於確保對罪有應得的人定罪而言也必不可少。這一派別也與對犯罪和擾亂社會秩序的行為進行的社會民主分析有關。這一分析強調犯罪與擾亂社會秩序問題的深層次社會根源，並認為警務與懲罰雖然重要但卻是片面和短期的，只能治標不能治本（賴納，2006）。無論這一立場的優劣長短究竟如何，事實證明，由於 20 世紀 80 年代的犯罪和擾亂社會秩序行為的極大增加，公眾更為關注直接遏制犯罪問題，這一立場使工黨在選舉方面搬起石頭砸了自己的腳。在 20 世紀 80 年代末期和 90 年代初期，工黨開始擺脫此前對選民作出的「大而無當、難以兌現的承諾（hostages to fortune）」，轉而擁抱警察和「法律與秩序」（唐斯和摩根，2007）。貝理雅 1992 年成為工黨影子內閣的內政大臣之後，工黨的警務政策發生了一個突然的轉向，高調地將法律與秩序問題作為工黨的競選政策，為此提出了一個著名的口號：「嚴厲打擊犯罪，徹底鏟除犯罪成因」，這個如今已經極負盛名的口號可能是從其原創者戈登・布朗（Gordon Brown）那裏「借來」的（紐伯恩和賴納，2007）。它集中體現了當時

英國民眾的情緒：在 1993 年利物浦發生的一個尚在蹣跚學步的兒童詹姆士・布爾傑（James Bulger）慘遭殺害的案件，這個悲劇性的案件引發了英國全國上下對犯罪猖獗與道德敗壞進行了全民良心上的自我反省。這個動人口號的精明之處在於它具有模糊性，能使所有的人都能在這個口號中看到自己想要看到東西。「嚴厲打擊犯罪」的意思可以是以證據為主導的有效預防犯罪⋯⋯也可以是對犯罪分子進行嚴厲懲罰。「徹底鏟除犯罪成因」則看上去像是在肯定傳統的社會民主觀念，即犯罪具有深刻的社會、經濟和文化等方面的根源，但是在實踐中，對這一口號的解讀則始終是狹義的。這個口號在政治上的收益隱藏在這樣的潛台詞之中：這個口號將兩個語氣強烈的「嚴打」措辭嵌入到一句短小精悍的話語之中，一舉打消了關於工黨「在打擊犯罪方面軟弱鬆懈」的輿論指責（1992 年保守黨競選宣言的原話）。保守黨對此進行了回擊，內政大臣邁克爾・霍華德（Michael Howard）提出了「監獄能見效」（prison works）的口號，並大幅加強了刑事懲罰的力度。儘管如此，貝理雅還是成功地轉敗為勝，在將近六年的時間內佔了保守黨的上風。在此期間，市場輿論調查國際（MORI）的調查結果顯示，工黨是在法律與秩序方面，公眾最為信任的政黨。但是，好景不長，工黨是「治理犯罪的最佳政黨」這一稱號並沒有把持多久，到 2000 年，在法律與秩序方面「保守黨領先」這一人們更為熟悉的格局又故態重萌了（達菲[Duffy] 等人，2008：18），儘管犯罪率有所下降（至少根據英國犯罪調查報告 [BCS] 的測算確實如此）。從 1997 年直到 2004 至 2005 年，警察部門記錄的各類犯罪率一直呈現上升趨勢，這很大程度上要歸因於內政部對統計規則的改變，不過近年來，警察部門記錄的犯罪率確實也一直在下降（賴納，2007a：67 至 75）。一方面犯罪率總體呈下降趨勢，另一方面公眾卻自感面臨的風險越來越多，這兩者之間形成

了反差，這促使政府推出了「安心計劃」(reassurance agenda)，企圖以此消弭這一反差（霍夫，2003，2007a，2007b；米莉［Millie］和赫林頓，2005；英尼斯，2006；克勞福德，2007b）。針對法律與秩序的原則，兩黨之間新近形成了一個跨黨派共識，但是與之俱來的則是兩黨之間在如何實現法律與秩序方面的尖銳對立：兩黨相互攻擊對方在治理犯罪方面的記錄和相關的其他政策，並且投機取巧的政見和政治異裝現象大行其道。

近來針對公眾對警務工作信任度所做的定量調查數據表明，不僅安心計劃存在悖論，而且公眾對警務工作的信任度也越來越反覆無常、陰晴不定，民眾對犯罪的擔憂超越了對於公平對待嫌疑人的問題的關注。在英國犯罪調查機構（BCS）發佈的有關警察工作績效的評估報告中，認為警察部門工作表現優秀的比例從 1996 年的 64% 降低到 2004 至 2005 年的 48%，不過之後又回升到了 53%。在這一期間內，對警察部門的這一積極正面的評級要遠高於所有其他刑事司法機構（大約是它們的兩倍）（艾倫等人，2006：9；A. 沃克等人，2009：第 5 章）。調查進一步顯示，那些與警察有接觸的人士對警察的好感度要低於那些與警察沒有接觸的人士。受害者對警察的評價要低於那些警察主動接觸的人士。黑人和少數族裔受訪人士對於警察的總體評價要好於白人對警察的評價，主要原因是前者對警察工作成效感知度更高（前者群體中，有 57% 的人認為警察表現優秀或者良好，與之相比，後者的比例則為 53%），不過黑人和少數族裔人士中，表示警察尊重他人的比例略低於白人（前者為 81%，後者為 84%）（A. 沃克等人，2009：104）。這些評級並不會因為家庭收入或者其他絕大多數社會經濟指標而發生顯著的變化（同上，2009：125）。但是，益普索市場調查集團（IPSOS）[99]、市場輿論調查國際（MORI）不久之前為皇家警務督察

局（HMI）《關於 20 國峰會期間抗議活動的警務工作的報告》所做的一個全國性調查則發現，不同社會階層對警察的評價存在相當顯著的差異：69% 的 A 至 B 類受訪人士對警察持有正面的印象；與之相比，D 至 E 類受訪人士中則為 56%（女王陛下警務督察總局［HMIC］，2009：81）。從年齡結構上，也反映出了類似的差異：65 歲以上羣體中有 69% 的人對警察抱有正面看法，與之相比，15 至 24 歲羣體的比例則為 54%。從性別角度來看，反映出來的差異相對較小：67% 的女性對警察持有正面看法，而男性則為 60%。

　　在從英國文化角度對警務工作進行解讀方面，洛德和馬爾卡西（Mulcahy）曾做過一項重大的定性研究。這項研究突顯了英國民眾對警察所抱有的多種多樣的觀感：從堅守迪克遜式理想警察的「信仰的捍衛者」（defenders of the faith），到一系列五花八門、不那麼正面的態度，包括「幻想破滅者」（the disenchanted）、「不可知論者」（agnostics）、「心存希望者」（the hopeful），以及那些不相信警察能帶來安全或公正的「無神論者」（atheists）（洛德和馬爾卡西，2003：第 3 章）。近幾十年來發生的大規模社會動盪，導致公眾對警務工作的所有觀感與關係出現了紊亂，有關的調查分析和預測結論存在相當大的差異，並且相互間矛盾重重，變化不定。這一點也體現在了大眾媒體對警務工作的描繪中，在新聞節目、紀實節目和娛樂節目中，對警務工作的種種描述各不相同。這些描畫，從「二戰」結束後的 20 年間對警察崇高道德與工作成效幾乎一邊倒的正面呈現，中間經歷了一個對警察形象批評性高得多的階段，然後從 20 世紀 80 年代以來，轉變為一個總體上更為良好的形象 —— 但是這一形象較之以前更為複雜多變，從極端敵視到勢不可當的讚頌，不一而足（賴納等人，2000，2001，2003）。「（對於警務工作的）各種描述分為相互攻訐的兩類：有些想要盡可能地回

到共識的價值觀，有些則代表了一個無可救藥的『超越了好與壞』的秩序混亂的世界」（賴納等人，2001：190）。

這種已經超越合法性範圍的新型實用主義的警務政治分析，本身就脆弱不堪，又怎麼能夠依然採用過去 150 年間用於解釋（警務工作）合法性的興衰的維度來對它進行分析？因此，本書將對警務工作合法性中的八個警察因素近來出現的發展變化，以及政治經濟和文化大環境發生的巨大和複雜的變化進行回顧。

（一）警務政策與脆弱的再合法化

1. 官僚行政組織？

英國警察在 1829 年之後之所以能夠成功贏得合法性，其中因素之一是警察被描繪為客觀、理性的權威的化身：一個紀律嚴明、遵章守紀的機構，擁有通過擇優錄用、嚴格訓練和按功績晉升形成的職業標準。但是，這一切卻在突如其來的多起重大醜聞以及訓練和教育標準跟不上外部世界的步伐等因素的推動之下，轟然解構，良好的形象分崩離析了。

在 20 世紀 80 年代和 90 年代沒有再度出現大規模的腐敗醜聞，儘管腐敗對警察而言是一種永久性的危險和公眾持久關注的話題（龐奇，2009）。顯然，這一現象存在眾多著名的「重大原因」（causes célèbres），20 世紀 90 年代時任大都會警察廳廳長的保羅・康登爵士（Sir Paul Condon）在談及「基於崇高目標的腐敗」（noble cause corruption）時，作出如上表述。最近發生的最令人震驚的類似事件，也許是 2005 年 7 月倫敦地鐵恐怖襲擊案件發生後，無辜的巴西青年瓊・查爾斯・德・梅內塞斯被警察射殺事件，[100] 以及 2009 年 G20 峰會期間關於警察對參與示威抗議活動人士的野蠻行徑的指控（女王陛下皇家警

務督察總局，2009）。雖然這兩起事件都引起了社會各界的高度關注，但是他們並沒有產生像 20 世紀 70 年代和 80 年代警察醜聞那樣的警察去合法化的影響，部分原因是現在的人們的關注焦點已經被對犯罪和恐怖主義的焦慮情緒所代替。

　　警務工作的多元化，就警務機構的增多而言，除了皮爾式的警察機構（特別是私營安保機構）之外，警察機構內部由於更高程度的專業化、文職化以及由社區輔助警察以及其他新生安保力量驅動的「警察大家庭」的迅速發展，而呈現出多樣化（克勞福德，2008），所有這些形式的安保力量都導致警察作為一個單一的綜合機構的形象變得複雜化了。而有人曾做過種種嘗試，想要用新公共管理模式來使警察部門更加「企業化」，其結果是警察部門失去了官僚行政機構的形象，取而代之的是一個更加務實、高效的企業化形象，在這樣一個機構裏，個人和部門之間要進行考核和排名，相互攀比競爭。

　　或許最根本的變化是，在一個更加個人主義的新自由主義文化中，警察在一定程度上確實代表了一個關於國家權威的不受個人感情影響的官僚行政機構的理念，已經成為一種責任而不是合法性的來源，主導警方改革的主流話語也相應地發生了變化（貝維爾 [Bevir] 和克魯皮卡 [Krupicka]，2007）。不幸的是，在這方面警察面臨着一個無法擺脫的困境。如果他們碰巧曝光了與管理機構循規蹈矩的要求相違背的玩忽職守行為，就會引發導致警察喪失合法性的危機。可是在一個更具個人主義的、隨心所欲以及「流動的現代性」[101] 的消費主義的文化氛圍裏，紀律嚴明、服從領導、循規蹈矩這一理念，同樣也是有問題的（鮑曼，2000、2007）。英國犯罪調查（BCS）和其他社會調查機構，通過電話訪談公眾對待警務的態度，主要內容是確定民眾是否認為警察提供了他們所期盼的那種隨心所願、稱心如意、量體裁衣的個

別化服務。過去那種規格一致「一體適用」(one-size fits all) 的法律正義 (legalistic justice) 理念，在 19 世紀和 20 世紀初為警察部門贏得了合法性，可是現如今卻因「(警務工作) 是由那些刻板機械不知變通之徒」實施的，而招致公開責難。

2. 法治？

在英國，警察的各項行動要遵守正當程序合法性原則 (principles of due process legality)，這一理念對警察行動的合法性而言是至關重要的。直到 20 世紀 70 年代，表達這一理念的主流說法還是警察作為「穿制服的公民」，不具有任何超越普通公民的重大法律權力，但這卻顯得越來越蒼白陳腐。《1981 年皇家刑事司法委員會報告》以及隨後出台的《1984 年警察與刑事證據法》(Police and Criminal Evidence Act，簡稱 PACE)，這兩個法律文件明確賦予警察一整套普通公民不具有的權力，提出的在調查權與嫌疑人保護措施之間達成「根本平衡」這一原則取代了前述理念。該原則旨在確保授予警察的調查權得到公正且最低限度的使用。至於該原則是否實際達成了這一目標，則成為社會持久爭議的話題 (凱普 [Cape] 和楊格，2008)，不過普遍的觀點是《1984 年警察與刑事證據法》(PACE) 從根本上改變了嫌疑人的待遇 (有關證據將在第七章中進行討論)。

然而，1992 年之後，有關法律與秩序的新的強硬政治主張佔據了主導地位，舊有的爭議已經轉戰到另外一個領域了。事關警察徇私舞弊、玩忽職守、過度使用武力以及濫用職權的重大案子依然時常出現，鬧得沸沸揚揚。不過法律和政策方面的動向已然指向強化警察手中的權力和資源，並且不僅沒有相應地增加對警察權力的防護措施，而且還削弱了現有的防範措施。在對犯罪和恐怖主義的危機感高漲的情況下，此舉並沒有招致法院或者公眾的質疑，也沒有引發甚麼政治

爭論，不過，這方面目前為止有兩個重要的反例：《1998 年人權法》以及 2002 年獨立警察投訴委員會（Independent Police Complaints Commission，簡稱 IPCC）[102] 的成立（G. 史密斯，2004a，2005 曾對此做過批評性分析）。

在新出現的例外論（exceptionalism）[103] 氛圍之下，此前成立的兩個皇家委員會的命運突顯了控制犯罪和恐怖主義這一價值觀在多大程度上超越了對正當程序的考慮（也許會永遠如此）：刑事程序皇家委員會（Royal Commission on Criminal Procedure，簡稱 RCCP）於 1981 年提交的報告，直接催生了《1984 年警察與刑事證據法》（PACE）的立法；刑事司法皇家委員會（Royal Commission on Criminal Justice，簡稱 RCCJ）於 1993 年也提交了相關報告。這兩個委員會都是在出現重大的司法不公（miscarriage of justice）並引發醜聞之後成立的。這兩個委員會提交的報告都力求貫徹在警察權力與嫌疑人保護措施之間達到平衡這一原則，但是它們在立法方面產生的效果（就刑事司法皇家委員會而言是立即出現的，而就刑事程序皇家委員會而言，效果則是長期的）削弱了針對警察權力的防範措施。

對於 1992 年之後強化警察權力並同時削減對警察權的防範措施這一趨勢，本書第七章會有詳細的論述。不過，這個趨勢背後新的深層次理論根據最清楚不過地體現在了英國內政部授權對《1984 年警察與刑事證據法》所做的兩個最新法律評審報告的第一個調查報告（terms of reference）中，該報告是 2002 年提交的（第二個報告是 2007 年提交的），其中明確提出：「確保該項立法依然是一個為警察部門提供支持的有用工具，並能夠賦予他們打擊犯罪所需要的必要權力。」《1984 年警察與刑事證據法》的立法目的特別明確：「簡化警察程序；減輕警察部門的程序性或者行政管理性負擔；節約警察資源；加快司法程序速

度。」儘管口頭上依然在強調保護嫌疑人權利的防護措施的重要性以及（在擴大警察權力與保護嫌疑人的措施之間）進行平衡的必要性，但是主流話語卻關注的是面對更高級別和更新類型的威脅時，有必要為保護受害人與提高警察效率之間進行再平衡。保護人權的防護措施被視為對警察履行職責的妨礙，而不是必要的保護。2007 年對《1984 年警察與刑事證據法》所做的《警察權力現代化》（*Modernising Police Powers*）的評估報告中所提出的目標，一方面延續了這種對警察部門的「需求」和「效率」的片面強調：「本評審報告的目標是徵詢警察和與警察部門共事的人士以及公眾的意見，確定該法以及《實施規程》（Code of Practice）是否依然適宜、恰當並與刑事司法制度相適應。」2002 年的這次評審報告導致《1984 年警察與刑事證據法》中有關保護嫌疑人權益的防護措施遭到一定程度的削弱並致使（警察的權力）得以擴張。例如，《2003 年刑事司法法》授權警察在未經治安法官授權的情況下，將嫌疑人的拘押時間延長至 36 小時，且該權力適用於所有可予以拘捕的違法行為，而不單單是嚴重違法行為，並准許警察在偵辦刑事毀壞（criminal damage）案件時實施攔截和搜查。毫無疑問，很可能在 2007 年的評審報告中，仍然會建議進一步擴張警察權並減弱對嫌疑人的保護措施。

從上述實例以及本書第七章將要詳細探討的實例中，可以清楚看到一套新的、針對警察權力合法性的說辭。這就是電影《辣手神探奪命槍》（*Dirty Harry*）中所談論的話題：兩害相較取其輕，在緊急情況下有必要採取正常情況下並不合理的手段（但是，後來這些應急的特殊手段卻變成了常規權力手段）。這一說法的依據是一種普遍存在的危機感和例外感。這一危機感和例外感無疑又因為 2005 年的倫敦恐怖襲擊、此前的美國「9·11」恐怖襲擊、過去十年在世界其他很多地方發生

的恐怖襲擊事件的影響以及警察權的擴張，而進一步加劇。不過這種
危機感和例外感，在過去的 20 年間已然由於傳統的和新的犯罪形式的
不斷出現，而相應地發展變化。

3. 最低限度武力戰略？

我們已經看到，英國的警察部門之所以能夠贏得合法性，其中一
個關鍵層面就是使用最低限度的武力，即使用「扮豬吃虎」(win by ap-
pearing to lose) 的策略。20 世紀 70 年代和 80 年代公共秩序維護的軍
事化以及槍支使用的增加成為一個日漸嚴重的問題，這是警察去合法
化 (de-legitimation) 問題的焦點。20 世紀 90 年代，過度使用武力問題
似乎有所收斂。但是，這在很大程度上只是一個錯覺。在這一切背後，
社會和政策方面的變化為近年來出現的多件鬧得沸沸揚揚的驚天大案
埋下了禍根，特別是 2005 年瓊・查爾斯・德・梅內塞斯遭槍擊身亡
這一悲劇事件，以及 2009 年倫敦 20 國峰會期間警察對抗議活動中遊
行示威人羣的警務措施等，上述所有的射擊行為引發了社會對警察權
的高度關注 (沃丁頓和賴特，2008；斯夸爾斯和肯尼遜 [Kennison]，
2010)。

20 世紀 90 年代，幾乎未經公開討論，在公眾也幾乎毫不知情的
情況下，警察部門運用配備有永久性武器的武裝應變車輛 (Armed Re-
sponse Vehicles) 的情況有所增加，而警察可以使用的火力也有了突飛
猛進的增加 (麥肯齊 [McKenzie]，1995；沃丁頓和賴特，2008：473
至 474；羅伯茨和英尼斯，2009)。此外，還發生了若干起槍擊事件，
在這些事件當中，警察部門被指控反應過激或者反應不足，並且由警
察投訴處 (Police Complaints Authority) 及其繼任機構獨立警察投訴委
員會 (Independent Police Complaints Commission，簡稱 IPCC) 對這
些事件進行調查，調查結果均指責整個事件的發生都是警察部門在指

揮和管控方面存在的不足所造成的，而不是現場警官的過錯行為造成的（馬卡姆［Markham］和龐奇，2007）。防衞性裝備（defensive equipment）以及「非致命」武器（防彈衣［body armor］、強化警棍、失能噴霧劑［incapacitant spray］以及泰瑟電槍等）的使用也在增加，這表明警察部門至少是已經預計到了在日常警務工作中需要使用更高強度的武力（沃丁頓和賴特，2008 ： 468 至 469）。

在公眾騷亂和暴力衝突不斷升級的情況下，自 1990 年特拉法爾加廣場（Trafalgar Square）人頭稅騷亂（poll tax riot）事件之後，使用軍事化的警務戰術處理此類事件的趨勢似乎有所緩和。實踐證明，採取「協商式管理」（negotiated management）而非「升級使用暴力」，旨在與遊行示威者建立合作而非進行對抗，並且承認抗議示威者的人權為宗旨的新型戰略（沃丁頓，1994 ；德拉·波特［della Porte］和賴特，1998），在預防或者緩解暴力衝突方面是行之有效的，英國、美國乃至全世界警察的信心由此得到了鼓舞。當然，現實中依然存在頗具爭議的實例，在這些實例中，有人指控警方過度使用武力，尤其是針對 20 世紀 90 年代中期針對活體動物出口的抗議人士，警察使用了過度武力；但是人們普遍認為，箇中緣由在於此類抗議活動吸引的是那些人到中年的中產階級人士，他們此前是警方的支持者，第一次親身體驗警務工作中較為粗暴的一面。但是，在幕後，警方正在制訂戰術，其中就蘊含了現有爭議的種子。20 世紀 80 年代的警務實踐證明，軍事化的警務戰術不僅不奏效，而且危及警察部門的合法性。1990 年的人頭稅騷亂「引發了警務戰術的一場小型革命，這場革命直到十年之後才受到公眾矚目」（沃丁頓和懷特，2008 ： 472）。這指的是 21 世紀初在倫敦發生的若干起反全球化或者氣候變化抗議活動期間，警察部門使用的隊形緊密且穩健的包圍圈對那些被視為有可能引發騷亂的人羣採

取先發制人的控制——這一做法後來被稱為「水壺式圍堵 (kettling)」。
警方認為這一戰術是合法的，其合法性源自警察部門所擁有的防止違
警事件發生的普通法權力。但是，有人對該戰術的合法性提出了質疑，
認為它違反了《歐洲人權公約》第 5 條規定的自由權。不久前英國上議
院就此作出裁決，認定該戰術是合法的，前提是其運用必須出於善意，
與使用情形相稱，並且使用時間不得超過必要的時長 (奧斯汀及其他訴
大都會警察廳廳長案，英國上議院 [Austin & another v. Commissioner
of Police of the Metropolis] [2009] UKHL5)。但是，目前有人向歐洲
人權法院提出申訴，這一裁決面臨挑戰 (英國《衞報》2009 年 7 月 20
日，《大都會警察的「水壺式圍堵」戰術在歐盟法院面臨挑戰》)。但是，
在 2009 年 4 月 20 國集團峰會抗議活動期間，警察部門對水壺式圍堵
戰術的運用或許確實超越了上議院裁決中所設定的合法性條件。警察
部門採取的有爭議行動，導致了伊恩‧湯姆林遜 (Ian Tomlinson) 死亡
的悲劇性事件，而在其他幾起鬧得滿城風雨引起公眾特別關注的事件
中，警方的公然暴行被人拍攝下來在電視中公開播放，這些案件正在
接受多個機關的審查，包括英國議會的民政事務委員會 (Home Affairs
Committee)、議會聯合人權委員會 (the Joint Parliamentary Committee
on Human Rights)、皇家警務督察局 (HM Inspectorate of Constabulary)
以及獨立警察投訴委員會 (IPCC) (皇家警務督察局，2009：16)。

　　在引發公眾關注警方使用武力情況的案件中，最為突出的是 2005
年 7 月 22 日，一位名叫瓊‧查爾斯‧德‧梅內塞斯的巴西籍電氣技
師在倫敦地鐵斯托克維爾站 (Stockwell) 無故遭到警方槍殺事件。在此
前一天發生了未遂爆炸事件後 (當然，這距離 7 月 7 日自殺式爆炸分
子造成的血案不過兩個星期)，在警察部門實施的監控行動中，他被尾
隨監視的武裝便衣警察誤認為是恐怖分子。一名尾隨監控的警員對他

緊抓不放，與此同時，有人從近距離用中空彈對他的頭部連開數槍。這件事情讓「KRATOS 行動」—— 一個直到那時還不為人知的用以處置疑似自殺式恐怖襲擊的秘密戰術（該戰術由美國國家司法研究所開發制定）—— 大白於天下。獨立警察投訴委員會（IPCC）的調查鑒於對付自殺式恐怖分子時高度困難和危險的情況，為這一戰術的制定和合法性進行了中肯的辯護；但同時該調查也表明，當時在倫敦地鐵斯托克維爾站實施的並不是這一戰術 —— 梅內塞斯不幸身亡其實是一系列無可辯解的亂中出錯的產物（獨立警察投訴委員會，2007）。倫敦警察廳對這一槍殺事件的善後處理 —— 小而言之，充其量是警察部門前後自相矛盾的聲明和管理失當，大而言之，從最壞的角度講，就是有意掩蓋和故意說謊 —— 也大有值得批評之處（獨立警察投訴委員會，2007）。

圍繞警察使用武力的爭議很有可能會升級。除發生恐怖事件的持續風險之外，經濟崩潰將會導致以過去十年間的反全球化抗議為先兆的政治衝突愈演愈烈。而這又會導致發生更多無正當理由或者錯誤使用武力的案例；由於監控錄像設備數量的激增，這些案件一出現就立刻會像很多先例那樣迅速被大眾所知曉，從 1991 年羅德尼‧金（Rodney King）遭（警察）毆打一案（勞倫斯，2000）到 2008 年倫敦 20 國峰會期間的警察與示威者之間的衝突，都引起了公眾的特別關注。一方面，這些案件每一個都固然會致使羣情洶湧，但是它們並不像 20 世紀 70 至 80 年代警務工作的軍事化那樣，具備導致警務工作全面失去合法性的效應。這似乎反映了人們觀念的深層多樣性，但是同時體現了一種廣泛存在的實用主義接受態度，即在警方面對重重問題的時候，有必要採取更為強硬的戰術，雖然他們可能會出現錯誤與不端行為的風險。這一點在益普索調查集團（IPSOS）市場輿論調查國際（MORI）

不久前圍繞皇家警務督察局對 20 國集團峰會期間抗議活動的警務工作所做的市場輿論調查報告中得到了印證。關於對前述抗議活動的總體處理情況，不同的觀點可謂勢均力敵。46% 的受訪者認為警察的行為表現良好，45% 認為警察的行為表現不佳，51% 的人認為多數或者全體警察的處置是恰當得體的，只有 7% 的人認為多數或者全體警察的行為是不恰當的。這項調查表明，多數人不僅對警察使用武力制止或者應對暴力表示支持，認為是正當合理的；並且對警察在防止交通遭到阻斷、正常業務受到干擾的活動中使用武力，也認為是師出有名的，並予以支持（皇家警務督察局，2009 ：附錄 E）。這正是實用主義論調的警務工作屬於必要之惡（necessary evil）的合法性討論言論廣泛流行的實例。

4. 問責制？

從 1992 年開始，問責制這一理念已經從節制警方權力轉向了效率高、有成效和講經濟的「企業型」警務工作理念。以《希伊報告》（Sheehy Report）和《1993 年警察白皮書》（Police White Paper）為先導，保守黨政府實施了若干改革（部分目標任務在《1994 年警察與裁判法院法》中得以實現），開始在警察部門中認真推行新公共管理理念。新工黨政府在 1997 年上台之後，極大地擴張了在警察部門中推行新公共管理的範圍，從而使警察問責制的含義與範圍發生了轉變（詳細探討見本書第七章）。問責制已經變成一種會計工作。一方面，警察獨立理念作為法律原則依然維持不變，中央政府對警務工作實務的監管卻大為增加了；另一方面，到目前為止，這種問責制是從私營部門的管理理念中借鑒而來的，並由準市場機制實施，以尋求達到經濟而高效地進行犯罪控制的目標。「精於計算、講求契約」的問責制（賴納與斯賓塞，1993）已經深植於警察政策和實踐之中，其程度之深是此前任何一種模式也

難以望其項背的。美國和其他地方也有類似的變化，其中最負盛名的是紐約警察局的「計算機統計分析模式」（compstat model），要求警察部門指揮人員始終能夠對當前的犯罪趨勢作出回答（溫伯格等人，2003；M. 摩爾，2003；瓊斯和紐伯恩，2006b），該模式的影響力已經遍及全世界。這就是務實合法性的完善典範：警察部門的履職行為無時不在經受考驗，考驗的標準是業績表現而不是原則，而且對警察部門的信任總是有條件的。

5. 跨越黨派性？

警務工作在本質上具有政治性，因為它涉及了權力的運用。但是，它並非一定是「政治化」的，即成為政黨政治爭論或者某一黨派對警察進行動員的主體。警察在最初獲得合法性時，是以獨立於政府並超脫政治的面目出現的，正如警察獨立原則所闡述的那樣。在 20 世紀 70 年代，隨着法律與秩序成為政治話題，警察也隨之政治化了，警察成為保守黨偏愛的政黨政治遊說力量（partisan political lobby）。警察部門與保守黨之間的結盟在 20 世紀 90 年代末期有所削弱，原因是英國警察局長協會（ACPO）收緊了警察部門為某一政黨站台的言論，通過推行集體共同商定政策的「一個合規性推定」（a presumption of compliance），使警察部門呈現出一個渾然一體的職業陣線（corporate professional front）形象（薩維奇等人，2000 ：第 6 章、第 7 章）。自相矛盾的是，警長協會的這一做法卻在 1993 至 1994 年以警長協會歷史上力度最大的遊說行動達到頂峰：向其他員工協會反對希伊委員會以及《警察改革白皮書》提出的「企業型」警務組織重構 [104] 的活動提供支持（薩維奇，2007 ： 144 至 156）。不過，雖然警察部門的這種政治支持運動針對的是保守黨政府提出的警務改革方案，但它卻博得了相當多的跨黨派支持，並不具有明顯的黨派性。特別是在 1993 年邁克

爾‧霍華德取代肯尼斯‧克拉克擔任保守黨政府的內政大臣之後，政府對警察部門主張的態度更為開明，1994 年的《警察與裁判法院法》（Police and Magistrates' Courts Act）對警察部門做了更多的讓步。此外，新工黨也對新公共管理議程（NPM agenda）中的很多內容持積極態度。1997 年新工黨上台執政之後，將務實高效的「企業型」警務改革議程付諸實施，比起保守黨來，新工黨政策的改革力度之大至少毫不遜色（薩維奇，2007：第 3 章、第 5 章）。新工黨對於改革的執着，早在其執政之初就通過 1999 年的《地方政府法》以及「最佳價值」（Best Value）顯現出來，該計劃「將績效管理文化提升到了另一個全新的層次」（同上：110）。新工黨政府對警察履職績效指標的收集和分析，以及它所制定的考核名次「排名表」（league tables）也變得越來越嚴密和精細（朗［Long］，2003；戈丁［Golding］和薩維奇，2008）。

從 20 世紀 90 年代初開始，新的「法律與秩序」政治反映在了警務工作的政治之中。兩黨在犯罪控制的原則方面的共識，被如何實現犯罪控制的激烈爭執所掩蓋。近年來，特別是 2005 年大選以來，當時英國前內政大臣以及他在 1992 至 1993 年影子內閣中的反對人物 —— 邁克爾‧霍華德和貝理雅 —— 分別以兩黨黨魁的身份展開角逐，兩黨之間有關政黨政見的異裝現象的實例層出不窮。

工黨和保守黨兩黨曾經多次嚴厲抨擊對方將警察政治化。2005 年，保守黨指責工黨政府唆使大都會警察廳廳長和其他警察局長對國會進行遊說，支持將恐怖嫌疑人的拘押時限延長到 90 天的提議（2005 年 11 月 11 日《泰晤士報》，「保守黨指責政府部長將警方拖入政治泥潭」）。2008 年 11 月，在一項針對政府文件泄密事件的調查中，影子內閣移民部長戴米安‧格林（Damian Green）被拘捕並遭到拘押，此後保守黨再次指責（工黨）將警察政治化（2009 年 1 月 20 日《衛報》：

「戴米安・格林事件面面觀」）。2008 年 10 月 2 日，伊恩・布萊爾爵士
（Sir Ian Blair）辭去大都會警察廳廳長一職，此事引發了一輪指責保守
黨籍新任倫敦市長鮑里斯・約翰遜（Boris Johnson）正在將警察政治化
的狂潮。約翰遜的前任，工黨人士肯・利文斯頓（Ken Livingstone）聲
稱：「此舉大大增加了大都會警察廳廳長這一職務的政治性」（《每日電
訊報》，2008 年 10 月 3 日）。2008 年，工黨政府關於引入警察監管機
構的直接選舉的議案遭到否決，引發了兩黨之間就警察政治化一事相
互攻訐的風暴。內政大臣雅基・史密斯（Jacqui Smith）「指責保守黨人
在戴米安・格林被捕以及伊恩・布萊爾爵士辭職之後煽動對（警察）政
治化的擔憂」；影子內閣內政大臣多米尼克・格里夫（Dominic Grieve）
則表示：「警察政治化的危險源自微觀管理（micro-management），這
在過去的十年間已然成為工黨政府的標誌」（2008 年 12 月 18 日《每日
電訊報》。前述「微觀管理」是工黨政府對於保守黨政府首倡的務實高
效的「企業型」新公共管理方法的延續）。

　　有關保守黨籍市長鮑里斯・約翰遜將大都會警察廳政治化的公開
爭議，在 2009 年 9 月再次升溫。「分管警務工作的副市長基特・莫爾
特豪斯（Kit Malthouse）宣稱，對於大都會警察廳這艘船，他和約翰遜
市長確實『掌控了它的舵盤』，他們擁有選民的授權，可以對大都會警
察廳的所作所為施加影響。他斷言，約翰遜政府已經『用胳膊肘把內
政部頂到一邊去了』，不會再充當橡皮圖章，對大都會警察廳的所有提
議言聽計從。他堅稱：『我們不想當大都會警察廳這艘航船上的乘客』」
（「保守黨聲言：蘇格蘭場已經盡在掌握之中」，《衛報》2009 年 9 月 3
日）。對此，新任大都會警察廳廳長保羅・史蒂芬森爵士（Sir Paul Ste-
phenson）在其他幾名警察局長的支持下作出堅決回應，重申警察獨立。
但是，顯而易見，警務工作的治理確乎是越來越政治化了。

　　上述各種偶發事件展現了一場兩黨間政治角色及政見異裝秀的狂歡，與此前兩黨在上述問題方面的政見立場相比發生了較大的變化。縱觀整個 20 世紀 70 年代和 80 年代，工黨都在指責保守黨為了一己之私而將警察政治化。彼時地方民主問責制被視為左翼工黨的議題，保守黨對此表示反對。而在 2005 年選舉期間，保守黨卻為地方警察局長辯護，而工黨則提出了自己的關於加強地方警察部門問責制的主張作為回擊，結果卻被保守黨指責是在將警務工作政治化。在關於 90 日拘留期限的辯論中，保守黨竟然披上了公民自由主義者的外衣，而這卻是 20 世紀 80 年代工黨在選舉中對選民提出的「造成後患」（hostages to fortune）式競選口號之一。保守黨人還玩起老工黨曾經對選民作出的另外一個「造成後患」的競選綱領，接過他們的競選政見主張，即犯罪的社會民主根源論，最為顯著的是在大衛・卡梅倫短暫的「擁抱小混混」（hug-a-hoodie）[105] 階段。最近以來，統計數據顯示犯罪率重新開始回升，這是對信任恐慌（credit crunch）的一種回應（正如內政部分析報告所預測的那樣），保守黨將這歸咎於政府的經濟政策。作為回應，工黨政府的內政大臣雅基・史密斯（Jacqui Smith）斷言，犯罪完全是犯罪分子個人行為導致的，這一說法與戴卓爾政府 20 世紀 80 年代的說辭有相似之處：「僅僅因為處於經濟困難時期就可以入室盜竊，我覺得這根本就是無可辯解的。我不是那種認為這樣的事情是不可避免的人」（「反對黨聲稱英國並未做好應對經濟衰退引發的犯罪潮」，《獨立報》2009 年 1 月 23 日）。兩黨各自大談特談自己在打擊犯罪方面政策的優越性，以及兩黨提出的令人頭暈目眩的政策和在說辭上的異裝秀，掩蓋了 1992 年以來兩黨之間在法律與秩序原則方面的共識。警察部門依然深陷政治爭議之中，但是這種爭議是務實的爭議，內容是誰最善於提升警察部門的成效，而不是甚麼原則性的分歧。

6. 服務性角色？

　　警察的合法性的取得，在某種程度上是通過鼓勵他們在履行預防犯罪職責之外，還要從事若干服務性工作，即讓他們不僅以執法者形象示人，而且還以助人者形象示人。這是英國博比式警察（British Bobby）理想形象的一部分，集中體現在警察合法性高峰時期的電視劇集《警探迪克遜》（*Dixon of Dock Green*）所打造的警察神話之中。研究工作反覆表明，多數打給警方的求助電話與犯罪並沒有明確的關係，而警察實際上是「隱秘的社會服務機構」（龐奇，1979）。隨着警察的合法性開始走下坡路，世界各地的警察局長和決策者們作出了一個越來越有影響力的回應，那就是按照「社區警務」模式對警察部門進行改革。這個包羅萬象的術語涵蓋了多種意義，但是其中最為重要的含義是恢復與公眾的友好關係這一主旋律（mood music，原意是「為營造某種氣氛而播放的氣氛音樂」），這是一個「櫻桃餅」（cherry pie）式的承諾（布羅格登，1999），這個承諾的提出使得對這種警務戰略的爭議超越了原則性的批評（克羅克卡爾斯［Klockars］，1988）。自 1992 年以來，法律與秩序的政治性話題成為政黨政見爭論中的支配性話語，已經使警察服務性角色的意義變了味兒。過去那種表面溫和不會引起爭議的服務性警務，就如同天鵝絨手套給予警務合法性，而今被強制性警務工作的鐵拳所替代，正如電視劇集《警務風雲》（*The Bill*）[106] 中某一集的標題所說的那樣，「暴力是服務的一部分」（force is part of the service）。警察公共服務被認為就是保護民眾免受犯罪、社會秩序混亂和反社會行為侵害。這種將使公眾安心與保護相結合併融入服務的話語體系，在社區輔助警察（Police Community Support Officers，簡稱 PCSOs）的網站中得到了充分的體現，社區輔助警察是由《2002 年警察改革法》設立的「警察大家庭」的成員單位（克勞福德，2008 ： 155 至

156）。該網站宣稱：「社區輔助警察是由警察部門聘用的輔助人員，由警察部門直接負責指導和管理……他們的首要作用是推動社區改善並讓公眾更為安心。他們為正式警察提供輔助，在定點巡邏區內工作，為該區域的公眾提供一支可見且可用的制服警察力量；與夥伴機構和社區組織一道共同治理反社會行為、對犯罪的憂懼、環境問題以及影響人民生活質素的其他因素。例如，報告故意破壞或毀壞街道設施、報告可疑行為、提供有關犯罪預防的建議、遏制青少年滋事行為以及探訪犯罪受害人。」以上引用的提供服務的實例均與犯罪與治安問題有關。

　　政府正在打算推出的警察新公共服務協議是又一個實例。該協議意在走出對犯罪控制成效進行簡單測算的窠臼，轉而制定一個範圍更廣的、探究公眾信任與信心的方法。但是，人們卻完全從犯罪與擾亂社會秩序的角度來看待該協議。「將來只會為警察部門設置一個從上而下的數字目標 —— 信任與信心 —— 該目標將用來衡量警察部門及其合作夥伴（減少犯罪與擾亂社會秩序合作夥伴關係組織 [CDRPs]）在治理犯罪以及事關民眾切身利益的反社會行為（ASB）問題方面的成效……我們深知是甚麼在推動這唯一的全國性目標的實現 —— 信任 —— 卓有成效、關注本地的警務，能夠發現和着手解決令民眾擔憂的問題，並告訴民眾他們已經做的工作，（使民眾）看得到並感受得到正義，要匡扶正義……我們要共同協作，支持警方和其他人員尋求在他們的社區內改善他們的生活品質的努力。」（「警務工作新績效狀況概覽」，內政部官網，2009 年 7 月 7 日）。簡而言之，在講求務實的後合法性框架的時代，警察部門的服務性角色已然被吸納到了重振民眾對政府治理犯罪和保障社會秩序的信心之中去了，已經不再是反對警察武力（與保護權利）的平衡問題了。

7. 預防式警務？

根據皮爾 1829 年所做的著名訓令，預防犯罪是新式警察隊伍的首要任務。這一理念與「警察」的廣義概念產生共鳴。所謂警察的廣義概念，源自 18 至 19 世紀的政治經濟以及警察科學，它將警察視為一集社會、經濟和文化進程於一體的大成者，意在實現國內和平與安全（尼奧克里奧斯，2000a、2000b）。但是，在實踐中，警察的防範作用卻被限定為警察身着制服從事巡邏這種徒有其表、虛張聲勢的稻草人效果，以及據稱偵破犯罪所具有的阻遏作用而已。正如前文所述，在過去 30 年間，犯罪預防在一個新的先發制人的意義上，又通過鄰里守望、問題導向警務以及社區警務的時尚方式東山再起。

法律與秩序的政治問題從 20 世紀 90 年代初期以來風頭日勁，先發制人式的犯罪預防工作的突出性也因此得到加強並發生轉型。這一變化是在 20 世紀 80 年代犯罪爆炸式增加的刺激之下發生的，儘管戴卓爾政府極大地擴張警察權力和警察資源；犯罪的爆炸式增長促使人們只得另闢蹊徑，尋找替代性（警務工作）策略。與此同時，關於傳統警務工作手段的研究表明，它們對犯罪產生的效果有限（本書第五章會進一步對此進行闡述），而先發制人式的犯罪預防工作則有可能成本較為低廉 —— 這對一個並不熱衷於公共財政開支的政府而言，有着不小的吸引力。

有關文獻中將犯罪預防分為三個層級：第一層級的犯罪預防 —— 解決的是誘發犯罪的社會因素和其他因素；第二層級的犯罪預防 —— 主要的目標是有風險的人員和場所；第三層級的犯罪預防 —— 改變已知的違法人員、受害人以及犯罪熱點場所，以期減少再次犯罪的機會。1991 年內政部《摩根委員會報告》提出了一個範圍更為寬廣的方法，將犯罪預防的概念重構為社區安全，倡導所有相關機構在地方當

局的統一領導下攜起手來，共同實施全部三個層次的犯罪預防工作。
簡而言之，既要嚴厲打擊犯罪，又要徹底鏟除犯罪成因。但是，保守
黨政府對預防犯罪工作新產生的熱情卻採用了一個狹隘的形式。保守
黨政府把重點放在了鄰里守望（Neighbourhood Watch）和社區志願警
察（Special Constabulary）的方式，將公民參與犯罪預防的工作「責任
化」（加蘭，2001）。保守黨政府還鼓勵推廣運用情境犯罪預防措施和
物質化的具體安保措施（physical security measures），特別值得一提的
是閉路電視技術（CCTV）的運用，在這方面，英國已經領先於世界了
（諾里斯和阿姆斯特朗，1999；古爾德，2004，2009；諾里斯和麥卡
希爾〔McCahill〕，2006；克勞福德，2007:892）。

　　時任反對黨的新工黨接受了《摩根報告》的建議，（工黨後來上台
執政後）在這一領域制定的最重要的一部法律是《1998 年犯罪與擾亂
社會秩序法》（1998 Crime and Disorder Act），這在一定程度上實施了
前述社區安全路徑（休斯〔Hughes〕和愛德華茲，2002；克勞福德，
2007：893 至 899；G. 休斯，2006；吉爾林〔Gilling〕，2007；伯
恩〔Byrne〕和皮斯〔Pease〕，2008）。該項立法為地方當局與警方規
定了一項共同的職責：與減少犯罪與擾亂社會秩序行為合作夥伴關係
（Crime and Disorder Reduction Partnerships，簡稱 CDRPs）組織內的
其他機構進行協作，共同制訂治理犯罪的戰略。該項立法制定之後實
施了一個減少犯罪計劃（Crime Reduction Programme），該計劃資金充
足，意在支持地方合作機構，並對它們在預防犯罪方面的努力進行評
估，目的在於反思地制定和傳播循證警務策略（evidence-based strate-
gies）。結果，這些值得稱讚的目標到頭來卻因為政府急於求成的壓力而
歸於失敗，「與其說從中學到了究竟哪些措施產生了效果，還不如說得
知了實施之所以失敗的原因」（克勞福德，2007：894 至 895）。很多

參與了這一計劃的監督工作人員都為《刑事司法雜誌》2004 年的一期特刊撰寫了文章，記錄了該計劃是如何淪為追求短期效果這個祭壇上的犧牲品的（霍夫，2004；馬奎爾，2004；霍普，2004）。後來，減少犯罪計劃被一系列旨在實現社區安全、讓社群安心的倡議取代。但是，政治上的短期主義，以及有人認為面對通俗小報的壓力，政府有必要強調強硬的言辭和聲勢浩大的行動，導致這些倡議行動無時無刻不在遭到侵蝕（紐伯恩和賴納，2007）。

8. 有效性？

警務工作在控制犯罪方面究竟效果如何，不僅難以評估而且爭論頗多，對此，本書第七章會有詳細論述。不過，新式警察在 19 世紀後半葉的推廣以及犯罪統計數據的長期下降，帶來了這樣一個看法：警察是保護民眾免受犯罪侵害的保護神。這是警察合法化過程中一個至關重要的因素。相反地，從 20 世紀 50 年代中期直到 90 年代早期有記錄的犯罪數量持續上升，則是公眾對警察部門信任度出現下降的重要因素之一（不過，除了 20 世紀 80 年代和 90 年代初期外，統計數據誇大了犯罪被害人的真實增長情況 —— 賴納，2007a：第 3 章）。

從 20 世紀 90 年代初期以來的十年間有一個顯著的特點（在此期間倡導強勢維護法律與秩序的政治成了保守黨與工黨共同接受的新的普遍共識），那就是不同的犯罪測量措施與公眾（對犯罪狀況）所持看法之間的脫節。有記錄的犯罪數量在 1992 年達到頂峰，為 550 萬餘件；到 1997 年工黨上台之時已經下降到了 450 萬件。1998 年和 2002 年對統計規則進行了重大改變，導致對之後年份的數字進行比較變得格外繁瑣；不過根據新統計規則（毫無疑問，新統計規則誇大了犯罪數量的增長），警察部門記錄的新的犯罪數量峰值出現在 2003 至 2004 年，數量為將近 600 萬件。這一犯罪統計數字現在又有所下降，2008

至 2009 年為 470 萬件（沃克等人，2009：1）。

　　將警察部門記錄的犯罪所呈現的趨勢與英國犯罪調查（British Crime Survey，簡稱 BCS）進行比對，得到的圖景要複雜得多（賴納，2007a：第 3 章）。在 1981 年英國犯罪調查開始實施以來的第一個十年間，它所呈現的趨勢確認了警察部門所記錄數據表明的趨勢：犯罪數量的大規模爆炸式增長，但是 20 世紀 90 年代初期之後這兩個系列的統計數據開始分道揚鑣。英國犯罪調查的結果表明直到 1995 年為止，犯罪數量仍然繼續呈上升態勢，而在 1992 至 1997 年，警察部門的記錄數據則呈現下降態勢。隨着犯罪數量在 20 世紀 90 年代初期達到頂峰，保險公司提高了索賠程序的繁瑣程度，從而降低了受害人舉報犯罪的熱情，同時，對警務工作所採取的更加務實高效的「企業型」管理問責制，則暗地裏引入了種種措施，鼓勵警察對犯罪行為不予記錄，因而一方面警察部門記錄的犯罪數字有所下降，而另一方面受害人數卻依然在上升。毋庸置疑，時任內政大臣邁克爾・霍華德對於記錄犯罪的原因管理非常嚴格，即便是對犯罪案件本身的準確統計也沒有要求這麼嚴格。新工黨 1997 年掌權以來，這兩個系列的數據繼續存在偏差 —— 但是偏差的方向恰恰相反。英國犯罪調查所記錄的犯罪數量迅速下降，並在 2008 至 2009 年低於 1981 年所做的首次英國犯罪調查的結果（沃克等人，2009：1 至 2）。由於主要的統計規則發生了變化，警察部門的犯罪統計數據從 1998 年一路增長到 2004 年，從 2004 年開始，警察部門的統計數據又一次開始下降。這兩個系列的統計數據之間的分歧，引發了犯罪統計數據的政治化，特別是在 2005 年大選期間以及大選之後尤其嚴重，因為警察部門的記錄數據讓保守黨的執政成效頗為好看，卻使工黨的執政成效黯然無光，而英國犯罪調查數據的效果卻截然相反。因此，工黨政府着力突顯英國犯罪調查的重要

性，認為它是更為可靠的犯罪趨勢指數，而保守黨人以及與之同聲相應的智庫（丹尼斯和厄爾多斯，2005；格林等人，2005）則大談英國犯罪調查的局限性。

顯然，過去 15 年間，犯罪數量總體而言大為減少，雖然警方記錄的數據顯示，犯罪的減少情況非常不穩定，並且下降幅度也不那麼引人注目。但是，這一點卻並未反映在公眾對於犯罪狀況的觀感以及對警察部門工作效力的信心之中 —— 這正是「安心計劃」（reassurance agenda）的根基。從 1996 年以來，在英國犯罪調查（BCS）走訪的人士之中，認為英國全國犯罪數量有所上升的人士的比例從來沒有低於 58%，並且這一比例在 2008 至 2009 年達到了 75% —— 是 13 年以來的最高水平（沃克等人，2009：數字圖表：5.1）。另外，相比而言，認為自己所在地區犯罪數量有所上升的比例則始終低得多，並且在過去的六年間一直在減少，到 2008 至 2009 年已經降至 36%（同上）。全國與地方的犯罪統計之所以不相符，很可能是由於媒體對於駭人聽聞的犯罪案件進行連篇累牘的報道，決定了人們對全國犯罪數量趨勢的認知，而人們對各自所在地區的犯罪數量的減少情況的認識更為清楚。

公眾對（犯罪和治安問題）感到無法安心，其實也有其合理內核。在新工黨執政期間，英國犯罪調查（BCS）的數據表明，犯罪數量整體上有了顯著的下降，但是這也掩蓋了某些最值得擔憂的違法犯罪行為的增加。在過去的 30 年間，謀殺和其他嚴重暴力犯罪案件均有所增長，現在，它們在總的犯罪案件中所佔的比例也有所提高。在 20 世紀 60 年代和 70 年代早期，每年有記錄的殺人案件維持在 300 至 400 件，但是如今這一數字已經差不多翻了一番。1976 年，警察部門登記在案的違法行為中，只有區區 5% 的案件被歸類為暴力犯罪，但是到 2007 至 2008 年，這一比例已經增加到 19%。20 世紀 90 年代初以來，有

記錄的搶劫案的數量大幅上升,至 2001 至 2002 年達到頂峰,之後幾年間總體上有所下降(不規律地時升時降)。因此,犯罪趨勢肯定不像英國犯罪調查(BCS)的總體數據所顯示的那樣美好,彷彿一切都稱心如意。此外,在更為有效的安全保障措施和裝備設施的作用之下,多發犯罪(volume crime)的數量固然有所下降,但是這也帶來了一個悖論:那些遏制了犯罪所帶來的傷害的措施,同時也在無時不刻地讓人們想到風險(澤德爾,2003 ︰ 165)。

　　到目前為止,工黨政府不願將在控制犯罪方面取得的成就歸功於自己採取的政策,其中部分原因是擔心那些一直以來慣常地煽動犯罪率上升恐慌的各家小報,會再次嚴厲批評工黨政府在安全方面的政策脫離實際以及採取的措施不夠強硬。工黨政府擔憂被自己此前作出的(在對待犯罪與擾亂社會秩序行為方面)「聽天由命」(選舉政策)所拖累,因而有意歪曲了自己(在打擊犯罪方面)獲得成功的根源。英國首相的戰略辦公室(Prime Minister's Strategy Unit)不久前所做的一項報告曾得出結論,減少犯罪的成果有 80% 源自經濟因素,但是,該報告現在刊載於政府內閣官網上的那個版本,卻不知何故地略去了這一因素,該版本幾乎將全部篇幅用在刑事司法解決方案之上。工黨在遏制不平等與排斥方面謹慎非常,即便如此,它在減少犯罪方面還是取得了成功。但是,工黨卻深陷法律與秩序的政治爭論的旋渦之中,因而對在犯罪治理方面的成功不敢貪天之功為己有。無論如何,根據政府自己制訂的計量經濟學模式,自 2007 年年底由信用緊縮引發的經濟崩潰發生以後,很有可能再一次導致出現犯罪上升勢頭,近幾個季度的一些普通犯罪的統計數據似乎也印證了這一點(「內政部警告唐寧街:信用緊縮可能引發犯罪浪潮」,《每日電訊報》2008 年 8 月 31 日;「信用緊縮引發犯罪潮,入室偷盜捲土重來」,《獨立報》2009 年 4 月 24 日)。

就警察部門在控制犯罪方面的表面成效而言，過去 20 年是極為動盪不安的。工黨轉而支持嚴格維護法律與秩序的政治主張之後，社會民主主義的犯罪學理論與實踐隨即消亡（賴納，2006），這樣一來，警察部門面臨的打擊犯罪和維護秩序的壓力隨即增加，他們此前一直聲稱控制犯罪和保障安全是自己的使命，如今他們必須動真格完成這一使命。儘管犯罪的總體趨勢可以解讀為有證據證明警察部門大體上確實成功地完成了這一使命（其實其中的重擔主要是由其他因素而非警察承擔的），由於兩黨之間就如何實施警務工作的爭論劍拔弩張，在這麼一個喧囂躁動的大環境之下，使得警察部門的工作如同在鋼索上跳舞一般，無時無刻不處於一個令人看上去工作嚴重失敗而毫無成果的境地。

（二）脆弱的警察再合法化之社會環境

警察合法性的關鍵前提是工人階級逐步融入社會的更廣的進程，作為在結構上根深蒂固的反對新型警察的主要力量，工人階級不僅應當在法律層面上，而且應當在政治與社會經濟層面上被逐漸納入公民範疇（馬歇爾，1950；布爾默［Bulmer］和里斯［Rees］，1996）。反過來說，在 20 世紀 60 年代晚期到 90 年代初期，警察的去合法性問題，僅僅是各種警務變遷的一部分結果而已。正如前文所述，警察失去正當合法性主要是由在政治經濟和文化領域中發生的更為深層次的轉型所導致的。20 世紀 70 年代，在「二戰」後曾經對犯罪、刑事司法和警務工作產生了深遠影響的凱恩斯主義和福利國家共識，被新自由主義政策所替代，大規模的不平等和社會排斥捲土重來，造成犯罪數量上升，並導致法律與秩序問題政治化（達倫多夫，1985；唐斯和摩根，2007）。

「20 世紀 90 年代初期新工黨出現之後，新自由主義變得根深蒂固，突顯和鞏固了強勢維護法律與秩序的新戰略」(賴納，2007a)。不僅警察部門的權力與資源出現擴張，而且入獄服刑的人數也不斷上升的勢頭持續惡化，嚴厲的刑事政策的適用範圍也愈加寬泛 (紐伯恩，2007c；萊西，2008)。警務工作的政治化變得越來越狂熱，並且變化多端。有關警務工作的目的宗旨與民主治理的原則性辯論，呈現出逐漸式微的特徵。在一個多元化的警務工作格局之中，警務工作的角色與作用就是控制犯罪、維護秩序的前線，這一點已經無人質疑。但是，兩黨間關於警務工作戰術以及誰實施的警務工作最為有效的爭論，卻變得愈加白熱化。新工黨執政的第一個十年是一個經濟日益繁榮、就業相對充分 (不過勞動力市場卻是二元化的，並且對立程度越來越尖銳)、貧困有所減少 (但是總體而言不平等卻未見減少) 的時期。正如上一部分已經看到的那樣，這一局面促使犯罪數量總體而言有了相當程度的減少。但是兩黨之間在法律和秩序方面的競爭瞬息萬變，其焦點是犯罪中那些並未減少的層面以及新的威脅，最為重要的是恐怖主義犯罪的威脅。隨着 2007 年以來的經濟崩潰，將會使這一局面進一步加劇。令人扼腕的是，失業以及長期的社會排斥、貧困和不平等，都很有可能愈演愈烈，從而像 20 世紀 80 年代那樣導致犯罪率增長與社會秩序混亂。屆時，人們將會期望警察力挽狂瀾，但是，儘管警務工作與社區安全戰術方面有了相當大的進展，警察部門要想控制這種局面依舊難以穩操勝算。

四、小結

本章全面分析了 19 世紀晚期和 20 世紀初期，新警察建立和擴散

時期面臨普遍反對的情況下，警察合法性的結構問題。同時，還探索回顧了自那以後至 20 世紀 90 年代早期出現的警察合法性喪失問題。採取強硬的法律和秩序維護措施成為犯罪控制的話語霸權，導致有關警務的原則性的爭論話題逐漸式微，但是兩黨之間有關甚麼樣的警務政策有效以及誰實施的警務戰略才是最好的爭議，極其激烈甚至針鋒相對。縱觀整個警察的歷史發展進程，有關他們的有效性和合法性問題，從根本上說始終都取決於政治經濟和文化中的大趨勢。在過去 30 年裏，在新自由主義政策的主導下，儘管就經濟增長和個人自治而言取得了明顯的進步，但是就社會而言卻帶來了更大的不安全和憂慮。2007 年以後信用恐慌導致突如其來的經濟崩潰，將新自由主義模式的黑暗面大白於天下，並將給警務工作和刑事司法帶來眾多非常嚴重的新問題。自 1992 年以來警務的合法性面臨脆弱性和實用主義問題，在今後將會面臨巨大的壓力，可能會使政策制定者們和公眾明白，如像歷史事實告訴我們的那樣：警務不可能是秩序與安全的基石。平安之路奠基於社會正義而非依靠警務實現，這正是自古以來的經驗所昭示的真相。

第三篇

警務社會學

第四章
警察文化

一、警察文化概述

自從人們開始對警務工作進行實證研究以來，研究人員一直想要弄清警務人員是如何看待社會以及他們在社會中的角色的。由於警察可以行使相當大的裁量權，這意味着他們的行為背離法律或者組織政策的空間非常廣闊，這一點尤其引起他們的研究興趣。「警察文化」（cop culture）這一理念是作為了解警務實踐的手段而發展起來的，不過，正如前不久有人針對警察文化這一概念所寫的一篇表示質疑的評論文章所強調的那樣，態度與行為（attitudes and behaviour）之間並非一一對應的（P. 沃丁頓，1999a：第 4 章，1999b）。沃丁頓指出，從很久之前開始，社會心理學就一直承認，態度與行為之間常常存在一個差距。許多有關警務工作的觀察研究表明，警察通常不會將他們在餐廳或者接受採訪時表達的態度 —— 例如，對種族的態度 —— 付諸實施（例如，參見政策研究所，1983，第四期第 4 章）。有人發現「警察文化」 —— 警察在工作過程中明確或含蓄地表達出來的傾向 —— 與「餐廳文化」（canteen culture） —— 在下班後的社交場合表現出來的價值觀與理念 —— 存在重大差別（霍伊爾 [Hoyle]，1998）。正如沃丁頓

所指出的那樣，後者顯然具有釋放緊張、排遣壓力這一重要功能，這也是為甚麼警察職業文化往往具有面臨大難時尖酸刻薄的黑色幽默的特點（M. 楊格，1995）。

為甚麼表明態度並不一定轉化為行動，有多種多樣的原因。這種陳述可能並不是信念的真正反映，有可能是為了取悅訪談者或者附和同事或者為了宣泄被壓抑的過剩精力或發泄不滿情緒。即便這種態度是真實的且根深蒂固的，依然會有約束因素使它們無法被付諸行動。例如，一名持有種族偏見的警察由於擔心受到懲戒，未必會作出歧視性的行為來。一個人的態度是複雜且自相矛盾的，態度的結構會隨着情境的不同而發生變化。一名在餐廳裏發表種族主義觀點的警察，有可能對出身少數族裔的受害人表現出真心實意地同情，並向他提供幫助。反過來，那些表面上看來並不抱有偏見的警察，其實際行為反而具有歧視性，正如現在已經廣為人知的制度化種族主義（Institutionalized racism）這一概念所暗示的那樣（對此本書第五章有進一步分析）。不過，觀念與行動之間的聯繫固然遠遠稱不上直截了當，這並不意味着人們的態度 —— 雖然複雜、矛盾而且易變 —— 與他們的行為沒有關係。歸根結底，「語言自身就是一種實踐行為」（洛夫特斯 [Loftus]，2007：195）。

對行為人的行事準則與世界觀 —— 他們的文化 —— 進行解讀，在理解他們的所作所為的過程中是一個非常有用的要素，不過這種解讀自然不是理解工作的全部。這一點已經在研究中得到了證實，有研究表明，持有更為接近「理想類型」的「傳統」警察文化的觀點的警察，在其他有關因素（包括該警察曾經遭受暴力對待以及他所在部門的管理政策與風格等情境性因素）維持不變的情況下，反而更有可能實施暴力行為（特里爾 [Terrill] 等人，2003）。

　　《牛津英語詞典》將文化的「人類學」意義定義為「一個社會的全部生活方式：該社會的信仰與理念、機構與制度體系、法律與習俗」。文化是由價值觀、態度、象徵符號、規則、處事秘訣以及實踐等構成的複雜綜合體，是在人們遭遇緊急情況與處於危急情形的應對過程中出現的，並根據人們從先前經驗中獲得的認知框架與態度取向進行解讀。文化被行為人所在環境的壓力結構塑造，但並非由其確定（陳 [Chan, 1997]，這沿襲使用了布爾迪厄（Bourdieu）說法，將環境稱之為「場」[fields]，場則形塑了人們的「習慣」[habitus]）—— 由於遇見某一特定的「場」而引發的生存策略或者性格傾向 —— 瓦克匡迪 [Wacquant]，1992 ： 19）。文化發展隨着人們以各種有意義的方式對他們面臨的困境作出反應，這些困境由他們所處的關係網絡所構成，而這些關係網絡又由各種不同的更為宏觀的結構性行為和制度所構成。例如，警官們通過各種不同的日漸疏遠的辦事流程和制度所構成的關係網絡 ——他們的輪班方式、所在社區鄰里情況、基本指揮單元、以及警察組織（通過複雜的歷史發展而來，將在最後兩章進行講述）—— 進行詮釋、採取行動及互動。每個行為人的反應都塑造了其他人行為的情景。簡而言之，套用馬克思的話說，就是：人類創造他們自己的文化，但創造的過程並不能自行選擇。

　　警察文化，像任何其他文化一樣，並非組織或體系龐大而僵化的整齊劃一體，而是體現在一羣喜歡獨立自主且具有創造性的人身上。從更宏觀的範圍可以看出，警察文化存在多種變體——「亞文化」（subcultures）—— 亞文化源自那些與在警察組織內特定結構位置（警衛、專業、區域等）有關的獨特經歷，或者警察從自己過去的成長經歷和個人履歷中帶來的特定傾向。此外，不同警察部門之間的文化也存在差異，不同的組織模式以及他們所處環境的問題也存在差異，它們

的歷史傳統也各有不同，因而塑造的警察文化也不盡相同。儘管如此，我們依然可以說，現代自由民主國家的警察部門都面臨着若干種相似的基本壓力，在這些壓力的作用之下，形成了一種與眾不同、獨具特色的文化。雖然不同地區、不同時期的側重點有所不同，各警察部門內部也存在區別，在當代世界中的很多地區都能見到這一文化現象。這是因為各地警察部門都面臨着一些共同的問題，這些問題源自警察角色中的根本性成分以及合法性約束 —— 儘管這些成分與約束的具體程度與形式可謂千差萬別。

如今關於警察運作與裁量的老生常談的社會學著述已經汗牛充棟、蔚為大觀了。這些著作認為在最為需要警務工作的地方 —— 街頭 —— 基層普通警員才是警務工作的首要決定因素，這是一種司空見慣的說法。正如詹姆士‧Q‧威爾遜（James Q. Wilson）所指出的那樣，「警察部門有這樣一個特殊的品質……在警察部門內部，裁量權是隨着職級的降低而增加的（職級越低，裁量權就越多）」（J. 威爾遜，1968：7）。經常有人聲稱，在解釋警察工作如何運行方面，法律規則與部門規章的作用微乎其微，只起到最低限度的規範作用，並且在極為講求實用的警務文化之中有一個基本信條，那就是「不能照本宣科地嚴格按照規章辦事」（You can't play it by the book）。通常情況下，警察執行的法律中，最核心的似乎是「籌款徵稅法令」[107] 和「藐視警察罪」。在 20 世紀 60 至 70 年代對警察自由裁量權所做的早期研究中，有很多項研究的最初動機就是公民自由主義者對警察透過「犯罪控制」模式而偏離正當的法律程序的程度與根源的擔憂（帕克，1968。此類經典研究的實例請參見賴納，1996a）。

20 世紀 70 年代末期，從公民權利角度質疑警方裁量權這一做法遭到了結構主義批評論的抨擊。這一結構主義批評論最為有名也最為

有力的倡導者是多琳・麥克巴尼特 (Doreen McBarnet)，她對 20 世紀 80 年代的很多實證研究產生了不小的影響。[108] 多琳・麥克巴尼特認為，公民自由權論者未能將那些關於普遍價值 (它們是法治之基礎) 的抽象說辭與具體法律規則區分開來：「法律現實制度與法律思想之間存在顯著的區別」(麥克巴尼特，1981：5)。法律思想說辭中推定嫌疑人應當享有的權利並沒有明確包含在成文法或者普通法規則之中，並沒有給他們帶來甚麼實際的效果。規制警察實務的法律非常寬鬆，賦予了警察寬泛的自由裁量權。法院也常常對這種情況視而不見，似乎準備好了適應規則的擴展變通，以使警察的實際行為具備合法性。警察違反法律是司空見慣的事情，但是如果完全從警察文化的角度對此進行分析，卻又會導致下級辦事人員成了法律制度的「替罪羔羊」(fall guys)，無論發生甚麼有違公正的事情都要他們替人受過 (同上：156)。應當承擔罪責的是「司法界與政界的上層精英人士」，是他們制定了彈性十足、收放自如的規則，使之能夠容納對正當程序合法性的理想化價值觀的背離，此類背離實際上得到了法律的容忍，甚至於是法律的要求。麥克巴尼特對刑事訴訟程序 (criminal procedure) 的內容和運作所做的詳細探討很有意義，但是這並不是說就不必對警察文化以及警察行使自由裁量權的場景壓力進行分析。之所以說規範管理警察行為的法律是「自由寬鬆」(permissive) 的，這不過是為了表明這些法律根本無意對警務實際工作進行明確規定 (這與法律意識形態 [legal ideology] 恰恰相反)。這就為警察文化以及警察面對社會壓力和場景壓力時留出了相當大的餘地以塑造警察實踐 (馬斯特諾夫斯基，2004)。

　　法律規則既非與警察實踐毫不相關，也非完全主宰警務實踐。政策研究所 (Policy Studies Institute，簡稱 PSI) 的一項研究 (1983)，根

據法律規則影響警察實踐的方式方法不同，有效地將法律規則劃分為三類。其中「操作規則」（working rules），是指警察將有關警務的價值信仰內化於心而形成的、成為指導他們行為的、發生法律效力的行為準則。「抑制性規則」（inhibiting rules）則具有遏制性作用 —— 警員在行事過程中必須考慮這些規則，因為這些規則具體明確，很有可能得到貫徹執行，並且指向明白可見的行為。「呈現規則」（presentation rules），則是用來為那些出於其他原因而採取的行動披上一層可以接受的合理外衣。無論是哪一類規則，它與法律之間的關係都是存在問題的。法律規則很有可能被用來當作擺設（presentationally），而不是用作指導行動的工作規則或者抑制性規則。這樣一來，法律規則就成了一個意識形態上的幌子，使普通公眾能夠對警務工作的混亂的現實視若不見。

這一切就意味着，一方面，警察的不端行為曝光後標準的法制主義的應對方式 —— 隨意地出台新規則 —— 可能是無濟於事的，牛頭不對馬嘴，甚至產生適得其反的後果。另一方面，正式的「黑體字」法律（black-letter law）[109] 與警察實務也並非毫無關係。法律規則可能是具有「禁止性」的規則，也可能變為警察「工作」規則的「藍體字」法律（blue-letter law）[110] —— 也可能變成形同虛設的一紙空文 —— 這一切取決於多種因素。上述所有這些觀點，都受到了對《1984 年警察與刑事證據法》（1984 Police and Criminal Evidence Act）所產生的複雜效果的研究的啟發，本書第六章中將會對此進行詳細論述。警察的文化 —— 那些指引警察行為的價值觀、規範、思考方法（觀點態度）、傳說（myth）以及行規（craft rules）—— 既非整齊劃一、普遍適用，也非一成不變。警察部門內部會因為諸如個性、性別、民族、性取向、所屬年代或者職業經歷等變數而存在觀念上的差異，也會因為職銜、

崗位任務分配與專業化工作的不同而存在結構性的差異。不同地區、不同時期的警察部門在組織風格與文化方面也各不相同。非正式規則（informal rules）既不是輪廓鮮明易於識別，也沒有清晰地表達出來，而是深嵌於具體的實踐做法與細微之處，並要受到每次接觸過程中的具體場景與互動過程的調節。

但是，在不同社會背景之下開展的多項研究報告中，依然可以窺見警方態度的某些共同之處。這種共同之處在很多地點和時間都能觀察得到 —— 這樣一個事實表明，這些共同之處並非源自一個四處擴散和傳播的共同文化。相反，這些共同之處的主題與外在表現是在不斷再造和繁衍的，因為這些共同之處是植根於警察在履行職責之時始終要面對的問題之中的，至少在奉行自由民主的政治理念的工業資本主義社會中是如此（例如權威、危險、政治壓力，這一斯考爾尼克於1966年提出的影響深遠的構想將在後文詳盡闡述）。警察文化為警察提供了一系列獨具特色的可以模仿借鑒的、相互理解的方法，幫助他們應對自己所遇到的壓力與緊張。一代又一代的警察通過社交活動（social-izing）融入了警察文化，但是他們並非沉迷於警察文化的麻醉之中對其亦步亦趨 —— 被動地或者在受人操縱之下成為教條（didactic rules）的學習者。警察文化的傳播是通過講故事、聽傳說、開玩笑以及探索好壞行為的原型的途徑實現的。此舉通過比擬的方式，以觸類旁通的手法（幫助警員）將那些能夠勝任實踐的構想進行預演性的探究（希林和埃里克森，1991）。警察文化中的某些因素存留下來，是因為它們與基層警員所處環境的要求具有「選擇性的親和力」（elective affinity）[111]及心理上的適應，而警察文化中的其他一些方面則隨着警察所處環境以及所具有的特點的變遷而出現了變化。

二、警察文化的核心特徵

時至今日，在討論核心警察文化時，人們引用得最多的著述依然是斯考爾尼克（Skolnick）有關警察的「工作人格」（working personality）[112] 的論述（1966）。[113] 不過，他的論述還需要添加一點，那就是在各種警察組織內部和警察組織之間，圍繞他的基本模型的不同變化情況進行分析（寶萊［Paoline］，2003）。此外，斯考爾尼克的論述未能揭示警察文化的政治層面，警察文化的政治維度反映並維繫着社會結構內部不同階層之間的權力差異。一名警察就是社會權力關係的一個微觀介體——「街角政治家」（穆爾，1977）。警察文化的價值扮演了「維繫權力的秘密進程」（subterranean processes）的角色（希林，1981a）。此外，斯考爾尼克當初所做的分析距今已經有 40 年了，現在有必要對這 40 年間出現的影響到警務工作的種種變化進行探討（對此，斯考爾尼克本人於 2008 年也曾進行反思）。

斯考爾尼克將此前的社會學研究與他自己的研究成果結合起來，對警察的「工作人格」進行了具有開拓性的描述（斯考爾尼克，1966：第 3 章）。警察的「工作人格」指的並不是個人的心理現象（「人格」一詞可能有誤導的含義），而是一種由社會產生的文化。它是為了應對警察角色中若干層面之間獨具特色的組合才應運而生的：「兩大主要變量——危險與權力。在解讀這兩個變量之時，應當將其放在（警方）必須看上去工作高效這一『持續不斷』的壓力背景之下」（斯考爾尼克，1966：44）。

在警察所處的環境之中，有關（警察）遭受人身傷害的風險的定量估算並不足以代表他們所面臨的「危險」，儘管風險估算結果已然不低了。從事其他行業的人員——例如，高空作業人士、礦工、深海潛水

員以及所有從事與石棉有關工作的人員——面臨罹患職業病或者殉職的風險或許更高。但是，警察角色的特殊之處在於，警察的核心任務要求警察必須面對諸多與他人進行接觸並且因此面對不可預知風險的情形（克蘭克，2004：第 8 章）。警察面臨的是突然遭到他人攻擊的危險，而不是人身傷害或者環境危害這樣更加容易預判的風險。顯然，嚴重程度大小有所差異。但是，在警察巡邏時走過的每一個角落，或者在他按動門鈴的每一扇門背後，警察都面臨着一定的危險——即使不是持刀動槍的危險，至少也是遭到拳打腳踢的危險。因此，應對暴力是警察文化中一個反覆出現的特色（韋斯特馬蘭，2001a，2001b；沃丁頓和賴特 [Wright]，2008）。

危險和權威相連，而權威則是警察所處環境的固有成分之一。正是由於警察代表着權威，他們才因此面臨着那些拒不服從命令倔強對抗權力的人所帶來的威脅。英國警察的傳統戰術是以使用最低限度武力為導向的。但是，在（警察與他人打交道的）具體個案之中，在必須對某人行使權力之時，這一導向往往會面臨挑戰。並且，民眾對警方權威的敬畏度的下降，也導致警察的權威越來越多地受到質疑。這樣一來，在警察的世界中，危險與權力就成為相互依存的要素；而警察文化中也形成了種種適應性規則、方法、說辭以及儀式，以應對前述那些緊張不安的情形。

斯考爾尼克還提出了造就警察文化的第三種環境因素：「向警察個人施加的、要他們『作出成就來』的壓力：當高效與合法這兩項規範發生衝突之時，寧肯選擇高效而不是選擇合法」（斯考爾尼克，1966：42，231）。毋庸置疑地，在不同時期，由於發生這樣或那樣的道德恐慌（moral panics），或者犯罪統計數據呈現出某些趨勢，警察都會或多或少地經受要他們「作出成就來」的外來政治壓力。面對着要他們以結

案（clear-up）的方式作出「成果」的壓力，警方很有可能被迫擴張自己的權力，並侵犯嫌疑人的權利。

斯考爾尼克過分強調了外來強制力在這方面的強度。導致對警方的公眾期待過度膨脹的正是警方自己對他們作為專門從事打擊犯罪的鬥士形象的能力所進行的宣傳，警方已經將打擊犯罪抬高到了其核心使命的地位（曼寧，1997）。絕大多數警察從內心本質上都希望獻身於「維護秩序」和「打擊犯罪」這一目標。

（一）使命 ── 行動 ── 犬儒主義 ── 悲觀主義

在針對警察文化所做的研究中可以看到一個主題，那就是使命感。使命感是一種認為警務工作不僅僅是一份工作，而是一種具有崇高目的的生活方式（至少原則上如此）的情感。「警隊就是一個教派 ──它就像宗教一樣」（某警官原話，轉引自賴納，1978 ： 247）。警務工作的目的被構想為維護人們珍視的生活方式並保護弱者免受暴徒的戕害。在許多警察眼中，警務工作最為核心的正當理由是以受害人為中心的。「從一名警察的角度來講，我們即便是粗暴對待違法分子也沒有甚麼大不了的，因為犯罪分子本身就是施暴者」（某警官原話，出處同上： 79）。

對於警務工作的使命，警察不以為苦，反而認為它有趣、具有挑戰性、激動人心，是一種需要智慧與技巧的遊戲。很多評論人士都大力強調警察文化中追求享樂（hedonistic）、以行動為中心（action-centered）的特徵（霍爾德韋 [Holdaway]，1977，1983；政策研究所，1983，第四部分： 51 至 56；韋斯特馬蘭，2001a，2001b）。警方最為沉迷上癮的物質是腎上腺素（格雷夫 [Graef]，1989）。追捕罪犯、與其搏鬥並將之捕獲所帶來的緊張刺激，「大男子主義綜合症」（machismo syndrome)（賴納，1978：161），儘管這些都是警務工作中少有的最精彩有趣的部分，但是卻不僅僅是一種遊戲。警察之所以放蕩不羈、興高采烈地從事前述這些行動，是因為警察認為那些事情是值得去做的。在警察自己眼中，他是「好人」（good guys）中的一員，正是這一觀念給了他從事這些行動的許可證。他絕不僅僅是一名身穿藍色警服的賽車手或者拳擊手。

這種將警察的職責任務（police mandate）道德化的做法在很多方面是具有誤導性的。這種做法忽視了日常警務工作平淡無奇的實情：真實的警務工作往往是枯燥、凌亂而難以應付的棘手事情，並會涉及貪財舞弊。這種做法沖淡了警察工作中各方面一致贊同的部分任務（例如抓捕殺人犯），以及警務工作扮演的維護某個具體明確的國家政權與社會秩序的政治角色。警務工作經常被人披上一個「神聖的光環」（曼寧，1997：21），而這一光環可能是警察組織的一個工具，用來保護並促進警方的利益：獲得更多的資源、更大的權力以及更多免受獨立審查的自治權。儘管如此，在理解警察工作的時候，有一點依然非常重要：警方的工作是被視為一種使命，一種道德上必須履行的責任要求，而不僅僅是另一份工作而已。這就使得警方既有的做法更加能夠抗拒改革，而假如警察的所作所為僅僅是為了一己之私，則對改革的抗拒就沒有那樣強了。

警察將自己視為奮力履行保衛社會秩序這一重大職責的「一條單薄的藍線」，這一理念反映了警察視野中的使命感成分。警察是不可或缺的，以及警方承擔着「保護與服務」的重大社會職能，這種神話是警察世界觀的核心內容。警察實施的不端行為之中，有很大一部分可以歸咎於他們為推動「崇高事業」而誤入歧途，也即用不光彩的手段達到重大目的這種「骯髒的哈里」（Dirty Harry）[114] 式的困境。

使命感歸使命感，警察卻經常會獲得一系列的社會名聲——有人曾恰到好處地將其定性為「憤世嫉俗」或者「警察悲觀主義」（尼德霍夫［Niederhoffer］，1967；維克［Vick］，1981）。警察往往會打磨出一層厚厚的激憤的胼胝，將社會中的一切趨勢都視為天意，而警察則是身陷重圍卻依舊想要通過野蠻的武力扭轉局勢的少數一羣人（賴納，1978：第11章）。這種悲觀的看法只是在某種意義上——因為警察所堅守的道德觀各個方面都在遭受侵蝕而深感絕望——才算得上是憤世嫉俗。但這並不是王爾德（Wildean）作品中的犬儒主義哲學觀（cynicism）[115]——對所有事物的價格一清二楚，但是對它們的價值卻一無所知。這種憤世嫉俗倒是與馬克思有關商品崇拜（commodity fetishism）的描述有幾分相像：價值不幸被價格掩蓋了。警察這種不動感情的硬漢式外表之所以影響力非常強大，恰恰是源自他們百折不撓的使命感。犬儒主義式的憤世嫉俗其實是忠於職守的雅努斯兩面神（Janus）罷了。

顯而易見，警察之間在使命感強度方面存在差異。使命感在我所稱的「新百夫長」（借用約瑟夫・沃姆鮑［Joseph Wambaugh］1971年出版的開創性的警察小說的題目）的警察中，比那些行話中謂之「警服架子」（uniform-carriers）[116] 的警察更為顯著，這些人總是千方百計地逃避工作（賴納，1978：第12章）。但是，很多（即便不是多數）警服架子（下面是他們的典型憤世嫉俗的觀點：適者生存……你得處處維護大佬才行……當警察就得充分利用自己職務帶來的好處）之所以變成「警服架子」，恰恰是因為他們對警察職業失望，毀掉了他們此前曾經擁有的使命感。

毫無疑問，很多警察將他們與「惡人」之間的鬥爭視為一種儀式化的遊戲，一種有趣的挑戰，當惡人被捕、令他們心滿意足（而不是令他們感到在為公眾服務）時，他們就贏了。但是這種憤世嫉俗的觀點也完

全可以充當自我防護的盾牌，緩解警方原本會因為屢屢受挫而產生的
焦慮感。[117] 一位警察曾經告訴我說：

> 所有的警察工作就像是一場遊戲。有人做壞事，有人想要抓
> 住這些做壞事的人。有時候這些做了壞事的人會被人抓住，有時
> 候沒有被抓住。如果這些人被逮住，落到了警察手裏，進了局子，
> 入了監房，那也無話可說好得很；如果被定罪量刑，那也很公平；
> 如果沒有做到將罪犯繩之以法，也沒有必要因為這事兒大動肝火。

由此看來，對抓捕罪犯所持的憤世嫉俗的犬儒主義哲學態度，在
功能上與幽默在緩解壓力方面的作用類似，正如那句格言所說：「你要
是受不了別人開玩笑，那你本來就不該幹這一行」（賴納，1978：216
至217；M. 楊格，1995）。

警察視野的特色是使命感、醉心於行動的快樂主義者以及悲觀的
憤世嫉俗態度這三個主題之間微妙而複雜地交織在一起。這三個主題
中，每一個主題與其他兩個主題相輔相成、相互促進，即便表面看來
它們之間似乎相互矛盾。它們導致警方面臨「作出成果」的壓力，可能
會導致警方扭曲有關正當程序的法制主義原則。雖然斯考爾尼克前文
對此已經有所論述，我仍然要鬥膽提出，要求警方「高效工作」的壓力
並非主要源自外部，而是警察文化內部的一種基本動力。不過，這種
壓力與警察文化的其他一些方面——懷疑、孤立／團結以及保守——
之間確實存在斯考爾尼克所說的那種關係。

（二）懷疑

多數警察都已經意識到，自己從事的工作使他們產生了一種始終

對他人表示懷疑的態度，而且這種態度很難輕易轉變。[118] 懷疑是由於警察必須對發生麻煩的徵兆、可能出現的潛在危險以及違法行為的線索等保持警覺而產生的。它不僅是對警察所處環境中危險、權威以及效率等要素成分的回應，同時也是警察使命感帶來的結果。對於社會世界，警察必須具備一種縝密的認知地圖（cognitive maps），這樣他們才能在常常充滿危險的交鋒之中，輕而易舉預見和乾脆利落地處理形形色色的人士的行為，從而不至於失去自己的權威（魯賓斯坦 [Rubinstein]，1973：第 4 至 6 章；霍爾德韋，1983：第 6 至 7 章；肯普 [Kemp] 等人，1992）。很多批評著作都對警方的心理定式（stereotyping）提出了質疑。他們提出，警方對極有可能違法的人員的心理定式已經演化成了自我實現的預言（self-fulfilling prophecies），[119] 因為具有相關特點的人士遭到盤問或者拘捕的比例較之其他人羣更高，從而導致這種偏差行為愈演愈烈，呈現一種惡性循環（J. 楊格，1971）。不過，對於警察工作中盛行的懷疑態度而言，心理定式是一個不可或缺的工具。關鍵問題不在於存在心理定式，而在於心理定式在多大程度上有現實依據並且確有裨益，而不是帶有偏見、意在歧視（如果真是這樣，心理定式不僅有失公平，而且還是適得其反、事與願違的）。

警察具有懷疑態度與心理定式固然是不可避免的，他們對之懷疑和抱有心理定式的具體羣體類別卻反映了社會的權力結構。此舉通過一整套隱晦的模式 —— 有時候則是公開明確的方式 —— 階級、種族與性別歧視，起到了延續這一權力結構的作用。

（三）對外孤立和對內團結

許多評論人士都濃墨重彩地提到了警察的一個突出的特點：內部團結，同時對社會孤立（克拉克，1965；韋斯特利 [Westley]，

1970：第 3 章；賴納，1978： 208 至 213；克蘭克，2004：第 III
篇）。有人稱警察為「特立獨行的族羣」（a race apart）（班圖［Banto］，
1964）、「特立獨行的人」（a man apart）（賈奇［Judge］，1972）或者
「身陷重圍的少數羣體」（a beleaguered minority）（亞歷克斯［Alex］，
1976）。

　　當然，很多警察曾經報告說，他們自己在日常社會活動中很難與
民眾打成一片。個中緣由包括警察要換班工作，生活工作時間不規律；
警察很難走出工作產生的緊張狀態；警察紀律中的各種規定；以及民
眾可能對警察表現出來的敵意或者恐懼。（警察的）社會隔絕（social
isolation）是英國現代警察的鼻祖皮爾制定的政策 —— 將英國警察提
升為不受個人感情（或偏見）影響的公正無私的權力的象徵，以及警察
招錄政策（旨在將警察與他們所在社區割裂開來）的代價（W. 米勒，
1999， 26 至 28）。警察的內部團結（internal solidarity）並不單單是
由孤立產生的，它也是「在危急情況下同事必須靠得住」這一要求的
產物。警察的內部團結是對警察整體進行保護的鎧甲，使公眾無從知
曉警方內部發生的種種違法行為。很多項研究都着重突出了警方內部
存在的一種強有力的規矩，要求警官在面對來自外部的調查時能夠相
互支持（韋斯特利，1970：第 4 章；希林，1981b；龐奇，1985，
2009；斯考爾尼克和法伊夫［Fyfe］，1993）。警察部門內部，同事之
間相互遮掩的錯誤不一定是需要掩人耳目的重大違法亂紀事項。基
層警員（rank and file）之間結成攻守同盟的目的往往是掩蓋輕微的違
規行為 —— 凱因（Cain，1973： 37）所說的「鬆懈行為」（easing be-
haviour） —— 以防引起督察警官的注意。

　　儘管警察存在對內團結、對外孤立的趨勢，警察組織內部還是存
在不少的矛盾衝突。有些矛盾衝突是由警察組織內部的警銜等級制度

與警務分工 ── 例如，身穿制服的部門與（身着便衣）從事偵查的部門
之間的分工 ── 造成的。警察內部的衝突往往要讓位於團結一致應對
外來攻擊的需要，但是並非總是如此。在面臨外來調查的時候，「在街
頭工作的警察」與「從事管理的警察」之間根深蒂固的分歧反而會加深
（伊阿尼［Ianni］與伊阿尼，1983）。「從事管理工作的警察」會遭到那
些「在大城市混得開的」（street wise）從事一線實務的警察的嘲笑。雙
方之間的分歧之所以如此之深，在於兩者的職責不同，而且往往相互
矛盾。「從事管理工作的警察」必須向公眾呈現出一個可以接受、講求
法治、注重理性警務的形象面貌。要做到這一點，他們就有可能對從
事街頭執法任務的警察的各種不當行為或者胡作非為，視而不見、充
耳不聞且守口如瓶，甚至與這些行為共謀串通。但是，在要求改革的
壓力變大的時候，「從事管理的警察」可能就不得不與「在街頭工作的
警察」的行為發生衝撞。不過，在某種程度上，「在街頭工作」的警察
與「從事管理工作」的警察之間表面存在的分歧與衝突，對警察部門而
言卻具有多種功能性的作用。這種分歧與衝突令管理層採納呈現性戰
略（presentational strategies），這時管理層對這些戰略可能掩蓋的真實
情況存在事實認識錯誤，與此同時，某些人因其行為而成為「貪贓枉
法」的犧牲品，以此反證紀律處罰程序整體而言是有效的。

　　將人分為「自己人」和「外人」這一觀念是警察文化的特點之一，
並且將「外人」（以及「自己人」）明確分為若干類型。警察對於民眾的
社會分化所持的看法，透過警察工作的具體問題，清晰地反映出了權
力的結構（賴納，1978：第 11 章；希林，1981a；J. 李，1981；霍爾
德韋，1983：第 6 章；M. 楊格，1991；洛夫特斯，2007、2008、
2009）。

　　在警察所理解的社會結構中，過去那些強烈的階級差別已經大為

削弱了。很多警察都信仰平等主義理念（集中體現在諸如「最讓我滿意的事情莫過於把市長大人給拉進監獄了」等言論中）。但是與此同時，他們也深刻地意識到現實中（不同階層之間）確實存在地位差異（警方確實需要小心細緻地應對這些差異，並且諳熟因為階層不同，他們要給予對方以及從對方獲得的敬重程度也存在區別）：「我們要和各種各樣的人打交道，從那些生活在條件惡劣、還在實行叢林法則的地區的最底層人員，到那些出席各種豪華風光的宴會的頂層精英人士。所有這些人，我們都得跟他們打交道」（某位穿警服的警察的原話）。社會給予大家的機會既不公平也不平等。一位警察曾經對我表示：「如果一個小孩的媽媽對人卑躬屈節低聲下氣，而他的爸爸又一天到晚爛醉如泥，那這個孩子的日子將會真的過得很艱難。」警察對社會所做的重大區分與社會學家所說的階級或者地位並不一致，不過在蔑視窮人方面倒是展現出持續的相似性（洛夫特斯，2007）。這些都是相對於警察部門而言具有重大意義的類型劃分，是由警察所擁有的權力而產生的問題，且與警察的價值觀體系相一致（諾里斯，1989；M. 楊格，1991）。其中最根本的區分是（社會成員中）粗鄙者與可敬者之間的區分，即那些對於多數警察都敬重的體面正派的中產階級價值觀提出挑戰的人，以及那些接受這一價值觀的人。但是，這些種類內更為細微的區分則可能是由問題警察（police problematic）所導致的。社會成員可以劃分為七類，下面幾個部分將對每一個類別進行論述。

1.「道貌岸然的超級惡棍」

道貌岸然的惡棍（good-class villains）是指那些職業罪犯（或者至少是有經驗的罪犯）（警察研究所，1983，第四部分：61 至 64）。儘管普通警察極少遇到這樣的案件，但人們認為追捕這樣的罪犯是有意義、有挑戰性和有收穫的，甚至可以說是警察存在最為重要的理

由（raison d'être）。此外，這種類型的罪犯在與警方博弈之時，他們對警察文化的解讀與警方的理念很有可能完全一致（霍布斯，1988，1995）。一方面，這些人顯然想要極力逃避警方的拘捕，另一方面，通常情況下他們不會去挑戰警方基本的正當合法性。警方與他們的關係很有可能是友好和善的，甚至於雙方可能有意培養這種關係，以求從中獲益。這正是腐敗的發端之處。

2.「警察資產」

「當社會（經濟、政治等領域）中佔統治地位的力量將某一類別人員的社會控制問題交給警察處置的時候，這一類別的人員就成了警察的財產（police property）」（J. 李，1981 ： 53 至 54）。這類人是一些地位低下、無權無勢的羣體，佔統治地位的大多數人認為他們問題重重或者品格低下。這些居於統治地位的絕大多數人聽任警方處置自己的「財產」，對警方處理「財產」的方式裝聾作啞視而不見。這些人包括諸如流浪漢、貧民窟裏的酒鬼、癮君子、無業人員或者沒有固定職業的人員、離經叛道的青少年、少數族裔、同性戀、娼妓以及激進的政治組織。警方的首要職能之一就是管控這些羣體，並將這些羣體與其他人隔離開來，為了實現這一目的，社會制定了一系列使得警察能夠使用自由裁量權的法律。近年來還通過《1998 年犯罪與擾亂社會秩序法》增加了反社會行為命令（Anti-Social Behaviour Order，簡稱 ASBO）以及新工黨提出的治理反社會行為、街頭犯罪以及尊重議題的其他內容，例如「破壞秩序處罰通知」（Penalty Notices for Disorder）（拉姆齊 [Ramsay]，2004，2008；斯夸爾斯 [Squires] 和史蒂芬，2005；R. 楊格，2008；斯夸爾斯，2008；伯尼 [Burney]，2009）。關注「警察資產」問題，與其說是為了執行法律，倒不如說是為了用包括法律在內的手段來維持秩序。在這方面，截停搜查是一項由來已久且頗有爭議

的做法；近年來，在警察街頭執法權力不斷強化的作用下，這一手段不僅應用範圍有所擴張，力度也有所增強。

警察可能遇到的重大誘惑之一就是誤將來自地位較高的社會羣體的人員當成警察資產。這一風險在管理少數族裔羣體的時候更高，因為（相比其他羣體）警方對少數族裔羣體中關於身份高低的標誌並不那麼諳熟。此外，還有一個對警察來說越來越重要的問題：越來越多的有身份的中產階級人士捲入「離經叛道」的活動。（參與這些活動的）示威者或者吸大麻的癮君子可能其實是大學教授或者律師。

3.「一無是處的人」

「一無是處的人」是指那些向警察報案且所報案內容混亂、難以處理、不值得花費精力的「廢物型」羣體，或者乾脆就是報案人自己的過錯導致的。在很多警察看來，家庭糾紛就是一種常見的、歷來被視為「一無是處」的案件：「妻子和丈夫發生家庭糾紛，雙方你死我活地大打出手，這時候，你得設法拉開他們，讓他們冷靜下來，然後才能走人。你這幹的不叫警察的活兒。你幹的是社會主義者（原文如此）的活兒」（賴納，1978：214 至 215，244 至 245）。警察往往不把家庭暴力視為嚴重犯罪行為，這一趨勢促使有關部門出台了一些改革措施，諸如很多國家都在施行強制拘捕政策。不過這些政策的效果參差不齊，有關效果的證據也存在爭議（謝爾曼，1992a；薛普特基，1993；霍伊爾，1998；斯柯岡和弗里德爾，2004：231 至 232；海登索恩，2008：661）。「一無是處」類型的人羣本質上是來自「警察資產」羣體並以受害者或者警方服務對象的面目出現，這些羣體確實也經常以這一面目出現。事實上，犯罪調查報告（crime surveys，犯罪測量）的重大成果之一就是受害者與違法者的社會同構現象（霍伊爾和澤德爾，2007：465 至 466）。

4.「挑戰者」

根據霍爾德韋（Holdaway）（1983 ： 71 至 77）的定義，挑戰者（challengers）是指那些因為工作的緣故而得以洞悉警察文化的秘密、獲得權力與信息，使他們經常向警方對「警察資產」的控制提出挑戰的人員。醫生、律師、新聞記者以及社會工作者就屬於這樣的人（研究警察的學者也一樣）。對此，警察部門會竭力減少這些人對自己的干擾，並採用種種演講技巧、華麗的辭藻來粉飾這些人的所見所聞。在斯卡曼報告的激發之下而制定的制度 —— 讓非警方人士走訪警察局 —— 就是想要保證有組織的挑戰者能夠深入警方的後台領域。《1984 年警察與刑事證據法》（PACE）試圖為有關的有重要作用的「挑戰者」，諸如值班律師（duty solicitors）以及「合適的成年人」提供便利，使他們能夠容易地進入這些領域。無論是在街頭的執法決策還是在警局內的管理決策，警察部門的做法都有欠透明；但是，這些舉措究竟在多大程度上能夠成功地破除這種低能見度的工作環境，依然存在爭議（參見第七章）。

5.「使警察束手無策者」

所謂「使警察束手無策者」（disarmers）是指那些「可以削弱或者抵消警方工作成效的羣體的成員」（霍爾德韋，1983 ： 77 至 81）。這些羣體無論是作為嫌疑人、受害者或者證人，抑或是作為服務對象，都非常難纏，因為人們認為這些人在社會上處於弱勢，因此一旦這些人對警方提出指控，就有可能贏得人們的格外同情，例如，兒童或者老人。

由於公眾的天真幼稚是了無邊際的，所以任何人都可能出人意料地變成「使警察束手無策者」，因此，警察每次與民眾打交道時都得小心翼翼。一名警察曾經向我講了這樣一件事：有一次，一個人以 65 英

里的時速在城區開車，（被這位警察攔下之後）這個人向警察解釋說，自己的妻子正在醫院臨產。於是，這位警察對他提出口頭警告，之後就放他走了。「該死，沒想到兩個星期以後這家夥給警長寫了封信，向警長解釋了前前後後的情況，還說想要感謝我。然後我就被叫到局裏被上司罵了個狗血噴頭，原因是這家夥開車時速 65 英里，我竟然對他從輕發落。真是倒霉透頂，被他害慘了」（賴納，1978：246）。

6.「空想的社會改良者」

「空想的社會改良者」（do-gooders）是指那些原則性強而迂腐頑固的反警察活動分子，他們對警方抱批評態度，並組織起來，想要限制警察的自主權（同上：221 至 223）。最典型的例子就是「全國阻止警察履職理事會」（National Council for the Prevention of Policemen Doing Their Duty）（全國公民自由理事會［the National Council for Civil Liberties］，現已改名為自由理事會）。「現在這些空想的社會改良者千千萬萬，但真正做好事、做實事的卻一個都沒有！……他們整天吵吵嚷嚷，呼喚改革，但是卻到處惹是生非，或者盡是些紙上談兵的主張，不能付諸實踐」（一些穿警服的警察的原話，出處同上）。從警察的角度來看，20 世紀 80 年代警察監督團體的發展就是這種「空想的社會改良者」泛濫的表現（謝斐遜等人，1988；麥克勞林，1994）。

7. 政客

警方對政客是持懷疑態度的（賴納，1978：76 至 81）。政客是一羣高高在上、脫離現實生活、身居象牙塔的理想主義者、腐敗鑽營的利己主義分子、隱藏的顛覆分子，或者過於軟弱無能無法抵擋邪惡的人。然而，不幸的是他們卻擁有立法的權力。從事法律運作的人——律師與法官與政客往往是一丘之貉，和政客一樣不堪。「問題在於，政府認為他們是在為受過教育的人立法……可是我們打交道的人就是羣

牲口，呆頭呆腦……議員們根本就不了解社會實況……他們生活在另外一個世界裏。我的意思是說，這些政客每頓飯都有六道正式餐點！」（某制服警察原話，出處同上）。

身陷所有這些羣體的威脅之中，警察就變成了一個團結一致的團體：「我們（警察）是一個關係非常緊密的羣體。我們之間必須互相幫助、互相照應，因為我們面臨着來自四面八方的壓力。我們面對着來自外部的壓力，我們既面臨一般公眾的壓力，也有來自初級律師的壓力，來自皇室法律顧問或高級律師（QC）的壓力，我們還要面對自己上司的壓力」（出處同上： 246）。

在警方對社會結構的看法之中，始終貫穿着對社會等級結構底層的無權無勢的羣體（這些羣體是些「一無是處」的人以及「警察財產」的來源）與受人尊重的社會階層之間的區別。這些階層又各自分為若干個界限鮮明的部分，它們以各自不同的方式對警方的利益構成了威脅。警察文化既反映了宏觀的權力結構，又通過自身的運作再現延續了這一權力結構。

(四) 警察保守主義

我們掌握的有關警察政治傾向的證據表明，警察往往是保守的，在政治上和道德上都是如此。這可以部分歸因於他們的工作性質。警方日常工作的「顧客」是來自社會秩序底層的人員。但是即便是工人階級中的那些有政治覺悟的人士，也未必會反感對社會中那些愚昧粗魯的人員進行管控。當警察在履行維護公共秩序的職責的時候，特別是在政治性的「高級警務」中，警方經常與參加工會的人士和左翼發生衝撞（利普塞特 [Lipset]，1969；斯考爾尼克，1969；班揚，1977；布羅德，1983，1999；J. 摩根，1987；馬克思，1988；溫伯格，1991，

1995：第 9 章；沃格勒〔Vogler〕，1991；P. 吉爾，1994；布魯爾等人，1996；梅佐威爾〔Mazower〕，1997；哈金斯，1998；欣頓〔Hinton〕，2006）。此外，警察部門從一開始就被構建成為一個等級森嚴、紀律嚴密的組織。這樣一來，思想保守的警官更容易融入警察組織。各種選拔程序以及自我選擇程序也使得警察變得保守。

　　不過，在施加給警察的壓力中，有些是相互矛盾的。現代警察創立伊始，財政與政治方面的審慎考慮支配着警察的薪酬與招募政策。這意味着大部分警察人員是從勞動階級招募的，而且這樣的制度直到今天仍在運作之中。就連警長也絕大部分出身自勞動階層（賴納，1991：第 4 章；沃爾〔Wall〕，1998）。作為一個僱員羣體，警察對薪酬與工作條件的抱怨所導致的強烈不滿和工會組織運動，與其他員工羣體相比較起來也不遑多讓；不過在更多情況下，警察工會越來越成為一種保守力量（賴納，1978；賈奇，1994；芬南尼〔Finnane〕，2002；馬克斯和弗萊明〔Fleming〕，2006a、2006b；斯克蘭斯基〔Sklansky〕，2007）。羅賓遜（Robinson）（1978）中肯地指出，警察的「去激進化」（deradicalization）（即使警察放棄政治上過激的立場）是不能自動實現的，而必須努力地去構建（而且要不斷重新構建）。

　　在美國，大量的歷史證據表明，警察部門向右翼以及極右翼提供了政治支持。斯考爾尼克（1966：61）曾根據自己所做的訪談與觀察作了如下的概括總結：「戈德華特[120]式的保守主義是警察部門在政治與情感方面佔主導地位的信念」（另見貝利和門德爾松〔Mendelsohn〕，1968：14 至 30；利普塞特，1969）。這些態度曾經公開轉入政治競選運動中。警察協會曾經多次積極為保守的政治候選人奔走遊說，並為特定的右翼政策推波助瀾（斯考爾尼克，1969：第 7 章；亞歷克斯，1976；賴納，1980；伯恩斯坦〔Bernstein〕等人，1982）。另外，英國

和美國的黑人警察協會以及代表少數族裔警察的協會，則是推動進步改革的力量（霍爾德韋，2009）。

關於英國警察的政治觀點的證據很少。我在 20 世紀 70 年代曾經想要採訪警察，了解他們的政治態度，但是這一想法被內政部禁止了，因為他們聲稱，這樣的採訪有悖於警察是超脫於任何形式的政治的這一傳統理念（賴納，1978：11，283；1979b）。我曾經看過某警官於 1977 年撰寫的論文，但是沒有公開出版發行。這位警官對英國北部某城市的警察部門的同僚進行了抽樣訪談，訪談中用的問題正是此前內政部禁止我問的那些問題。他發現，80% 的受訪者將自己描述為保守黨的支持者 —— 其中 18% 的人支持的是保守黨中的右翼。其餘的受訪者（的政治傾向）則平均分屬於工黨、自由黨和「不知道」三個類別。在這位警官的問卷調查樣本中，有 80% 的人在此前的所有選舉中都投了票。1974 至 1977 年，這些人中有 9% 的人從支持工黨或者自由黨轉為支持保守黨，而發生相反方向的轉變的人則一個也沒有。這顯示他們中間出現了一個輕微的右傾化趨勢。儘管如此，64% 的受訪者仍然確信，警察任何時候都應當在政治上保持中立，21% 的人希望擁有加入某個政黨但是並不積極參與該黨活動的權利，而 12% 的人則希望能夠積極參與政黨的政治活動。

後來，有人對 286 名在職服務的大都會警察廳的警察進行了調查，調查問題包括投票狀況以及意向等（斯克里普丘 [Scripture]，1997）。這項調查發現，在 1979 年、1983 年、1987 年和 1992 年大選中都投了票的調查對象中，絕大多數都支持保守黨（比例分別為 79%、86%、74% 和 74%。出處同上：172）。不過，只有 44% 的調查對象打算在 1997 年大選中投保守黨的票。導致這種轉變出現的原因可能是對保守黨政府的「一攬子」改革計劃的幻想破滅，保守黨政府企圖使警

察部門按照市場導向進行改革，具體表現為 1993 年的《希依報告》和
1994 年的《警察與裁判法院法》的相關規定。

　　對於 20 世紀 70 年代警長聯合會和警察聯合會更為公開地參與政
治辯論的趨勢，前文已經有所論述。這一趨勢明白無誤地表達的觀念
與保守黨政策同聲相應、同氣相求，並且與美國 20 世紀 60 年代和 70
年代的「藍色力量」(blue power) 政治競選運動相呼應（但是明確程度
相對較低）。20 世紀 90 年代，在新工黨擁抱了法律與秩序政策之後，
這一局面發生了變化。到 21 世紀第一個十年期間，保守黨甚至指控某
些警長與工黨關係過於緊密，親保守黨的媒體則指責警長變得太像警
長了（即政治上正確）。

　　除特定的政黨政見之外，警察往往還對道德和社會問題持保守態
度。「警察是傳統的人。……置身於一個充斥着吸大麻的煙鬼、跨種
族約會以及同性戀分子的環境中，警察能做的也就只剩下揮舞警棍
了」（引自斯考爾尼克，1966：61）。20 世紀 60 年代曾經有人針對
紐約警察的態度做過一項調查，該調查發現，除了「與警察打鬥的人」
(cop-fighter) 之外，警察最為厭惡的兩類人是同性戀者和吸毒人員（尼
德霍夫，1967）。在對英國警察的訪談中，我發現了類似的證據，表明
他們抱有狹隘的傳統道德觀念（賴納，1978：第 11 章；有關加拿大警
方的類似證據，請另行參見 J. 李，1981）。如今有些男同性戀和女同
性戀警官已經敢於公開宣佈「出櫃」(come out，公開同性戀身份)，並
且還成立了自己的代表協會，這一事實毋庸置疑地表明 20 世紀的最後
25 年間社會有了不小的進步。儘管如此，同性戀仍在受到歧視，警察
文化中對同性戀的憎惡（或恐懼）雖然表現得更為隱蔽，但是卻依然存
在 (M. 伯克，1993；帕德迪克 [Paddick]，2008)。警長的社會觀念
也往往是保守的，雖然多數情況下表現得並不那麼尖刻，而且近年來

有了發生變化的跡象。

儘管警察在作為權威維護者的角色與保守的政治和道德觀之間，存在明顯的「選擇性親近」(elective affinity)，但是這種情況也絕不是一成不變的。在 20 世紀 90 年代初期和中期，隨着保守黨政府不斷在警察部門推行以市場為導向的公共服務警務模式，各級警察似乎都轉而贊同更為激進的觀念，這一趨勢至少一直延續到新工黨的鼎盛時期。這不僅包括警察部門對私有化初露端倪感到擔憂，也對警察部門和其他部門一樣在公共財政支出方面要受到更為嚴格的控制而憂心，而且警察部門也越來越贊同從社會正義而不是個人責任的角度分析犯罪和其他社會問題 (D. 羅斯，1996 ：第 6 章)。

(五) 大男子主義

傳統的警察世界是一個舊式大男子主義 (machismo) 大行其道的世界 (格雷夫，1989 ：第 6 章；M. 楊格，1991 ：第 4 章；菲爾丁，1994 ；韋斯特馬蘭，2001a、2001b)。警察文化中的男性至上主義的性別歧視，在慣例化的「性別誇耀與惡作劇」推動之下，在警察內部更加大行其道，經常使女性同事深受其害 (政策研究所，1983，第四部分：91 至 97)。男性警察也並不因其進入他們所厭惡的非法異性行為中而聲名狼藉。一位警察曾經告訴我：「在咱們國家，警察是離婚率最高的羣體之一。因為我們的工作具有一定的誘惑力，所以我們總有碰見豔遇的機會」(賴納，1978 ：212)。[121]

儘管警察普遍鄙視那些使用其他麻醉藥品的人，但是男性警察對於喝酒也沒有甚麼特別節制。從事警察研究的風險之一就是 (在調查研究的時候要和警察一起喝酒) 隨着酒越喝越多，研究人員要在喝得醉醺醺或者醉臥巴枱的同時，在心裏記下對方說的話。從警察部門成

立之初，警察酗酒就一直是一個揮之不去的老大難問題。警察在飲酒和性方面的放縱是警察部門濃厚的男性氣概（大男子主義）與工作中累積起來的壓力的產物。約瑟夫・沃姆鮑（Joseph Wambaugh）的小說對此有精闢的描述。他的小說的中心主題就是：警察是一個很有道德風險（比健康風險更甚）的職業。警察對異性戀行為、酗酒和賭博所持的算不上清教徒式的潔身自好的態度，可能會導致警察在執行與性行為、酗酒與賭博有關的法律的時候，出現精神壓力大、緊張不安，並承受偽善的指責。這一點有助於解釋為甚麼警察在執行有關風化的法律（vice laws）時，更加容易出現腐敗。

女警察贏得（男性警察的）認可一直以來都絕非易事。就連僱用女警察這一點也是經歷了曠日持久的爭取之後才得以確立的（卡里爾[Carrier]，1988）。儘管在正式的官方禮儀上消除了種族歧視和性別歧視，但是女警察仍然繼續受到種種歧視（S. 瓊斯，1987；海登索恩，1992、1994、2008：646 至 656；鄧希爾[Dunhill]，1989；J. 布朗，1997、2003；J. 布朗和海登索恩，2000；西爾維斯特里，2003、2007）。她們在升職方面困難重重，鬧得滿城風雨的默西賽德郡警察局前助理局長艾莉森・哈爾福德（Alison Halford）狀告性別歧視案件就是明證（哈爾福德，1993）。不過，自該案以後，英國已經出現了三名女性警察局長和 12 名警長。與 20 世紀 90 年代初期相比，女性警察的數量已經增長了三倍，從不到 11,000 人增加到了 33,000 餘人 —— 但是也僅佔全體警察人數的 23%（海登索恩，2008：655）。

（六）種族偏見

警察保守主義的一個重要方面就是長期存在的種族偏見（racial prejudice）。美國進行的大量研究表明，警察對黑人持懷疑、敵視和偏

見態度，反之亦然（克蘭克，2003：第 18 章）。近幾十年來，隨着警察部門招募的黑人與其他少數族裔警員數量的不斷增多，這樣的種族偏見已經大為減弱（斯柯甘和弗里德爾，2004：312 至 314），雖然這一局面並未對警務工作實踐產生甚麼顯著的影響，因為偏見並不是影響警務工作實踐的主要因素（出處同上：147 至 152）。種族偏見和歧視依然是美國警務工作中關注度持續上漲的熱門問題之一，例如近來關於種族形象定性（racial profiling）[122] 以及警方因「被很多黑人稱之為『黑人靠邊停車』（DWB：driving while black）[123] 的交通違規執法」對黑人進行截停（police stops）而發生的爭論（蓋茨，1995；沃克，2004：140 至 143）。頗具諷刺意味的是，在 1995 年的某雜誌上發表的一篇文章中首開先河，發明了「黑人靠邊停車」這一短語的哈佛大學教授亨利・路易斯・蓋茨（Henry Louis Gates）14 年之後居然上了新聞頭條，原因是他涉嫌闖入自家房舍而遭到拘捕，促使奧巴馬總統對警察的種族主義行徑提出了批評（「亨利・路易斯・蓋茨：每位黑人的噩夢」，英國《獨立報》，2009 年 8 月 4 日）。

人們通常認為，警察的種族偏見是美國文化中總體存在的種族主義的反映，特別是多數警察出身的社會羣體（下層中產階級或者教育水平不超過高中的勞動階級）所抱有的種族主義觀念。貝利和門德爾松（1968）對他們自己的研究和其他多項研究做了如下總結：「警察是否帶有偏見？答案為『是』，但是（警方的偏見程度）比起社羣整體（的偏見程度）也僅僅是略高而已。警察的偏見或歧視態度僅僅是多數人對少數族裔抱有的主流態度的反射」（第 144 頁）。（另外參見韋斯特利，1970：99 至 104；斯考爾尼克，1966：81 至 83；斯考爾尼克和法伊夫，1993）。此外，美國警察部門反對民權運動的政治立場，以及支持帶有種族主義性質的極右翼政治組織方面的政治態度，也非常引人

注目。

在多項關於英國警察的種族偏見的研究中，也發現了類似的證據。值得注意的是，最早的關於這種歧視的記錄，在許多年前官方的警察指控和統計數據聲稱黑人高度參與犯罪之前就已經存在。直到20世紀70年代早期，有關警察實施拘捕情況的數據表明，黑人捲入犯罪的比例其實低於他們在總人口中所佔的比例（蘭伯特［Lambert］，1970）。儘管如此，凱因和蘭伯特在20世紀60年代初期和末期分別針對城市警察部門所做的多項研究清晰地表明，基層警員中確實存在種族偏見的情況：認為黑人格外容易實施暴力或者犯罪，並且普遍不可理喻、值得懷疑而且不好對付（蘭伯特，1970；凱因，1973：117至119）。我自己曾於1973至1974年在布里斯托爾市進行過相關主題的訪談，一般而言，在涉及警察工作的整體情況時，受訪的黑人經常會不假思索地表達出敵視或者懷疑的態度（賴納，1978：225至226）。在我所選取的樣本之中，有25%的人主動作出了負面的評論（在中央片區這一比例為35%，該片區包括聖保羅地區，是一個黑人與警察關係高度緊張的內城區，1980年英國第一起貧民窟騷亂就發生在這裏）。一位制服警察對這一局面做了如下總結：「所有的警察都竭力想要擺出一副在種族關係方面不偏不倚的面孔來。但是，如果你直接問他們的話，你會發現警察部門中90%的警員都反對有色人種移民。不過，他們肯定不會讓你做這個研究，然後得出這麼一個結論來。」隨後在黑人犯罪，尤其是攔路搶劫這一問題成為爭論激烈的政治議題之時進行的工作證實了有關警察存在偏見的證據（霍爾德韋，1983：66至71，1996；政策研究所，1983，第四部分：第4章；賴納，1993；莉婭［Lea］，1986；謝斐遜，1993；惠特菲爾德［Whitfield］，2004，2007；羅威，2004；菲利普斯和鮑林，2007：434至441）。

但是，表達種族主義觀點的公開程度與激烈程度總體而言已經有所降低（福斯特等人，2005），儘管更深層次的偏見在白人警察（他們對某些改革措施表示不滿）的文化中依然存在（洛夫特斯，2008；福斯特，2008）。公開表露的偏見之所以減少，部分原因是警察部門的人口統計學特徵（人口組成情況）發生了變化，例如，少數族裔警察招募人數增多（儘管人數依然很少，比例仍然偏低，特別是在職級較高的崗位尤其如此：亨利，2007：92 至 99；鮑林等人，2008：624 至 628），黑人和其他少數族裔警察協會組織施加的影響（霍爾德韋，2009），受過高等教育的警察人數增加（李和龐奇，2006；龐奇，2007），以及1981 年《斯卡曼報告》和 1999 年《麥克弗森報告》發佈以來，在有關警察培訓與正式的警察精神方面，更加強調多元文化的思潮的影響（麥克弗森，1999；羅威和加蘭，2003，2007；洛夫特斯，2009：第 2 章）。

然而，這一變化的程度卻以一種極為生動且戲劇性的方式遭到了質疑——2003 年英國廣播公司播放了一部名為《秘密警察》(*The Secret Policeman*) 的紀錄片，片中播放了對大曼徹斯特地區警察局新招募的正在培訓中心接受培訓的警員秘密拍攝的錄像，在錄像中這些警察展現出了極其惡毒的種族偏見（麥克勞林，2007：第 6 章；霍蘭德 [Holand]，2007）。這件事引發了軒然大波，人們圍繞《麥克弗森報告》發佈後實施的改革措施的明顯失敗產生了嚴重的爭議。事後，官方展開了兩項調查，一是 2004 年向大都會警察管理機構提交的《莫里斯報告》(*Morris Report*)，一是 2005 年向種族平等委員會提交的《卡爾弗特–史密斯報告》(*Calvert-Smith Report*)，大量的文獻證明麥克弗森報告的改革建議是失敗的——除了取得了若干裝點門面的表面變化之外沒有取得多少實效；不僅如此，事實上這些措施甚至有可能使那些更為老謀深算的「隱形種族主義分子」(stealth racists) 羣體的抵觸情緒更

加根深蒂固（這些人迴避公開表露種族主義情緒，藉此逃避懲罰）。根據《卡爾弗特－史密斯報告》言辭頗為尖刻的結論，警察部門「就像永久凍土層一樣——表面上在解凍，但是在內部深處卻依舊凍結如石」（轉引自麥克勞林，2007：167至168）。

不過，我們不能就此認定，警察持有的偏見會轉化為帶有偏見的行為。正如政策研究所（PSI）曾經做過的一項極有開創性的重要研究所述：

> 當我們接觸了許多警官後，第一印象是種族主義語言和種族偏見不僅突出而且非常普遍……（但）當我們陪同他們工作的時候，發現他們與黑人與棕色人種民眾的關係經常是輕鬆或者友好的（政策研究所，1983，第四部分：109；亨利，2007：84至92）。

美國進行的研究表明，在美國，偏見與歧視行為之間存在類似的分離現象（布萊克［Black］，1970，1972；P. 沃丁頓，1999a，1999b；斯柯甘和弗里德爾，2004：122至126）。

警察的種族偏見在部分程度上是整個社會所抱有的偏見的反映。（英國和美國的）社會研究中有一個共識：與人們普遍持有的想法相反，新招募的警察的個性中並不具有特別的專制威權（authoritarian）或者偏見特徵（斯考爾尼克，1969：252；賴納，1978：157；斯克里普丘，1997；P. 沃丁頓，1999a：102至104；斯柯甘和弗里德爾，2004：128至130），儘管諸如紀錄片《秘密警察》等曝光材料的指向或許恰恰相反。實際上，這些新警察與他們所出身的階層即下層中產階級和體面的勞動階級——這兩個階層構成了社會的主體——擁有共同的價值觀。當然，這是個似好實壞的雙刃劍結果，因為，固然新

招募的警察未必比一般大眾更具威權，但對於警察這樣一個面對少數族裔可謂大權在握的職業而言，即便是「正常」程度的威權主義也足以令人不安了。正如斯圖亞特‧霍爾（Stuart Hall）一針見血地指出的那樣，當警察局長的人可不會如此傲慢地說出同樣的真命題（true proposition），即警察隊伍內部肯定也存在合理比例的犯罪分子（S. 霍爾，1979：13）。此外，有一點必須指出，警察局長自身也並非沒有偏見（賴納，主要的觀點參見 204 至 210）。

　　有一篇頗有影響力的文章對這一正統觀點提出了挑戰，並對《斯卡曼報告》產生了相當大的影響（科爾曼［Colman］和戈爾曼［Gorman］，1982）。這篇文章的作者針對三個樣本 —— 新招募的警察、見習警察和一個平民對照組（與前兩個警察羣體相對應的社會經濟學對照組）—— 進行了若干心理測試，以評估對象的教條主義、保守主義以及威權主義傾向，以及他們對種族關係的具體觀點。作者發現，「警察部門招募的是具有保守主義和威權主義人格的人員，雖然基本訓練具有暫時的自由化效果，但連續從事警察工作會導致警察對有色人種移民的態度越來越不寬容」。對作者得出的這些結論，有人以方法論和研究內容存在問題為由進行了猛烈的抨擊（P. 沃丁頓，1982b）。對照組的平均教育水平更高，這一點至少部分解釋了為甚麼新招募的警察的態度更加具有「威權主義」的特徵。其他關於新招募的警察的研究則並未表明，警察工作吸引的人羣與平民控制對照組相比，在價值觀體系上有甚麼截然不同的區別（科克倫［Cochrane］和巴特勒，1980；布朗與威利斯，1985）。不過研究中倒是揭示了一點：新招募的警察確實對少數族裔抱有敵視態度（儘管未必與全體民眾所持的敵意態度的平均水平有顯著的差異）。在培訓期間暫時出現的自由化的影響消退之後，這種敵視態度似乎會隨着工作經驗的增加而得到強化（菲爾丁，

1988）。《斯卡曼報告》發佈之後，人員選拔與培訓方面的變化或許起到了一定的作用，但是其影響似乎在警察有了警務工作實踐經驗之後撐不了多久就消失了。不幸的是，《麥克弗森報告》發佈之後實施的以多樣化為內容的培訓改革似乎也面臨着同樣的命運：這些改革帶來的變化主要是表面上的變化（羅威和加蘭，2003；亨利，2007 ： 96 至97）。除非警察工作的社會結構環境發生更為深刻的轉變，並使那些塑造了傳統文化態度的種種壓力有所改觀，否則，警察的遴選與培訓方面的改革就無法取得甚麼實質成果（這一點得到了美國和澳洲的經驗的證實；參見陳［Chan］，1997，2003；斯柯甘和弗里德爾，2004 ： 141 至 147）。

總而言之，用警察的職能以及警察工作的環境，而不是用警察個性中的獨特之處，來解釋警察對少數族裔（以及其他問題）的態度既是必要的，也是充分的。即便在有些時候、有些地方，警務工作吸引的是個性鮮明、與眾不同的人，決定這種吸引力的也是警察工作的性質。警察所持偏見的重要來源是整個社會中存在的種族主義，這使那些最沒有特權和權勢的社會階層中的少數族裔人士，將他們的街頭生活方式暴露於公眾視野之中；這種生活方式極其容易導致發生警方所重點關注的犯罪類型。這樣一來，這些族羣淪為警察「財產」的可能性與其他社會階層相比，明顯不成比例。少數族裔關係中的結構性特色，又使得警察此前曾經抱有的偏見（如果有的話）更加鞏固（謝斐遜，1993；賴納，1993；菲茨傑拉，2009）。

（七）實用主義

警察文化值得注意的最後一個成分是，包括所有基層警員乃至於警察局長（不過例外者越來越多）所具有的典型的實用主義、具體確

實、腳踏實地、反對理論的視角。這是一種概念性的保守主義。

　　警察關心的是如何安安全全且儘量使忙亂和文字工作最小化的情況下，從當下捱到明天（或者下一個小時），這就導致他們不願意深思熟慮地考慮創新、實驗或者研究。隨着近年來蔚為壯觀的以實踐為導向的研究的迅猛增長，出現諸如內政部警察研究小組（Police Research Group）、研究與統計局（Research and Statistics Directorate）、警察基金會（the Police Foundation）以及警隊自己開展的研究活動，這一局面已經有所改觀（賴納，1992a；J. 布朗和沃特斯，1993；J. 布朗，1996；科普等人，2001；科普，2008）。不過，由內部機構開展的警察研究中，有很多研究都存在局限性，這一點在一項針對這些內部機構的前身開展的研究中突顯出來。該研究對這些機構尋求有利的「不可避免的結局」（foregone conclusions，預料中果然發生的事情）的傾向提出了質疑（韋瑟里特 [Weatheritt]，1986）。這種說法對現行研究工作而言已經不那麼準確了，其中部分原因是為數不少的大學畢業生乃至有經驗的非警方研究人員進入了警方的研究部門（J. 布朗，1996；賴納和紐伯恩，2007），不過這些研究對分析方法的抵觸依然存在（科普，2004 : 1）。由於《1998 年犯罪與擾亂社會秩序法》以及「犯罪減少計劃」（the Crime Reduction Programme）要求警方對本地情況進行分析，並對犯罪模式與犯罪減少戰略的有效性進行評估，以研究為基礎的方法就成了強制性的研究方法；不過，正如上一章中所看到的那樣，循證導向計劃（evidence-led programme）很快就由於急於求成的政治壓力而不堪重負了（霍夫，2004；馬奎爾，2004；霍普，2004）。

　　對有關「警察人格」的心理學著述所做的一項綜述表明，一方面，在警察中間存在公然表現出諸如威權主義或者種族歧視等政治性問題的證據矛盾混雜；另一方面，警察的認知結構確實具有顯著的「經驗

性」特點（阿德拉姆［Adlam］，1981：156）。為了克服這一特點並鼓勵掌握反思和分析技能，培訓方面的創新，尤其是針對高級警官的培訓創新，已經開始轉向說教性較低的方法（阿德拉姆，1987；薩維奇等人，2000：107 至 112；維利爾斯［Villiers］和阿德拉姆，2003；薩維奇，2007：111 至 112；莫比和懷特，2008：233 至 236）；不過，在追求法律與秩序的政治氣候之中，要求展現可以預見的短期犯罪控制成果的壓力很有可能會削弱這些培訓改革措施的效果，並導致傳統文化中只注重眼前利益的實用短期效益主義變得更為頑固。

三、警察文化中的變量

警察文化並非僵化單調的鐵板一塊，它在結構上和個體上都存在多樣性。組織性勞動分工，與有關警察文化核心要素的各種迥然相異的視角之間的差異有關。多項各具特點的研究都曾指出這一點。這些研究對警察取向和風格的不同類型提出了多種分類方法（福斯特，2003；斯柯甘和弗里德爾，2004：130 至 133；曼寧，2007；科克考夫特［Cockcoft］，2007）。

例如，繆爾（Muir，1977）的研究中，對美國某座城市的 28 位警察進行了敏銳的觀察。這項研究在關於警察的社會學研究中獨樹一幟，它的核心內容是「怎樣造就一名好警察」，而不是分析警察的違規逾矩這種更為常見的內容。繆爾從分析警察如何對待使用強制力（coercive power）這一難題入手。好警察必須具備兩項本領：「在知識上，他必須掌握人類痛苦的本質；在道德上，他必須解決使用強制手段達到正義目的這一矛盾」（穆爾，1977：3 至 4）。警察的知識視野（intellectual vision）可以是「犬儒主義」的哲學觀，其基礎是將人按照二元觀劃分為

「我們」和「他們」兩類，喜好吹毛求疵和典型的個人主義；也可以是「悲劇式的」哲學觀，將人類視為一個一元化的物質與道德價值，認為行動是在機會、意志以及環境的複雜作用之下產生的，並承認社會相互依存性的重要性，同時具有脆弱性的特徵。就警察的道德知識而言，可以是「整體性的」哲學觀，也就是說，能夠為強制權的使用提供一整套道德規範；也可以是「衝突型的」哲學觀，即行使強制權會產生負罪感，因為此舉與基本的道德原則不相符。根據這兩個維度可以構建出一種對警察的四分法（即將警察分為四種類型）：「逃避型」（avoider，具有犬儒主義人生哲學的憤世嫉俗態度和衝突型的道德觀），逃避職責；「搖擺不定型」（reciprocator，具有悲天憫人的態度和衝突型道德觀），即便是在應當使用強制力的時候也猶豫不決；「強力執行型」（enforcer，具有犬儒主義人生哲學的憤世嫉俗態度和完整道德觀），在衝突到白熱化之時採取行動，不懂得保持克制的必要性；以及「職業型」（professional，具有悲天憫人的態度和複合型道德觀），則屬於「好」警察，這樣的警察能夠在必要的時候有理（道德原則）、有據（法律規則）地使用武力，同時只要有機會，他們又能遊刃有餘地使用語言或者其他技能，在不使用強制力的情況下解決問題。

　　繆爾劃分的四類警察與我在研究中發現的警察類型相似：循規蹈矩的「博比式」（bobby）好警察，也就是普通警察，在適用法律的時候能夠根據常識審慎裁量，從而維持治安；「警服架子」（uniform-carrier）型警察，即那些完全憤世嫉俗、理想破滅、工作馬虎得過且過的人。這種人只要有可能就絕對不接報警電話，因為打電話者有可能請他出警」；「新百夫長」（new centurion）型警察（沃姆鮑，1971），這樣的警察致力於打擊犯罪與破壞治安行為的正義行動，將控制犯罪視為核心職責，突出街頭執法警察的作為，認為他們承載了一切真理、智慧和

美德；以及「專業型」（professional）警察，他們有雄心壯志、事業心，能夠平衡而恰到好處地理解警務工作各個方面的價值，既能夠勝任打擊犯罪這樣的重任，也能夠做在警局掃地這樣的平凡事，這就使得他們具有勝任高級警官的資格條件和能力，高級警官的功能作用主要的是處理與公眾的關係（賴納，1978：第12章）。

其他的研究也提出了與這些分類非常相似的警察類型，儘管叫法不同（布羅德里克［Broderick］，1973；沃爾什［Walsh］，1977；希林，1981a；M. 布朗，1981）。這些類型似乎可歸納如下（其他作者使用的名稱已經轉化為我使用的術語）：

（1）「循規蹈矩」（bobby）型警察（= 布羅德里克所說的樂觀主義者（'optimist'）= 沃爾什所說的「街頭警察」（street-cop）= 繆爾所說的「專業型」（警察）= 希林（Shearing）所說的「聰慧型警察」（wise officer）= 布朗所說的「專業型」（警察）。

（2）「新百夫長型」（new centurion）警察 = 布羅德里克所說的「執法者」（enforcer）型警察 = 沃爾什所說的「行動探索」型警察（action-seeker）= 繆爾所說的「執法者型」警察（enforcer）= 希林所說的「真正的警察」（real officer）= 布朗所說的「犯罪鬥士」（crime-fighter）型警察。

（3）「警服架子型」警察（uniform-carrier）= 布羅德里克所說的「現實主義型」（realists）警察 = 沃爾什所說的憤世嫉俗的「街頭警察」（street-cop）= 繆爾的所說的「逃避型」警察（avoider）= 希林所說的「謹慎型」（cautious）警察 = 布朗所說的「通用1型」警察（service type 1）。

（4）「專業型」（professional）警察 = 布羅德里克所說的「理想主義型」警察（idealists）= 沃爾什所說的「中間流動型」（middle-class mobile）警察 = 繆爾所說的「搖擺不定型」（reciprocator）警察 = 謝爾靈所

說的「好警察」(good officer)。

上述研究在系統命名法術語的不同，不僅反映了各個研究在目的上的差異，更反映了它們之間在「好」警察的概念方面的衝突 —— 按規則辦事是否可能（布羅德里克），使用強制力是不可避免的，面對這一不幸，我們必須聽之任之嗎（繆爾），或者，不同角色之間存在明顯的衝突，這對於進行階級控制是否具有意識形態方面的作用（希林）？這導致出現了多個關於「專業型」警察的理念，彼此之間大相徑庭：法制主義警務的理想化身（布羅德里克），迪克遜式巡邏工作（Dixon-style beat work）中聰明睿智、善解人意但是卻未經正規訓練的直覺（繆爾），這是一種使個人的和集體的社會流動性變得正當化的意識形態（賴納）。

然而，所有這些研究中都假定存在幾種相同的根本類型：與人疏遠的憤世嫉俗型、精於管理的專業型、秩序維護型，以及執法型。這些類型和管理人員與基層警員以及刑事調查部門、身穿警服巡邏的部門之間的組織勞動分工是相切合、相一致的。但是，這些類型之間的劃分也源自警員個人性格方面的差異、最初的工作取向以及在職業抱負和工作履歷方面的差異。在那些制服巡警之中，眼界視野方面的差異已然是清晰可辨，預示着他們日後各自事業發展的軌跡（賴納，1978）。

警察局長自身的文化也存在差異，之所以具有不同的視野和洞察力，典型地與他們以前的職業發展類型和警察部門的本質特徵以及特定時代的經歷等相關（賴納，1991：第 12 章）。總體而言，英國警長們的文化風格與基層警員的文化風格沒有甚麼根本性的差異，因為警長與基層警員出身相似，而且是在警察職級體系內通過自己努力逐級得到晉升的（M. 楊格，1993）。無論如何，警長們可能會支持擁護不同的警務工作理念，這主要是為了滿足適應來自政府高層與社會精英

的壓力的需要。在 20 世紀 80 年代，警長們的傳統觀念的模型是由《斯卡曼報告》鑄造的（賴納，1991）。然而，到了 20 世紀 90 年代，警察部門越來越廣泛地採用管理主義理論，務實高效的「企業型」警務模式，使得警長這樣的「官僚主義者」變成了「商業經理」（薩維奇等人，2000：86）。

不同的導向似乎與諸如種族和性別等人口統計學特徵的構成狀況無關，不過，世界各地警察隊伍結構的人口統計學特徵所發生的巨大變化，促使有些人希望警察文化會出現某些好的轉變（斯克蘭斯基，2006）。目前，英國還沒有人做過關於這些問題的研究。但是，美國在這方面的研究工作表明，黑人並未表現出任何在工作方式上與白人的不同（亞歷克斯，1969）或者對其他黑人從輕處罰的顯著趨勢（P. 沃丁頓，1999a：111 至 112；斯柯甘和弗里德爾，2004：148 至 150）。不過，其中的原因可能是黑人警察比例的增加改變了警察局的整體風格，且改變的方式是無法通過對個體之間的比較辨別清楚的，尤其是警察有組織地加入了代表協會的情況下，更難以辨識（霍爾德韋，2009）。

同樣，也沒有多少證據表明男警察與女警察在警務工作風格上存在差異，這背後最突出的原因是，要求女性適應警方傳統的大男子主義風格的壓力，似乎壓倒了為重塑警務工作而採取的改革措施所帶來的反向壓力（海登索恩，1992、1994、2008；斯柯甘和弗里德爾，2004：151 至 152）。不過，與上段所說情況類似，隨着在警察部門工作的女性警察比例的增加，可能會削弱警察隊伍中存在的大男子主義風氣。更為重要的是，近年來領導崗位上的女性人數的增加可能會改變領導風格以及組織風氣，不過截至目前，這一方面的證據還不明朗（布朗，2003；西爾維斯特里，2003，2007）。另一方面，本章的

論點歸根結底就是，警察文化依靠的不是個體屬性，而是警方職能本身的各個要素。有關警察部門的風格與改革嘗試方面的差異的研究，說明目前還有改變的空間，不過這一空間要受到警察部門所處的社會與政治環境的制約（陳，2007；福斯特，2003；克林格［Klinger］，2004）。

四、警察組織文化的差異

在探討警察組織整體風格方面的差異時，常被引證的最著名或最具有權威（locus classicus）之作當屬威爾遜（J. Q. Wilson）（1968）所做的研究──《警察行為的種類》（*Varieties of Police Behaviour*）。威爾遜提出，警察局的風格可以分為三類。其中，「看守人」風格（watchman styles），強調維護秩序以及巡邏視角。在這一風格中幾乎沒有形成甚麼官僚化、標準化和職業化的現象，並且政治影響十分普遍。巡警在他們的轄區內巡邏時擁有很大的自由裁量權。「法制主義」風格（legalistic style），其主要運用方式是實施法律，力圖不偏不倚地將普適性的標準適用於所轄城市中所有的社羣。奉行法制主義的組織具有官僚性和職業化的特點。而「服務型」風格（service style），則突出強調警察贏得共識、幫助他人的職能。在不得不處理違法行為的時候，這一風格力求採用警告訓誡而不是提起訴訟的方式達到處理違法行為的目的。這一風格非常注重公共關係以及社區參與。儘管這些類型的風格在部分程度上是警察部門政策選擇的產物，但它們反映了社會與政治的平衡狀況。在發生了腐敗醜聞，並因此引發管理變革之後，或者階級成分之間的權力平衡發生了（比腐敗醜聞引發的改革）更為緩慢的變革過程，提高了那些有意以理性的普適性權威作為長期戰略規劃

框架的羣體的地位，這種情況下，「看護人」式的警察局就轉變成了「法制主義」的警察局。不過，如果在一個與此相反的、不利的社會環境中引入法制主義風格，就有可能因此出現進退維谷的情況。例如，儘管「法制主義」風格並不那麼具有激進的歧視性，但這一風格要求提高執法水平，並有可能因此採取進攻性的執法措施，這類措施曾經被黑人視為騷擾的巡邏方法。「服務型」風格只有在價值觀一致的城郊中產階級社區中才能發展起來。此後，美國對警察組織和風格的變革對警務實踐的影響進行了研究。該研究表明，這些變革會對警察拘捕嫌疑人、使用武力和做其他重要事務的模式產生相當大的作用。不過，就警察部門在實務方面的諸多差異而言，其背後的推動力是各個地區在政治經濟、社會結構和政治文化方面的不同，而並非如同威爾遜提出的分類法本身所暗示的那樣，是警察局自由選擇的組織政策（克林格，2004；斯柯甘和弗里德爾，2004：第 5 章）。

關於警察部門之間的文化差異，英國並沒有多少相關的證據。凱恩（1973）曾經在 20 世紀 60 年代對一個鄉村警察署和一個城市警察局進行研究。結果顯示，鄉村警察與他們所轄社區融合得更為緊密。城市警察局的警察與警隊同僚的相互依賴程度更高，與他們負責管理的社區間的關係疏遠，並且與社區民眾打交道的時候發生不快的情況較多。導致這一局面的原因很可能是農村和城市警務的工作環境條件不同，而不是隨時可以進行政策調整的組織風格的作用。城市與鄉村之間在警務風格上的差異是經常反覆出現的主題（沙普蘭 [Shapland] 和瓦格 [Vagg]，1988；沙普蘭和霍布斯，1989；洛夫特斯，2009）。

瓊斯（S. Jones）和利瓦伊（M. Levi）（1983）針對警察和公眾對兩個警察部門的態度收集了一些數據。在警方相關辯論中，這兩個警察部門的局長的立場分別處於兩個極端。其中一位是德文郡與康沃爾郡

警察局長約翰‧奧爾德遜（John Alderson），他是「社區警務」理念首屈一指的倡導者，社區警務理念突出強調警察與公眾之間建立密切而且積極的關係的重要性，認為它是有效開展警務工作的關鍵性先決條件，並認為警察的功能廣泛，在社會服務中發揮重要作用。而另外一位是曼徹斯特市的警察局長詹姆士‧安德頓（James Anderton），他是所有警察局長中公共知名度最高的一個，倡導採用嚴厲的執法措施和強硬手段維護秩序。

瓊斯和利瓦伊發現，在多個指標上，德文郡和康沃爾郡的公眾對當地警察部門的看法較之曼徹斯特地區公眾對當地警察部門的看法更為正面。此外，較之曼徹斯特市警察局，德文郡和康沃爾郡警察局對自己在公眾心目中的形象把握得更為準確，表明德文郡與康沃爾郡警察局與公眾的關係更為緊密。對約翰‧奧爾德遜的社區警務政策所提出的一種常見批評意見是，這些政策或許適合寧靜的、以鄉村為主的郡縣，它們在城市中卻難以推行。不過，瓊斯和利瓦伊發現，將普利茅斯（英格蘭西南部的第二大城市）與威根（Wigan）（英國北部鄉村地區一個相對較小的市鎮）進行比較的時候，儘管普利茅斯市警察局在德文郡與康沃爾郡的所有警察部門中，公眾對他們的滿意度是最低的，但德文郡與康沃爾郡警察局與曼徹斯特警察局這兩個警察部門之間的對比依然適用。這表明，在城市裏，在警察部門與公眾之間培養積極的關係固然更難，警察部門的組織文化和警務風格也是其中重要的變量。

就成功改變警察文化的可能性而言，目前最為清楚的證據中有一部分源自一項重要的民族志研究（ethnographic study）（福斯特，1989）。這項研究對倫敦市中心兩個警察局進行了比較。其中一個警察局在警務工作風格與實踐方面引進了重大改革，使該警察局的文化朝着《斯卡曼報告》所支持的社區警務理念方向轉變。取得這一成就的關

鍵因素是該警察局管理層和監管部門上下一致的投入和堅決支持。在另外一個警察局，由於缺少這一關鍵因素，傳統警察文化依舊根深蒂固。一項來自美國六個城市警察局的研究也提供類似的信息，這些城市的警察局長們銳意創新，竭盡全力推動所在警察局採用社區警務戰略，即使是態度頑固不化的城區警察局，進行警察文化方向的轉向改革也是有可能的（斯考爾尼克和貝利，1986）。但是，至於這些創新改革在多大程度上成功地轉化為警務實踐方面持續不斷的變化，這項研究則語焉不詳。陳（Chan, 1997、2003）曾對人們通過組織、招募和訓練等方面的改革來轉變警察文化的種種嘗試做過頗有影響的論述。這些論述突顯了一點：在警察的角色沒有進行根本性轉變的情況下，（改變警察文化方向的）可能性是非常有限的。

　　總的來說，不同地區間在警務文化方面看上去存在相當大的差異。而這些差異在多大程度上是政策抉擇導致的產物就不那麼清楚了，因為在不同社會和政治結構及文化傳統交錯的地區，往往能做出有效的政策抉擇。社會是否獲得了它們應該享有的警察服務，抑或它們獲得的警務工作比它們應得的好得多或者糟糕得多？改革戰略所面臨的自由度是無法預先注定的，毫無疑問，這一自由度肯定不會太大。但是，人們在警察部門風格方面發現的種種差異表明，正如麥克巴尼特（McBarnet）在大約 30 年前的研究工作中所提出的那樣，強調互動主義研究傳統中基層警察文化中的自治性，需要具備一定的條件（麥克巴尼特，1978、1979）。但是，布魯爾和瑪吉（Brewer and Magee）在 1990 年對北愛爾蘭警察的日常警務工作進行的研究表明，警察文化即便在極端情形下也依舊是根深蒂固的。近年來進行的觀察性研究顯示，這些研究重複了 20 世紀 60 至 80 年代的開拓性研究的內容，儘管《斯卡曼報告》和《麥克弗森報告》以及其他林林總總的改革倡議提出了大

量的改革措施，但是這些改革措施最多不過是帶來了表面上的變化或者至少部分是如此的變化，前述 20 世紀 60 至 80 年代研究中所描述的警察文化的很多方面的特徵仍然存在。韋斯特馬蘭（2001a、2001b）和西爾維斯特里（2003、2007）證明，警察的大男子主義作風揮之不去、依舊頑固。洛夫特斯不久前針對英國某個警察部門所做的一項重要民族志研究發現，儘管政府和警方高層毅然下定決心進行改革，幾十年前進行的經典研究中所發現的主題如今依舊活蹦亂跳（洛夫特斯，2007、2008、2009、2010）。該研究確認，警察文化深深根植於不平等社會的警務工作的深層次結構之中，政策方面的改革最多也只能取得表面上的變化。

五、結論

在幾個不同地區和時期進行的多項研究發現，警察文化似乎有某些共同之處。這些共同之處源自自由民主國家中警察角色的基本要素：警察的根本職責是在不平等和分裂的社會中，在遵循法治原則的條件下，控制犯罪與擾亂社會秩序的行為。這些壓力的強度隨着時間和空間的變化而變化：在新自由主義盛行的當代，這些壓力的強度要大於「二戰」結束後社會民主主義的鼎盛時期。警察文化的結構，還會隨着警察部門的內部分工以及對警察文化的解讀和警務風格的個體差異，而呈現出不同的變化。

警察文化及其差異是警察所管制的社會的權力結構的反射。警察的社會地圖（social map）[124] 是根據各個羣體給警察造成問題的能力大小不同，以及公然實施特定類型犯罪的傾向不同，而進行劃分的，因為警察和刑事司法系統是這些犯罪通向法律之門的主要路徑，他們處

理的具體案件涉及侵犯人身或者財產內容的街頭犯罪（賴納，2007a：第 2 章）。社會中最無權無勢的羣體淪為警方「財產」。警察服務的社區權力結構以及社區上層精英人士的觀念，是不同警察部門間警務工作風格存在差異的重要來源（其中，「分裂對立」的社會構成了極端例子：布魯爾，1991）。警察部門內部存在的兩種警察組織導向，反映了在階級對立、等級森嚴的社會中，警察機構不得不採用兩種方式來應對他人：基層警察採用自上而下的方式，應對那些警方投入精力和使用手段方式各不相同的受控羣體；職業化的警察局長則是自下而上的應對方式，對象是公眾中的大多數以及精英人士。這些人想要給以他們的名義的所作所為披上一層可以接受的光彩華麗的外衣。

　　警察文化既不單調刻板，也非一成不變。不過，警察在自由民主的社會中維持秩序、執行法律時所面臨的困境，導致出現一種典型的警察文化形態，儘管這一形態存在多種變體。警察文化的形態可以是既非常精巧，但是同時又特別具有彈性，因為這一特性有利於警察在自由民主的社會中完成警務工作。不過，警察個體之間在回應（問題）方面，會因為諸如他們在組織機構內分工中的角色、各自的人口統計學（出身）背景以及個性和理解領悟方面的差異，而有所不同。儘管如此，在所有的作為研究對象的警察部門中，警察工作的性質似乎確實產生了一種具有清晰可辨的相似之處的基本文化。要想從根本上改變這一基本文化，不僅要開展針對個體警察的改革（例如，在遴選和訓練方面），不僅要大張旗鼓地宣告政策，更需要的是通過對經濟和權力不平等的結構性的改造來重構警察角色的基本性質。

第五章

揭開警察的神秘面紗：
社會研究與警察實踐

有關警務工作的各種相互衝突的政治神話，使得對警務的理解模糊不清甚至有點撲朔迷離。在 20 世紀 70 年代和 80 年代的激進犯罪學理論[125] 甚囂塵上之際，警察是「鎮壓性國家機器」(repressive state apparatus) 的神話盛極一時。這一理論將警察描繪為在本質上是鎮壓性的政治力量，通過貼標籤的方式製造犯罪與罪犯。在這種觀點看來，要確保社區安全就必須限制警察權力 (參見斯克拉頓 [Scraton]，1985，1987；法雷爾 [Farrell]，1992)。這種觀點反映了反對現代警察的長期傳統 (在第二章和第三章中對此問題已經有詳細的論述)，不過這種觀點近年來已經基本上從主流政治話語中銷聲匿跡了 (不過，2007 年以後的經濟崩潰可能會導致深刻的社會與政治衝突重新出現，並使有關警務的此類觀點死灰復燃)。然而，近年來，與這種觀點相對立的論調在辯論中佔據了主導地位。這個對立面就是「法律與秩序」的迷思，將警察描繪成為一支可以預防和偵破犯罪的有效力量，並鼓吹警察權是醫治執法和公共秩序問題的萬應靈藥。這一直以來是警務工作在大眾媒體中的主要表象 (參見第六章)，以及在警察文化和大眾文化中呈現的主要面目。這是 20 世紀 70 年代晚期保守黨和警察部門所秉持的立場，並且在最初還引起了爭議 (唐斯和摩根，2007)。自從 20 世紀

90 年代早期開始，在新自由主義內嵌入政治共識以來，這種觀點已經
獲得了話語霸權地位，幾乎成為無人質疑的觀點。昔日的那些民主左
翼政黨「咸與維新」紛紛改頭換面，至於用福利主義和凱恩斯主義政
策工具來治理深深根植於政治經濟與文化中的犯罪與社會秩序混亂的
根本成因問題，則有可能被排擠出主流爭論觀點之外（賴納，2006、
2007a：第 5 章）。在 20 世紀 90 年代期間，至少從言辭表達上看，有
關警務工作的五花八門的「第三條道路」神話，一時間也風生水起，得
到了迅速發展，這表明，人們開始在更大的範圍內追求「超越左和右」
的社會政策。「第三條道路」的社會政策得到了貝理雅的新工黨、克林
頓的新民主黨，以及其他自稱走中間道路的政府的支持與擁護，他們
力圖與 20 世紀 80 年代的戴卓爾主義的支持者和里根派揮舞警棍進行
恫嚇的劍拔弩張的言辭保持距離。在國際上有關警務政策的討論中，
「社區警務」依然是一個時髦的標籤，這在很大程度上是因為其明顯表
現出來的溫和且無爭議的「櫻桃餅」（cherry pie）內涵（M. 布羅格登，
1999）。社區警務的根本前提是，有效的警務工作只有在公眾同意和合
作的基礎上才有可能運行。在某些關於政治和警察的言論中，這種無
害的平淡無味的主張，卻變成了一個範圍更廣泛的警務工作就是社會
服務的神話，旨在向那些生活在和諧社區中的心滿意足的顧客們提供
良好的服務。到目前為止，這種田園詩般的神話，沒能在今天這個嚴
酷和充滿衝突的世界中得到實現，那就必須採取某種政策，目的在於
恢復這一美好神話。這一神話如今風頭正勁，並與其他新出現的一種
更為強硬的警務戰略形成了緊張的對峙，實際上，社區警務越來越被
解釋為一種真正的犯罪控制戰略。與此形成鮮明對比的「零容忍」警務
戰略在 20 世紀 90 年代中期就已經成為一個世界性的標語口號，也被
其某些倡導者描繪成為社區警務的一種變化形式。

對「第三條道路」警務的一個更具法庭科學特色的描述性術語，那就是「魔法子彈」(magic bullet) 的神話，[126] 集中體現在那些受《滅罪鑒證科》(*Crime Scene Investigation*，簡稱 *CSI*)[127] 的啟發而興盛起來的科學偵查計劃之中。作為這種觀念的一個縮影，第三方警務理論認為通過科學技術的運用，對各種警務問題進行研究和分析，就有可能制定出某種戰略戰術，能夠恰如其分地巧妙運用武力，從而有效並且合法地進行犯罪控制和秩序維護。這種智慧型犯罪減少的敍事話語，其實是「法律和秩序」神話的一個更為高級複雜的說法。它認為，智慧型精準目標定位的警務工作，就如同激光精準定位一樣，能夠準確地清除犯罪和秩序混亂，並且對公民自由或社會正義僅帶來最低限度的消極作用。從某種層面上來說，對這種計劃進行質疑是不可能的。除了阿爾・卡彭 (Al Capone)[128] 及其信徒之外，還會有誰更喜歡愚蠢導向 (stupidity-led) 的警務，而不喜歡情報主導 (intelligence-led) 的警務呢？與社區警務一樣，應當質疑的不是其方法路徑是否受到歡迎，而是其作為一種實現公共安全與治安的戰略的可能性與現實性。

所有這些神話都過於簡化或者忽略了一點，那就是警務在多大程度上反映了更為廣泛的社會結構、文化和政治經濟中存在的諸多衝突和矛盾。單靠警務工作是無法構建一個井然有序的社會的，無論人們認為這是一個值得稱道的社會還是壓迫民眾的社會。此外，警務工作從來都不是像社區警務的某些倡導者所暗示的那樣以完全和諧的方式進行運作的。

與推論假設相反，在過去 40 年間，在美國、英國以及其他地方，有關警察行為的研究證據（以及對警察行為的決定因素、有效性和公平性的分析）數目激增。但是，對現行警務做法提出的種種改革和替代方案仍然尚無定論並且存在激烈爭論。警察的工作比上述任何神話所

承認的還要複雜、矛盾，甚至於真正的混亂。

　　本章將就三個具體問題對警察實踐的研究證據進行探討。這三個問題是：警察的角色是甚麼？履行這一角色的有效性如何？履行這一角色的公正性如何？警察研究的發展自從這些問題於 20 世紀 60 年代初肇始以來，就經歷了一個清晰的辯證過程。早期研究強調要對研究之前就存在的有關警務的傳統智慧進行批判，破解其迷思，並針對人們普遍所持的看法中暗含的心照不宣的觀點提出一個完全對立的觀點。最近以來，早期研究工作所提出的批判性結構本身受到了質疑，不過還沒有達到最初的傳統智慧東山再起的程度；研究工作前就存在的常識的理性內核與早期研究對傳統智慧的批判之間出現了一定程度的合流，儘管這種合流越來越受到處於支配地位的有關法律和秩序的政治霸權的責難。

一、警察的角色是甚麼

　　儘管有關警察角色的爭論是一個陳舊乏味的題材，但是，對於將警察最好視為一個強力機構，其首要職責是執行刑法，還是將其看作一個服務機構，負責平息浩如煙海的社會問題，這是一個眾說紛紜的話題。辯論的起始點是通過實證「發現」警察（與流行的神話相反）的運行，主要不是作為打擊犯罪的鬥士和執法者角色，而是向廣大公眾提供多種多樣服務的服務提供者角色，這些需要提供的服務內容不可勝數，因其十分異乎尋常而令人難以置信（或難以形容）。

　　班頓（1964）曾對抽樣選取的一批蘇格蘭警察所做的田野工作日志進行過分析，並（在英國和美國）對警察進行了觀察與訪談；在此基礎上，他得出了如下結論（第 127 頁）：

　　警察在巡邏時，其扮演的主要角色是「治安官」(peace officer)
而非「執法官」(law officer)。他花在拘捕犯罪分子這個意義上的
所謂執行法律方面的時間相對不多，而用在自己轄區內監管警管
區的各項事務以「維護治安」(keeping the peace) 及回應民眾求助
方面的時間則要多得多。

　　卡明等人 (Cumming，1965) 在對一個美國警察局的公眾報警電
話進行分析後發現，這些電話中有一半以上涉及向警方求助或者就個
人問題和人際關係問題向警方求援；在這方面，警察在回應這些求助
電話時所扮演的是「哲學家、嚮導和朋友」的角色。龐奇和內勒 (Punch
and Naylor，1973) 做過一項類似的複製研究。他們對埃塞克斯地區
三個城鎮的警察局接收的公眾報警電話進行了分析。在其中一個「新
城鎮」中，有 49% 的公眾來電是要求警方提供服務的；在其中一個「老
城區」，這一比例為 61%，而在一個「鄉村市鎮」，則有 73% 的報警電
話是服務求助。在請求提供服務的電話中，數量最多的幾類事由分別
是「家庭事務」(domestic occurrences) (例如，家庭糾紛或者喧鬧擾民
的聚會) 和「公路交通事故」(highway accidents)。J. 馬丁 (J. Martin)
和 G. 威爾遜 (G. Wilson) (1969) 發現，在郡縣警察局中，用在處理與
犯罪有關的工作上的履職時間只有 28% (而在倫敦大都會警察廳，這
一比例則為 31%)。在隨後開展的多項研究也得出了類似的結果 (麥凱
布 [McCabe] 和薩克利夫 [Sutcliffe]，1978；安圖尼斯 [Antunes] 和
斯科特，1981；P. 莫里斯和希爾 [Heal]，1981：第 3 章；埃克布洛
姆 [Ekblom] 和希爾，1982；霍夫，1989；班尼特和勒普頓 [Lupton]，
1992；P. 沃丁頓，1993a、1999a：第 1 章；貝利，1994、1996；
警察基金會 / 政策研究所，1996；R. 摩根和紐伯恩，1997；約翰斯

頓，2000：第 3 章；懷特，2002： 90 至 95；斯柯甘和弗里德爾，2004： 57 至 63）。近年來（自從沃丁頓 1993 年所做研究以來），就公眾報警電話的性質而言，政府和學術界研究人員都沒有提供過相關數據。在這一時期，政策、研究和公共政治辯論的焦點集中在犯罪以及控制方面。儘管如此，英國犯罪調查（the British Crime Survey）仍然在對公眾與警察之間聯繫的性質特徵進行分析。該調查表明，即便是現在，在公眾主動與警方進行的聯繫中，只有大約一半的電話與犯罪有關（J. 艾倫等人，2006：見表 2.02）。其餘的聯繫電話中，大部分是明確要求提供服務的（「尋求建議或信息」或者「社交聊天」── 佔公眾主動與警方進行聯絡的電話的 10% 左右），或者是混合了請求警方提供服務、維護秩序或者向警方報告潛在的犯罪等內容的含糊其辭、五花八門的報警電話（「報告可疑人員／情況、報告有人鬧事或者值得警惕的情況」「報告事故或緊急情況、人員失蹤或者財物丟失、提供信息」等不一而足），在公眾主動與警方進行的聯絡中，前述情形遠遠超出了一半（此類主動與警方聯絡的人員的百分比也遠超出了 50%，有些人與警方的聯繫還不僅一次；各種聯絡警方的理由所佔的百分比相加，超過了 100%）。

這些關於警察活動性質特徵的實證研究所得出的結論，為一種自由派觀點提供了支持，這一主張一度成為改革派警察管理人員、警長和評論人士的一種正統理念。這一觀點主張「實然（is）」就意味着「應然（ought）」。警察是事實上的社會工作者，儘管這一點並未得到承認。他們是「隱秘的社會服務機構」（龐奇，1979b）。但是，由於這一點是隱蔽的，很少得到明確的表達，因而有必要對警察進行更好的訓練和組織，使他們能夠應對社會工作中面臨的各種情景（畢竟警察的事務中絕大多數內容屬於社會工作）。如果說法律和秩序派為警方面臨的問題

開出的萬能良藥是配備更大的槍支，那麼自由派開出的靈丹妙藥則是社會學學位。

　　有人認為，警察要完成預防犯罪的使命，不僅僅要靠傳統的巡邏和偵破手段。他們應該與其他社會服務機構和政府合作共同努力，不僅要完成打擊犯罪這個表面任務，還要治理導致犯罪的深層次社會原因（斯蒂芬斯和貝克爾，1994）。在英國警察界，這一觀點首屈一指的倡導者是德文郡和康沃爾郡的警察局長約翰・奧爾德遜（John Alderson），上述觀點主要體現在他提出的社區警務理念之中（奧爾德遜，1979，1984）。到 20 世紀 80 年代末，這一觀點已然成了繼斯卡曼的主張之後幾乎得到所有警察局長信奉的又一正統觀念（賴納，1991：第 6 章）。1989 年，英國警界的全部三個警員協會組織聯手編寫了一份《警務運作評論》（*The Operational Policing Review*），該文件似乎表明，公眾更傾向於一種更具社區導向的警務風格。這為 1991 年的《警察共同目的和價值觀聲明》（Statement of Common Purpose and Values）提供了靈感。在該文件中，這三個警員協會承諾根據服務理念履行自己的使命。隨後，在倫敦大都會警察廳和皇家警務督察總局（HM）和英國警長協會（ACPO）提出的《服務增值計劃項目》（Plus Programme）中，警務當局決定圍繞向消費者提供「優質服務」的倫理理念，重構警察文化和實踐（「警務發展之路前瞻」[The Way Ahead] 刊載在《警務專刊》[*Policing Special Issue*]，1991 年秋季號；I. 沃特斯 [Waters]，1996；薩維奇，2007：127 至 141）。

　　在警方高層開始出現這一共識的同時，基層普通警察中卻在醞釀着一個抗議的暗流。研究表明，街頭警察的文化依然以行動和打擊犯罪為導向。對此，一名美國巡警曾經簡潔有力地總結道：「每一次，當你開始做一些真正的警察工作時，準得被這些東西捆住手腳。我覺得

所有的警察工作中，90% 的工作都是幹一些狗屁不如的事情」（賴斯，1971 ： 42）。《1990 年警務運作評論報告》曾對全國選取的高級警官和基層普通警察進行過調查，結果證實，高層與基層之間的鴻溝依然存在。一方面，高層對各類社區警務舉措青睞有加，而從事基層工作的警察仍然對採取「強有力」的措施嚴屬打擊犯罪的工作情有獨鍾。但是，1993 至 1994 年推出的「一攬子」改革計劃——《白皮書》和《希伊報告》以及《1994 年警察與裁判法院法》（the Police and Magistrates' Courts Act）——卻明確尋求以務實高效的「事務性」模式對警察進行重組，其目的在於將「抓捕罪犯」作為唯一優先考慮的頭等大事（薩維奇，2007 ：第 3 章；麥克勞林，2007 ： 96 至 97 ，182 至 187）。儘管新工黨政府重申了警察部門與地方政府和其他機構構建合作夥伴關係的重要性，它卻繼續優先考慮將減少犯罪列為警務工作的主要目標。新工黨政府的《國家警務規劃》將打擊犯罪確定為警察部門優先考慮的頭等大事。例如，《2005 至 2008 年國家警務規劃》的「五項主要優先事項」為：

- 按照政府的《公共服務協議》（Government's Public Service Agreements，簡稱 PSA），減少整體犯罪水平——包括暴力犯罪和與毒品相關的犯罪；

- 提供以公民為本、響應社區和個人需求（特別是被害人和證人需求）的警察服務，激發公眾對警察的信賴，特別是激發少數族裔社區對警察的信任；

- 與合作夥伴採取共同行動，提高偵破率，將累犯和其他應予優先考慮的嚴重違法犯罪分子作為打擊目標，採取措施綜合施治；

- 降低民眾對犯罪和反社會行為以及擾亂社會秩序的行為的憂懼；

- 嚴屬打擊警管區轄區內和跨區域的嚴重犯罪和有組織犯罪

（《2005 至 2008 年全國警務規劃》，內政部，2004 ： 1）。

《全國社區安全計劃》(the National Community Safety Plans) 繼續將打擊犯罪作為警務的中心工作，該計劃旨在將警務工作納入一個範圍更為廣泛的合作夥伴關係或社區安全方案中來（《2008 至 2011 年全國警務規劃》，內政部，2009）。該計劃將「增強社區信心」增補為目標之一，意在重點衡量公眾對警察部門犯罪控制的工作績效的評價。

長期以來，關於警察究竟是強力機構還是服務機構的爭論一直困擾着關於警方角色的討論。其實，這一爭論是構建在一個錯誤的二分法的基礎之上的：在兩個極端之外，還存在一個遭到排除的中間狀態，即急救式的秩序維護 (first-aid order maintenance)。為了清楚地說明這一點，請允許我先對這一基本概念下一個定義。在警察工作各方面之間有兩個層面的工作具有本質性的差別： (1) 在警民互動中，平民與警察之間是意見一致還是存在衝突？ (2) 警察行動是否都會藉助拘捕、起訴以及諸如此類的法定權力？把這兩個層面的角色放在一起，就能夠形成對警察干預行動的四種可能類型的分類法 (參見表 5.1)。

表 5.1　警察工作分類

	警察使用法定權力 (執法官)	警察不使用法定權力 (治安官)
贊同一致	自願服從	服務
衝突	執行法律	秩序維護

表 5.1 的第一格 (在一致贊同的情形下執行法律) 是一個存在爭議的領域。在警民互動中，如果平民與警方參與人員就所要實現的預期結果真正的不存在衝突，自然而然也就不必適用法定權力，畢竟法定權力具有內在的強制性。但是，警察經常會在非正式行使自己法定權力的情況下，對公民進行攔截盤查 / 搜查，或者將公眾拘禁在警察局

「協助警方調查」，並宣稱這些公民協助警方調查的行為是「自願的」。對於這種「自願」順從的行為，在多大程度上是真心實意和真實的，以及在多大程度上是出於對自己權利的無知和警察嚇唬的結果，肯定是值得懷疑的（D. 迪克遜等人，1990；麥肯齊等人，1990；D. 迪克遜，1997）。

　　表中所列的幾個範疇都屬於「理想類型」，具體事件究竟屬於哪種類型，只有在經過一個可能會產生幾種不同結果的互動過程後，才能根據其條件而歸入特定的類型範疇之中。以我觀察到的一個事件為例：在該事件中，有人呼叫警方，原因是鄰居家的狗一直叫個不停。警方發現報警人的鄰居並不在家，只好翻越鄰居家的後花園圍欄進去查看，因為那只狗的叫聲聽上去很淒慘。在這期間隔壁鄰居回來了。報警人和警察向他們解釋了事情的經過，大家對此均表示滿意。這個結果就是「服務」工作的一個生動例子。但是，也有這種可能性，報警人的鄰居對警察行為的正當合適性提出異議，那麼「維持秩序」的情形就產生了。此外，在諸多因素 —— 但首先是警察對工作的定位、對爭執各方道德品格的評估以及他化解衝突的技巧 —— 的作用下，該事件很有可能以某人因為侵犯人身而遭到拘捕而告終。在這種情況下，事件的結果可以歸類為「執法」工作。公眾成員最初的「服務請求」，並不能事先預定警察干預行為的性質特徵。

　　在這些定義得更為精確的類型中，絕大部分警察工作的角色既非社會服務，也不屬於執法，而是維護秩序 —— 通過正式執法行為之外的其他手段解決衝突。此外，這些工作主要是通過警察獨有的能力完成的。這一能力不是進行拘捕的法定權力，也不是社會工作技巧，而是比特納（Bittner）所說的「採取果斷行動的能力」。「警察，只有警察，才擁有特定的裝備、法律授權和命令要求的資格，以處理各種可能需

要使用武力的緊急事件」（比特納，1974 ： 35 ；布羅德，2007）。警察任務是指秩序維護這一頗為虛無縹緲的非常具有擴散性的概念，比特納（同上）生動地將其稱為「一個依靠未知的手段解決未知問題的方案」。但在千奇百怪的問題和五花八門的問題解決手段背後，隱藏着一個可以在必要的情形下運用武力的核心能力（克洛克卡爾斯，1985 ；沃丁頓和懷特，2008）。不過，這並不意味着警察通常（甚至於算不上經常）使用強制措施或武力來解決他們需要處理的麻煩問題。有效開展警務工作的訣竅在於將使用合法強制手段的潛在可能性置於幕後藏而不用，將武力為後盾的潛在威脅加以嫻熟巧妙地運用，從而使任何時候都不會直接使用強制力並讓這種可能性變為現實（當然，在許多司法管轄區都存在過度使用武力問題，參見貝魯爾 [Belur]，2010）。關於「優秀的」巡警如何在險象環生的情形中，不動用自己的法定權力（包括使用武力），而僅僅是作為一種潛在的資源就能夠做到維持治安，多項觀察性研究曾經有過頗有見地的論述，給人留下深刻的印象（比特納，1967 ；繆爾，1977 ；肯普等人，1992）。成功的警務人員依靠的是自己職務所具有的權威，以及自己處理有關人員方面的個人經驗與專業技能，而不是僅僅依靠強制權 —— 儘管有時候不可能完全做到這一點。這些技能並沒有得到充分的認可、獎勵或理解，這在很大程度上是因為大眾和警方對警察工作任務的性質特徵抱有先入為主的看法，導致人們無從對有效的維護和平的治安工作所涉及的技藝進行分析（比特納，1983 ；貝利和比特納，1984 ；諾里斯及諾里斯，1993 ；賴納，1998 ；懷特，2002 ：第 3 章）。

　　不過，在社會正義與政治正義方面，秩序維護方面所存在的問題與較廣為人知的犯罪控制領域中存在的問題同樣嚴重（P. 霍爾，1998）。前文提到的那些對秩序維護工作進行了生動形象的描述的觀察性研

究，並沒有充分解決這些問題。例如，查特頓（Chatterton）（1983：211 至 215）詳細描述了警察如何在不拘捕丈夫的情況下（此前丈夫曾經毆打妻子），就平息了一對夫妻間的家庭糾紛的事例。根據查特頓的分析，之所以能夠做到這一點，根本原因在於警察在踐行自己的職責正義感之時，曾設身處地從該位丈夫的角度換位思考。根據查特頓對這樁案件的描述，實施拘捕並由此實現「法定」的正義，對有關涉事各方既不公平又麻煩重重。

這一點顯而易見地帶來了這樣一個問題：我們是否能夠信賴巡邏警察個人的正義感，以及如何對巡警行使個人正義感進行問責。對家庭「糾紛」的典型處理方式是將其視為非刑事的秩序維護事務，而不是視為傷害事件，但是，多年來這種做法的有效性一直遭受到女權主義人士的批判，而且這些批評之聲產生了一定的效果，促使世界各地警方作出了相應的調整。警方常見的一種回應方式，就是鼓勵警察採用強制拘捕的政策，將家庭糾紛這一主要報警類型明確歸入了「執法」的範疇。

圍繞着此類創新措施是否有效以及是否滿足人們的願望問題，眾說紛紜、莫衷一是（謝爾曼和伯克，1984；S. 愛德華茲，1989；漢默[Hanmer] 等人，1989；薛普泰克基，1993；謝爾曼，1992b；霍伊爾，1998；切斯尼—林德 [Chesney-Lind]，2002；麥克斯韋爾等人，2002；斯柯甘和弗里德爾，2004：231 至 232；海登索恩，2008：661）。在維持秩序方面，實現和協調公平、成效、問責的問題如同執法領域存在的問題一樣尖銳，有關執法領域中存在的問題已經在前文進行了極為廣泛的討論。秩序維護是警察使命任務的核心內容，這一點在多個方面得到了證實。這一點在民眾報警時向警方所提出的要求的組成情況中得到了體現。民眾所提出的要求中，絕大多數都涉及衝

突因素，而並不是請求警方提供諸如把貓從樹上弄下來等和諧無礙的服務，但是也並不涉及清楚明白地屬於犯罪行為的事項。從歷史上看，秩序維護原本就是警察的核心使命。「新型警察」得以存在的主要理由，不僅是為了通過定期巡邏來預防犯罪（即在犯罪發生之前對相關情景進行干預），而且從羣體控制的意義上說，也是為了秩序維護。英國警務特立獨行、與眾不同的表現之一，就是將執行法律和維持秩序的任務（包括羣體和騷亂控制）部分地合併到了相同的組織機構。

無論如何，一旦說到警察的主要角色是維持秩序，並不是要求警察對社會秩序的方方面面都要承擔責任。警察的任務是對秩序出現問題時提供應急維持，而不是創造秩序的前提條件，正如最廣義的社區警務哲學思想孜孜以求的那樣（奧爾德遜，1979，1984）。正如 P. 沃丁頓所說：「警察就相當於英國汽車協會（AA）或者皇家汽車俱樂部（RAC）的車輛故障救援人員的社會對應物，他們只有在發生意想不到的意外事故或出現不可預見的錯誤的時候才會出面干預，並提供臨時解決方案」（P. 沃丁頓，1983a ： 34）。依此類推，警察既不是服務站裏的機械師，也不是汽車製造商。不過，就像英國汽車協會一樣，警察負有對自己職責有關的政策提供諮詢的角色，以及與其他機構進行合作的職責。

英國有一個頗有影響力的「新左翼現實主義」犯罪學派，主張實施一種「最低限度」的警務工作方法（minimalist policing approach）（金賽 [Kinsey] 等人，1986）。該學派主張，應該將警方的干預活動限制在有明確證據表明存在破壞法律的行為的情況下，並通過運用法定權力和刑事司法程序的形式實施干預（約翰斯頓，2000 ： 48 至 50）。他們聲稱，唯有如此，才能使警察的工作完全對法律負責。但是，這種觀點卻忽視了民眾向警方提出的大多數服務請求，因為此類請求並不

是明確地向警方舉報犯罪行為。按照「最低限度」策略，這就意味着警方要麼不回應公眾提出的這種要求，要麼迫使警方將這種反應置於一種法律主義的逼人就範的「普羅克拉斯提之床」（Procrustean bed）[129] 之中，也就是毫無節制地行使自由裁量權。

近年來的實證研究表明，在報警電話中向警察提出服務請求的，至少在城市地區，有越來越大的一部分確實是對犯罪或者「潛在犯罪」的舉報電話（T. 瓊斯等人，1986；沙普蘭 [Shapland] 和瓦格 [Vagg]，1988 ： 36 至 39；沙普蘭和霍布斯，1989。在其他一些國家也是如此，參見貝利，1985 ： 120 至 127）。其中部分原因可能是公民、警方和研究人員對某些類型的事件（例如家庭糾紛）進行了概念重構，將其歸入了犯罪的範疇。早期研究者在傳統警察文化的引導下，曾經將由家庭糾紛引發的報警電話歸類為「服務」請求電話的範疇，這當然是一種大錯特錯的歸類。此類報警電話以及由其他衝突引起的報警電話，其實就是實際已經發生的或者潛在的犯罪行為。不過，有一點也是顯而易見的，那就是從早期警察研究所屬的那個時代以來 —— 或者至少是直到 20 世紀 90 年代中期為止 —— 犯罪的受害人數在不斷增加，受害人舉報的犯罪行為的數量也有所增加（賴納，2007a ：第 3 章）。如此一來，有記錄的犯罪率自然也就急劇上升，對警察構成了更大的壓力。作為回應措施，許多警察部門增加了專門從事執法工作的專業人員的數量（多爾姆 [Dorn] 等人，1991a、1991b；審計署，1993；洛夫迪，1997、2006；穆爾吉，1998；馬奎爾，2000）。雖然如此，在警察部門的人員結構中，制服巡邏警察依然佔大部分（特寧 [Tarling]，1988 ：第 5 章；貝利，1994；摩根和紐伯恩，1997；斯柯甘和弗里德爾，2004 ： 57 至 63；莫比和懷特，2008 ： 231 至 233、238 至 241），近年來，警察「大家庭」的出現，特別是根據《2002 年警察改

革法》創建的社區輔助警察（Police Community Support Officers）（到 2009 年 3 月社區輔助警察的人數為 16,500 人）（約翰斯頓，2007），使制服巡邏警察的隊伍更為龐大（《英格蘭與威爾士警力狀況》，13/09，英國內政部，2009：1）。正如前文已經探討的那樣，20 世紀 90 年代，無論是保守黨政府還是工黨政府，都力圖將警察的任務使命定義為控制犯罪。儘管如此，身穿制服的警察進行巡邏依然是警務工作的基石，並且警務工作將繼續專注於維護秩序，而不是犯罪偵查。近年來「鄰里警務」（neighbourhood policing）項目和「安心計劃」（reassurance agenda）的重要性得到人們的認可，表明這一點已經得到了有關方面的承認，不過人們在對此進行探討之時，仍然幾乎是全體一致地從治理犯罪和反社會行為的威脅的角度出發的。「現今的鄰里警務在與犯罪作鬥爭的過程中，突出強調更為智慧的方法，並在警方與公眾之間構建一種以積極合作為基礎而不是簡單贊同為基礎的新型關係」（《鄰里警務：你們的警察、你們的社區、我們的承諾》，內政部：2005：5）。

不久前一項頗有影響力的研究提出，在當代這個「風險社會」裏，警察的任務已經從主要是維持秩序或者控制犯罪轉移到了其他領域（埃里克森和哈格蒂，1997），這正在成為一個越來越有影響力的研究視角（約翰斯頓，2000；懷特，2002：第 5 章；羅伊，2008：第 9 章）。警察已經成了知識工作者，其主要職能是向公眾以及關注人員與地域監管與治理的公共及私人組織傳遞風險信息的中間人。埃里克森和哈格蒂曾對警察工作中，對其他機構所面臨風險的知識的積累、分析和傳遞，以及信息技術在這方面的影響等，進行了內容詳實豐富的論述。他們的分析是建立在廣泛的觀察和訪談的基礎上的，並確立了與風險相關的信息處理過程在當代警務中的重要意義。不過，風險

信息處理在多大程度上取代了秩序維護或者犯罪控制仍有爭議。他們的數據來自警察「知識工作角色」的理論抽樣（埃里克森和哈格蒂，1997：128）。這種專注於他們視為警務原型的工作的做法在理論上是合理的，因為此舉使他們得以對警察的知識工作進行分析。但是，這也確實意味着，他們取得的樣本材料本身，不能通過實證來確定在多大程度上傳遞信息是警察工作的普遍特點。而且，不管怎樣，警方作為知識中介（knowledge-broker）的職能源自他們傳統的巡邏和監控行為，以及他們身為國家合法武力壟斷者的專業承載者所具有的權力。正是這一身份賦予了警察獲得風險信息的獨一無二的獨享特權。維持秩序依然是警察的核心職責，而且警察能夠有效地運用權力也主要是依據這一職責。

　　無論是比特納（Bittner）關於警務工作就是通過運用合法武力來應對秩序維護面臨的緊急狀況這一概念，還是埃里克森和哈格蒂關於警務工作的內容是傳遞風險信息的分析，兩者均一致認為，民眾和政界關於警察就是打擊犯罪的鬥士的理念，無論是與警察的實際所作所為（實然），或者與在實踐中民眾要求警方做的事情（應然）均不相符。但是，最初作為新型警察存在的主要理由卻是預防犯罪，並且媒體在宣傳介紹警務工作時，也主要將其描述為預防犯罪，而對於多數人而言，媒體是他們獲取關於警察的信息的主要來源（菲茨傑拉德等人，2002；J. 艾倫等人，2006：表 2.21）。但是，在實踐中，巡警制度建立之後，公眾通過打電話以及通過其他聯絡方式向巡警提出的要求，與就公眾對警方的期望進行的民意調查所得出的對警方的抽象要求截然不同，公眾的報警電話大多與犯罪無關。這種自相矛盾的弔詭之處在於，在實踐中，警方應民眾請求做得最多的事情 —— 幫助那些因為種種突發狀況而遇到困難的人 —— 卻被人苛責為「消防隊式」警務，此

外，到目前為止的警察改革的宗旨卻主要是提振警方在減少犯罪與偵破犯罪方面的表現。將控制犯罪視為警察的首要任務，勢必會影響到維持治安這一範圍大得多的職責。這樣做不僅給警察自身也給其他方面帶來了風險，因為就通過警務來大幅減少犯罪而言，其可能性具有內在固有的局限性。將控制犯罪視為警察使命的全部內容，其實是在要求他們去追尋一種堂吉訶德式的不切實際且不可能實現的夢想。

二、警察的工作成效如何

在 19 世紀，警察是使城市變得不那麼暴力頻繁、犯罪猖獗和混亂不堪的進程的一個部分。與社會和解的總體過程在其中所起的作用相比，警察對此的準確貢獻究竟有多大很難確定，不過很可能意義相當重大。創建一支定期巡邏的警察力量所產生的衝擊效應，至少在一段時期內，增加了違法犯罪分子面臨的風險。19 世紀的警察為秩序維護和犯罪控制設定了一個基準線，時至今日，他們的當代同行仍然在繼續維繫着這些基準線（儘管成功程度高低有所不同）。

自從第二次世界大戰以來，在多數工業國家記錄的犯罪案件都出現了犯罪率急劇上升的現象（儘管過去 15 年間有所緩解，但是在發生「信貸危機」之後，犯罪率飆升的勢頭可能會捲土重來），公眾對犯罪的恐懼以及對法律和秩序的焦慮，已然成為一個公共問題（I. 泰勒，1997；霍爾韋和謝斐遜，1997；賴納，2007a；斯滕森和蘇利文，2001；加蘭，2001；傑克遜，2004；唐斯和摩根，2007；黑爾和菲茨傑拉德，2009；法雷爾等人，2009）。到目前為止，有關刑事司法政策的討論，通常反映的是關於法律與秩序的神話，即只要給予警察部門足夠的資源和權力，他們就能解決犯罪率不斷上升這一問題。對法

律與秩序這一遊說主張的唯一反對之聲，是基於公民自由主義原則提出，認為警察效率不能以付出侵蝕公民權利的基礎這一高昂的代價為前提。但是，在 20 世紀 70 年代和 80 年代的美國和英國所做的多項研究，開始對只要求增加警察的權力和資源就可以控制犯罪這種假設提出了質疑（R. 克拉克和霍夫，1980、1984；P. 莫里斯和希爾，1981；希爾等人，1985；貝利，1994；摩根和紐伯恩，1997）。上述研究對增加警察部門的財政支出的效益所持的謹慎態度，與英國和北美佔主導地位的保守派政府在財政方面極度節儉的吝嗇相遇，撞擊出了一種和聲共鳴；但是卻與這些政府在傳統上對法律和秩序的守護者所持有的情有獨鍾的態度並不協調（賴納和克羅斯［Cross］，1991：第 1 章）。這一謹慎態度也與刑事司法「一事無成」這種更為普遍的風氣頗有共鳴之處（S. 科恩，1997a；加蘭，2001：61 至 63）。

(一) 關於傳統警務的研究

1. 關於巡邏的研究

自從 1954 年以來，美國和英國進行了多項研究，旨在對徒步巡邏與乘車巡邏在犯罪控制工作方面的有效性進行評估。[130] 美國最初進行的研究表明，如果大幅加大巡邏力度，犯罪率確實會有所下降。但是，這些早期研究由於研究方法方面的瑕疵以及警方操縱統計數據的緣故而存在缺陷（P. 莫里斯和希爾，1981：21 至 22）。英國內政部在 20 世紀 60 年代進行的若干小規模研究表明，如果派遣一名警察到此前沒有納入巡邏範圍的區域巡邏，有記錄的犯罪數量會有所減少，但是增加巡邏區的警察數量後，犯罪率卻沒有進一步出現顯著下降的現象（P. 莫里斯和希爾，1981）。

在關於機動化車輛巡邏的研究中，最為細緻的當屬著名的美國堪

薩斯市的預防性巡邏試驗了（坎寧［Kelling］等人，1974）。該實驗共涉及三個警管巡邏區的五個不同巡邏段的巡邏組，從人口統計學的角度對各個巡邏區域的人口、犯罪率以及公眾對警察服務的需求模式狀況等方面進行對照實驗，實驗中對各組巡邏區域的巡警人數進行了系統性的、有條不紊的變動，並對變動的結果進行了評估。在每一個警管巡邏區中，隨機選取一個巡邏責任組進行「正常」水平的巡邏，並作為巡邏警管區的「控制組」。再選擇警管區中的另外一個巡邏責任區域並明確設計為實行「積極的」巡邏方式，巡邏頻率為「控制組」巡邏區域的兩倍或者三倍。第三組巡邏區域則實行「反應式」巡邏，只有接到具體的服務請求電話時，警察才開車進入這些巡邏區域。該研究發現，這些巡邏區域之間在報告犯罪、受害率、公民的恐懼感程度以及對警察的滿意度方面，均不存在明顯差別。預防性巡邏的分級對於達成政策設定的目標似乎沒有任何作用。不過，拉森（Larson，1976）和其他一些人（斯柯甘和弗里德爾，2004：226）對這項試驗的方法提出了批評。他們聲稱，警務實踐並不會遵循該試驗的設計，並且試驗區域和控制組區域在可見的警察存在感方面幾乎是一樣的。不過後來人們還是普遍承認，該研究（起初曾經受到美國警察局長們的普遍敵視）確立了一點：僅僅增加車輛巡邏頻率（至少在可行的範圍內）是不會對犯罪水平產生多大影響的。

這一點也不令人感到驚奇：

犯罪是很少見的事情，並且是在暗地裏悄悄發生的，而且往往發生在巡邏警察鞭長莫及之地。因此，在巡邏中當場抓獲正在作案的犯罪分子的概率不高……在倫敦，一名巡邏警察大約平均八年就有可能從距離竊賊入室盜竊的現場100碼左右的地方經過，

但是卻未必能夠抓獲這個竊賊，甚至於根本就意識不到有人正在實施犯罪。（克拉克和霍夫，1984：6至7）。

　　如果預防性乘車巡邏並不具備多少「稻草人」的功能，並且抓獲現行犯罪分子的概率也不那麼大，那麼提高對緊急報警的回應速度是否會提高抓獲犯罪分子的概率呢？要知道，過去的 20 年在警務技術方面的很多進步 —— 警車、無線電、指揮與控制電腦 —— 都是以提高警察快速反應為導向的。但是，研究結果再次表明，很少有犯罪分子被抓獲是因為警察提高了反應速度。個中緣由主要在於絕大多數違法行為（70% 至 85%）是在事後過了一段時間才被發現的，而且多數受害人在遭受犯罪侵害時並未立即報警（R. 克拉克和霍夫，1984：8至9）。不過，有證據表明，如果警方能夠對正在進行中且被人發現並報警的犯罪案件（此類案件只佔少數）作出快速反應，那就確實會取得一定的效果（喬丹，1998：69；斯柯甘和弗里德爾，2004：226至227）。

　　最近幾年，經常有人提出，警察駕車巡邏對控制犯罪甚至可能產生反作用。駕車巡邏切斷了警方與公眾之間的非對抗性接觸，從而削弱了警民之間的合作和信息流動。此外，警車還有可能強化警察文化中的行動快樂主義成分，從而導致警察對警情事件作出徒勞無果的過度反應（霍爾德韋，1977，1983）。

　　車巡作用有限（並且顯然成本高昂），促使英國和美國重新恢復對警察徒步巡邏的熱情。關於徒步巡邏的早期研究表明，徒步巡邏並不比車巡更加有效（克拉克和霍夫，1984：6）。不過警察基金會 1981 年對步巡所做的一項研究（該研究以在 28 個城市中進行的調查以及在新澤西州的紐瓦克市所做的一項實驗為基礎），則得出了還算差強人意的結果。紐瓦克市的實驗選取了若干個相匹配的巡邏警管區域作為對

照實驗組，在此基礎上，隨機選取了若干巡邏區域，在其中部分區域中不再進行徒步巡邏，另外一部分區域中繼續進行徒步巡邏，還有一些區域則首次實施徒步巡邏。結果顯示犯罪水平（根據受害調查［victimization surveys］和有記錄的犯罪率進行測定）並沒有因為巡邏方法的不同而受到影響。但是在其他方面，徒步巡邏產生了積極的效果。對犯罪的恐懼感出現了下降，民眾對社區鄰里安全的信心有所增加，公民對警察服務的評價更為積極肯定。此外，巡警對他們自己的工作滿意度也有所提高，對民眾的態度更為和藹，更願意接受社區導向的警務理念，缺勤率也有所下降。不過，該研究未能說明，前述這些態度究竟是分派這些警員從事步行巡邏的原因，抑或是他們從事步行巡邏所產生的結果。總而言之，該步行巡邏試驗一方面確認警務工作對犯罪率本身的影響微乎其微，但是同時也暗示，步行巡邏對公眾的安全和秩序意識具有積極正面的有益影響。

在這項研究的啟發之下催生出了一個影響力較大的「破窗理論」的假說，即警務工作可以透過及時採取措施遏制街區形勢的螺旋式惡化，通過日積月累，防微杜漸地遏制輕微的滋擾行為，從而防止其演變蔓延成為範圍更大、更為頑固和更為嚴重的犯罪問題，進而取得治理犯罪的實效（J. 威爾遜和坎寧，1982；斯柯甘，1990；坎寧和科爾斯，1998）。這一理念是 20 世紀 90 年代人們所稱的「零容忍警務」的理論靈感的源泉（鮑林，1999b；丹尼斯，1998；R. 伯克，1998，2004；韋瑟里特，1998；英尼斯，1999a；斯滕森，2001；迪克遜和馬厄［Maher］，2005；瓊斯和紐伯恩，2006b：第 6 章；龐奇，2007）。這一理念也為新工黨根據《1998 年犯罪與擾亂社會秩序行為法》大力強調的治理反社會行為以及推崇尊重他人的議程計劃提供了活力（拉姆齊，2004、2008；霍夫等人，2005；克勞福德，2007：886 至

887；斯夸爾斯，2008；米莉，2008；伯尼，2009）。不過，儘管「破窗理論」對決策者產生了深遠的影響，並且頗受那些急於尋找快速解決問題的速效對策的媒體歡迎，「破窗理論」的實證依據和理論基礎受到了言之有理的有力挑戰（桑普森［Sampson］和勞登布什［Raudenbush］，1999；哈考特［Harcourt］，2001；泰勒，2001；克勞福德，2007a：886 至 887；馮・赫希和西米施特［Simester］，2006；博頓斯，2007：553 至 557；桑普森，2009）。

　　這種理論假定，輕微的擾亂社會秩序行為或者不文明行為，與更高水平的、更為嚴重的犯罪行為之間存在因果關係。但即便該假設成立，至少也需要加以不少的限制條件。存在「破窗」問題的區域與犯罪之間的生態聯繫，是那些受剝奪和被排斥的社區結構和文化特徵的產物，例如，貧窮以及缺乏「集體效能感」（collective efficacy）[131]、信任和凝聚力，這些問題不僅會導致犯罪猖獗，也會導致嚴重的治安混亂（桑普森和勞登布什，1999）。將諸如被人們吹噓得神乎其神的「破窗」現象等自然物理事件，解讀為更大的危險和麻煩的跡象，其實是一個比表面上看來更為複雜和視條件而定的權變過程。這一權變過程，不僅因為微妙的社會心理過程的不同發生變化，而且還在於人口統計學的各種因素（種族、性別、年齡、階級）、相關區域特性的歷史文化積澱、個人和集體對於失業或者文化變遷等範圍更廣的不安全因素的體驗與看法等的變化和不同（格爾林［Girling］等人，2000；桑普森，2009）。奈傑爾・菲爾丁（Nigel Fielding）和馬丁・英尼斯（Martin Innes）提出的「徵兆性犯罪」（signal crimes）理論的發展，該理論視角分析了具體類別的輕微滋事行為、擾亂社會秩序行為或者犯罪行為，並將其視為更為深層次的危險威脅的徵兆。該理論觀點已經引起了政府的重視和認同，並在安心計劃（reassurance agenda）和鄰里警務

與社區警務計劃中得到貫徹落實（英尼斯和菲爾丁，2002；英尼斯，2003b、2006；克勞福德，2007）。這些計劃究竟能否成功地減少犯罪與擾亂社會秩序行為，並產生更大的公共安全感，還有待觀察。不過，儘管這些舉措本身具有種種優勢，由於 2007 年後的經濟崩潰加劇了犯罪和社會秩序混亂的結構性來源，這些舉措勢必會面臨更加不利的情況。

　　鑒於審計署在多年以前就清楚地指明的原因，透過日常警察巡邏的策略來制止犯罪，其成功的可能性仍然是有限的（審計署，1996；摩根和紐伯恩，1997：126）。根據審計署的統計分析，按照現有警力，一名巡警通常情況下負責的巡邏區域包括：18000 名居民、7500 棟房子、23 間酒吧、9 所學校、140 英里人行道、85 英畝公園或開放空間以及 77 英里的街道。這裏有一個明確的教訓：犯罪的潛在目標，特別是在城市裏是非常之大的，在可行的巡警可見度和巡邏頻度的範圍內，警察根本無法對這些領域進行全覆蓋的有效巡邏。既然警察資源有限，那麼就應當通過情報或者犯罪模式分析，提高警務行為的影響力，採取積極主動的警務風格，將有限的警察資源集中用於最可能遭到犯罪侵害或者侵犯的目標（馬奎爾，2000、2008；蒂利，2008；拉特克利夫［Ratcliffe］，2008），不過在可行的資源配置的水平下，即便是最為有效的警務工作也無法創造奇跡，除非像 19 世紀末期和 20 世紀初期那樣，更為寬闊的經濟、社會和文化的流動按照其最有利於社會融合的趨勢流動，才有利於實現這些奇跡。

　　一直以來，民眾普遍相信警察巡邏是安全的保障，這一點無疑是受到了警務存在的兩種極端水平所帶來的後果的鼓勵。人們往往將警察罷工與嚴重犯罪和破壞社會秩序聯繫起來（斯柯甘和弗里德爾，2004：224），認為如果完全沒有警察，那麼到處都會充滿危險。不

過，值得指出的是，這一經驗並非放之四海而皆準的。有些警察罷工，即便是在大城市，尤其是 1918 年的倫敦警察罷工 —— 並未導致犯罪行為出現任何可以覺察到的增加（賴納，1978：5 至 6）。警方在社會存在感方面的退出和犯罪之間的關係並非必然的，而是由其他社會文化因素所形成的。

很多人有一種直覺，如果每家門口都有一名警察，那麼犯罪就會隨之消失（無論這種無孔不入、無所不在的警務是有多麼不受人歡迎並且在事實上不可能做到），這一直覺得到了不久前進行的多項計量經濟學研究的支持。這些研究表明，在發生恐怖襲擊或者出現恐怖主義警報之後實施的飽和警務期間，常規犯罪數量會有所減少（迪特拉 [Di Tella] 和薩哈爾格羅德斯基 [Schargrodsky]，2004；克利克 [Klick] 和塔巴羅克 [Tabarrok]，2005；德拉卡 [Draca] 等人，2008）。儘管近來實施的反恐怖主義警務工作成績斐然，這種在短期內極度增加警察的做法，從以往的經驗和現有的資料來看，其未來的發展是存在問題的，他們分析了更為溫和的變化的結果，認為從長遠來看，要在經濟上和政治上切實可行，警務工作對社會面的覆蓋也應當是適度的。犯罪率存在彈性計算，並與警察人數的變化有關 —— 從人數為零直到警察人數飽和，包括警力單薄這一常態 —— 都存在計算彈性，且每個級別的彈性度恆定不變，這種理念是經不住推敲的。

在可行的前提下變更巡邏的數量或許並不會影響犯罪水平，但是長期以來一直有人主張，採用存在質的差別和創新性的警務風格或者戰略進行巡邏，或許有可能影響犯罪水平（威爾遜，1975：第 5 章；謝爾曼，1992a、1993；謝爾曼等人，1997、2002；韋斯博德 [Weisburd] 和埃克，2004）。有關這一點，我會在對關於傳統的偵查工作的有效性進行分析之後，對相關的證據進行探討。

（二）有關偵查工作的研究

刑事偵查工作乏善可陳，從某種意義上來說，這一點可以清晰地從警察部門的破案率上看出來，在所有的報案數中最終破獲的案件的比例不高（而且還在降低）。在「二戰」之前，警方記錄在案的違法犯罪案件的破案率通常在 50% 以上，但是現在卻已經降低到了 28%（A. 沃克爾等人，2009 ： 133 至 134）。不同類型的犯罪案件的破案率存在很大的差異。殺人案件的破案率依然很高（92%），但是與過去相比，暴力侵害人身案件的破案率（47%）和性犯罪案件的偵破率（31%）均有所下降，其中的主要原因是英國內政部改變了犯罪統計規則，將嚴重程度較低的案件也計算在內，而在計算偵破率之時卻只看定罪懲罰的制裁性偵破率（sanction detection），而不看偵查終結「結案」（cleared-up）這一相對寬鬆的範疇。相較之下，在所有記錄在案的犯罪案件總數中，佔絕大多數的財產犯罪案件的破案率則要低得多。在偵破案件後能夠定罪判刑的偵破率中，搶劫案為 21%，入室盜竊案為 13%，盜竊汽車或者盜竊車內財物案件為 11%，而刑事毀壞案件則為 14%（A. 沃克爾，2009 ： 136）。

作為衡量破案成效的標準之一，結案率已經成為一個臭名遠揚的問題，儘管採取了不少措施來改變這一局面 —— 其結果卻是導致相關的統計數據看上去更加糟糕（審計署，1990b；吉爾，1997；馬奎爾，2007）。結案率中的分母 —— 警方知道的犯罪案件 —— 會根據犯罪行為的變化而變化，犯罪行為可能會因為公眾報告以及／或者警方記錄的被害人的比例高低而發生變化。英國犯罪調查（The British Crime Surveys）表明，受害人報案以及警方案件登錄做法方面的起伏波動，確實是導致過去幾十年間有記錄的犯罪率上升，以及 20 世紀 90 年代

中期有記錄的犯罪率出現下降的主要因素（霍夫和梅休［Mayhew］，1983；賴納，2007a：第 3 章；A. 沃克爾等人，2009： 24 至 42）。在很大程度上，結案率的下降反映的是犯罪登記率的上升而不是破案工作效率的下降。從 20 世紀 70 年代迄今，警察部門的警力有所增加，從大約 107,000 人增加到了 2009 年 3 月 31 日的 141,859 人（賴納，2007： 134 至 135；布洛克，2008），不過刑事案件結案的絕對數量實際上增加的幅度更高，因此，警察人均結案率其實也是有所提高的。這或許表明，儘管有記錄且已經結案的案件比例有所下降，但破案工作的效率反而有所上升。英國的一項研究，曾經試圖想對可能增加的警力與結案率可能因此出現的上升，這兩者間的關係進行定量分析。在對英格蘭和威爾士的多個警察部門的結案率進行比較之後，該研究得出結論：將總體警力（指完全受刑事調查局［CID］指揮的警力）增加 10%，能使結案率提高不到 1%（伯羅斯和塔林，1982；塔林［Burrows］和伯羅斯［Tarling］，1985）。

但是，將結案率視為警方工作效率或者工作成效的指標，從根本上看是存在重大問題的。多項有關警探工作的研究表明，很多登記為已經結案的犯罪案件中，很可能絕大多數案件並不是通過偵查工作偵破的。只有重大案件的調查（其數量相對較少）才符合「經典的」偵查模式：從犯罪行為本身開始，對那些具有犯罪動機和機會的嫌疑人員進行系統的調查，從而抓獲犯罪人（馬奎爾和諾里斯，1992；埃里克松，1993；英尼斯，2003a，2007；馬奎爾，2008）。

對警察偵查活動的批判性分析表明，很多偵查活動在傳統上會遵循兩種模式中的一種。 這兩種模式均涉及一個「越軌行為放大」（deviance amplification）的過程，造成了將弱勢羣體污名化和罪犯化這種具有歧視性和不公平的社會後果（馬特札［Matza］，1969；J. 楊格，

1971)。這兩種方式中，第一個是馬特札所稱的「官僚制」模式，該模式與電影《卡薩布蘭卡》結尾處警察局長克勞德·雷恩斯（Claude Rains）的那句著名台詞有異曲同工之妙：「查一查，看看有甚麼特別可疑的目標。」在這種模式中，成功破案靠的是對屢教不改的慣犯或者「黑道人物」的了解（霍布斯，1988，1995）。破獲犯罪案件的方法主要是從犯罪團夥成員中挑選某個實施特定犯罪類型的「前科」的人員，或者從中培植情報人員即線人。第二種方法則是利用刻板看法和懷疑推理。某些人員尤其容易成為懷疑和被抓捕的對象，因為他們符合調查人員對某種特定犯罪人的先入為主的刻板看法。在對各種犯罪行為人的偵查工作中，偵破涉及傷風敗俗的色情犯罪案件的工作，特別容易依靠官僚主義做派和懷疑這兩種方法，因為發現和結辦涉及傷風敗俗的違法行為，完全依賴於積極主動的警務風格主動出擊稽查犯罪，因為在辦理此類犯罪案件中，沒有配合警察工作的「受害者」。同樣地，偵破相對輕微且界限模糊的「破壞公共秩序」的違法行為，這類行為在警察巡邏過程中的拘捕行動裏佔有很高的比例，這也高度依賴合理的「懷疑」。不過，絕大多數犯罪案件卻並不是依靠這兩種偵查模式結案的。

針對警探結辦犯罪案件的過程所做的研究有一項重要發現，那就是情報信息是偵查辦案工作的生命線（吉爾，2000；約翰和馬奎爾，2003，2007；馬奎爾，2008）。當巡警或者警探到達犯罪現場之時，公眾（通常是受害人）及時向他們提供的信息的質素和數量，是能否成功破案的主要決定因素之一。如果提供的信息充分且足以準確查明犯罪人的身份，那麼案件就能得到解決；反之，案件就幾乎肯定無法偵破（查特頓，1976；桑德斯，1977；格林伍德等人，1977；博頓利 [Bottomley] 和科爾曼，1981；伯羅斯和塔林，1982；馬奎爾和諾里

斯，1992；英尼斯，2003a、2007；福斯特，2008）。初始信息的重要意義不僅突顯了公眾在偵破犯罪案件中的核心作用，也突出了制服警察部門在整個警察隊伍中所起的重要作用。有將近三分之二的犯罪案件幾乎是當場破獲的，原因是當警察趕到犯罪現場的時候，犯罪分子還停留在犯罪現場或者附近，或者受害人或者證人能夠提供犯罪人的姓名或者能夠對犯罪分子的形象進行完整準確的詳細描述（斯蒂爾[Steer]，1980）。不過，在此類案件中，警探的任務可能並非直截了當地抓捕罪犯完事，因為他們還要負責為出庭做好相關的準備工作（馬奎爾，2008：440至441）。

在嚴重犯罪案件中，特別是殺人案件中，即便從一開始就有跡象表明某人是嫌疑人，仍然要成立一個重案調查組來負責調查該案件，並直接在高級調查警官的領導下開展工作（史密斯和弗拉納根[Flanagan]，2000）。在「自行偵破」（self-solvers）的案件中，調查組的規模不大，而且存在時間不長。但是，在被警探稱之為「無頭案」（whodunit）即不知道嫌犯是誰的嚴重犯罪案件中，重案調查組的規模要大一些，並且取決於案件性質──該案件吸引了公眾多大的注意力，該案件是否是系列案件中的一環，因而公眾可能仍然面臨着危險，以及該案件的難以控制的棘手程度如何──該調查組可能要存續幾個月，在少數案件中，甚至可能要存續數年之久（英尼斯，2003a、2007）。

警探的日常工作主要在本地的刑事偵查部（CID）辦公室處理，他們每天都會收到犯罪報告記錄。在這些報案記錄之中，絕大多數都不會提供甚麼重要的線索，最後都會悄無聲息地無疾而終、湮沒無聞。在20世紀80年代，隨着犯罪水平的上升，以及警方強化自身工作效率高、工作成效好且資金效率優的形象的壓力越來越大，根據破案可能性的前景對案件進行更為正式的分級的必要性變得急切起來。但

是，根據明確標準形式對案件進行分類的最初嘗試一公佈，篩選的結果立即招致了人們的責難。不過，隨着新公共管理（New Public Management，簡稱 NPM）、目標說明（target specification）以及監控工作在 20 世紀 90 年代的力度加大，更為正式的（案件分類）體系還是得到了實施，並最終促使一項名為「卷宗犯罪管理模式」（Volume Crime Management Model，簡稱 VCMM）的程式化操作系統在 21 世紀成為案件分類的標準。該模式的基礎是「一個犯罪管理部門，負責監管多個專業部門所履行的重要職能⋯⋯處理報案、現場初期勘察（initial scene attendance）、犯罪篩查、法庭科學、嫌疑人處理以及證據審核」（馬奎爾，2008 ： 452 至 453），某些類型的犯罪得到了高度重視，警方為此成立了專門的警察分隊負責辦理。這些專業化警察分隊負責辦理涉及色情、毒品類犯罪以及特定類型的違法行為，幾十年來，這樣的警察專業化部門在地方警察局中早已成為一種常態（李和索思，2008 ： 501 至 504）。1964 年，鑒於有組織犯罪在不同警察局管轄區之間的流動性越來越強，英國成立了九支地區性重案組（crime squad）；自那以後，強化警察部門內設的專業化警隊之間的協調就成了一種趨勢。20 世紀 70 年代，蘇格蘭場成立了中央毒品與移民管理處（Central Drugs and Immigration Unit）等全國性機構，標誌着這一趨勢發展到了頂峰。這些機構後來在 20 世紀 90 年代分別被國家刑事犯罪情報中心（National Criminal Intelligence Unit）（1992 年）和全國犯罪調查特勤組（the National Crime Squad）（1998 年）所取代。2005 年，這兩個機構並入嚴重有組織犯罪調查局（Serious and Organised Crime Agency）。嚴重有組織犯罪局是「一個新型的警務與情報綜合機構」（李和索思，2008 ： 503），這表明「警務工作發生了範式轉變」（哈菲爾德 [Harfield]，2006），以減少損害而不以執行法律為宗旨（利瓦伊，2007 ： 772）。

嚴重有組織犯罪調查局，既在國家層面承擔着打擊高級別犯罪的責任，同時又以國際刑警組織與歐洲刑警組織英國辦公室的身份，承擔着打擊高層次犯罪的全球性職責，構成了英國在不斷壯大的國際警務合作網絡之中所佔的主要節點（薛普特基，2002，2007；戈德史密斯和薛普特基，2007；沃克爾，2008；鮑林，2009）。

此前進行的研究突顯了一點：有人認為，相當一部分刑事案件是通過「間接」（secondary）的手段方法結辦的，即對犯罪嫌疑人和違法分子進行訊問，藉此誘使他們供述其已經實施的不被單獨另行追究刑事責任的其他罪行。在《1984 年警察和刑事證據法》（PACE）出台之前，一些研究表明有近 40% 的財產犯罪，是在犯罪分子因為其他違法犯罪行為被判決有罪之後，作為「酌情考慮」（take into consideration，簡稱 TIC）因素結辦的（蘭伯特，1970）。斯蒂爾（Steer，1980）、博頓利和科爾曼（1981）的兩項研究則發現，以作為「酌情考慮」因素結辦的犯罪案件的比例要低於前述數據（這兩項研究得出的數字分別為 20% 和 25%），而從英國全國來看，作為「酌情考慮」因素結案的違法行為大約為 26%（伯羅斯和塔林，1982）。《1984 年警察和刑事證據法》出台後，通過訊問嫌疑人促使他們承認多項違法行為並將其作為「酌情考慮因素」，使用這種在法律上並不可靠的手段就變得沒那麼容易了（歐文和麥肯齊，1989）。這促使人們制訂出新的偵查訊問方法，並力求符合法律與道德標準（威廉森，2006；古德強森 [Gudjonnson]，2007）。根據英國犯罪調查（BCS）的結果，如今只有大約 8% 的違法犯罪行為是以作為「酌情考慮因素」的方式結案的（A. 沃克爾等人，2009：134）。

通過「酌情考慮因素」和「監獄內勾銷」（prison write-offs）（指警探對已被定罪的犯人進行訊問，促使其承認實施有其他犯罪行為）對

結案進行操縱的醜聞，時有發生，屢屢見諸報端。一個著名的實例是發生在 20 世紀 80 年代末的肯特郡（《觀察家報》1989 年 10 月 8 日）。這種通過對統計數據做手腳來提高結案率的不端做法，在其他警察部門中泛濫已久（P. 吉爾，1987；M. 楊格，1991；H. 泰勒，1998a、1998b，1999）。20 世紀 90 年代末期幾個警察部門暴露的問題表明，政府對警方要達到績效目標更多的強調，可能已經導致統計數據弄虛作假現象死灰復燃（戴維斯，1999b）。在記錄犯罪方面兢兢業業、實事求是的警察部門與那些不那麼腳踏實地的鄰近部門相比，看上去工作效率似乎更低（法林頓［Farrington］和道茲［Dowds］，1985）。不久之前，英國內政部改變了過去的做法，在發佈結案率時，主要以「懲罰性偵破」作為依據，也就是說以偵查結束後犯罪人將會受到某種正式的刑事制裁或刑罰懲罰作為依據，不過此類結案仍然包括因「酌情考慮因素」在內的結案數（A. 沃克爾等人，2009：132）。

因此，只有一小部分犯罪是通過頗受偵探小說青睞的「經典式」推理或「官僚式」方法結案的。多數破獲的案件其實是自行了結的。但這並不意味着警探都是些無能之輩或者工作效率低下。「警探具備多種技能。包括從公眾那裏收集信息、找到嫌疑人的藏身之處、對犯罪嫌疑人進行訊問，並根據從公眾和嫌疑人那裏收集的信息來為案件的起訴工作做準備」（P. 莫里斯和希爾，1981：33）。當然，還存在一類數量相對較少但是卻意義重大的案件：在案發之初並不知道犯罪分子的身份（用警探的行話說就是只有驚險刺激的偵探小說中才有的「無頭懸案」）但是最後還是通過包括「經典式」和「官僚」方法，以及通過構建和探索各種闡釋犯罪行為的理論假說，成功地偵破案件的（英尼斯，2003a、2007）。

不過，警探們面臨着實現更多「直接」（primary）結案（而不是通過

在拘捕嫌犯後或者對嫌犯判決前的訊問實現結案）的壓力，導致他們越來越多地仰仗具有創新性，但是在道德、法律和實踐上存在問題的破案方法。這些方法包括諸如臥底工作、技術偵查以及令本身就是違法罪犯的人充當警方線人等積極主動的戰術（馬克斯，1988、1992；審計署，1993；格里爾，1995；馬奎爾和約翰，1996a、1996b；斐濟納特［Fijnaut］和馬克斯，1996；薛普特基，2000；諾里斯和阿姆斯特朗，1999；鄧寧漢和諾里斯，1999；諾里斯和鄧寧漢，2000；希頓［Heaton］，2000；馬奎爾，2000；比林斯利［Billingsley］等人，2000；克拉克，2007）。在提高管理效果以及改善偵查職能的協調方面，還是有潛能可挖（馬奎爾，2008），尤其是通過「案件篩選」（case-screening）來區別不同的案件類型，即根據案件的「可解決性」（solvability）（以及判定這些案件是應該分配給警察部門內部的刑事偵查機關還是制服巡邏警察負責案件調查）的方法進行區分；在改善對大案要案的偵查工作的領導方面，如何使其更具專業性（史密斯和弗拉納根，2000），以及對某些嚴重犯罪和犯罪人採取更為有效的、積極主動出擊的「目標鎖定」方面也都有潛力可挖（科普，2008）。不過，鑒於有記錄的犯罪案件大量湧現，以及對需要動用警方資源來提供服務的其他需求（審計署，1993；R. 摩根和紐伯恩，1997：57），以及自由民主國家在合法戰術方面的約束（溫伯格等人，1993），成功偵破案件的可能性總是受到限制的。

（三）創新型警務戰略

評估性研究表明，舊式警務戰術在減少犯罪方面收效甚微，從而催生了各種創新型警務戰略的出現。這些警務戰略可以分為三個流派：「嚴厲型警察」（hard cop）、「溫和型警察」（good cop）和「智能型警察」

(smart cop)。所有這三種流派都曾被人拿來解決人們認為傳統的巡邏警察與偵探工作所存在的一個重大缺陷。在實踐中,人們常常將這三種流派相互結合或者合為一體使用。

1. 嚴厲型警察

嚴厲型警務戰術的前提是這樣一種觀念:對公民自由、人權、「政治正確」(political correctness)過於敏感,束縛了警察對武力和各種強力戰術的運用,從而削弱了警察部門的工作成效(希欽斯[Hitchens],2003)。在 20 世紀 70 年代曾經推出「嚴厲型警務」的一種早期版本——「攻擊性」(aggressive)巡邏,其倡導者為美國人詹姆士·Q·威爾遜(James Q. Wilson)。對 23 個警察局所做的一項跨區域研究表明,實施攻擊性巡邏後,抓獲搶劫犯的概率有所上升,產生了一定的威懾效果,從而降低了搶劫案的發案率(J. 威爾遜和博蘭[Boland],1978)。該研究的結論受到了此後一項研究的批評。該研究發現,隨着時間的推移,搶劫案發案率不降反升,而且警方的費用成本也有所增加(雅各布[Jacob]和里奇[Rich],1980)。對此,威爾遜和博蘭作出了回應(1981),他們表示,自己提出的主張針對的是攻擊性巡邏作為警察部門風格的一個結構性特點對犯罪所產生的效果,不會被警方成本費用在短期內發生的相對較小幅度的波動所駁倒。不過,正如雅各布和里奇在對這種觀點的回應(1981)中所說的那樣,這一點限制了威爾遜和博蘭最初提出的觀點的意義。如此一來,「攻擊性」巡邏就不成其為一種可以輕易適用的拿來主義戰術,而是變成了警察局工作風格的結構性成分,只有在對城市行政管理進行更為徹底的改革以及在更大範圍內進行社會政治變革之時,這種成分才會發生改變(如果能夠改變的話)。此後,對若干針對「熱點區域」(hot spots)實施的攻擊性嚴厲整治行動得出的評述表明,這些行動取得了一定的成功,但是這種

成功主要是在將更為嚴厲的警務措施，與範圍廣泛的各種問題解決方法有機結合的結果（謝爾曼，1992a；喬丹，1998；斯柯甘和弗里德爾，2004 ： 236 至 240）。

　　採用攔截搜查的手段倒是能夠查獲不少的違法犯罪行為（其中相當部分是輕微違法行為）（P. 沃丁頓，1999a ： 50）。但是，由於成功達到搜查目的的「命中」率通常不高（不到十分之一），此舉會導致公眾中某些羣體（通常是男性青年，尤其是黑人青年）與警方產生疏遠隔閡，因而可謂代價高昂。「沼澤行動」（Operation Swamp），[132] 這是一場旨在打擊搶劫犯罪的飽和式警務行動；該行動在 1981 年布里斯頓騷亂爆發之前發動，被廣泛認為是該騷亂的誘因之一。該行動狼狽收場之後，英國警方總體上接受了斯卡曼勳爵的建議，而 1999 年關於斯蒂芬·勞倫斯案件的《麥克弗森報告》使得他的建議更加具有分量。通過攻擊性的警務戰術在執行法律方面所能取得的任何零星效果，與此舉對公共安寧造成的威脅相比，都是得不償失的。不過，20 世紀 90 年代法律與秩序政治的升溫所帶來的壓力削弱了這一認識，並且 21 世紀初對恐怖主義的擔憂又加劇了警方的壓力，從而導致截停搜查權和攻擊性警務戰術得到了擴張。

　　「嚴厲型警察」戰術，集中體現在 20 世紀 90 年代末和 21 世紀前十年受到世界各地政治家、警察局長以及許多媒體機構競相追捧的、據稱成效卓著的零容忍警務（zero-tolerance policing）之中，成為其縮影（瓊斯和紐伯恩，2006 ：第 6 章）。紐約市犯罪率的下降曾經名噪一時，很多人聲稱這正是因為採用了零容忍警務戰略的緣故（丹尼斯，1998）。但是，在仔細分析之後卻發現，這種說法並不成立，因為紐約市犯罪率出現下降的時間與零容忍警務的理論解釋並不相符（鮑林，1999b；卡曼 [Karmen]，2000）。美國其他一些城市並未採用零容忍

警務，但是犯罪率同樣出現了下降（20 世紀 90 年代，全世界的犯罪率都有所下降），儘管這些城市的下降幅度往往不及紐約市。這表明犯罪率下降是由範圍更廣的多種因素導致的（R. 伯克，1998，2004；韋瑟里特，1998；卡曼，2000；萊維特，2004；迪克遜和馬厄，2005；埃克和馬奎爾，2006；齊姆林 [Zimring]，2007；龐奇，2007）。「零容忍警務」，即針對輕微的、「影響生活質素」的違法行為的嚴格執法，本身就是紐約市警務工作範圍更大的改革的一部分，包括增加警力，當然在所有這些措施中最為重要的是通過計算機統計數據實施嚴格的績效管理，該項制度更多的是借鑒了其他創新性模式，而不是零容忍警務理論（溫伯格等人，2003；摩爾，2003）。除了用作鼓吹加大警察權力運用力度的說辭，零容忍警務模式實在算不上一種可以移植的模式：讓所有法律在任何時候都能得到徹底執行，這在邏輯上和經濟上都是不可能的。與所有攻擊性警務戰術一樣，零容忍警務模式存在粗暴執法、歧視對待以及執法對象與警方之間疏遠加劇等問題的弊端，因此，從長遠來看，反而會導致犯罪愈演愈烈。

2. 溫和型警察

「溫和型警察」戰略集中體現在社區警務中。正如前文所述，社區警務沒有明確而權威的定義，不過它倡導和平與善意的基調着實令人難以抗拒。社區警務構建在「當代警務工作的種種弊端是由公眾對警方的贊同與合作程度降低」這一分析之上。有鑒於此，社區警務模式旨在恢復警察的正當合法性與公眾支持，此舉的目的之一是通過鼓勵警民合作來強化犯罪治理，另一目的則是因為重構警察合法性與公眾支持本身就是很有意義的事情。在英國，社區導向戰略（community-oriented strategies）成為後斯卡曼時代的核心正統理念，而且在世界各地的推廣也越來越廣泛。正如一則言辭犀利的評論所尖刻地指出的那

樣：「西方世界的警察局，只有在『社區警務』神壇之前頂禮膜拜，才能保住自己的正當合法性」（赫伯特，2000：114）。

20 世紀 70 年代初期，曾在美國盛極一時的聯防警務項目（team policing schemes）是「社區警務」的先聲，不過其主張並不明確（斯柯甘和弗里德爾，2004：182 至 183）。但是，該計劃有個問題，那就是它從未得到真正的檢驗。起初，犯罪率與社區合作之間的關係密切，社區合作在預防犯罪方面的成效令人振奮；但是，其在組織方面存在問題，特別是中下級警員的抵觸情緒，導致該計劃未能得到持續和充分的貫徹。不幸的是，此後對類似社區導向警務方法所做的評估表明，這些方法重蹈了覆轍。20 世紀 80 年代以來，在多位積極進取勇於開拓的警察局長的引導下，社區警務項目得以在美國幾個城市實施，開展得如火如荼（斯科爾尼克 [Skolnick] 和貝利，1986、1988）。這些項目中有些固然取得了令人矚目的成功，但是社區警務在美國發展的結果仍然是不確定和多變的（貝利，1994、1998；斯柯甘和哈特尼特 [Hartnett]，1997；赫伯特，1997、2000；斯柯甘，2003、2006；斯柯甘和弗里德爾，2004：232 至 235）。

無獨有偶，在英國發起的社區警務戰略所取得的成效，其記錄也是參差不齊（蒂利，2008：375 至 379）。很多此類項目在警方內部得到了積極的評價，但是這些評價往往具有黨派偏見，由支持這些舉措的人士進行的評價，其結論毫無懸念地是皆大歡喜的結果，存在「注定結果」（foregone conclusions）的皆大歡喜的預測綜合症（韋瑟里特，1986：18 至 19）。而對社區警務所做的獨立評估，則似乎存在結論截然相反的傾向（波森 [Pawson] 和蒂利，1994；班尼特，1994）。有人曾針對多種社區警務方法進行研究，其結論均認為社區警務「沒有甚麼作用」。前述社區警務方法包括集中巡邏（focused patrol）（查特頓和

羅傑斯［Rogers］，1989），片區警務（sector policing）（B. 迪克遜和斯坦科［Stanko］，1995）以及鄰里守望（neighbourhood watch）（班尼特，1990；麥克康維爾和謝汝德，1992）。

在很多 —— 如果不是大多數的話 —— 實例中，問題的癥結在於「方案性失敗」（programme failure），即在按照原定方針執行這些計劃之時遇到了重重困難，至於社區警務戰略無論是從整體上看，還是從諸如鄰里守望等具體的警務策略戰術上看，是否有發揮作用，目前還遠遠無法蓋棺定論。警務創新對於寬泛的結果 —— 諸如有記錄的犯罪率或者受害率 —— 所產生的效果和作用很難衡量，因為除了警務創新舉措之外，這些結果還要受到多種因素的影響，而且能夠克服這一問題的真正的試驗性研究設計又很難安排。就連目前唯一經過苛刻評估後仍然得到積極評價的著名實例 —— 柯克霍爾特入室盜竊預防計劃（Kirkholt Burglary Prevention Project），[133] 該項目採用了「繭狀鄰里守望」（cocoon neighbourhood watch）的做法，即針對至少失竊過一次的房屋，要求其周邊所有房屋之間實行高強度的相互守望 —— 也受到了這一難題的不良影響（福里斯特等人，1988）。而柯克霍爾特工程之所以能夠取得成功，關鍵在於該項目中的「智能」成分。

3. 智能型警察

柯克霍爾特進行的實驗項目指向「智能」警務（smart policing）各種自我標榜所依靠的一個核心概念。傳統警務策略之所以失敗，在很大程度上是因為它們無論是在預防性還是偵查性活動中，總想兼顧所有的受害人、工作對象與打擊目標以及犯罪行為人，導致警方本來就有限的資源不敷分配，捉襟見肘。不過，如果採取積極主動的問題導向和情報主導的警務方法，倒是可以在減少犯罪和偵查犯罪方面取得進步（A. 利［Leigh］等人，1996；馬奎爾，2000、2008；威廉森，

2008；蒂利，2008；科普，2008；拉特克利夫［Ratcliffe］，2008）。「智能」警務工作希望通過分析犯罪與擾亂社會秩序行為的分佈模式，將預防與偵查犯罪的努力集中在那些最有可能成為受害人和最有可能實施違法犯罪活動的人員身上。這樣一來，就能夠向那些被害可能性最大的人員提供適當水平的安全保護，拘捕犯罪人並搜集充分的證據以達到定罪懲罰的目的。與此同時，儘管這種方法很可能比傳統方法更為有效，但是對於它們在大幅度減少犯罪的功效的可持續性方面，依然存在疑問（喬丹，1998）。此外，這些方法中還存在不少的不道德的實踐做法和侵犯公民自由的現象，例如，採用侵入性監控手段，濫用告密者（線人）以及其他秘密工作手段等（馬克斯，1988、1992；格里爾，1995；斐濟納特和馬克斯，1996；諾里斯和阿姆斯特朗，1999；諾里斯和鄧寧漢，2000；薛普特基，2000b、2000c；比林斯利等人，2000；古爾德，2004，2009）。雖然如此，政府對於治理犯罪的「靈丹妙藥」的追求，對這些方法途徑的擴散起到了推波助瀾的作用。

　　在評估警務創新方面的核心難點之一是缺乏可靠而有效的警務績效測量標準（賴納，1998）。從方法論上認為是最具自我意識的一份有關警務績效評估創新的研究，曾經得出結論，只有與警務工作的具體領域相結合，而不是從警務工作的全局出發，才能制定出切實可靠的測量標準進行有意義的績效評估，並且這些標準不可避免地都是具有政治性的（霍爾頓，1989）。儘管如此，自20世紀80年代以來，由於英國歷屆政府均對提高公共服務領域的資金使用效率孜孜以求，促使人們為警務工作的績效評估尋求更為適合的績效指標（審計署，1990a、1990b）。特別值得一提的是，英國皇家警務督察局（HM）對警察部門的年度考核制定了一個更為精細的、複雜的指標矩陣體系（布拉德利等人，1986；霍夫，1987；韋瑟里特，1993；巴特勒，

1992；R. 摩根和紐伯恩，1997；薩維奇等人，2000 ：第 1 章；薩維奇，2007 ：第 3 章、第 5 章）。不過，這些舉措不大可能克服警務績效測評中長期存在的頑疾問題。

總體而言，對犯罪控制的研究表明，警方還是或多或少地成功地維護了警察效用的牢固基石。無論是繼續採用已有的策略，還是進行創新，都不大可能大幅地持續提高警方偵查犯罪案件或者預防犯罪的能力。犯罪水平是多種因素和過程的產物：貼標籤，即犯罪行為的定義的轉換；社會、經濟、文化和心理的、精神的壓力，以及塑造犯罪動機的各種誘惑；違法犯罪的機會和手段的興衰與流變；正式和非正式控制手段的不同程度的約束作用（賴納，2007 ：第 4 章）。警務工作不過只是前述最後一類因素中的一個層面而已。我們可以認為，社會在特定時期內，在前述所有過程的作用之下，「正常」的犯罪會保持一個長期均勢水平狀態，儘管這一點顯然是無法進行預測的。警務工作不力，可能會導致更高的、病態水平的「過度」（surplus）犯罪，在這種情形下，警察改革或許能夠使犯罪水平重新回到正常的基準水平，從而使警務工作表面看來成績斐然（或許這為 20 世紀 90 年代紐約市取得的犯罪下降的「奇跡」提供了解釋）。尤其是智慧警務戰略或者強硬的嚴打整治警務戰略，或許能夠將犯罪水平壓制在長期正常水平之下。但是，如果警方不能保持這種高壓態勢，或者如果犯罪壓力加劇（例如經濟低迷不振），這種局面就很容易受到影響，因失敗而招致批評。不過，這並不是說警方沒有多少不可或缺的功能：應對包括犯罪在內的多種麻煩，作為社會關注公正和受害者苦難困境的象徵等。但是，將警察視為控制犯罪水平的最主要手段是一種不切實際的空想。

三、警察的公平公正性如何

　　警務工作中存在的不公正或者歧視現象，長期以來一直被人認為是對警察合法性最具殺傷力的威脅。自從早期關於警察的研究「發現」，警察在日常執法活動中，存在相當大的自由裁量權，圍繞警察自由裁量權的狀況與決定因素的研究，產生了一大批成果。這些研究的一個中心問題是，自由裁量權是否真的意味着歧視。警察在與犯罪嫌疑人、受害人或者同僚打交道的時候，是否對少數族裔和其他少數羣體、女性和社會中權勢相對低下的人員存在歧視？

（一）種族與警務

1. 甚麼是歧視

　　這個問題比多數相關爭論所隱含的還要複雜和難以解決。與許多針對警察的激進批評觀點相反，警察權力運用中存在的社會區分模式的證據 —— 來自工人階級下層的青年人和黑人承受的歧視最為嚴重 —— 儘管相關證據不容否認，但是這些證據本身卻不足以證明確實存在歧視（D.J. 史密斯，1997；P. 沃丁頓，1999a ： 49 至 50；韋伯斯特［Webster］，2007）。激進派觀點認為，警察在行使權力時對社會弱勢羣體和相對無權無勢的羣體區別對待，這是警察對這些羣體所持有的偏見的產物，也是對這些弱勢羣體的刻板印象以及對他們顯而易見的異常行為進行放大後的產物（D. 查普曼［Chapman］，1968；卡什莫爾［Cashmore］和麥克勞林，1991）。此外，那些更為保守的作者認為，這種說法有失公允，是對警察的詆毀。對權力的差別化行使，反映的不是警察對他人的歧視，而是不同社會羣體在異常行為與越軌活動方面的差異程度的不同（威爾班克斯［Wilbanks］，1987）。即便是有關

警察文化的研究揭示了警察對少數羣體抱有敵視態度，但這種態度或許是警察工作的產物，而非警察工作的決定因素（P. 沃丁頓，1999a：118 至 119）。這兩種觀點均有一定的道理，但是這道理卻淹沒在了粗暴生硬、非此即彼的論戰迷霧之中。警察對他人的歧視，與不同社會羣體所經受的各種犯罪誘因的壓力的差異性之間，存在一種複雜的相互作用（謝斐遜，1993；賴納，1989a，1993；菲茨傑拉德，2001，2009）。

鑒於關鍵概念的使用彼此抵觸、相互矛盾、混亂不堪，導致關於警察歧視問題的討論飽受干擾，因此在對上述證據進行評論之前，必須首先解決若干術語問題。在下文，我將採用以下定義：

（1）「偏見」（prejudice）：認為某一特定羣體的全體或者多數成員具有某些負面屬性的觀點，在與該羣體中的個體（他們可能具有前述屬性，也可能並不具有）打交道之時抱有的先入為主的觀念。例如，「這裏的人是羣牲口」（某警察的原話，轉引自賴納，1978：80），以及「所有的警察都是王八蛋」。

（2）「偏袒」（bias）：認為某些類別的人具有內在的優越性，因而理應得到優待，無論其自身品性和行為如何。

（3）「區別對待」（differentiation）：針對不同的社會羣體行使警察權力的模式也不盡相同，該模式與前述羣體在總人口中的代表情況存在差異（例如，黑人男青年遭到拘捕的比例與他們在人口中所佔比例不相匹配）。

（4）「歧視」（discrimination）：行使警察權力的模式，在該模式之下，即便在法律相關性的變量（特別是違法狀況）保持恆定的情況下，某些社會羣體在警方行動對象中所佔的比例依然偏高。

偏見和偏袒的態度可能會有，但不一定必然會導致出現區別對待

或者歧視。如果有法律、道德、組織或者情境約束因素加以阻止，這些態度特徵是不會轉化為行動的。區別對待也未必就表明存在歧視。區別對待可能是不同羣體之間具有法律相關性的差別（例如，在違法模式方面的差異）導致的。

2. 歧視的類別

即使在警察工作中確實存在歧視，也即在沒有任何合法理由的情況下，對不同的人區別對待，從這個意義上講，這也未必就是偏見、成見或者警察單方決策所造成的結果。這可能是情境性、互動性或者制度化過程的產物，在這些過程的作用下，縱然警察對不同羣體採取差別對待的政策，也並非是有意為之或者希望如此。反歧視法律在運作中採用了二元區分法：直接歧視與間接歧視。根據英國商務、創新與技能部（Department of Business, Innovation and Skills）的說法，「直接歧視意味着以性別、種族、殘疾、性取向、宗教／信仰或者年齡等因素為依據厚此而薄彼……直接歧視可以是明目張膽地也可能是遮遮掩掩地進行的」。間接歧視則被定義為：「適用某項對特定羣體（按照性別、種族、殘疾、性取向、宗教信仰或者年齡進行劃分）不利的規定、標準或者實踐做法。如果無法證明它屬於為達到正當合法目的而採取的恰當手段，那麼間接歧視就是非法的。」這一定義與下文所探討的制度化歧視的社會學上的定義非常接近。

各種法定範疇在本質上是規範性的。如果一個屬於某個特定羣體的人受到的待遇不及來自其他羣體的人員所受的待遇，那麼這就是歧視，無論這種區別待遇是出於「直接的」還是「間接的」動因。這種區別對待只有一種正當理由，即任何行為規範性標準都必須以相關選擇過程的合法要求為依據。因此，如果某位黑人因為某位警官真的相信他更有可能實施犯罪而被拘捕，這是警官的內心直覺感受，是不能作

為警官的辯護理由的,但是如果這名黑人確實實施了犯罪行為或者對他的犯罪懷疑具有客觀合理的依據,那麼就可以此作為辯護理由了。忽視或者駁回導致歧視的動機或者過程,或許在法律上或者道義上是可取的。但是,要弄清為甚麼會發生歧視,並藉此弄清採取甚麼樣的政策才有可能減少或者根除歧視,對產生歧視的社會和心理根源進行分析是非常重要的。

3. 歧視的過程

通過分析手法,至少可將歧視分為六種類型:絕對性、統計性、傳遞性、互動性以及制度化歧視(其中前兩種類型最初是由班頓在1983年提出來的)。

「絕對性歧視」(categorical discrimination),是指僅僅由於他們屬於某一社會類別就對某一羣體的成員給予不公待遇,無論這與任何特定的行為表現標準是否相關。這是最為直截了當、明確顯露和直接的歧視形式。

「統計性歧視」(statistical discrimination),是指某一羣體成員之所以受到區別對待,是因為他們中可能具有某種特徵的成員所佔的比例嚴重不相稱,從而導致一種定型化的刻板執念,但是卻並不考慮個體成員的具體行為表現。例如,警察攔下留長髮的年輕人或者黑人男青年的比例異常偏高,原因是警察認為這樣做「查獲疑犯」的可能性更大。這並不成其為在法律上有效地進行「合理懷疑」的依據,而且已經被《警察和刑事證據法》(PACE)中有關攔截與搜查權的《實施規程》(Code of Practice)所明令禁止(D. 布朗,1997:20)。但是,儘管如此,警察這種想法無疑是在實施他們截停搜查的工作時一個心知肚明但卻秘而不宣的因素(同上:22)。這是一個針對黑人羣體本身的統計性而非絕對性歧視的實例。

「傳遞性歧視」（transmitted discrimination）。當警察被動地充當了範圍更廣的社會歧視的傳送帶時，在這種情況下就會發生傳遞性歧視。例如，白人居民所抱有的種族歧視態度，可能會導致受害人將攻擊者標籤為黑人的情況偏高，從而導致警方在黑人中搜尋嫌疑人。這一點的重大意義體現在了這樣一個事實之中：受害人對犯罪人所屬種族的確認情況（就那些受害人與加害人之間存在一定接觸的違法行為而言）與警察截停、拘捕人員（所屬種族）情況大體一致（菲茨傑拉德，1999，2001；沃丁頓等人，2004；亨利，2007：85至87）。

「互動性歧視」（interactional discrimination），是指在互動過程中產生結果，即當某個公眾成員行為中某些非犯罪性的層面（例如，說某位嫌疑人粗魯的行為舉止），招致了諸如遭到拘捕等差別待遇，其正當合法性受到質疑，那麼這就屬於「互動性歧視」。觀察性研究經常表明，「藐視警察」是導致警察動用警察權力的重要因素之一（P. 沃丁頓，1999a：153至155）。有大量的證據表明，較之其他羣體，黑人男青年對警察的態度更為負面（比克，1996；克蘭西［Clancy］等人，2001；夏普［Sharp］和阿瑟頓［Atherton］，2007），反映出警察部門長期以來對直接針對他們的歧視。在很多時候，警察與黑人男青年相遇之後，他們之間很可能會產生的敵意呈惡性螺旋形上升，最後黑人男青年遭到警察的拘捕，是這種惡性循環達到頂點的標誌（D. 布朗，1997：56；亨利，2007：87至89）。

「情景性歧視」（situational discrimination）。如果某一羣體成員的社會經濟地位或者生活方式導致他們成為警方懷疑對象的比例偏高，那麼在這種情況下發生的就是「情景性歧視」。一篇早期的關於警務社會學的經典論文曾經指出，警察的法定權力是通過隱私保護機制（institution of privacy）構建的，而隱私機制本身與階級不平等有關（斯廷奇

庫姆〔Stinchcombe〕，1963）。因此，某個人在自家客廳裏喝酒喝得酩酊大醉或者吸毒吸到飄飄欲仙，是不大可能引起警察注意的，但是如果他在街頭酗酒或者吸毒，那最終就有可能要被警方拘留起來了。在這方面，不久之前發生了一個引起爭議的案件，那就是攔截和搜查的「可用性」或「有效性」（availability）這一概念。針對年輕人、黑人和少數族裔和經濟狀況不佳的男青年運用攔截和搜查權的比例，與其他羣體相比嚴重失衡，這種情況下可以從統計數據的角度進行解釋，因為這些人在公共場所度過的時間要多於其他羣體（菲茨傑拉德，1999、2001；機動車輛事故分析〔motor vehicle accident，簡稱 MVA〕和米爾拉〔Millar〕，2000；米勒等人，2000；沃丁頓等人，2004；德爾索爾〔Delsol〕和夏納〔Shiner〕，2006；斯滕森和沃丁頓，2007；亨利，2007：84 至 87；鮑林和菲利普斯，2007）。

「制度性歧視」（institutionalized discrimination），按照社會學家的說法，由於不平等社會中存在的結構性偏頗或者由於不同羣體之間內在的但並不相干的差異的緣故，按照一視同仁原則架構的組織性政策或者程序，在實踐運行中卻產生了歧視性效果，那麼這種情況下出現的就是「制度性歧視」。例如，招聘人員時的身高要求意味着女性或者來自某些族羣的應聘者入選的人數會有所減少，如果工作需要並不能成為設定身高要求的理由，那麼這種要求就是歧視性的。如果社會和經濟歧視迫使更多的少數族裔民眾棲身於經濟凋敝、犯罪猖獗的地區，那麼當街頭犯罪率超出標準閾值後，自動引發針對特定地區的高強度警務政策，這種警務措施就可能是具有制度化歧視性的措施。

制度性歧視長期以來一直是一個在政治上頗有爭議的概念。針對這一概念，斯卡曼勳爵在其 1981 年《布里克斯頓騷亂報告》中探討了兩種可能的解讀。其中一種解讀是「明知故犯、作為政策」出現的明目

張膽的歧視，另外一種解讀則是非直接且並非有意的歧視：「不僅可由公立機構作出、亦可由個人作出的不知不覺的無意歧視性的行為」（斯卡曼，1981：第 2.22 段）。斯卡曼採納了前一種定義，並據此得出結論，大都會警察廳並未發生制度性（機構化）歧視。不過，從第二個意義上講，即歧視行為是經由機構制定的制度施行的，警方確實存在歧視行為。後者是多數社會學分析採用的標準解讀，我在上文採用的也是這種解讀。關於斯蒂芬・勞倫斯一案的《麥克弗森報告》則採用了一種範圍寬得多但是卻更為鬆散無形的定義，並據此得出結論，大都會警察廳確實存在制度性種族主義。麥克弗森對「制度性種族主義」的定義是：「一個組織的全體人員以他人的膚色、文化或者民族出身為由，未能向其提供恰當並專業的服務。在那些由於帶有不經意的偏見、無知、疏忽以及種族主義的模式化定型觀念而構成歧視，並導致少數族裔受到不利影響的程序、態度和行為之中可以看到或者察覺到制度性種族主義」（麥克弗森，1999：第 34 段）。值得注意的是，該定義將重點放在了未能提供某項服務之上，這表明麥克弗森調查關注的焦點，是黑人受害者所遭受的歧視性待遇。在勞倫斯一案之前，將黑人作為嫌疑人並針對他們歧視性地行使權力，這是多數爭議中的焦點問題，但是在勞倫斯一案出現之後，這一問題迅速地被置於一個範圍更大的背景之中，即被納入關於制度性歧視的第二種解讀所述之歧視行為之中了。顯而易見，這裏突出強調的是一些無意識的程序，但是卻造成了在客觀上可識別的歧視性結果。不過，「某一組織的集體失敗」這一理念，卻將各種完全不同的理念雜糅到了一起。這一理念是指公然具有歧視性的組織政策（即斯卡曼在其報告中提出並摒棄的狹義定義）？或者是指我所定義的概念 —— 公平構建的政策框架無意識的後果？或者是某個組織中的多數成員，無論有意識地或者是無意地實施

歧視行為，從而給這個組織整體貼上種族主義組織的標籤是合理的？
抑或該組織未能對自己具有種族主義思想的成員進行培訓教育或者紀
律懲戒？

　　對確定警察部門確實存在制度性歧視結論的極化反應的模糊性解
釋，正是人們對這一評判的態度大相徑庭的原因。誠然，警界多數領
導人物，在進行了不同程度的自我反省之後，還是接受了這一評判並
承認嗣後有必要進行大刀闊斧的變革，而很多警察卻對於這一評判含
有的要全體警察承擔「集體罪責」的含義感到憤憤不平。該報告結論所
招致的敵意依然沒有消失，其中有的是公然的怨恨，有的則以故意誤
解的面目出現，久久揮之不去（馬洛和洛夫迪，2000；福斯特等人，
2005；麥克勞林，2007：第6章；羅［Rowe］，2007；洛夫特斯，
2007、2008、2009；福斯特，2008）。之所以出現這種狀況，部分原
因固然是由於既得利益羣體建構的結果，但同時，麥克弗森報告所採
用的定義過於鬆散無形並且含糊不清，也起到了推波助瀾的作用，因
而就連某些一開始認同這一概念的人士也對這一概念表示批評（辛格
［Singh］，2000；利［Lea］，2003；蘇哈米［Souhami］，2007；斯滕森
和沃丁頓，2007；亨利，2007：第80頁；韋伯斯特，2007）。

　　儘管如此，必須強調的是有關制度性種族主義的結論，得到了絕
大多數黑人和少數族裔人士的歡迎，認為這毫不含糊地澄清了這樣一
個事實，幾十年來他們作為受害人、嫌疑人和警察，在許多警務工作
中遭受了程度深重和範圍廣泛的不公待遇。這一污名化的陳述結論，
成為促使所有警察部門，尤其是倫敦大都會警察廳首當其衝，進行充
滿活力的機構性改革的鞭策動力。英國內政事務委員會所做的評估報
告《麥克弗森報告十周年回顧》，明確記錄了很多黑人與少數族裔證人
對麥克弗森的感激之情。「使用『制度性種族主義』一詞……是絕對正

確的重要批評，對撼動全國上下的所有警察部門的自滿意識起到了振聾發聵的作用。其結果是，自那時起，警方對制度性歧視付出了極大的關注，並投入了大量的資源進行改善（英國下議院內政事務委員會：《麥克弗森報告十周年回顧》，2009 年 8 月 17 日，第 3 段）。一方面，如今人們在將麥克弗森報告與斯卡曼報告進行對比時，認為前者更勝一籌固然是老生常談，其主要原因是麥克弗森報告採納了「制度性歧視」這一頗具象徵意義的概念；但是另一方面，這種做法卻未能考慮到兩者所處的政治環境不同，也沒有意識到斯卡曼報告本身的優點，該報告指出了多種被麥克弗森忽略的問題。斯卡曼報告試圖使人們能夠理解，在思想頑固守舊的警察部門中，各個層面上都隱藏着種族主義偏見，以及處於革命樂觀主義情緒之中的戴卓爾政府就像一個少不更事的青年，他們的政策是如何釀成百年來沒有先例的前所未有的騷亂的。斯卡曼報告提出的改革描述措施，至少成功地使警方高層的文化有了一定程度的變化，從而使他們更容易接受麥克弗森報告中更為直言不諱的定論。相比之下，麥克弗森則是向還處於上台伊始、尚處於理想主義狀態的新工黨政府進行報告。此外，麥克弗森關注的不是警方與騷亂者廣泛存在的暴力行為，而將關注的重點放在未能將謀殺一名完全無辜少年的罪犯繩之以法上，被害人之所以遭到攻擊僅僅因為他是黑人，堪稱是一種典型的受害人 —— 這正是激發普通公眾同情的原因所在。雖然如此，儘管在批評警方之時，斯卡曼報告在措辭上不得不小心翼翼、字斟句酌（但是批評的實質內容卻並非如此），他卻在自己的分析之中加入了多個在麥克弗森報告中付之闕如的關鍵主題。麥克弗森報告對警方的批評固然非常苛刻，但是他對種族主義警務的成因的分析卻並不透徹尖銳。他的焦點主要放在警察機構以及警察部門中的個人身上。相形之下，斯卡曼則對產生暴亂和警察種族主

義歧視的根源的分析，置於範圍更廣的種族主義結構以及產生這些結構的不利條件中，尋找騷亂和警方的種族主義的源頭。前文已經對歧視這一概念進行了討論，那麼關於警務工作中的種族歧視有哪些實證證據呢？

4. 警務工作中的種族歧視：證據

所有這些形式的歧視，既可以存在於警方高級管理層的政策層面之上，也可以存在於街頭執法的普通基層警察所做的自由裁量決定層面之中，這兩者是相互依存的。例如，基層普通警員實施的歧視，可能會導致黑人為主的區域裏，報告記錄的犯罪數量升高，並反過來導致警方高層採取差異化的警力部署政策，進而導致在犯罪記錄中出現更高的犯罪率。

下列主張得到了研究證據的有力支持：

（1）在警方實踐中，存在一種明顯的區別對待的模式。青年男性，特別是如果他們是黑人並且／或者失業或者在經濟上處於邊緣地位，這些人成為警察權力作用對象的比例偏高。

（2）警方針對經濟上遭到排斥的青年黑人男性，這些人之所以成為警察權力作用對象且比例嚴重失衡，部分原因是他們自身生活境遇的緣故捲入某些違法行為（主要是輕微的和邊緣性的違法行為）的比例偏高（沃丁頓，1999a；菲茨傑拉德，2009）。但是，即便如此，仍然有證據表明，警方的歧視做法並不能用嫌疑人所屬羣體在違法方面存在的差異來解釋。

（3）警方的歧視在部分程度上是「傳播性的」（transmitted）、「互動性的」或者「制度性的」（機構化的），也就是說儘管這種歧視並非基於任何法律認可的標準，它卻並非是由警察個人的偏見導致的。例如，如果某人因為輕微犯罪行為而被警察接近，警察通常也不會採取起訴

行為，即使是未能通過「態度測試」（即對警方不夠恭敬），通常情況下警察可能會對其進行懲戒，表面上看是因為該違法行為，實際上卻是由於他「藐視警察」。

（4）不過，也存在關於「統計性」和「絕對性」歧視的證據。統計性歧視違反了關於「合理懷疑」要有充足依據的法定規範，但是這些問題起源於對有效警務工作的關注。借用希林（Shearing）的術語來講，就是「組織性的警察越軌」，因為此舉「意在促進實現組織的目標，而不是為了實現一己之私」（希林，1981b：2）。統計性歧視是保羅·康登爵士（Sir Paul Condon）所說的「出於崇高原因的腐敗」的絕佳實例。「絕對性」歧視（categorical）—— 將偏見轉化為行動 —— 則無論從哪種視角來看都是不正當的。絕對性歧視確實可能是一個重要的因素，儘管與過去相比其重要性或許有極大的下降，但是無論是統計分析或是觀察分析都無法將這一因素孤立開來（賴納，1993）。

（5）本書第三章所評述的證據，用已有的文獻記錄證明，警察部門確實存在成見和偏見。然而，正如第三章所說的那樣，這些態度並非警務人員個性之中已有的特質所帶來的產物，而是對更為寬泛的範圍內存在的社會偏見的反映，並由於警察工作自身的特點而更為突顯。此外，也有研究證據對警察的偏見在多大程度上轉化為實際中的歧視性做法，提出了質疑（沃丁頓，1999b）。

現在，我要對上述部分研究中提出的論題進行分析。

5. 區別對待／比例失當

警察對地位較低的青年黑人男性進行攔截搜查、拘捕、提出控告和使用武力的比例與他們在總人口中的比例不相符。與此同時，這些人因成為暴力犯罪的受害人或者以投訴人的身份與警方打交道的比例與他們在人口中所佔的比例也不相符（政策研究所，1983，i：62

至 64，124 至 126；菲茨傑拉德和霍爾，1996；鮑林，1999a；菲茨傑拉德，1999、2009；克蘭西 [Clancy] 等人，2001；鮑林和菲利普斯，2002、2007；羅，2004；菲利普斯和鮑林，2007；鮑林等人，2008）。來自北美地區的證據，以及其他很多國家所做的研究都為這些觀點提供了支持（J. 李，1981；陳，1997）。1973 年在達拉斯進行的一項有關攔截搜查的研究發現，青年和／或黑人男性被攔截的概率與他們在人口中所佔比例或者在被拘捕的統計人口中所佔的比例相比，都顯得偏高（波哥爾莫尼 [Bogolmony]，1976）。年輕的黑人男性以及／或者社會地位低的嫌疑人遭到拘捕的比例相對更高（布萊克，1970、1972；D.A. 史密斯和維舍 [Visher]，1981；斯柯甘和弗里德爾，2004：122 至 126）。較之白人，黑人被警察開槍射擊致死的概率更高（邁耶，1980；J. 法伊夫，1981、2002；賓德 [Binder] 和沙夫 [Scharf]，1982；斯科爾尼克和法伊夫，1993；蓋勒 [Geller] 和托克 [Toch]，1996；斯柯甘和弗里德爾，2004：258 至 262）。英國的證據也指向同一個方向（Choongh，1997：52 至 59）。年輕、男性、黑人、無工作且經濟地位低下的人羣，遭受警察的攔截、搜查、拘捕、拘留、檢控的比例更高，對警察提起投訴（特別是以遭到警察毆打為由提起的投訴）的比例也高，並且這些投訴通常得不到真正的處理。[134]

20 世紀 70 年代中期之後所進行的各項研究均發現（直到這一時期，還有證據清楚地表明，較之其各自人口比例，黑人遭到拘捕的概率要低於白人 [參見蘭伯特，1970；李和楊格，1984]），在經濟上處於邊緣地位的青年黑人男性遭到拘捕的概率極不平常。其中第一項，同時也是最為系統性的研究，是英國內政部對 1975 年大都會警察廳的統計數據所做的分析研究（史蒂文斯 [Stevens] 和威利斯，1979）。該研究表明，在各類違法行為中——尤其是因暴力傷害、搶劫、「其他

暴力盜竊」以及「其他可訴違法行為」犯罪類型 —— 黑人受到警察拘捕的概率均高於白人。在各類違法行為中（暴力毆打除外），亞裔人士所佔比例均低於其人口比例，儘管自此以後這一局面已經發生了變化；2001 年英國北方幾座城市爆發騷亂，巴基斯坦裔青年涉身其中，加之2005 年的倫敦爆炸案，在很大程度上導致人們「對遵紀守法的『亞裔人士』這一模式化形象產生了質疑」（菲茨傑拉德，2009 ： 414；另請參閱潘塔賴斯［Pantazis］和彭伯頓［Pemberton］，2009）。[135] 在最近的十年裏，黑人遭到拘捕的比率較之白人偏高的局面依然如故，甚至於有所惡化（菲茨傑拉德，2009 ： 416）。近年來出現了一個重大變化，那就是警察越來越多地對亞裔人士使用警察權力，針對亞裔人士進行的攔截和搜查的比例如今已經超過了他們所佔的人口比例，而對亞裔人士進行拘捕的比例也已經接近亞裔人士所佔的人口比例（菲茨傑拉德，2009 ： 416）。

沒有工作或者非技術勞工階級男性青年，特別是如果他們是黑人，在被捕後以及在提起犯罪指控之前，被警方拘留的比例也比其他羣體高得多（R. 摩根等人，1990；賴納和利，1992；Choongh，1997 ： 52 至 59；菲利普斯和布朗，1998 ： 第 1 章；菲利普斯和鮑林，2007 ： 440）。在被警方拘留之後，黑人犯罪人受到脫衣搜身的比率是其他羣體的兩倍之高（紐伯恩等人，2004）。出身勞工階級的青少年（C. 費希爾和莫比，1982）或者黑人少年（S. 蘭道［Landau］，1981；S. 蘭道和內森，1983；菲茨傑拉德，1993；D. 布朗，1997 ： 第 66 頁；菲利普斯和布朗，1998 ： 第 6 章）在違法之後，受到警告的概率要低於受到指控和提起訴訟的概率。

在獨立警察投訴委員會（IPCC）成立之前的制度下，黑人進行嚴重投訴的比率更高，特別是有關攻擊行為的投訴（史蒂文斯和威利斯，

1981；馬奎爾和科比特［Corbett］，1991）。此外，少數族裔人士、無業人員或者在經濟上處於邊緣地位的人士，針對其他羣體所提出的投訴得到證實的概率相對較低（博克斯和拉塞爾，1975；史蒂文斯和威利斯，1981；博克斯，1983：82至91）。較之其他族羣，黑人根據親身經歷聲稱知道警方過度使用武力的概率相對較高（政策研究所，1983，i：26至57）。因而少數族裔人士對涉警投訴制度的觀感比白人的觀感更為負面，這也是意料之中的事（D. 布朗，1997：230）。與以前的數據相比，現有數據依然表明，黑人向獨立警察投訴委員會提出投訴——特別是關於警察過度使用武力的投訴——的比率相對更高。因而，根據2001年的人口普查結果，有91.3%的人被歸類為「白人」，但是在投訴警方的人員中，他們僅佔63%（格利森［Gleeson］和格雷斯［Grace］，2008：23）。黑人在總人口中所佔比例為2.2%，但是卻佔了投訴警方的人員的7%（同上）。亞裔人士在總人口中所佔比例為4.4%，他們在投訴警方的人員中所佔的比例則為7%（同上）。較之其他族羣，黑人以遭到警察毆打為由提出投訴的概率更高：在黑人投訴者中，提出此類投訴的佔19%，白人為16%，亞裔則為13%（同上：18）。白人對獨立警察投訴委員會表達的信任度要高於其他族羣，但是他們之間的差別正在縮小，且在受訪的少數族裔人員中，多數都表示信任獨立警察投訴委員會（英格利斯［Inglis］，2009：6）。

總體而言，有證據表明，針對特定羣體行使差異化警察權力的比例嚴重失衡，這類人羣具有「警察財產」的特徵。不過，警察權的作用對象的差異化究竟在多大程度上涉及歧視——從法律相關因素來看，沒有運用警察權力的正當理由——以及所涉及的是何種類型的歧視，還有待進一步觀察。

6. 歧視

在很大程度上講，目前為止所描述的區別對待的模式，可以用不同羣體之間違法率的差異以及其他與法律相關因素的變量來解釋。警察歧視的程度，比對攔截、拘捕以及其他對警察權力的行使的社會分佈狀況進行膚淺解讀而得出的結果所暗示的程度低得多。

然而，較低層級的警方干預情形，特別是街頭攔截盤查，這些情況是真實的，在這些情形下，警察運用自由裁量權的程度要高於其之後在刑事司法程序中的階段。美國部分早期研究發現，在警察攔截犯罪嫌疑人的過程中，「無辜」的黑人男性青年嫌疑人被截停的比例，遠遠高於「有罪」的嫌疑人被攔截的比例（皮利埃文 [Piliavin] 和布賴爾，1964：212）。警察攔截黑人男性的可能性，其比例不僅與黑人男性所佔的人口比例不相符，而且在警察拘捕的統計人數中，黑人男性所佔的比例，與其他族裔的比例也不相稱（波哥爾莫尼，1976：571）。在隨後進行的研究也表明，這一局面依舊存在，而且時至今日，在當今的美國社會中，警察針對黑人男青年實施的可能是帶有歧視性的攔截與拘捕，仍然是嚴重不成比例的問題，是一個極具爭議性的話題，其爭議的焦點集中在「種族形象定性」（racial profiling，指警察等因膚色或種族而不是證據懷疑人犯罪）這一問題上（斯柯甘和弗里德爾，2004：191 至 192，317 至 323）。

英國的數據表明，在對白人和黑人實施的攔截搜查中，從導致產生犯罪記錄或者因為犯罪行為而被拘捕這個「結果」的意義說，白人和黑人其所佔的比例大致相同（威利斯，1983：1；政策研究所，1983，i：116；菲利普斯和鮑林，2007：435），雖然必須強調的是在所有的攔截盤查行為中，確實「查明」存在有犯罪行為的比例比較低（在 10% 至 12%）：絕大多數被攔截盤查的人員是沒有犯罪行為的無辜者

（菲茨傑拉德，1999）。在對年齡、階級以及其他社會經濟學和人口統計學的變量進行控制的情形下，不同族羣之間的差異有很大一部分就消失了。族羣之間的比例失當在很大程度上是由於他們之間因為生活方式、經濟弱勢以及人口狀況的「可用性」（availability）的差異所導致的（D. 布朗，1997：19 至 27；菲茨傑拉德，1999、2001，2009；MVA 諮詢公司和米勒，2000；沃丁頓等人，2004；亨利，2007：84至 87；菲利普斯和鮑林，2007：436 至 441）。此外，警察針對黑人男性進行的攔截盤查的比例嚴重失衡，也是受害人對攻擊他們的人所進行的描述的直接結果（政策研究所，1983，iv：110；菲茨傑拉德，1999、2001；沃丁頓等人，2004；亨利，2007：86）。因此，針對黑人男性青年進行攔截盤查的比例失當，在很大程度上是傳遞性、結構性或者制度性種族主義的產物。然而，族羣間的某些差異也很有可能是絕對性歧視的結果。自《警察和刑事證據法》（PACE）頒行以來，授予警察即使是在沒有「合理懷疑理由」（reasonable suspicion）的情況下也可以實施攔截和搜查的權力，因而黑人和亞裔人士遭受警察攔截盤查和搜查的概率要遠遠高於白人（參見《1994 年刑事司法與公共秩序法》第 60 條，《2000 年反恐怖主義法》第 44 條的相關規定；轉引自菲利普斯和鮑林，2007：435 至 436）。與其他族裔相比，在警方採取積極主動行動並行使寬泛的自由裁量權的情況下，在涉嫌毒品犯罪的案件中，黑人和亞裔人士遭受警察攔截盤查和搜查的概率要高得多（昆頓［Quinton］等人，2000：16 至 17），並且在被警察拘禁之後遭到脫衣搜查的概率也高得多（紐伯恩等人，2004）。簡而言之，在警察行使的自由裁量權較大而不是較小的情形下，黑人受到攔截盤查和搜查的比例才會嚴重失當（菲茨傑拉德，2001），這表明這種情形下出現的歧視屬於絕對性歧視（德爾索［Delsol］和夏納［Shiner］，2006；鮑

林和菲利普斯，2007)。無論是由哪種歧視造成的被警察盤查和搜查的比例失當，只要發生了這種歧視，都將勢必會加劇警方與少數族裔之間的相互猜疑和負面的形象定型化，並進而導致出現統計性和互動性歧視。

美國針對人員拘捕狀況進行的多項研究普遍表明，黑人、青年以及下層階級人士遭到拘捕的比例偏高，儘管不是全部，但在很大程度上是可以用他們被控犯有違法行為的嚴重程度（這是個在法律上具有相關性的標準）上的不同來解釋（布萊克，1971；D.A. 史密斯和維舍，1981；P. 沃丁頓，1999a ： 49 至 50；斯柯甘和弗里德爾，2004 ： 191 至 192)。至於對嫌疑人的身體虐待，特別是警察開槍射擊這一最具爭議性的問題，來自美國的證據則含混不清、參差不齊。一方面，有些研究發現，黑人遭到槍擊的比例偏高，在多數情況下可以用不同族羣之間在遭到警察拘捕的概率方面的不同來做解釋；另一方面，有相當多的證據表明，黑人以及地位較低的嫌疑人經常成為警察受害人的概率，確實高於基於拘捕或者其他與法律相關的差異引導的拘捕率的預期（邁耶，1980；斯柯甘和法伊夫，1993；法伊夫，2002；斯柯甘和弗里德爾，2004 ： 258 至 562)。

在英國，相關證據也表明，黑人男青年遭到拘捕的概率偏高，在一定程度上是警察歧視的產物。不過，從部分程度上講，有部分是由於不同族羣在違法犯罪率方面的差異所導致的（這主要歸因於年齡分佈定性 [age-profile] 以及黑人在社會經濟方面遭到的剝奪，以諸如失業或者住房擁有率或黑人人口等指標作為衡量標準。參見史蒂文斯和威利斯，1979；政策研究所，1983，i ： 121，71 至 75，i ： 96 至 97；菲茨傑拉德，1993、2001、2009；D. 布朗，1997 ： 55 至 56；菲利普斯和鮑林，2007 ： 436 至 441；亨利，2007 ： 84 至 87)。

這兩個因素如何做到精確的平衡很難確定。不過，警察歧視在其中所起的作用從如下事實中可見一斑：黑人最容易遭到拘捕的違法犯罪行為，屬於法律允許警察可以根據自身的判斷自由選擇的特定範圍：「其他暴力盜竊」(other violent theft) 以及「形跡可疑」(sus)——在此類違法行為中，黑人遭到拘捕的概率是白人的 14 倍或者 15 倍（史蒂文斯和威利斯，1979）。但是，也有幾項研究指出，受害人對犯罪人種族特徵的辨識確認，為「黑人遭到拘捕的比例偏高，不僅反映了警方抱有的定型化印象，而且也反映了不同族羣在捲入違法犯罪行為的概率方面的差異」這種說法提供了支持（儘管受害人身份辨識本身，至少在部分程度上，可能也是公眾所持刻板印象的後果之一）。不過，黑人與白人在遭到拘捕概率方面的差異非常之大，將其一概地歸因於警察的偏見也似乎不合情理、令人難以置信。斯蒂文斯和威利斯（1979 ： 28 至 34）經過統計發現，假定黑人與白人犯罪率相同，且他們之間在被拘捕概率方面的失衡狀況是完全由於對黑人的「錯誤」拘捕造成的，那麼黑人遭到拘捕的總人次中 76% 就是「錯誤」拘捕，否則就無法自圓其說。由此看來，黑人與白人之間在遭到拘捕的概率方面，比例失當的程度如此之高，以致很難相信這完全是由兩者在與法律相關的變量上的差異所造成的（菲利普斯和鮑林，2007 ： 438 至 441）。

利（Lea）和楊格（Young）（1984），在他們那部首開「左翼現實主義」的犯罪分析之先河的著作中，他們認可英國內政部與政策研究所進行的分析的有效性。他們將黑人遭到拘捕的比率偏高解釋為兩個相互增強的過程造成的後果：「黑人犯罪數量增加……有警察愈加傾向於將黑人和犯罪聯繫起來，這成了一個惡性循環的一部分」（利和楊格，1984 ： 167 ；同時，還可參見利對此問題的觀點，1986）。

由於這一觀點，利和楊格受到了猛烈的抨擊，有人指責他們向「種

族主義邏輯的重壓」投降，並為「警察種族主義的社會學性」提供借口（吉爾樂伊［Gilroy］，1982，1983；斯克拉頓［Scraton］，1985、1987）。在這一片攻訐謾罵聲中，沒有一人嚴肅認真地去駁斥利和楊格提出的觀點。任何涉及將黑人受到拘捕的比例偏高這種現象，解釋為是由變化多端和無孔不入的種族主義之外的任何事情所造成的，都勢必會被駁斥為「對官方犯罪統計數據的經驗主義的討價還價」（吉爾樂伊，1983：146）。但是，這種將全體警察以及警務工作的各個方面都定性為是能與種族主義相比擬的、勢均力敵的東西，都是一丘之貉，將阻止對警務工作是如何變化的、為甚麼會變化進行嚴肅認真的分析，並且不能從警察戰略與思想中將潛在的積極發展變化甄別出來。這樣一來，國家及其暴力機關 —— 警察 —— 就被通通當成了資本的種族主義邏輯的一個整體映像（monolithic reflex）。

　　針對這種立場，利和楊格提出了幾個有力的反駁理由。首先，多年以來一直有明確的證據表明在警察部門內部存在廣泛的歧視，但是官方有關拘捕情況的統計數據（這些數據很有可能誇大了黑人捲入犯罪的程度），卻並未表明黑人受到拘捕的比例與其所佔人口的比例不相稱。這是蘭伯特（Lambert，1970）對 20 世紀 60 年代末期伯明翰市犯罪統計數據進行研究後明確得出的結論，也是 1971 至 1972 年，警察部門向英國議會下議院選舉委員會有關種族關係問題（Commons Select Committee on Race Relations）呈交的證據所確證的。但是，在 1976 至 1977 年英國議會下議院選舉委員會就種族關係與移民問題作證時，警察部門則聲稱局勢已經發生了變化，並且黑人青年犯罪率偏高，與其所佔人口的比例不相符。

　　除了將 20 世紀 70 年代黑人遭受拘捕的狀況發生變化歸因於警方思想驟然發生轉變這一令人難以置信的理由外，利和楊格還強調指出，

黑人青年的生活境遇倘若不造成違法行為的增加，那倒反而是咄咄怪事了。「認為青年人失業增加……黑人社區中青年人數量龐大……種族歧視以及正當合理的機遇遭到剝奪，不會導致真正的違法犯罪率的上升，這種想法幾無可信度可言」（利和楊格，1984：167至168）。

不過，所有這些並無意否認，「道德恐慌」往往是由警察部門、司法機關以及媒體共同創造的。例如，《對危機的警務治理》(*Policing the Crisis*) 一書就展現了這一點。該書詳細描述了1972至1973年導致人心惶惶的「行兇搶劫」犯罪浪潮，以及警方、司法機構和媒體對此種恐懼的建構（S. 霍爾等人，1978）。不過，有一點幾乎是確鑿無疑的：20世紀70年代的「攔路搶劫」犯罪（在街頭對陌生人實施的搶劫）變得非常猖獗，而且這對某些地區易受攻擊的弱勢羣體而言是一個不小的風險（儘管對於全體民眾而言並非如此）。黑人因為這類犯罪而遭到拘捕的比例過高，不大可能是排斥性警察政策或者偏見的產物。事實上，在《對危機的警務治理》一書中，所有的論述都強調由攔路搶劫而引發的道德恐慌，這是國家與社會越來越具有極權主義的象徵，但同時也並不否認隱藏在這一切背後的現實（同上：390）。

黑人遭到拘捕的概率偏高是黑人遭到剝奪以及警察對黑人印象刻板化共同作用的結果，也是導致這兩點愈演愈烈的各種因素相互之間交互作用的結果，這似乎是明白無誤的。有一點非常重要，那就是承認警方的數據在一定程度上是以黑人犯罪的真實狀況為基礎的，並且黑人犯罪狀況本身與他們在經濟與社會生活中，所遭受的制度化的和直接的歧視有關（菲茨傑拉德，2001、2009；羅威，2004：第9章；斯滕森和沃丁頓，2007；亨利，2007：84至92；韋伯斯特，2007）。這突出表明，需要進行更多的變革，而不僅僅是糾正警方持有的對黑人錯誤的刻板印象或者偏見，甚至於也不僅僅是在選用、培訓

和擴招少數族裔警員方面進行組織變革。

　　不過，蘭道（S. Landau）在對大都會警察廳警察處理青少年犯罪問題的兩項研究中（1981；S. 蘭道和內森，1983），提供了一些真正屬於警察歧視的證據。第一項研究的重點是警署警官（station officer）對青少年違法犯罪人員是即刻提出控告，或者是將其移交給少年局（juvenile bureau）所進行的決定。在維持犯罪行為類型以及犯罪前科這兩個與法律相關的變量不變的情況下，黑人更有可能被立即提出控告，而不是移交給少年局。

　　蘭道的第二項研究則對少年局自身對他人移送的人員作出提出檢控還是警告後釋放的決定進行了探討。他指出，鑒於可以推定警方此前所做的決定已經將「最為嚴重」的案子剔除在外，那麼或許可以合乎邏輯地推測，就那些在早期階段受到更為嚴厲處罰的違法行為而言，更多的人或許應當會在受到警告後釋放。然而實際上，對於「暴力犯罪」和「擾亂公共秩序」這兩類違法行為而言，如果將違法行為的性質以及前科問題這兩個因素維持不變，那麼無論是在警方處理階段還是少年局處理階段，黑人更有可能受到嚴厲的處理：（在警方處理階段）他們被移送給少年局的概率更低，（被移送少年犯局之後）少年局在警告後將其釋放的概率也更低。造成這一局面的部分原因是，黑人涉及的犯罪案件滿足警告後釋放程序的法定前提條件的概率較低：（條件包括）承認有罪，並獲得受害人的諒解同意。但是，造成黑人受到不同待遇的部分原因是「法律」因素無法解釋的「純粹的」歧視。

　　從有關投訴的統計數據中也能得到相似的結論（這些統計數據包括獨立警察投訴委員會於 2002 年成立以前的數據）。儘管不是全部，但是一些階層和種族受到警察的區別對待，能通過與法律相關的因素得到解釋（史蒂文斯和威利斯，1981）。黑人投訴者在投訴時，已經與警

察發生衝突的情況所佔的比例與其他族羣相比，明顯過高。在黑人就受到警察的暴力侵害進行投訴時，警察更有可能宣稱是受到嫌疑人的挑釁（受到襲擊或暴力反抗），並以此作為他們進行辯護的一個理由。總而言之，黑人（以及其他易受攻擊的弱勢羣體，諸如年輕的失業者）很有可能具有「不可信」（discreditability）的特徵，從而使他們的投訴被認為不大可能是真實的，需要他們提供事實根據進行證明（博克斯和拉塞爾，1975）。

有證據清楚地表明，在警察自由裁量權的行使過程中，儘管不是全部，但確實部分地存在着明顯的社會分化（social differentiation），[136] 這種分化現象可以通過與法律相關的因素如犯罪類型等來解釋，因此，任何種類的歧視程度，都比在警察權的運行中所表現出來的比例失調要輕微得多。同時，毋庸置疑地，一些真正的「絕對性」歧視確實存在，但許多歧視都是屬於「傳遞性」歧視、「互動性」歧視、「制度性」歧視以及「統計性」歧視。

「傳遞性」歧視（transmitted discrimination）。該研究通過幾種方式指明了「傳遞性」歧視（也就是說，警察是公共歧視的傳送者）所扮演的角色。這意味着在案件已經了結的情況下，受害者和目擊者提供的信息和進行的辨識起着關鍵性作用。同時，也意味着警察要求受害者詳細描述攻擊者的具體種族特徵，例如在搶劫犯罪這類案件中，警察要求受害者描述襲擊者的種族，這種做法具有非常重要的意義（菲茨傑拉德，1999、2001；亨利，2007：86）。美國的研究也同樣強調起訴方意願的地位和重要性，在控制諸如犯罪行為的嚴重性等法律變量保持不變的前提條件下，將控告者的意願作為是否作出拘捕決定的決定性因素（史密斯和維舍，1981：173）。

「互動性的」歧視（interactional discrimination）。許多研究者已經

強調了互動自身的背景和過程（尤其是嫌疑人得到的尊重，這可能取決於警官的態度），將其作為警察作出決策的一個最為重要的決定性因素（P. 沃丁頓，1999a ： 153 至 155）。當然，對諸如「藐視警察」這樣的行為進行處罰，並不構成拘捕的有效法律依據。但是，許多表面上看來是依法實施的正確合理的拘捕，可能是由於嫌疑人沒有通過警察的「態度測試」（attitude test）所造成的，因此招致對於本來可以不予處罰的行為給予了懲罰。這在很大程度上是警察文化不可避免地帶來的一個結果，警官應該維持秩序，尤其是公共場所的秩序 —— 這就是為甚麼旁觀者的出現，治安法官會增加拘捕或使用武力的可能性（史密斯和維舍，1981 ： 172 至 173 ；沃丁頓，1999a ： 154）。

　　「制度性」歧視（institutionalized discrimination）。「制度性」歧視的一個重要的例子是，對「高犯罪」區域直接投入特別的警察資源或實施更具進攻性的警察戰術，從而使該地區遭受「社會剝奪」（social deprivation）[137] 的痛苦。結果是導致了進行攔截、搜查、拘捕等的更大可能性，尤其是那些生活在這種犯罪高發區域內的人最容易引起警察的注意，例如年輕的黑人和／或失業人員（布洛姆−庫珀［Blom-Coo-per］和德拉布爾［Drabble］，1982）。

　　另一個例子就是使用累犯風險指數（這種累犯風險指數自身也是作為「統計性」歧視的一個例子）以一種常規的方式來作出決定，例如警告和檢控。例如「問題家庭」的背景指數和類似特徵，即使是警察官僚組織以普遍主義的觀點來運用這些指數，最終也會導致歧視性決定（S. 蘭道和內森，1983 ： 143 至 145 ；菲利普斯和鮑林，2007 ： 440 至 441）。

　　最後，對於警察不關心種族攻擊這一現象的長年投訴，部分原因是對事先形成的標準成見和程序不假思索的運用，這些標準成見和程序

事先假定了犯罪的個人動機。警察機構正常的「標準」程序,可能使少數族裔的受害者間接地處於不利地位(內政部,1981;鮑林,1999a;鮑林和菲利普斯,2002:第5章;羅威,2004:第6章;菲利普斯和鮑林,2007:424至428)。然而,史蒂芬·勞倫斯案件戲劇性地清楚揭示出,處理種族主義犯罪的失敗,可能經常是由於更直接的歧視形式所導致的。《麥克弗森調查報告》(The Macpherson Inqury)揭露了許多警察不勝任和瀆職的事例在很大程度上都要歸因於倫敦大都會警察廳的制度性種族歧視(麥克弗森,1999;馬洛和洛夫迪,2000;羅威,2007;麥克勞林,2007:第6章)。

「統計性」歧視(statistical discrimination)。在幾個研究中,將統計性歧視準確地描述為攔截與搜查時出現的歧視的主要原因,這是由於警察的先入之見的刻板印象所造成的,認為某些特定羣體(包括年輕的黑人男性)更可能成為罪犯(史蒂文斯和威利斯,1979:31至33;威利斯,1983:25;政策研究所,1983,iv:230至239;菲茨傑拉德,1999;菲利普斯和鮑林,2007:436至437),儘管這種觀點已經受到了其他研究者的質疑(沃丁頓等人,2004;亨利,2007:85至86)。理所當然地,刻板化印象不是「合理懷疑」的一個法律上可以接受的依據,事實上,在根據《警察和刑事證據法》(PACE)制定的《實施規程》(Code of Practice)中,警察對特定羣體的刻板化印象屬於明確禁止的行為。基於統計性歧視進行的攔截是「高尚事業」(noble cause)腐敗的一種形式。這種基於崇高事業的理由發生的腐敗,是對有效警務的關注中派生出來的,無論如何進行偽裝(也是非法的),頻繁對無辜者進行攔截和搜查,都有可能導致易受傷害的特定羣體放大對警察的敵視,最終會逐漸削弱並從根基上破壞執法工作的合法性。

「絕對性」歧視(categorical discrimination)。毫無疑問,許多警察

權力的差別化運用，是警察文化中存在的絕對性偏見的一種反映。但是，要將其作為從整體文化背景中分離出來的一個獨立因素，很難對其進行準確的描述。這就是為甚麼對警務的觀察性研究試圖強調並不存在一種純粹的歧視，這種歧視無可辯解，也不能在某種程度上通過產生歧視的過程及其語境得到解釋（賴納，1993）。同時，觀察性研究確實描繪了偏見觀點的流行程度，不過，這並沒有必然地直接轉化為警察的實踐（布萊克，1971；霍爾德韋，1983；政策研究所，1983，iv：第四章；P. 沃丁頓，1999a：第四章）。但是，很有可能偏見確實也是「多元決定論」（over-determine）的產物，許多警察在執法過程中面對黑人時矛盾重重、充滿衝突的情景性特徵（conflict-ridden charac-ter），容易使警察產生「藐視警察」的感覺，從而觸發警察實施某些帶有歧視性的拘捕。偏見和歧視還是導致少數族裔警察在招募、僱用和晉升方面失敗的原因，導致他們的人數與其所佔人口的比例不相稱，這在很大程度上是由於他們都有遭受白人警察歧視的經歷。作為針對這一問題的官方倡議的十幾年努力的一種結果，儘管已經取得了某些進展，但是這一問題仍然沒有得到根本的解決（霍爾德韋，1996，2009；卡什莫爾 [Cashmore]，2001；鮑林和菲利普斯，2002：第 9 章；羅威，2004：第 2 章；奧尼爾和霍爾德韋，2007；鮑林等人，2008：624 至 628）。

（二）性別與警務

性別歧視問題也是一個爭論不休的話題。有關種族歧視和性別歧視爭論的一個根本性區別是，女性很少成為警察權力運行的接收末端（作用對象），這與他們在總人口中所佔的比例不相稱；然而，與此相反，種族歧視中的一個重要問題是，黑人作為犯罪嫌疑人成為警務的

對象的比例卻相當大。在刑事司法的各個階段中，只有很少一部分女性成為犯罪嫌疑人或者犯罪人，這成為一個引人注目的特徵和持續一致的模式（海登索恩和格爾索普［Gelsthorpe］，2007）。但是，這並不意味着警察在對待女性犯罪嫌疑人時不採用歧視性的處理方法。警官們仍然傾向於用約定俗成的意象（conventional imagery）看待女性，把她們分成截然不同的兩種類型：「妻子」或「妓女」（M. 布羅格登等人，1988 ： 119 至 120；海登索恩，2008）。其結果是，女性作為犯罪嫌疑人進入正常刑事處理程序的低比例，為複雜的歧視網絡提供了一個假面具。一些女性因為所謂的「騎士精神」而被排除嫌疑，脫離偵查警官們對可能犯罪者的定式形象框架之外（海登索恩和格爾索普，2007 ： 399 至 400）。然而，其他人，諸如十幾歲的女孩，她們由於性早熟或是離經叛道的行為方式，或者從事賣淫的妓女，可能就處於警察處理該類事件的一個較低閾值，容易進入刑事司法系統，因為她們的行為觸犯了警官們可以接受的行為規則，或者警察被看作是進行家長式統治的人，這是對她們自身進行「保護」的需要（M. 布羅格登等人，1988；鄧希爾，1989）。這裏有大量的、清晰的證據，證明警察在對待作為犯罪受害者的女性時存在歧視。出警處理家庭糾紛一直都是警察工作的一個非常重要的組成部分，但是，在這方面最為受人詬病的就是警察在處理家庭糾紛事件時，沒有刑事程序的追訴權，即使是有證據證明存在人身傷害的情況下也如此（S. 愛德華茲，1989；漢默等人，1989）。在傳統警察文化裏，「家庭問題」被視為一團亂麻、徒勞無益、不是「真正」的警察工作（賴納，1978 ： 177、214 至 215、 244 至 245；M. 楊格，1991 ： 315 至 316）。但是，自 20 世紀 70 年代以來，這個問題已經成為一個高檢控率的問題，世界各國的警察力量都在試圖改進他們處理家庭暴力時的反應方式，儘管其結

果還存在爭論（薛普特基，1993；謝爾曼，1992b；霍伊爾，1998；麥克斯韋爾等人，2002；切斯尼－林德，2002；斯柯甘和弗里德爾，2004：231至232；海登索恩，2008：660至663）。

現在人們對警察在強姦案件的調查中，對受害者的麻木不仁甚至是敵意對待的態度問題也非常關注。這一問題曾在1982年由羅傑·格雷夫（Roger Graef）製作的有關泰晤士河谷警察局的一部電視紀錄片中得到展現，其中一名強暴受害者受到令人不安的審問，該影片戲劇性地使其成為社會高度關注的話題（BBC電視一台，1992年1月18日）。儘管從那以後情況有所改善（貝理雅，1985），但警察對待強姦受害者的態度仍然存在深刻的問題（漢默等人，1989；格雷戈里和利斯[Lees]，1999；利斯，2002；特姆金[Temkin]，2002；沃爾比[Walby]和艾倫，2004；J. 喬丹，2004；特姆金和克拉厄[Krahe]，2008）。

同時，越來越多的證據清楚地表明，女警察也受到歧視，特別是在職業前景方面和在工作中受到男性警察的騷擾。直到20世紀80年代以前，警察部門中的歧視，在執行完全不同功能的獨立部門中，是公開的和制度化的存在。在20世紀初期的幾十年間，最初招募女警官的作法在警察內部（和警察外部）都遭到了廣泛抵制（卡里爾[Carrier]，1988）。從1975年的《反性別歧視法》（Sex Discrimination Act 1975）頒佈實施以來，女性正式地納入了與男性警官一樣的制服警察集體，而且其人數比例在警察隊伍中已經上升到目前的25%左右（布洛克[Bullock]，2008）。但是，無論如何，歧視仍然繼續存在，大量的研究文獻對這種歧視現象進行了記錄。[138] 這一問題因眾多的公共宣傳活動而成為社會公眾高度關注的話題，尤其是英格蘭前默西賽德郡警察局長助理艾利森·哈爾福特（Alison Halford）公開宣稱在她晉升的過

程中遭受了歧視（哈爾福特，1993），不過自從她採取公開的宣傳行動以後，更多的女性警察成為郡縣警察局長（目前在英格蘭和威爾士的 43 個郡縣中，有三位女警察局長；在英格蘭和威爾士高級警官協會［ACPO］的成員中，女警察佔 13%；參見布洛克，2008）。

　　許多評論者認為，女警官在就業和升職方面的不平等仍然是一個非常重要的問題，這不僅涉及平等就業的公正問題，而且還涉及削弱警察文化中的大男子主義因素的問題，而這種大男子主義一直被視為是警察部門中存在的濫用武力等陋習的一個重要來源。到目前為止，根據美國和英國的研究證據，還並不能肯定絕大多數的女警察與他們的男性同事相比，受到了不同的待遇，但是更確切地說，她們傾向於受到大男子主義的傳統文化的影響（海登索恩，1992、1994；韋斯特馬蘭韋，2001a、2001b；西爾維斯特里，2003、2007；斯柯甘和弗里德爾，2004：151 至 152），但是，隨着警察部門中女性警察數量的進一步增加，這種現象可能會發生改變。一個與之相關的問題是男同性戀和女同性戀受歧視待遇的情況，他們（她們）可能是被害人或犯罪嫌疑人，也可能是警察，該問題現在也得到了關注。在最近的 20 年裏，儘管他們的職位確實有了改進和提升，但是還是有證據證明，偏見和歧視仍然持續存在（M. 伯克，1993；威廉斯和魯濱遜，2004；羅威，2008：109 至 111）。

四、小結

　　在警察文化中，歧視模式與人口分佈狀況是一種同構形態。它們互相依存，它們與寬泛的種族和階級劣勢的結構緊密相關。儘管有時歧視和先前警察個人的歧視態度是相連的，但其基本過程仍然是結構

性的。即使招募的新警察在最初並沒有甚麼明顯的歧視行為，但是相關證據對他們警務經驗的影響，使得他們也會有這樣的趨勢。

年輕的「街頭」人員已經成為警察從事秩序維護和執法工作的主要目標（洛德，1996；M. 利，1998；麥卡拉 [McAra] 和麥克維 [McVie]，2005）。住房、就業和教育方面的種族劣勢的進程，導致年輕黑人涉及街頭文化行為的比例與其人口比例極不相稱（菲茨傑拉德，2001、2009；斯滕森和沃丁頓，2007）。他們很有可能捲入一些特殊的街頭犯罪活動，其原因已經在之前指出。與此同時，少數族裔人士和社會地位低下的工人階級出身的年輕人處於相對無權勢的狀態，意味着在處理他們的問題時，警察的權力很少受到約束和抑制。在經濟危機和競爭工作機會和其他資源時，多數羣體（尤其是白人工人階層）可能事實上受益於對黑人實施的過度警務（over-policing）的效果，因為黑人被烙印化為罪犯，犯罪記錄的存在，會降低他們的競爭性（約翰遜，1976 ： 108）。基於所有這些原因，在經濟上處於邊緣地位的少數族裔人士，尤其是年輕人，更易於成為「警察財產」（J. 利，1981）。這些結構性因素是警察與底層社會人士衝突的核心部分，社會底層人士仍然構成警察工作對象的主要部分（克勞瑟 [Crowther]，2000a、2000b；洛夫特斯，2007、2009）。但是，由於一些文化因素，例如警察偏見或成見，不管是口頭形式或是其他形式的歧視，可能會使一些即使是正常的非爭議性的服務工作也充斥着緊張感，從而使得這種情勢進一步惡化。最後，一旦衝突變得普通，形成一個惡性循環，警官們與他們的「財產」一旦接近就會遭遇預先存在的敵視和猜疑，杯弓蛇影的互動方式使得這種緊張更進一步加劇。

總的來說，本章認為，與大眾文化、警察文化和媒體形象相反，在實踐中，警察的主要使命是在緊急狀態下或非常時刻維持社會秩序，

基於維護國家利益的需要，他們作為專業人士依法被賦予合法武力的使用權（如果不是合法暴力的壟斷者的話）。在某些時間和場所裏，他們的角色作用，即使不是絕大部分但至少是其主要部分，仍然是服務性工作，但是自 20 世紀 70 年代以來，隨着犯罪的不斷增長，偵查犯罪的需求增加了。他們在執法上的有效性在明顯下降，但是這大部分是因為隨着更為寬泛的社會和文化進程而帶來的犯罪率上升的壓力。由於對警察工作缺乏適當的績效指標，尤其是對與犯罪有關的工作 —— 該工作毫無疑問的是範圍更為寬泛的警務工作的一個組成部分 —— 進行科學測量，對警察工作績效進行測量的嘗試仍然處於困頓之中。整個警察權力運行的歷史表明，其主要的作用對象仍然是那些處於經濟和社會的邊緣地位的人士，尤其是那些少數族裔人士，至今依然如此，是警察權力作用的主要對象。「警察財產」羣體的範圍不斷擴大 —— 這是自 20 世紀 80 年代以來政府經濟和社會政策所導致的結果，已經成為警察效能和合法性不斷受到削弱的一個主要因素，並且顯然也是歧視性地使用（或者更確切地說是濫用）權力的主要因素。不幸的是，自 2007 年發生的經濟崩潰以來，很有可能會使這種社會和刑事司法不公之間互為因果的惡性循環進一步加劇（庫克，2006）。

第六章

神秘的警察：
媒體視野中的警務

一、導論

　　大眾媒體中所描述的警察形象，對於理解警務的政治意義及其警務的角色作用具有重要意義。我們知道，不管是制服警察的巡邏工作，或是便衣警察的偵查工作，都未能非常成功地控制犯罪。但是，警察所具有的象徵性意義深遠而厚重（N. 沃克爾，1996；曼寧，1997、2001、2003；洛德，1997；C. P. 威爾遜，2000；洛德和馬爾卡希，2003）。警察的重要性表明社會上存在着一個專門負責拘捕罪犯的機構，因此給人帶來存在某種刑事制裁的預期（儘管從統計的角度看這種裁制的概率比較小）。在第三章中我們已經知道，英國警察傳統的締造者們致力於將警察的形象構建為理性的法律權威的化身。19 世紀有關警察建立與可接受性之間的衝突在當代的傳媒中展現得淋漓盡致，成為新聞報道、小說和音樂廳的永恆主題（W. 米勒，1999：第 5 章）。從 19 世紀 40 年代中期開始，大眾文學和報章雜誌開始描繪警察「偵探警官」方面的特徵，而且，狄更斯「實際上親自擔任偵探部門的資助人和宣傳代理人」（奧斯比，1976：65 至 66）。從那時起，就開始有

意建立並維持良好的警務形象，使其成為一項良性的、高尚的和有益的公共服務，而在當今的媒體世界裏，這已經成為一項越來越專業化的公共關係運作（R.C. 莫比，1999、2002a、2002b）。

但是，總的來說，在一個大型複雜的、階級分明的社會中，警察工作中所遇到的各種不同階層的人羣分佈是參差不齊的。警察活動的主要對象因人們的社會等級制度的不同而受限，這些人一般是警察所處理的投訴者、受害者或是違法者。儘管從政治意義上來說，決定警察威望、權力及來源的重要因素源自社會中的上層階級。但是，他們與警察的接觸（當然是在對抗性的場合中）主要局限在警察的交通控制功能中。對於這些階層的人而言，大眾媒體是他們對警務工作的認知與偏愛的主要來源。此外，即使是那些與警察接觸更為頻繁的下層社會的人士也是如此，與警察的聯繫主要限於他們中的特定人羣，即年輕男性。低下層階級中的婦女和老年男性對警察的態度至關重要，這對信息的傳播，以及日常遭遇中的衝突能否相對和平地解決性而言，尤其如此。

大量證據表明，大眾傳媒影響了大多數人對警察的看法和政治辯論的框架（卡文德爾 [Cavender]，2004）。例如，在《倫敦警務》(*Policing for London*，簡稱 *PFL*) 的調查中，80% 的人認為新聞媒體是他們對警察信息的主要來源，與此相反，只有 20% 的人援引「直接經驗」(direct experience)。與此同時，「口耳相傳」(word of mouth) 是有關警察信息的第二大最主要來源 (43%)。令人吃驚的是，有 29% 的人提到「媒體小說」(media fiction) 是他們的主要信息來源（菲茨傑拉德等人，2002：圖 6.1，78）。據英國犯罪調查報告 (BCS) 的調查，59% 的人一般從電視和廣播新聞中獲取有關警察的信息，39% 的人從報紙中獲得有關警察的信息，另有 23% 的人主要從電視紀錄片中獲得警察

的相關信息，與此相對應的是只有 20% 左右的人依賴個人經驗或口耳相傳。儘管《倫敦警務》調查報告中很少引用傳媒小說，但仍有 10%的人將其作為有關警察的信息來源（艾倫等人，2006 ：表 2.21）。因此，倫敦大都會警察廳的前任局長伊恩・布萊爾爵士（Sir Ian Blair）於 2005 年在參加英國廣播公司的電視節目丁布爾比講座（Dimbleby lecture）的現場演講時開玩笑說，「實際上，這個國家中的許多人都從事着擁有永久性的國家警察資格證書（NVQ）的職業 —— 我們可以將這種永久性的國家職業資格合格證書稱之為《警務風雲》（The Bill）式的法案」。在「媒體圈」（media loops）中，警務的媒體表述通過其對公共觀念的影響反饋於警務實踐（曼寧，1998）。一個顯著的例子是，新任英國警察部門嚴重犯罪與有組織犯罪調查署（Serious and Organised Crime Agency，簡稱 SOCA）主席史蒂芬・蘭德爵士（Sir Stephen Lander），在他的就職宣言中聲稱，英國警方打擊嚴重有組織犯罪的優先權，將由英國內政部（Home Office）的「決策智庫」（brain boxes）根據對不同類型犯罪的突出特徵的分析結果來確定，並根據新聞媒體專欄內容的關注重點採取相應的應對措施（《英國的犯罪打擊機構將利用新聞報道的關注點確定其執法議程》，2005 年 1 月 10 日《獨立報》）。

　　媒體報道中建構的警務形象，對於實現「贊同」警務具有至關重要的意義。這種媒體建構的警察形象，既不是對警務真實存在狀況的自由反映，也不是對真實警察形象的鏡面反射。媒體建構的警察形象僅是真實警察形象的一種折射，是根據媒體行業的組織性需求、由全體人員和讀者創造的意識形態框架、政治與經濟勢力對警務的真實狀況和外在形象的影響的不斷變化的平衡狀態而構建的。

　　警務的媒體報道具有重要的政治意義，長久以來這一點已經得到警官們的承認。警察運用媒體建構「犯罪浪潮」這一方式，用作增強組

織威信與擴大組織資源的一種策略手段，這方面的事例不勝枚舉（菲什曼［Fishman］，1978；S. 霍爾等人，1978；克里斯滕森等人，1982；R. 鮑爾斯 1983；波特，1998；蘇瑞特［Surette］，2007：第 4 章）。最近幾年來，警察部門開始更為系統地將媒體作為展示他們理想警察形象的一種手段，甚至將媒體作為一種調查取證的資源（菲什曼和卡文德爾，1998；R.C. 莫比，1999、2002a、2002b；英尼斯，1999b、2003b）。對媒體具有顛覆性影響的報道的長期重大焦慮，體現在持續強調對媒體進行新聞審查和控制的要求中。對於媒體所報道的有關犯罪與執法的話題，其背後所隱含的政治與社會含義這一概念，概括地講可以劃分為兩種截然不同的觀點（賴納，2008：315 至 316）。[139] 第一種觀點認為，媒體應當擔負起諄諄勸導公眾的責任，向公眾反覆灌輸尊重法律和道德規範，以及他們自己任命的保護人的觀念。但是，出於商業需要，媒體常常受迎合大眾低級趣味的壓力的影響，最終選擇成為感覺論者，採取聳人聽聞的手段，在大肆渲染案件並美化罪犯的同時，製造轟動效應貶低警察的形象。第二種觀點視媒體為一種佔主導力量的意識形態的宣傳者，對社會秩序的現存制度進行美化和神聖化報道，維護它們通過行動所表達的法律的權威性，以及宣傳維護它們的國家鎮壓機制的神聖不可侵犯性。對主流價值觀和規則的抗爭或支持，通過媒體宣傳轉換為對普世價值中善與惡的形而上學的對抗衝突。因此，作為國家之臂膀的警察，其發揮的角色作用應當是非政治化的。

有關法律與秩序的媒體形象所扮演的角色，無論認為它是「顛覆性的」還是「佔支配地位的」，都太過於簡單。在一個不平等的和等級森嚴的社會裏，各種觀點表達的競爭如同所有的衝突一樣，都是以一定的結構為載體的。從最寬泛的意義上說，大眾媒體所描繪的形象的

重要性,在任何一個相對穩定的社會裏,對現存社會秩序都具有支持作用。但對可信度和理解力的需求,產生了一個媒體在呈現衝突類型變化時的反射映像。不同媒體中的形象也許是互相矛盾的,或者甚至表現出在特定時期對實行改革的一致贊同。理解媒體內容的關鍵是組織動力、思想意識及具有生產力的人員和組織的專業能力(埃里克松森等人,1987、1989、1991;施萊辛格等人,1994;科爾布蘭 [Colbran],2007、2009a、2009b)。

本章將從所謂「真實」的警察形象和文學作品中虛構的警察形象兩個方面,揭示媒體報道中的警察的類型及隱含意義。[140]

二、「真實」的警察形象

20 世紀 70 年代早期,時任倫敦大都會警察廳廳長羅伯特・馬克爵士(Sir Robert Mark)首創了一個前所未有的開放政策,對大都會警察廳與新聞媒體之間的關係進行規範。他將警察與新聞記者之間的關係看成是「即便不是令人心醉神迷的愉快配偶關係,也是一種持久的密切合作關係」。總的說來,新聞媒體對待警察的態度,例如,有關警察角色及其行為的合法性報道,既不是平淡無奇、枯燥無味,也不是風平浪靜、死水微瀾。警察與新聞記者之間常常會因為一些具體問題產生衝突,許多警察有一種真切的感覺,認為媒體對他們的工作抱持歧視或偏見態度。這種觀點並非沒有事實根據。就算媒體對警察的報道內容主要是不斷再現警察角色的基本合法性,儘管如此,媒體仍然會對某些具體的警察行為和特定的警察人員提出批評和質疑。只要媒體的報道沒有太過離經叛道或顛倒黑白,媒體作為一個代表公共利益的獨立、公正、永遠保持警惕的監察者,就會對政府機構進行監督,這

對這些國家機器的合法性而言是大有裨益的（但並非對在這些機構中工作的所有人的行為的合法性有益）。如果媒體僅僅被視為宣傳機構，那麼這些國家機器的合法化進程將不會有效率。

法律與秩序是新聞報道的最重要的主題。大眾媒體對犯罪新聞的關注度遠遠高過那些「高質素」的新聞報道（洛希爾［Roshier］，1973；威廉斯和迪金森［Dickinson］，1993；賴納等人，2000、2001、2003）。有關犯罪的新聞，尤其是有關刑事司法及警務的新聞，隨着時代的發展其報道的比例越來越高（賴納等人，2000、2001、2003）。媒體報道中佔主導地位的內容都是有關具體犯罪行為的報道，而無關犯罪發展趨勢、原因或救濟方案的深度分析報道。廣受關注的犯罪數量與官方的犯罪統計數字所表現出來的趨勢沒有聯繫（洛希爾，1973）。

媒體報道中的犯罪行為特徵和罪犯特性，與官方犯罪統計數據、受害人或自我報告研究所呈現的情況，有着結構上的差異（艾倫等人，1998；賴納等人，2000、2001、2003）。美國犯罪學家蘇瑞特（Surette）將這種現象稱之為「對立法則」（the law of opposites）：「媒體對犯罪和司法的報道和描述與社會中的真實情況是完全相反的」（蘇瑞特，2007：202）。為了防止誤解，需要預先說明的是，用於與媒體呈現作比較的犯罪統計，如將其作為「真實」的測量標準，其本身就是存在問題的。英國和美國的研究表明，持續的記錄呈現出系統性的分歧。

（1）媒體以聳人聽聞的手法過度報道嚴重犯罪，尤其是謀殺、故意傷害或與性有關的案件，目的在於引起轟動效應。雖然挪威進行的兩個研究報告顯示，這不是一個普遍現象，它因不同的政治文化而有差異，但這種現象的存在也並不令人驚奇（豪格［Hauge］1965；格林，2008）。同時，這種報道方式卻導致了與警察角色有關的觀點的意識形

態化的後果。

（2）媒體專注於報道已經偵破的案件。一發生即受到媒體大肆報道的是那些發生在人與人之間的嚴重暴力侵害案件，因為這類案件偵破的可能性極大，因而媒體對此的報道與其他案件相比嚴重不成比例。絕大多數的其他案件只有在拘捕嫌疑人後才予以報道。事實上，許多報道經常是有關審判活動的，特別是法庭審判的開庭陳述階段、法官的證據陳述及結案陳詞和量刑宣判等內容。

（3）媒體所報道的罪犯通常都是年齡較大的成年人，媒體對較高社會地位的人犯罪的報道和對那些較他們地位低的人的犯罪報道相比，也嚴重不成比例（受害者的情況也是如此）。

總而言之，新聞媒體所呈現的是一幅把人引入歧途的犯罪圖畫，其主要聚焦於嚴重犯罪和暴力性犯罪的報道，並重點報道年老、具有較高社會地位的罪犯及受害者。報道也誇大了警察成功偵破犯罪的作用和比例。

毫無疑問，對警察的這種報道，對警察總體上必然是有利的。媒體塑造的警察形象正是警察所希望的角色 —— 存在於秩序與混亂之間的「藍色警戒線」（thin blue line），警察是使那些柔弱的受害者免受邪惡犯罪肆意劫掠的保護者。媒體（從那些具有更高自由度的「高品質」的宣傳機器如《衛報》、《泰晤士報》，到那些大眾通俗小報）一般都維護警察角色，甚至支持警察權力的擴張。正如一份研究報告所總結的那樣，「新聞媒體和它們所報道的警務機構一樣，都成了一個執法機構」（埃里克森等人，1991：74）。

奇布諾爾（Chibnall，1979）對關於英國倫敦弗利特街（Fleet street）[141] 犯罪報道的研究認為，新聞記者們將從有利於警察的角度進行報道視為自己的職責。一句經典的引述說：「如果我必須決定支持

一方或者反對另外一方，無論是好人或是壞人，那麼基於維護法律與秩序的利益起見，很顯然我將站在好人這一方，反對壞人」（奇布諾爾，1977：145）。

　　自 20 世紀 80 年代以來，這一景象發生了相當大的轉變。通常只有在通俗小報上能夠見到那些專業報道犯罪的記者的報道，如今他們有將自己視為偵探工作隊伍的編外人員的趨勢，他們充分利用通俗的平台大肆渲染警察的突襲搜捕工作，並不惜筆墨描述偵探成功偵破的案件。尤其是最近以來，隨着對開大報的流行，例如英國廣播公司（BBC）、英國獨立電視公司（ITV）發行的大開版報紙，他們聘用了在刑事司法領域擁有專長的記者，儘管這些記者被貼上「民政事務」或「法律」記者還有犯罪問題專家的標籤，但是他們報道的內容仍然反映了法律與秩序問題的政治化（施萊辛格和湯博［Tumber］，1994）。這種警方與媒體密切合作，攜手報道有關犯罪的新聞，與以往其他新聞相比其比例不斷上升，同時也將公眾的注意力轉向了與案件相關的刑事司法問題，而不僅是關注犯罪案件本身（賴納等人，2000、2001、2003）。

　　在過去的幾年中，有關犯罪新聞報道的另一個意義深遠的變化也開始明朗化：法庭記者在事實上的消亡（戴維斯，1999a、1999b、2008：77 至 79）。造成這一變化的部分原因是媒體越來越重視對社會名流的新聞報道，以至於那些聳人聽聞、轟動一時的謀殺案也被擠出新聞版面而不能見諸報端（當然，也有另外一種原因即名人效應，例如吉爾・丹道［Jill Dando］謀殺案，媒體仍然大肆報道）。同時，這也是多媒體綜合性企業更趨商業化的操作導向的結果，這些企業擁有不斷增加的新聞產品出口，新聞產品出口又嚴格地控制編輯預算。因此，最終的結果是許多犯罪及有關刑事司法的報道、案例與問題等根本就

沒有得到恰當的宣揚，甚至是那些曾經作為核心新聞主題的轟動性案件也沒有得到應有的報道。

　　儘管如此，記者們仍堅信自己的監督者角色，繼續對警察的錯誤行為進行孜孜不倦的報道。最著名的例子是 1969 年的《泰晤士報》揭露了倫敦大都會警察廳大規模的腐敗問題，引發了 20 世紀 70 年代一系列的警察重大醜聞的暴露。但是，關於警察腐敗的故事通常局限在「一個壞蘋果」（one bad apple）的框架內，也就意味着只揪出極個別的腐敗警察並給予懲罰，從而證明警察機構整體上仍然是優秀的。隨着腐敗醜聞的增多和擴散，要想維持「一個壞蘋果」的合法化模式越來越困難了。於是，從「一個壞蘋果」逐漸演變為「一筐爛蘋果」（rotten barrel），以及到 20 世紀 90 年代末期的「毒樹」（poisoned trees）[142] 的隱喻（龐奇，2003）。

　　然而，總體來講，媒體仍然繼續將對腐敗案的報道置於警察機構的合法化框架內，同時報道大量的警察越軌行為。現在主要的合法性策略就是「醜聞與改革」的話語表述和敍事手法。在報道警察玩忽職守行為的同時，也報道警察與政府為確保在將來不會發生類似的不道德行為和犯罪行為而正採取的改革措施（施萊辛格和湯博，1994）。一個恰當的例子是，一份報紙在頭版頭條報道了全國犯罪調查特勤組（National Crime Squad，簡稱 NCS）[143] 及其他精銳犯罪調查機構內存在的嚴重腐敗現象，同時報道了警方將對投訴程序進行根本性的改革，以便應對和處理這些問題（《觀察者》2000 年 5 月 14 日：1 至 2）。

　　總的說來，對警察有利的新聞報道框架的主要來源，有以下三個方面。

　　第一，由各種不同的具體的組織性壓力所形成的新聞報道，產生了無心的支持警察的意識形態結果。報道尚處於審判階段的案件的趨

勢，部分地源於將記者集中在法院等機構的作法，人們認為在那些地方經常發生具有新聞價值的事件，其結果是導致警察獲得的成功被誇大。警方控制了大部分從事犯罪事件報道的記者所需的犯罪信息，這使得他們具有一定程度的權力成為重要信息的可信來源。報道犯罪的記者的制度化本身就成為常規犯罪新聞不停自我產生的一個原因，並且隨着時間的推移，這些記者通過他們的可靠的聯繫與相關機構建立起了一種共生關係，特別是與警察機構建立了共生關係（奇布諾爾，1977：第 3 章和第 6 章；施萊辛格和湯博，1994）。由於新聞報道必須在最後期限內寫出，這也是新聞報道具有事件指向性的原因，會在犧牲對犯罪過程和政策的原因進行深度分析的前提下，集中關注具體的犯罪事件（羅克，1973： 76 至 79）。出於個人安全及便利的考慮，攝影記者在報道騷亂暴動時通常在警戒線之外進行拍攝，這就造成了警察在面對險惡的「他們」時脆弱的「我們」的形象（默多克［Murdock］，1982： 10 至 89）。這些原因及其他的報道壓力，造成了媒體採取支持警察的態度，這一態度具有相當的獨立性，不同於任何其他有意識的偏見的結果（埃里克森等人，1987、1989、1991；施萊辛格和湯博，1992、1993、1994）。

第二，記者的新聞專業意識形態，對新聞價值的直覺，甚麼素材能夠成為一個吸引人的「好故事」，以上都可以作為一個價值系統進行分析，在進行新聞報道時既突出強調犯罪案件事實本身，又能揭示出隱含於詳細報道內容之中的價值導向（奇布諾爾，1977： 22 至 45；霍爾等人，1978；格里爾，2003、2009a： 186 至 188、2009b：第三部分；朱克斯［Jewkes］，2004）。諸如直接性、戲劇性、擬人化、刺激性和新奇性等，被視為有新聞價值的情緒化因素，會導致（記者）重視有關暴力和具有聳人聽聞的轟動性的犯罪事件的報道（S. 布朗，

2003）。

　　在法律與秩序維度範圍內，處理涉及公開表達政治意願的事件時，諸如在政治示威遊行或有關恐怖主義的報道中，上述這些程序尤其顯露得淋漓盡致（A. 克拉克和泰勒，1980；邁森 [Mythen] 和沃克雷特 [Walklate]，2006a、2006b）。這一過程在一份新聞稿件的產生過程的幕後花絮的詳細研究中得到了充分的展示。這份報道寫的是 1968 年 10 月 27 日在倫敦格羅夫納廣場（Grosvenor Square）美國大使館外面發生的反對越戰的示威遊行（哈洛倫 [Halloran] 等人，1970）。媒體將報道的焦點放在集會示威活動中發生的暴力事件上，主要聚焦於著名的「踢球照片」（kick photo）事件上。所謂的「踢球照片」，是一張兩名示威者挾持一名警察並像踢球一樣將警察扔來扔去的照片。事件發生後的幾天裏，這張照片成為許多報紙的頭版頭條新聞（S. 霍爾，1973）。這張新聞圖片，使涉及範圍更寬的政治問題被集會示威活動中戲劇性的反警察的暴力事件奪了上風。同樣，2000 年 5 月 1 日國際勞動節這天發生在倫敦的「反資本主義者」集會的新聞報道，將主要的關注點放在集會者向紀念「二戰」的和平紀念碑（Cenotaph）和丘吉爾的雕像噴塗顏料上，而對抗議者想要表達的主題卻少有關注。出於新聞價值的專業考慮，是報道有關犯罪與警察的新聞時的決定性因素，這一職業觀完全獨立於任何公開的政治考量。

　　近年來，隨着攝影機的劇增，影像的數量與其產生的新聞價值相適應，但公民拍攝的圖片及其所表現出來的警察暴力卻越來越多，因此，展現警察正面形象的畫面受到了挑戰。從 1991 年的羅德尼‧金（Rodney King）被警察毆打事件，到 2009 年倫敦 20 國集團（G20）會議期間警察對抗議事件的處理，業餘攝影者都記錄下了警察的暴行（勞倫斯，2000；女皇陛下皇家警務督察總署 [HMIC]，2009）。挪威犯

罪學家托馬斯・馬西埃森（Thomas Mathiesen）給這種現象起了一個綽號，將其稱為「單景監獄」（synopticon），[144] 作為權力當局全景敞視主義（panopticism）的「全景監視」的一種舒緩措施（馬西埃森，1997）；加拿大工程學教授斯蒂夫・曼恩（Steve Mann）將這種公民拍攝的影片來挑戰官方監視的現象，稱為「反監視」（sousveillance）（曼恩等人，2003）。

第三，有關法律與秩序的本質特徵，也受到媒體報道的具有明顯的政治意識形態的深刻影響，主要是保守黨的意識形態佔據了主導地位。廣播媒體所代表的是居支配地位的「溫和的中產階級」的觀點，他們理所當然地支持和贊同某些寬泛的信仰和價值觀 —— 斯圖爾特・霍爾（Stuart Hall）曾簡單地將其稱之為「一點國際本身」（a world at one with itself）。[145] 新聞意識形態的基本概念包括「國家利益」、「英國人的生活方式」及「民主進程」等核心概念。這些核心概念被認為受到盲目冒進的激進分子和恐怖分子的威脅，這些人受到一小部分偏激的極端主義者的操縱，他們是暴力和顛覆活動的典型代表，只有脆弱的「藍色警戒線」才能在法律與秩序問題上反敗為勝挽救大局。犯罪與政治衝突問題，這兩者都佔據媒體的主導地位，都直截了當地表現出相同的病理學特徵（異常狀態），警察卻因其作為正常秩序的維護者和普通人的保護者而備受頌揚。

然而，警方經常自認為是受到詆毀和誹謗的人，並經常受到新聞媒體的攻擊。警方發言人也常常對新聞媒體提出批評，這集中體現在1974 年羅伯特・馬克（Robert Mark）在倫敦新聞俱樂部的演講中，他不無抱怨地說：「毫無疑問，在這個國家被辱罵得最多的、受到最不公平的批評、最沉默的少數羣體就是警察。」

警方觀點與媒體報道的內容分析之間存在着矛盾的解釋，導致這

種差異的部分原因是，警官對媒體以頭版頭條的大標題新聞方式所揭露出來的玩忽職守等不當行為的擔憂，這種擔憂並不能用「一個壞蘋果」或「醜聞與改革」等編輯部社論的形式來平息或緩和。認識到這種批評的聲音是很痛苦的，而讚許的評論似乎不那麼引人注目。由於對新聞界報道內容的擔憂，同時也意識到新聞報道的重要性，警方已經試着小心謹慎地處理自己與新聞界的關係了（奇布諾爾，1979；克蘭登和鄧恩，1997；R.C. 莫比，1999、2002a、2002b；英尼斯，1999b、2003b）。蘇格蘭場在 1919 年成立了一個新聞辦公室，這主要是因為警方擔心有些記者收買個別警官，泄露一些未經批准和授權發佈的消息給媒體。自此以後，警方與新聞媒體的關係就開始變得起伏跌宕。1945 年哈羅德·斯科特爵士（Sir Harold Scott）擔任倫敦大都會警察廳廳長，標誌着警察與媒體之間到達誠摯友好的高峰時期，有關犯罪的新聞報道的黃金時代也到來（這與公眾對警察無限信任的「黃金時代」相一致）。正是在這個時期，一些偵探成為超級明星，其中最為有名的便是羅伯特·費邊（Robert Fabian）。[146]

20 世紀 50 年代末期，新聞界報道了一件有關皇家警察委員會的重大醜聞案件，這件轟動一時的事件標誌着警察與媒體之間誠摯友好的合作關係面臨新的開端，因為警方開始對媒體大肆報道警察的不檢點行為感到憂心。然而，20 世紀 60 年代中期，又迎來了媒體對警察進行熱烈讚賞的報道時期。警察隊伍的整頓受到人們的歡迎，被認為是警務現代化的一個突破性進展，而且他們成功地偵破了克雷孿生兄弟（Krays twins）[147] 和理查森（Richardson Gang）黑幫案件，[148] 警察被視為犯罪克星，因而受到各方的熱烈歡迎。警察對 1968 年發生的各種反文化遊行示威事件（特別是格羅夫納廣場［Grosvenor Square］事件）的睿智處理手法，與國外笨手笨腳的鎮壓手段形成鮮明對比，媒體對英

國警察美德的讚揚達到了頂峰。

警察與媒體之間誠摯友好的合作關係受到 1969 年及其隨後發生的腐敗醜聞的影響，但是馬克對此的應對方法，不是把媒體拒之門外，而是通過一項媒體開放政策熟練而巧妙地處理好與媒體的關係，1973 年 5 月 24 日通過的一份備忘錄對面向媒體的開放政策進行了清晰而確切的說明。這是旨在避開對警察獨立性存在的所有威脅的連貫改革戰略的一部分（奇布諾爾，1979）。

自 1977 年大衞·麥克尼爵士（Sir David McNee）取代馬克成為大都會警察廳廳長以後，警察與媒體之間的關係開始變得越來越使人厭煩。一系列的事件引發了媒體對警察的嚴厲批評，尤其是英國廣播公司（BBC）對警方的批評更加尖銳激烈。其中，最為重要的轟動一時的事件是，改編自 G. F. 紐曼（G.F. Newman）的《法律與秩序》（*Law and Order*）的電視劇集自 1978 年 4 月開始播放以來，對警察的描述使得警方對媒體充滿了敵意。監獄警察協會和大都會警察廳曾一度向英國廣播公司提出抗議，並撤回了他們投放的一些安全保護設施和設備。

這個時期警察與新聞媒體之間關係的磨耗，與其說是警方長官個人性格差異的結果（麥克尼在處理與媒體的關係時沒有馬克那麼諳熟巧妙），不如說是警務政治化的一種症狀。1979 年大選是警察干預政治並強化黨派偏見的一個典型事例（I. 泰勒，1980；賴納，1980；唐斯和摩根，2007）。媒體被「法律與秩序」的遊說所利用，建構起了一種有利於滿足其需求的氛圍，但是也同時存在着對警察執法行為進行質疑的暗流，這一點警察自身也看得非常清楚明白（麥克勞林和穆爾吉，1998；洛德和馬爾卡希，2003：第三部分）。

在媒體報道了 1981 年發生的布里克斯頓（Brixton）和托克斯泰斯（Toxteth）城市騷亂及這些事件的後果之後，這些潛在的矛盾變得異常

尖銳和明顯（薩姆納［Sumner］，1982；湯博，1982）。雷恩－劉易斯（Wren-Lewis）（1981 至 1982）對此進行了詳細的分析研究，他將媒體的報道區分為三種不同的話語分析。「法律與秩序話語分析」（law-and-order discourse），將衝突描述為那些偏離航向的十足的流氓行為莫名其妙的爆發，促使人們要求裝備精良的警察對其進行堅決鎮壓。「反警察話語分析」（contra-discourse），是一個與法律、秩序觀點正好相反的激進觀點。將暴亂發生的具體原因描述為，因警察在採取嚴打整治策略時，粗暴手法激起了反警察的示威遊行，從而導致發生暴亂的結果。「社會因果性關係話語分析」（social causality discourse）（這種話語體系得到工黨領導人的青睞），強調政府經濟政策的失敗是造成人們不滿的根源，但是這種話語又接受這樣一個觀念，即需要富有效率的警務措施以壓制那些不為社會所接受的症狀，例如街頭的秩序混亂。雷恩－劉易斯着重強調了媒體在分析布里克斯頓大暴動事件的原因時，所採取的反警察話語分析的新穎性。1981 年在這些騷亂逐漸平息之後的事件原因「解釋」（interpretive）階段，反警察話語分析的觀點，在某種程度上受到了特別的關注。在媒體報道布里克斯頓騷亂事件的最初「揭露」階段，報端充斥着法律與秩序的話語觀點，早期的新聞報道中刊載了大量的有關暴力衝突的煽動性圖片。然而，當議會成立斯卡曼調查委員會（Scarman Inquiry）並對 4 月份發生的騷亂事件開展調查以來，媒體對此的討論進入了停止辯論的階段，試圖對反警察話語分析輕描淡寫，故意縮小其重要性，並重新強調法律與秩序話語分析觀點。1981 年 7 月，當在布里克斯頓、托克斯泰斯、曼徹斯特的莫斯塞德（Moss Side）內城和其他地方突然發生騷亂時，媒體對反警察的話語論調的關注大幅度下降，而新聞報道的內容對於法律與秩序框架的話語則濃墨重彩地大肆渲染。雷恩－劉易斯進而指出，媒體對 1981 年 4 月發生的

布里克斯頓事件的討論中，對警方採取的警務措施的某些批評性觀點具有新穎性。但是在任命斯卡曼擔任調查委員會主席並對 7 月發生的騷亂開展調查之後，他發現社會上存在一種強烈的趨勢，用一種純粹「法律與秩序話語」的分析，取代反警察話語和社會因果關係話語分析。

結果，斯卡曼報告包含了反警察話語分析的要素，認為警方採取的警務措施失當是引爆騷亂的一個核心因素。這份報告對反警察的話語分析與社會因果關係話語分析採取了兼收並蓄的態度，拒絕接受法律與秩序話語分析的大部分觀點。媒體欣然接受了斯卡曼報告的結論，並對斯卡曼報告中對警察戰術的批評觀點進行了大量報道。媒體對騷亂和斯卡曼調查報告的長期共存影響所進行的廣泛分析報道，為那些帶有批判性的分析話語提供了廣闊的空間，同時，從總體上拒絕了採納法律與秩序的分析話語框架（默多克，1982 ： 110 至 115）。毫無疑問的是，承認警方在處理騷亂事件中的失誤和斯卡曼報告的結論，是 20 世紀 80 年代末期在警察部門形成改革氛圍的一個重要因素，預示着警務改革的趨勢（薩維奇，2007 ：第 4 章）。

20 世紀 80 年代中期，新聞媒體對警察事務的一般性報道越來越具批判性。許多新聞影片揭露了明顯的警察濫用權力的行為，例如在重大的公共秩序衝突中（尤其是在礦工罷工事件中）。甚至 1990 年在特拉法加廣場（Trafalgar Square）上發生的反人頭稅的遊行示威活動中，在遊行示威集會剛開始的初期，媒體還從正面報道了警察發揮的積極作用，緊接着媒體就開始深入探究警察在處置示威活動時的粗暴行為和玩忽職守行為。總而言之，從有關警察濫用權力的重大轟動性事件到揭露審判不公，媒體在這一過程中起到了重要作用。媒體揭露的轟動一時的著名案件包括吉爾福德四人案（Guildford Four）、伯明翰六人案（Birmingham Six）、托特納姆三人案（Tottenham Three）。在每一個

案件中，每個調查記者的調查報告及備份文件都對人們拒絕相信警方提供的證據的真實性起到了決定性作用（馬林［Mullin］，1989；沃爾芬登［Wolffinden］，1989；D. 羅斯，1992，1996）。在 20 世紀 80 年代期間，儘管媒體報道的警察正面形象仍佔主導地位，但隨着娛樂節目和新聞故事的不斷增多，有關警察誠信和效用的負面報道的新聞也日趨增多（賴納等人，2000、2001、2003）。

　　20 世紀 90 年代早期，儘管媒體在警務的信任危機的發展中扮演了一定角色，但它只是客觀地反映了這一現象，而不是直接導致這一危險局面的產生。導致警察不僅失去了政府及其意見領袖（opinion formers）的信任，同時還失去了普通公眾的信任，這有其更為深層次的原因，尤其是警察因刑事司法制度和法律與秩序政策的重大失敗而成為替罪羔羊的便利性。然而，警察通過 20 世紀 70 年代晚期和 80 年代早期的「法律與秩序」運動，企圖運用媒體為人們創造出一個不切實際的期望，以便警察能夠獲得更大的警察權力和更多的警務資源，這為警察自身面臨的各種問題埋下了禍根。

　　自 1993 年後，有關警務的新聞報道開始出現相互矛盾的趨勢。警方趨向於從公開影響公眾爭論的活動中退出，這些運動以倡導警務改革的警察局長詹姆士・安德頓爵士（Sir James Anderton）為代表，通過大肆鼓吹警務改革運動來影響公眾爭論的焦點。取而代之的是，警方採取了更全面的方法，通過英國警官協會（Association of Chief Police Officers）來培養一個更加良好的公眾形象（賴納，1991；沃爾，1998；薩維奇等人，2000；洛德和馬爾卡希，2003：第 7 章）。總的說來，媒體的報道對警察的使命是非常有利的，越來越傾向於將警察的使命定義為專門的犯罪控制，以及像「零容忍警務」（zero-tolerance policing）這種以創新取得成果的能力。然而，這種媒體對警務的有利

報道是不穩定的，面臨着越來越嚴峻的挑戰，時常地受到醜聞或警察執法重大失利事件的破壞。史蒂芬・勞倫斯（Stephen Lawrence）案件成為警察效率低下、種族歧視嚴重和警察內部腐敗根深蒂固等問題的綜合反映，成為 20 世紀 90 年代媒體報道和公眾對警察的支持的脆弱特性的縮影。1999 年麥克弗森報告提出的改革措施能夠有力制止警察種族主義歧視流毒的樂觀主義想法，很快就因 2003 年英國廣播公司（BBC）的文獻紀錄片《秘密警察》（*The Secret Policeman*）被打得粉碎。該紀錄片生動形象地記錄了警察的秘密行動，並有力地揭示了警察種族主義偏見的餘毒（麥克勞林，2007：第 6 章）。顯而易見的是，如今媒體對警務問題的報道越來越不穩定、更加複雜和自相矛盾，已不是媒體「霸權」（hegemonic）或「顛覆性破壞」（subversive）的觀點所能夠涵蓋的。

三、虛構的警察形象

犯罪與執法一直都是大眾娛樂媒體的主要內容。偵探小說史學家們樂於把犯罪根源追溯到《聖經》及希臘神話，把該隱（Cain）和亞伯（Abel）或俄狄浦斯王神話（the Oedipus myth）視為犯罪故事的隱秘線索（賽耶斯［Sayers］，1928）。18 世紀的大開版報紙、敍述故事的民間歌謠、「回憶」以及描述攔路搶劫的強盜如迪克・特平（Dick Turpin）[149] 或傑克・謝潑德（Jack Sheppard），[150] 抓賊者如喬納森・懷爾德（Jonathan Wild）等故事的小說，這些作品的交易蔚為繁盛。然而，犯罪偵探小說的真正興起和繁榮，與 19 世紀早期歐洲現代警察力量正式建立之後的發展歷程相伴而生。根據法國保安部的密探（Sûreté）或弓街巡探隊（Bow Street Runners）的前偵探們在其回憶錄中提及的歷史事件所

改編的偵探小說，如雨後春筍般大量出版。這些人物原型取材於 1828
至 1929 年出版的《維多克回憶錄》(*Memories of Vidocq*)。[151] 維多克
從一個小偷最終成為一個抓賊者，並在 1817 年之後掌管了巴黎警察
廳的偵探局。現代偵探小說通常可以追溯到埃德加‧愛倫‧坡 (Edgar
Allan Poe) [152] 的著名短篇偵探推理小說三部曲，其主人公奧古斯特‧
杜邦 (C. Auguste Dupin) 是推理偵探的原型，這三部曲以《莫格街血案》
(*The Murders in the Rue Morge*)(1841) 為開首篇。偵探小說的出現與
現代警察力量的建立進程相生相伴，二者都可以追溯到受人尊敬的知
識階層中存在的一種類似的焦慮，即對「危險階級」威脅危害社會秩序
的憂慮（奧斯比，1976；J. 帕爾默，1978；普里斯特曼，2003；奈特，
2003）。這些偵探推理小說共同包含了對陰謀和破壞問題的相類似的
解決模式：足智多謀富於邏輯推理的偵探象徵着一種自律理性的優越
理想，是富有進取心的理想化人物的化身，與秩序井然的官僚行政組
織共生共息（布朗，2003：第 3 章；瓦利爾 [Valier]，2004：第 1 章；
瓦爾韋德 [Valverde]，2006：第 5 章）。

　　自 19 世紀中期以來，犯罪偵探小說佔據所有重要的大眾媒體出
版物的重要版面。 廣受大眾歡迎的英雄人物，如夏洛克‧福爾摩斯
(Sherlock Holmes)、華人偵探陳查理 (Charlie Chan) [153]、聖徒 (The
Saint) [154]、神探特雷西 (Dick Tracy) [155]、薩姆‧斯佩德 (Sam Spade) [156]
等，無論他們最初起源於何種媒體，最終都會在所有的娛樂形式
上 —— 小說、通俗雜誌、喜劇、戲劇、電影、廣播、電視等 —— 成為
永久最受人喜愛的人物。在英美兩國出售的所有小說作品中，約有四
分之一的小說描寫的都是犯罪故事。英國在過去的 50 年中，約 25%
最受歡迎的電視節目以及大約 20% 的電影，其主要題材都是圍繞犯罪
故事展開的（艾倫等人，1998：60 至 61）。

犯罪與警察比那些小說所描述的故事還更具普遍存在性，他們無處不在，幾乎出現在所有類型的小說中，從龐奇和朱迪，到陀思妥耶夫斯基（Dostoyevsky），到《雨中曲》（*Singin' in the Rain*）（吉恩‧凱利［Gene Kelly］圍着困惑的警察起舞）。儘管每一部作品對警察形象的塑造都有重大的意義，但我將特別關注犯罪類型風格，它們是這些概念最豐富的來源。[157] 在這種風格中（犯罪與執法類小說作為中心主題元素）能劃分出犯罪故事（這些故事的中心人物是一個人或幾個人——有可能是職業犯罪或非職業的外行—— 從事刑事犯罪活動）與執法故事（小說的主角都是打擊犯罪的鬥士，不管他們是職業警察或是非專業人士）這兩大寬泛的類型，兩者之間存在巨大的差別。

一些著作對美國電視在黃金時間播放的犯罪節目的內容進行了分析研究（潘迪亞尼［Pandiani］，1978；利希特爾［Lichter］等人，1994）。一個最引人注目的顯著結論是，他們發現新聞媒體中涉及的有關犯罪行為、犯罪人和執法者的報道與小說的描寫之間，在犯罪類型的陳述方面有着驚人的相似之處（結果從官方的犯罪統計中，也得出了一個相似的分類模式）。電視節目中的犯罪劇集具有以下四個重要的結構性特點：

（1）講述的絕大多數案件都是嚴重犯罪案件，包括相當多的暴力犯罪、大規模的偷竊或造成財產嚴重損失的案件。謀殺、傷害和武裝搶劫犯罪，約佔所有犯罪類電視劇目的 60%。

（2）犯罪通常都是犯罪人有理智和故意實施的，而非衝動、迷惘、隨波逐流或受人影響或驅動的結果。他們是社會地位高的中年白人。他們犯罪的主要動機源於貪婪，雖然通常他們必須訴諸暴力才能達到最終目的。

（3）執法人員常為業餘人員而非專業人士，儘管這已不再是事實情

況。如果執法人員是專業警察，那麼他們通常是偵探。這些人主要是單身、經濟上較為寬裕的中年白人男性。

（4）一般來說，通過他們卓越的個人能力、勇氣和越來越豐富的科學知識，執法者幾乎一定能解決或挫敗任何犯罪。

以上所有的四個因素與現實中真正的犯罪與警務類型正好相反。另一方面，人物角色、主題及環境氛圍等，與黃金時段播放的其他電視娛樂節目有着相似的特徵，主要描述舒適富裕的中產階級、中年人的生活方式。

這些是犯罪類型的基本特徵，它們組成了法律與秩序的核心神話，圍繞這些神話又產生了許多變體。犯罪被描述為嚴重的威脅，主要是對犯罪被害人的財產和人身安全的危害威脅，但同時也危及社會秩序本身的安危。無論如何，法律與秩序的力量有能力的同時也確實能遏制這些威脅。因此，它們被描述成我們社會中最根本和最重要的，甚至是中樞性的組織機構。而且，雖然犯罪很少能夠在社會中佔據上風，罪犯仍是執法者難以對付和需要重視的敵人。他們被打敗並不是因為他們缺乏才智、不夠多謀，缺乏資源或微不足道，而是因為執法者比他們更勇猛，技藝更高超，更具奉獻精神。

然而，圍繞這個核心神話，又發生了各種不同的組合變化，特別是圍繞有關警察的美德、公平正義、魅力以及給予執法者、刑事司法系統和罪犯的同情心等問題，產生了許多從根本上講是矛盾衝突的觀點。隨着時間的流逝，描述犯罪的基本模式也產生了變化。自第二次世界大戰後，出現了一個廣泛的趨勢，媒體對警察的報道持越來越具有批判性的態度，越來越質疑警察的誠實正直和廉潔性，以及對警察在處理犯罪案時的效率產生了越來越多的疑慮（利希特爾等人，1994；鮑爾斯等人，1996；薩姆瑟，1996；艾倫等人，1998；賴納等人，

2000、2001、2003)。故事中(現實生活主要事件的參與者)執法者扭曲規則,已經不再是一個令人遺憾的必需之惡(necessary evil),就像 20 世紀 70 至 80 年代的電視劇集《辣手神探奪命槍》(*Dirty Harry*)的警探一樣。因為(執法者)每天 24 小時都面臨着極其巨大的威脅和各種危險的緊急事態,因此篡改和扭曲規則成為日常警務活動的常態,或者那些警官本身就違法罪犯,這不僅是為了打擊那些更加嚴重的犯罪威脅,而且還藉以打壓少數正直誠實的警察(如《盾牌》[*The Shield*]中的特工)。在《嗜血法醫》(*Dexter*)[158]中,警方的法醫科學家德克斯特,他本人就是一個幹掉那些不太可愛的連環殺手的連環殺手。

有無數的學者對犯罪電影進行過分析研究。[159]描寫警察的小說也成為一些研究的主題(例如,C.P. 威爾遜),同時一些專家的研究成果不僅對警察小說進行過仔細的審查(達夫[Dove],1982;達夫和巴根納[Bargainnier],1986,潘尼克[Panek],2003),還對警察電影(賴納,1981b;帕克,1978;英西阿迪[Inciardi]和迪[Dee],1987;帕里什和皮茨,1990b;N. 金,1999)和警察電視騷(赫德[Hurd],1979;克爾,1981;A. 克拉克,1992;斯帕克斯[Sparks],1992、1993;賴納,1994;伊頓,1995;布魯斯頓[Brunsdon],2000;利什曼和梅森,2003;奧・蘇利文,2005)等進行過專門研究。對警察小說研究的缺乏,反映了近來警察作為英雄的地位的提高,正好與 20 世紀 50 年代早期電視作為主要大眾娛樂媒體的出現相一致。與警察英雄人物(「警察程序」)相關的小說和電影,作為一種獨具特色的次類型載體並沒有真正出現,直到 20 世紀 40 年代末期才逐漸流行起來。因此,20 世紀 50 年代早期,電視就成為總是將專業警察描述為英雄人物的唯一媒體(賴納,2008:320)。

為有助於討論多種類型的執法故事(無論是以文學、電影或電視

的形式）及其他們波動的主導地位和社會意義，我把他們分成 12 種理想模式（見表 6.1）。根據以下七種重要因素將他們區分為不同的種類：英雄人物（主人公）、犯罪案件類型、反面人物（罪犯）、受害者、社會背景、警察組織以及敘述順序。

關於執法的敘述與其他緊密相關的題材有關，比如間諜、調查記者或律師 / 地區律師 / 法庭報道。它們同時也受許多漫畫或者滑稽的處理手法影響。犯罪題材中犯罪主人公的一方可以被類似地歸入幾個重複出現的模式，雖然在這裏並不會探討這些角色。

在這裏我會對每一個類型的警察形象進行簡要的敘述。

表 6.1　執法故事

類型	主角	犯罪類型	反面人物	受害者	場景	警察組織	情節結構
經典偵探	開動灰色腦細胞的奇才（通常是業餘的）。	人為謀殺案 / 殺人手法未知。	表面上看起來有體面的個人動機。	特別容易被謀殺。	受人尊敬的上層階級，通常居住在鄉下。	誠實、善良，嚴守規矩的勤勞者。	秩序—犯罪—古怪的人—推理—秩序恢復。
私人偵探	自僱。動機：榮譽。技能：獻身精神、道德直覺。	貪婪和 / 或激情衝動殺人。神秘性不是關鍵要素。	外表上體面和 / 或是專業人士。人物關係錯綜複雜。	並不總是十分明確。當事人（尤其是被害人）通常都有道德瑕疵。	體面的上層階級，面具下面隱藏的是貪腐和混跡黑道。	儘管暴力、貪腐，但也許強硬且高效。	道德敗壞—僱用私家偵探調查—拳擊格鬥、打架鬥毆、槍彈、婆娘、酒宴—運用道德感來「解決」—道德敗壞一般都會持續。

類型	主角	犯罪類型	反面人物	受害者	場景	警察組織	情節結構
警察程序	普通警察，運用鞋印、指紋、法庭科學技術等。	通常為獲得某種東西而進行的謀殺，懸疑刺激與如何抓捕罪犯比較起來，不那麼重要。	通常情況下是職業罪犯，沒有同情心。	普通人，體面的民眾；身體虛弱，誠實、本分的無辜者。	跨區域的城市生活，包括警察的家庭生活；警察程序—社會秩序得到恢復。	一羣樂於奉獻的職業警察；層級森嚴，但是按照勞動分工組建的官僚組織機構。	秩序—犯罪—令人厭煩的事情接踵而至—請求警察解決難題。
義務警員	孤狼型警察或業餘人士。技能：冷酷的狂熱。	習慣性的野蠻行為；刑事犯罪人，不一定是經濟犯罪人。	即便是經過「精神分析療法」治療，仍然無法治癒。	受折磨的無辜者，易輕信他人。	被天真、無能的精英管理的都市叢林。	受規則約束的行政管理官員與街頭聰明警察之間的對抗。	都市叢林法則下的街頭暴力—無情的追逐打鬥—統治精英試圖約束限制義務警員的行為—反抗與挑戰—「正常」叢林生活的恢復。
民權保護	職業化、具有奉獻精神、條文主義的警察。	事件的神秘莫測使主人公人物能夠展現專業精神。	通常的個人動機，有一點點同情心，關心個人權利。	受人尊敬/有影響力：為追求「結果」而承受強大的壓力。	不平等的社會，金錢與地位的「談話」。	權力的僕從。	不公正的秩序—犯罪—無辜的被告—專業精神—解決問題—更為公正的秩序。
臥底神探	生存技巧就是：勇氣＋與黑社會的共生：擁有頑強的「生存」能力。	有組織的敲詐勒索。	專業化的組織結構，犯罪頭目未知（或者需要證據證明）。	普通市民。	黑社會。	需要專業化的職業警察團隊為主人公提供支援。	秩序—犯罪—滲透—主人公在敲詐勒索活動中崛起—揭露犯罪偵破案件—英勇搏鬥—秩序。
特立獨行的警察	正直誠實的「獨來獨往」的警察。	警察暴力或警察腐敗。	其他違法的警察。	犯罪嫌疑人或普通市民。	警察局＋黑社會犯罪組織。	一筐爛蘋果（整體腐敗），或一個爛蘋果。	警察異常行為—調查犯罪—控制異常行為或控制調查員。

類型	主角	犯罪類型	反面人物	受害者	場景	警察組織	情節結構
越軌警察	流氓無賴式的警察或弗洛伊德式的警察（內心思想情感困擾）。	故事中的警察主角涉及濫用暴力或腐敗。	職業化的罪犯或惡棍故意「引誘」警察採取暴力手段或腐敗。	犯罪嫌疑人，受到警察主人公的處理，或受普通公眾的處理。	警察局＋黑社會犯罪組織。	總體上是個正直誠實的警察，但也是一個腐敗的警察。	引誘一警察主角的墮落一改過自新的機會一悔過自新／死亡。
執法鐵漢	精英警察、精力充沛。	有組織的敲詐勒索。	著名的黑幫（也許其頭目是匿名的人物）。	普通老百姓。	黑社會與上流社會的對抗。	頑強的戰鬥團隊。	秩序一敲詐勒索一戰鬥一勝利一秩序。
阿帕契要塞（要塞風雲）	日常普通警察團隊。	「突襲搜查」，與少數族裔敵人的小規模衝突。	貧民窟的惡棍，以及改變信仰的叛教者或愚蠢的白人。	普通老百姓。	在敵對領地上建立的警察前哨基地。	受到圍困的少數族裔。紀律或偏異行為破壞了友誼。	冷戰一意外事件一全面戰爭的威脅一麻煩製造者一冷戰。
警察團體	日常巡邏的普通警察：非常有人情味。	許多輕微的不端行為，誘使警察採取玩世不恭或憤世嫉俗的態度。	沒有特定的人物，真正的反面人物是絕望的憤世嫉俗者。	普通居民。許多人都是些令人討厭的「混蛋」。	警察局／警車，與城市叢林生存法則或者家庭緊張形成強烈反差。	兄弟情誼，根本不同類型的「家庭」。	以流浪的歹徒為題材，警察是拯救其靈魂或是自身也迷失其中？
社區警察	例行公事的巡邏警察：非常具有人情味。	如果有不當行為的話，也是微不足道的。	如果可能的話，則可能是一個回頭的浪子。	普通公民，社會中堅力量的公民。	機構組織，團結和睦的社區。	較大社區（社群）的微觀世界（縮影），無明顯的等級化和專業化。	秩序一日常生活中的人際關係問題一警察運用道德智慧＋社會性聯結一秩序恢復。

（一）經典偵探小說中的警察

19 世紀末至 20 世紀初是夏洛克・福爾摩斯的全盛時期，直到 20 世紀 30 年代，絕大多數偵探小說故事，都是經典的神秘偵探故事。故事圍繞一名未知的罪犯 —— 通常都是一名看起來不可能實施犯罪的

罪犯——所實施的難以理解、令人困惑的案件情節展開。小說故事中的犯罪嫌疑人有可能是各種各樣的，但是通過運用偵探小說之王阿加莎・克里斯蒂（Agatha Christie）[160] 筆下的赫爾克里・波羅（Hercule Poirot）[161] 所謂的「灰色腦細胞」（little grey cells）——這個言行古怪的英雄用他超級的神經細胞——排除了所有轉移注意力的迷惑人的「障眼法」（the red herring），最終揭露出看起來不可能實施犯罪的罪犯。警察通常被描述成一個笨手笨腳的人，或充其量是一個沒有想像力的行政官僚，能夠處理日常的普通案件，但是遠遠還不能處理許多錯綜複雜的案件。將警察描述得缺乏洞察力（還包括英雄人物的同伴以及記錄者，如華生醫生這樣的人物形象，都是缺乏想像力的人物），其目的是突出英雄主人公的卓越天資才能。偵探通常都是業餘的或者顧問偵探。即使是在 20 世紀 20 至 30 年代經典偵探小說的「黃金時期」，他（罕有「她」）很少是一位職業警察，如弗里曼・威爾斯・克羅夫茨（Freeman Wills Crofts）[162] 所描寫的《巡官弗瑞奇》（*Inspector French*），恩加伊奧・馬什女爵士（Ngaio Marsh）[163] 的《羅德里克・阿萊恩》（*Roderick Alleyn*），邁克爾・英尼斯（Michael Innes）[164] 的《巡官阿普爾比》（*Inspector Appleby*）及厄爾・德爾・比格斯（Earl Der Biggers）的《華人探長陳查理》（*Charlie Chan*）（他們中的大多數都是多種媒體類型中的主角人物）。但是，他們大多是不同尋常的警察，他們有獨立的謀生手段，受過精英教育，能夠滔滔不絕地吟誦詩歌，引用各種深奧的典故，以及在面對那些高傲自大、媚上傲下的業餘偵探時，經常會引經據典。很顯然，這些人絕不會因為適度且穩固的薪金等如此粗俗的目的加入警察隊伍。與他們同行的那些業餘偵探完全依賴受人邀請而在令人毛骨悚然的鄉村鬼宅裏度過周末相比，這份工作給警探們提供了更多能夠接觸許多神秘的死屍的案件。與下面的警察小說

模式不同，這些超級偵探總體上具有偵探的傳統，主要依靠他們的聰明大腦偵破案件，而不是依靠警察權力或武器破案。

與雷克斯·斯托特 (Rex Stout)[165]（尼祿·烏爾夫 [Nero Wolfe] 系列偵探小說的作者，經典傳統的偵探小說大師）的理論「不喜歡神秘故事的人都是些無政府主義者」正好相反，經典業餘偵探故事並不真是與法律與秩序相關的。普通警察能夠發揮出應有作用的這種總體上朦朧的畫面與此是相衝突的。那麼，在一個如此有序的社會形象中，可以預見的和日復一日的日常生活行為，任何一個細小的反常行為，在目光銳利的偵探眼中都可能成為一個有價值的線索。但是，上述所有這些環節僅是建構小說情景要求的一種結構性、可能性，受害者之所以被害有其可憐之處，同時也並非總是善有善報、惡有惡報。受害者一定是一個「特別容易受到謀殺」(exceptionally murderable) 的人，他或她的身上有如此眾多的令人作嘔的個性缺點，以至於其他人有足夠的謀殺動機將他（她）殺死，同時，小說中也提供了大量的轉移人們注意力的障眼法（格雷拉 [Grella]，1970：42）。而且，偵探不想背負現實生活中有關證據的法律要求那種強制性的義務。擺脫此種強制性法律義務的最好方法是，小說中謀殺者殺人的動機是如此令人同情，以至於偵探在憑其高超的本領發現了犯罪人的真實身份後，不會直接將他或她交給警方。偵探事實上扮演了義務警員的角色，行使的是他個人眼中的正義觀，而不是法律的正當程序（呂爾曼 [Ruehlman]，1974）。

經典偵探故事在出版讀物中仍然十分暢銷，以阿加莎·克里斯蒂小說改編的寬銀幕電影給 20 世紀 70 至 80 年代的英國電影院及電視業帶來了巨大的商業利潤。如今絕大多數經典偵探故事的主人公都是職業警察。較受歡迎的一系列令人喜愛的警探人物，包括 P. D. 詹姆

士（P. D. James）[166] 筆下的達爾格利什探長（Dalgleish），魯思・倫德爾（Ruth Rendell）筆下的韋克斯福德探長（Wexford），柯林・德克斯特（Colin Dexter）刻畫的莫爾斯探長（Morse）（以及他最近塑造的繼任者劉易斯探長［Lewis］），R. D. 溫菲爾德（R. D. Wingfield）塑造的福斯特探長（Frost），卡洛琳・格雷厄姆（Caroline Graham）在《殺機四伏》（*Midsomer Murders*）一書中描寫的巴納比（Inspector Barnaby）探長，伊恩・蘭金（Ian Rankin）筆下的雷布思探長（Rebus），雷金納德・希爾（Reginald Hill）的《達爾齊爾與帕斯科》（*Dalziel and Pascoe*）以及該類型的其他作品。這些經典偵探神秘故事仍然非常受歡迎，雖然在很大程度上受到了評論家和社會學家的忽視（在斯帕克斯的論述中又作別論，1993）。

（二）私家偵探

20 世紀 20 年代晚期和 30 年代早期，丹尼爾・哈米特（Daniel Hammett）的小說和故事，預示着一種新型的偵探神秘小說類型的到來：粗獷的冷硬派偵探小說。[167] 哈米特神秘偵探小說流派的繼承者們，尤其是雷蒙德・錢德勒（Raymond Chandler）、羅斯・麥克唐納（Ross MacDonald）[168] 和米奇・斯皮蘭（Mickey Spillane），[169] 無論是在影視作品或者文學作品中，他們作品中所刻畫的私人偵探形象，在20 世紀 40 年代成為執法者的主要模型。這些人物原型來源於以下這些人物：羅伯特・帕克（Robert Parker）[170] 筆下的斯賓塞（Spenser）和詹姆士・李・伯克（James Lee Burke）[171] 筆下的達夫・羅布什肖（Dave Robicheaux）（格赫林［Geherin］，1980）以及更近一些時候的各種女權主義的化身，如莎拉・帕雷特斯基（Sarah Paretsky）的女神探沃莎斯基（V. I. Warshawski）。[172] 在錢德勒（1944）的作品中，與經典偵探小說

中的偵探人物比較而言，他高度讚揚了冷硬派私人偵探的優越性，認為新型偵探小說中的私人偵探的優點在於它更具有現實性。但這一觀點並非真正的無懈可擊。私人偵探小說中的環境和人物特徵也許更骯髒污穢和更粗俗，但是小說中的主人公比私人偵探更具浪漫情懷，特別在錢德勒的筆下，更是成了一個現代的游俠騎士，孤獨地棲身於治安混亂的窮街陋巷。並且，小說中充斥着一種強烈的社會批評和政治責任感，通常帶有一種激進，至少是平民主義的風格（斯皮蘭的偵探小說是唯一的例外，因為他的政治立場是極「右翼」的觀念）。私人偵探受客戶的委託，在充斥着黑暗腐敗的現代都市裏開展堂吉訶德式的探索調查，委託私人偵探的當事人儘管不是最初的犯罪嫌疑人，但是通常情況下卻常常是一個背信棄義的奸詐的人。某個特定的充滿秘密的案件最終被私人偵探揭露出來，犯罪分子被繩之以法，正義得到伸張（儘管一些謎團要素在小說中從來都不具有真正重要的意義），儘管私人偵探們有能力和才幹，但是社會本身不會因為這樣一些英雄的個人行為而得到撥亂反正和修復。通常情況下，警察也是腐敗網絡的一部分，警察自身也可能會接受賄賂、貪贓枉法，從犯罪人那裏撈油水或者／並且殘忍無情，不講情理甚至充滿暴力。但是，警察並不愚笨，也不軟弱。從行政管理的角度看，有些警察甚至還是富有效率的執法者。私人偵探的優越性不在於其特殊的技能，而在於與非選拔產生的腐敗的警察相比，他們更具有節操和奉獻精神，能夠違反複雜的官僚程序，而按自己的方式辦事。

（三）警察程序小說

警察程序小說（the police procedural novel）[173] 出現於 20 世紀 40 年代晚期，顯然，警察程序小說是私人偵探小說更具現實主義的承接

者。這類小說幾乎在各種媒體中同時出現：出自美國的希拉里・沃（Hillary Waugh）和英國的約翰・克里西（John Creasey）[174]（尤其是他以馬立克［J. J. Marric］為筆名發表的《蘇格蘭場勇士吉迪恩》[*Gideon of the Yard*] 系列）等先驅者之手的小說；1947 年以《不夜城》（*Naked City*）為先鋒的電影（後來被改編成一部深受歡迎的電視劇集）；廣播和電視，例如傑克・韋伯（Jack Webb）的《法網恢恢》（*Dragnet*）——都是經典的警察程序類小說。韋伯（Webb）最著名的言論：「女士，我們只需要事實」，是對警察程序故事的獨特特徵所作的最好的總結。故事中的主人公是普通又平凡的警察，個人沒有甚麼魅力而顯得單調乏味，但通常都有快樂的家庭生活，他們有着專業技能和奉獻精神，但是並不十分聰明。他們依靠一個高效的組織、先進的技術輔助以及法律權力的支持而得以成功破案。通常情況下，他們不得不同時展開好幾個案件的偵破工作，最初這種寫作手段會造成一種貌似真實的警察生活寫實性光環，但很快就成為一種陳詞濫調。故事中的組織是一個團結的整體，儘管每個人的警衛等級高低和職能分工不同，但是不會帶來衝突。由於沒有過分的差別或者沒有甚麼特別令人感到怨恨的事情，因此他們都服從警察局領導的命令。與此同時，警察的職業自豪感及他們之間的友情，也並沒有使他們與公眾疏遠。警察有自己充滿意義和人性化的私人生活。在物理細節和圖解層面上，警察程序小說與早期的神秘探案小說比起來，明顯表現出更具「真實性」。但是總的來說，警察程序小說對警察工作的描述沒有那麼準確。當前非常流行的法庭科學故事系列電視劇集，仍然屬於警察程序小說的一種變體。這類故事的特徵是，偵探運用最先進的技術或體現最高水平的非凡才能以及科學知識調查犯罪，以此烘托出難以對付的犯罪的狡詐性，從而彰顯偵探工作的輝煌業績。非常暢銷和流行的小說包括《滅罪鑒證

科》(*CSI*)、《解密高手》(*Cracker*)、《識骨尋蹤》(*Bones*)、《無聲的證言》(*Silent Witness*)、《行屍走肉》(*Walking the Dead*)、《數字追凶》(*Numbers*)、《犯罪心理》(*Criminal Minds*)。科學的運用消釋了警務中可能存在的緊張關係，因為通過最小程度反作用力的客觀技術的運用，就能夠毫不含糊和清楚明白地證明犯罪。

(四) 義務警員小說

義務警員 (the vigilante) 是一個獨來獨往的獨狼型警察，或是一位合法權利受到侵害的憤憤不平的普通公民。前者的人物原型來自奇連‧伊士活 (Clint Eastwood) 的《辣手神探奪命槍》(*Dirty Harry*)，後者的人物原型是根據布賴恩‧加菲爾德 (Brian Garfield) 的小說改編，由查爾斯‧布朗森 (Charles Bronson) 在《但求一死》(*Death Wish*，1974) 電影中所扮演的角色。

義務警員故事是對警察程序價值的含蓄的否定。警察程序故事中的警察在犯罪面前顯得軟弱無力。只有街道上的聰明警察才真正了解罪犯的邪惡本性，才能有效地制服他們，他們不服從或者公然反抗法律規則或警察部門的規則和規章制度的約束限制。義務警員故事很明顯是一個有關法律與秩序的童話，把警察權力視為解決重大犯罪威脅的唯一手段。為達到這個目的而進行的典型情節設置，把普通城市生活展示為都市叢林，小說中的故事所聚焦的具體犯罪／罪犯通常都是極端兇殘野蠻的。這類小說中所描述的警察部門，並不是警察程序小說中所描述的那樣是一個團結的組織。所有義務警員類小說中，街道警察與管理警察之間存在巨大的鴻溝及衝突，導致這種差異的原因是，從事管理的警察出於「政治因素」限制和約束了街道警察功能的發揮。市民們雖然整體上贊成義務警員與犯罪分子的戰鬥是正義的行為，但

是並沒有真正地理解或支持他們的行動，對於清除他們的道德垃圾的義務警員的行動，市民們寧願知道得越少越好。

義務警員小說是法律與秩序政治觀點的清晰反映，正是這一觀點確保了理查德‧尼克遜（Richard Nixon）在 1968 年的總統選舉中獲勝。從 1968 年早期到 20 世紀 70 年代中期，是義務警員小說的鼎盛時期──在美國進行的民間調查中，法律與秩序問題通常被民意認為是主要的國內矛盾。警察成為白人「強烈抵制」（backlash）和中年人的「牧羊鞭」（kidlash）的強大凝聚力的象徵，把「支持你們當地的警察」作為有效的行為準則的代碼。在義務警員的影片中，充斥着有關當代法律與秩序問題的各種爭論，正如在影視劇《辣手神探奪命槍》中對 20 世紀 60 年代聯邦最高法院作出的備受爭議的判決（例如，聯邦最高法院對米蘭達［Miranda］案件和埃斯科貝多［Escobedo］案件的判決）進行攻擊一樣。通過非常受歡迎的電視劇集《除暴安良》（*The Sweeney*）[175]及改編自該劇的影片《目標》（*Target*），[176] 義務警員的警察形象在英國也受到了公眾的歡迎。

義務警員的故事獲得了如此的成功，清晰地表達了廣泛的公眾共享情感，它不僅僅關乎法律與秩序問題，而且更關乎對官僚機構的反文化和激進主義（以及保守主義）的覺醒，以至於它開始成為警察小說的原型（N. 金，1999）。在整個 20 世紀 80 年代和 90 年代，義務警員故事都深受公眾喜愛，非常流行，其中最為著名的有《致命武器》（*Lethal Weapon*）、《虎膽龍威》（*Die Hard*）、《比佛利山超級偵探》（*Beverly Hills Cop*）電影系列等，這些影片都獲得了巨大的成功，廣受公眾喜愛，同時也創下了高票房收入（艾倫等，1998： 62 至 63）。這類電影的最新出現的傾向展現了人們所崇尚的後現代的幽默、先知先覺的炫酷和自反性等時尚特徵。義務警員模式的流行正是警察故事廣泛地被

視為法律與秩序神話的原因所在，儘管在不同的時期流行的虛構的警務模式有着根本性的不同。在嚴厲的法律和秩序的霸權時代，義務警員具有悲劇意義的平衡的道德價值觀，已經被主人公毫不猶豫地運用質問手段和殺戮行為所取代，而且通常情況下這些人自身還貪腐和冷酷無情（《反恐 24 小時》[*Previously 24*]、《盾牌》[*The Shield*]、《嗜血法醫》[*Dexter*]）。

（五）公民權利小說

公民權利警察小說（the civil rights story）與義務警員故事的敍述正好相反。警察組織（及它的政治領導人）被描述成只關心「結果」，而肆意踐踏正當法律程序和法定程序。故事的主人公是官方正式警察組織的一員，深受警察程序模式的影響（他們一直很樂意地在傑克・韋伯 [Jack Webb] 的團隊中工作），但是他卻不得不面對一個非專業的組織。情節的發展讓主人公證實了警察應該得其利而無弊。只有嚴格遵循正當法律程序的規定，他們才能避免冤枉好人，也才能避免使罪有應得的惡棍（以及危險分子）逃脫法律的制裁，逍遙法外。

這種描述模式的典型例子是約翰・鮑爾（John Ball）於 1965 年發表的小說《惡夜追緝令》（*In the Heat of the Night*），根據該書改編的同名電影獲得了巨大成功，贏得了 1967 年的奧斯卡獎。維吉爾・蒂布斯（Virgil Tibbs）（由西德尼・波迪埃 [Sidney Poitier] 扮演）是一個大城市中的黑人偵探，只因為他在路過佐治亞州的一個名為斯巴達的小鎮，作為當地的陌生人，而被當地警察當作嫌疑人拘捕。蒂布斯冷靜沉着地運用自己的職業技能找出了真正的罪魁禍首，並給當地那個草率固執而心胸狹窄的警長上了生動的一課：具有大學學歷（意指具有扎實的專業技能）比起拷問來，是更為有效的偵查破案工具。

　　警察小說中的民權故事階段只持續了幾年—— 大約從 1965 年到 1968 年。雖然總體上來說，將此類小說視為對政治事件的直接反射是一種誤導，但是這類小說與政治事件的聯繫卻是十分清楚明顯的。縱觀 20 世紀 60 年代初到 1968 年，美國主要的國內問題（正如民意調查所表明的那樣）是「種族問題」或「公民權利問題」。1968 年，法律與秩序問題作為主要的國內政治問題的出現，與公民權利的警察故事被義務警員的警察故事所取代的時機恰好同時發生。

（六）臥底警察小說

　　雖然臥底警察（the undercover cop）這一戰術也許會運用於任何一種警務風格中，但是臥底警察與義務警員之間存在着一種特殊的互相利用的共生關係。這部分是因為臥底警察故事中的主人公，在瞞騙犯罪分子和與罪犯密謀的實踐中（如果主人公不是一名警察密探的話），人們對他們的道德可靠性是半信半疑的。同時，還因為臥底密探貌似真實的掩蓋身份，使得罪犯把他看成是他們中的一員，因此臥底密探也必須表現出惡棍的形象。1948 年拍攝的電影《無名街道》(*Street with No Name*) 中的遵守警察程序的輪廓鮮明的警探馬克·史蒂文斯（Mark Stevens）或 1949 年電影《白熱殺機》(*White Heat*) 中的埃德蒙·奧布賴恩（Edmond O'Brien）滲入犯罪團夥內部，他們都是嚴格地按程序辦事的警察，他們很難使那些罪犯輕易地受騙上當。另一個看上去更為真實的事例，是在 1935 年的《執法鐵漢》(*G-Men*) 或 1936 年《子彈與選票》(*Buletsor Ballots*) 中，詹姆士·卡格尼（James Cagney）或愛德華·G·魯濱遜（Edward G. Robinson）利用他們塑造的神形兼備的黑幫人物形象，成功地實施了臥底密探工作。

（七）特立獨行的警察小說（一筐爛蘋果中的好蘋果）

　　警察特立獨行的故事與公民權利故事有密切聯繫。這類小說描述了一個特立獨行的誠實警察與腐敗組織做鬥爭的故事。公民權利小說與此類小說的不同之處在於，講述公民權利保護的警察故事關注的是為了達到將罪犯繩之以法的目的而侵犯公民權利的問題，而不是利用工作機會和警察職權獲得個人的物質回報。

　　在納普委員會（Knapp Committee）[177] 揭露了紐約警察部門普遍存在的腐敗現象後，警察特立獨行的小說在 20 世紀 70 年代得到了迅速發展。經典例子是根據弗蘭克・賽皮科（Frank Serpico）[178] —— 警察部門內的一個誠實的警察對腐敗的揭露催生了納普調查委員會的建立 —— 的經驗所寫成的書和改編的電影。許多其他參與這些事件的人後來都出了回憶錄或者紀實性小說（例如，1982 年的《城市王子》[Prince of the City]）。特立獨行的警察故事繼續成為充滿活力且非常流行的一種亞風格（比如《龍年》[Year of the Dragon]，1985；《鐵面無私》或譯《義膽雄心》[The Untouchables]，1987；《鐵案風雲》[Q. and A.]，1990；《流氓警察》[Internal Affairs]，1990；《警察帝國》[Cop Land]，1997；《洛城機密》[LA Confidential]，1997；《夜落曼哈頓》[Night Falls on Manhattan]，1997；《訓練日》[Training Day]，2002；《無間道風雲》[The Departed]，2006）。

　　在英國也同樣如此，蘇格蘭場（Scotland Yard）（倫敦大都會警察廳）的醜聞也激發了一些小說和影視劇聚焦於警察的腐敗問題。伯納德・湯姆斯（Bernard Toms）的《奇妙事件》（The Strange Affair）——（1968 年被拍攝成電影，由邁克爾・約克 [Michael York] 主演），如同電影《賽皮科》（Serpico）一樣，主要講述了一個特立獨行的誠實警察

與腐敗的警察組織所進行的頑強鬥爭（儘管沒有取得成功）。G. F. 紐曼（G. E. Newman）的《討厭鬼》（*Bastard*）系列小說和更為有名的《法律與秩序》（*Law and Order*）小說及其戲劇三部曲，以及戲劇《壞家伙》（*Operation Bad Apple*）等，都用批判的眼光揭露了警務領域中存在的貪腐問題，反映了 20 世紀 70 年代警察腐敗醜聞所帶來的衝擊和影響。最近拍攝的一些英國電視劇集，繼續聚焦於特立獨行的警察及其行為，例如，《生死一線間》（*Between the Lines*）、《警察》（*Cops*）、《不道德行為》（*The Vice*）、《頭號疑犯》（*Prime Suspect*）以及自 20 世紀 90 年代以來劇集不斷增多的其他影視劇，例如《警務風雲》（*The Bill*）（布魯斯登，2000；利什曼和梅森，2003）。

（八）越軌警察小說（一筐好蘋果中的爛蘋果）

這種類型的小說又包括兩種亞變體。一種是在「弗洛伊德式警察」（Freudian fuzz）的故事中，中心人物是一位可以被歸類為義務警員風格的具有暴虐行為的警察，他們的暴力行為（與義務警員故事的敘事風格不同）不被法律所認可。他違反規則是因為受到了由警察工作而產生的普遍的憤世嫉俗感以及主人公自身的某種特殊心理脆弱性的雙重壓力，儘管有「心理分析」的描述，但是，從道德上來說，很難對他們的行動作出合理的解釋。典型的例子是西德尼・金斯利（Sidney Kingsley）的劇本《偵探的故事》（*Detective Story*）及 1951 年的同名電影《偵探的故事》（其他的事例，參見賴納，1981b： 205 至 207）。「弗洛伊德困擾」式警察並不是壞人，因此，他們都有進行自我救贖的機會，儘管這樣常常讓他付出生命的代價。

另一種變體是「流氓警察」（rogue cop）的故事，故事中的主人公之所以出現越軌行為，至少部分原因是為個人獲利，雖然着重強調了他

們處於受誘惑的「利誘邊緣」(invitational edge)，致使他們的做法即使是被視為不可饒恕的行為，但是也是可以理解的。典型的例子有 1950 年約瑟夫・洛西 (Joseph Losey) 的電影《潛行者》(*The Prowler*) 和 1954 年的《流氓警察》(*Rogue Cop*)。因為這些影視作品中的主人公並不是徹頭徹尾的大壞蛋，所以通常情況下，在影片中有通過自我犧牲的死亡來對他們的行為進行救贖的情節。

在 G. F. 紐曼 (G. F. Newman) 的作品中，特立獨行的警察與越軌的警察形象相結合 (一籮筐的爛蘋果)，因而在暢銷小說中產生了一種最為陰冷淒涼、沒有希望的殘酷的警察形象。近代的美國特立獨行的警察故事，也出現了越來越多的悲觀主義傾向，內部腐敗問題已經成為警察部門的特殊病症，而不僅僅只是陣發性問題 (例如，《流氓警察》、《洛城機密》、《警察帝國》、《訓練日》和《盾牌》等影視劇中所描述的警察)。

(九) 執法鐵漢型的警察小說

與其他幾類不同的是，執法鐵漢型警察小說沒有任何自命不凡的嚴肅性的例子。它屬於 B 級電影 (B movies)[179]、廉價的通俗雜誌或小說、周六晨間影院系列和連環畫的範圍。這種類型的警察故事小說，一點也不涉及道德、政治問題，甚至也不涉及警務的現實問題或警務面臨的兩難困境，而在其他所有類型的警察故事中，都以某種形式涉及這些問題。相反，這種類型的警察故事小說，奠定了「警察與強盜」故事的基礎形象，而其他類型的小說則建構了更加複雜的故事結構。這些故事都是警察與流氓暴徒組織之間，圍繞着「打擊犯罪」而進行的謀劃並開展戰鬥、襲擊的簡單情節衝突。例如，諸如 20 世紀 30 年代的執法鐵漢型電影《置若罔聞》(*Let' Em Have It*)、《一團亂

麻》（*Muss'Em Up*）[180]、《窮追猛打》（*Don't Turn' Em Loose*）、《絕不手軟》（*Show' Em No Mercy*）（義務警員的警察故事還沒有作為一種有爭議的觀點立場），或者是經久不衰的《至尊神探》迪克・特雷西（Dick Tracy）（此人物來源於 20 世紀 30 年代的一部連環漫畫，後來逐漸成為 B 類電影以及系列電影和廣播劇的人物特徵，並在沃倫・比蒂［Warren Beatty］於 20 世紀 90 年代拍攝的好萊塢大片中再度復活）也屬於此類小說。20 世紀 50 年代後期的電影日趨複雜老練，這種類型的影片逐漸退出電影市場。但是像諸如《鐵面無私》（*The Untouchables*）或《警界雙雄》（*Starsky and Hutch*）等電視劇集仍深受觀眾喜愛，儘管這些影片是那個時代風尚曲折變化的反映（前者代表的是警察程序，後者反映的是義務警員）。自 20 世紀 90 年代早期以來，寬銀幕電影業又開始復甦，在《至尊神探》、《致命武器》和一些不那麼重要的派生影視作品中，部分好萊塢的影片回歸懷舊和逃避現實的冒險經歷題材，從 20 世紀 70 年代晚期的電影《星球大戰》（*Star Wars*）和《超人》（*Superman*）開始，持續到執法風格的影片《蝙蝠俠》（*Batman*）。

（十）《要塞風雲》警察小說

《要塞風雲》（*Fort Apache*）[181] 故事，因其發生的背景而不是它的敍述結構而著名。其中最典型的事例是海伍德・古爾德（Heywood Gould）的小說《要塞風雲》（*Fort Apache*）和《布朗克斯區》（*The Bronx*），以及受其啟發由保羅・紐曼（Paul Newman）在 1981 年拍攝的電影。這類小說部分是警察團體對以歹徒為題材的小說的闡釋，部分是（警察未偵破的）謀殺謎案，部分是警察團體的描述，部分是「公民權力」故事。小說題材的主要特徵和鮮明特色已經體現在題目之中。警察被描述成老舊的美國騎兵，被圍困在敵對領土上孤懸的要塞堡壘

之中，身處險惡的環境裏動彈不得。這種軍事隱喻與執法鐵漢的長篇故事相比，其驚險刺激和波譎雲詭的程度相差無幾，但對「敵人」的描述則完全不同。在「執法鐵漢」或「神探特雷西」式的故事中，「敵人」只有一種含義，那就是毫不含糊地描述為臭名昭著的惡魔。但在「要塞風雲」類型的小說中，警察遭受到不同種族的人的反對，不僅要從中區分出「好人」與「壞人」（在電影《血濺 13 號警署》[*Assault on Precinct 13*] 中，其英雄人物卻是一個黑人警察），而且那些攻擊警察的敵人都是由於受到壓迫而奮起反抗的（在諸如《要塞風雲》《布朗克斯區》或托尼・理查德森 [Tony Richardson] 1982 年拍攝的電影《飛越邊境線》[*The Border*] 中，反抗警察是一種自由主義的變體），或至少代表了一種特色鮮明的外來文化（即使是在《血濺 13 號警署》中麻木不仁地殺害一個小女孩的野蠻暴徒們，在影片中也有自己的行為準則與宗教儀式，他們都是因為受到警察的騷擾，而不得不像印第安人那樣走上一條採取敵對行動的反抗征途）。影片含蓄地表達了警察與貧民窟內居民之間的緊張關係，他們所巡邏守護的邊界是美國種族主義歧視以及美國白人社會經濟不均衡發展的結果，因而，人們施予的同情主要集中在警察忍氣吞聲地為大多數人犯下的原罪進行救贖這一點上。在所有此類的影視作品中，儘管主人公竭盡全力地想控制事態的發展，但雙方的變節者的罪惡行為威脅到了（或製造了）戰爭的爆發。然而，最終，警察至多只能是降低居住在貧民窟的少數族裔與居住在郊區的富人之間冷戰的溫度，而不能徹底鏟除衝突的根源。《要塞風雲》的故事，反映了多年來公民權利與法律及秩序問題的爭論，即使這些爭論中自由主義的觀點略佔上風，但也常常是帶有悲觀厭世的論調。無論是公民權利保護或是實施更多的包括「令人畏懼的封閉」（dreadful enclosure）的高壓政策，人們對它們所能產生的效能已經沒有甚麼信賴，

隨着《警網》（*The Wire*）[182] 的熱播，由此產生的問題仍然是一個敏感的話題。

（十一）警察團體小說

警察團體（police community）故事，是普通警察的日常生活故事。這些故事在前洛杉磯警長約瑟夫·沃姆鮑（Joseph Wambaugh）的小說及根據小說改編的電影中得到了最好的說明，尤其是在《新百夫長》（*The New Centurions*）、《藍騎士》（*The Blue Knight*）、《唱詩班少年》（*The Choirboys*）等電影，以及電視劇集《藍騎士》（*The Blue Knight*）和《警察故事》（*Police Story*）中，警察團體的故事都得到了很好的詮釋。電視劇集《希爾街的布魯斯》（*Hill Street Blues*）中繼續了類似的主題，只是與以前的電視劇集相比，劇中的情節設置對警察已經沒有多少崇敬之感了。

在這些故事中，雖然仍然涉及對犯罪的描寫，但卻不是故事敍述的中心，主要涉及一些輕微的不法行為的描述，而不再重點關注嚴重犯罪問題。這些故事的真正主題是描寫警官的道德素質的發展，以及警察團體的內部關係。這類以夕徒為題材的故事，敍述的是巡邏警察在日常生活中遇到的令人眼花繚亂的各種事件。連接這些片段的問題是警察是否能夠保持自己的本性，還是屈從於令人困擾的憤世嫉俗之罪，採取逃避的態度沉迷於酗酒，甚至自殺或實施暴力行為。當警察形成各種類型的內部團體時，他們與普通市民相隔離，如果某個警察自身不貪腐，那麼他就被團體中的其他警察視為不識時務的「討厭鬼」，得不到其他警察的支持。在那些程序性警察小說中不乏愉悅的家庭生活（儘管有時候因為錯過聖誕晚餐或諸如此類的情事而產生瑣碎的爭吵，但這類爭吵卻在小說中增添故事情節的逼真性）的描述，在義務警員

類小說中，除了偶爾的性接觸描述外，幾乎沒有甚麼家庭生活的描寫，「藍騎士」們儘管極不情願，但卻只能悲哀地看着自己的婚姻破碎與家庭分離，並將其視為追求崇高目標的一個必然的結果。警察團體故事，將美國社會研究中所描述的警察文化予以具體化，突出強調了社會隔離和警察同人內部的團結問題。

(十二) 社區警察小說

　　社區警察故事（community police）是與美國的警察團體描述對等的英國式敍事說法，兩者的差異性表現在，兩種不同體裁的小說分別反映了英國警察和美國警察的不同形象及其面臨的處境。其中最為典型的事例是電視劇集《警探迪克遜》（*Dixon of Dock Green*）（雖然 1950 年的電影《警藍燈》[*The Blue Lamp*] 中第一次出現了警探迪克遜這一人物形象，但在電影鏡頭中的第一個小時之內迪克遜就被罪犯殺死了。《警藍燈》是一部更為直接反映打擊犯罪的警察程序故事影片，體現的是犯罪鬥士的警察形象，而不是後來電視劇集所復活的服務型的親切友好的迪克遜式的好警察形象）。雖然這類社區警察故事被更具粗獷特性的《風暴警巡車》（*Z-Cars*）以及後來的義務警員風格的《特警搭檔》中的警察形象所取代，但在 20 世紀 80 年代，隨着《警花朱麗葉・布拉沃》（*Juliet Bravo*）[183]、《心跳》（*Heartbeat*）[184] 以及《警務風雲》（*The Bill*）（以及其他由此衍生的電視劇集，如《羅克利夫的警察》[*Rockcliffe's Babies*] 或《輔警》[*Specials*]）等系列電視劇集獲得的巨大成功，社區警察故事以引人注目的方式捲土重來，並佔據了影視頻道的中心，反映了身處有關法律與秩序的政治爭議旋渦之中的「社區警務」（community policing）理念的新時尚（賴納，1994）。

　　社區警察故事的要旨是強調警察內部的和諧關係，以及警察與更

為寬泛的社會羣體間的和諧關係。這一視角與警察程序故事的視角相同，這兩種故事類型都起源於同一時期。但是與警察程序故事不同的是，社區警察故事強調與犯罪不相關的警察任務，即便是在打擊犯罪的過程中，它所強調的仍然是人而不是警察的組織或技術資源。像警察程序故事中的警察一樣（但與義務警員故事或特立獨行的警察故事中的警察不同），社區警察不僅遵守規則，而且工作起來效率很高。

在英國的電視劇集中，最近有一種與以前的警察故事不同的體裁，即官僚政治的警察故事，它主要描述的是警察高層管理人員的活動（在警察電視劇集《海濱警管區》[*Waterfront Beat*] 和《警長》[*The Chief*] 中講述的就是這類故事）。這類故事描述的是警察的全部工作，而不僅僅是描述罪案，而且主要描寫警察官僚組織的內部政治關係，神秘的犯罪情節不再是此類小說關注的焦點。這種變異體裁的警察小說的出現，是警務政治化的清晰的體現。然而，前面提到的警察故事電視劇集，在這個問題上沒有一部是特別成功的，而且絕大多數電視劇集更直接強調街頭警察以打擊犯罪為導向的警務工作，尤其是偵探更突出的是其犯罪鬥士的角色，這種敍事方法更有可能保持小說的中心緊湊。

四、警察形象的變化

警察在小說中的形象，在 20 世紀 40 年代末期出現了關鍵性的變化，在當時，基層普通警官（而不是「執法鐵漢」式的警察及類似的人物形象）首次作為主人公，出現在英國和美國的警察程序故事之中，同時在英國的社區警察故事中，基層普通警官也成為主角。在此之前，普通警察只作為一個背景，而不是一個主要角色而存在；他們作為一

個與其他服務人員一樣的公共或私人服務者，成為社會的隱形人物。這種現象在托馬斯・伯克（Thomas Burke）1912 年的經典短篇小說《奧特莫爾先生之手》（*The Hands of Mr. Ottermole*）中得到了很好的體現，該小說於 1950 年被希治閣（Hitchcock）拍攝成系列電視劇集中的一集。在這一劇集裏，那個神秘莫測的謀殺犯事實上就是被每一個人所忽視的一個普通巡警，人們每天都看見這名巡警，但是從未引起任何人的關注。[185]

　　警官作為一個值得信賴的人物形象出現的先決條件是警察的職業化，以及他們所支撐的掌控犯罪的重要社會使命（曼寧，1977）。20 世紀 50 年代為製作影片《警網擒兇》（*Dragnet*），導演傑克・韋伯（Jack Webb）得到了洛杉磯警察局局長和警察職業化運動的領導人威廉・帕克（William Parker）前所未有的幫助和全方位的配合（詹姆士・埃爾洛伊［James Ellroy］的小說《洛城機密》［*LA Confidential*］以及 1997 年根據該小說改編的電影 —— 《榮譽勳章》［*Badge of Honour*］就是以《警網擒兇》為藍本虛構的電視劇集 —— 對帕克領導的洛杉磯警察局［LAPD］進行了有偏見的描述）。作為回應，傑克・韋伯（1959）也「發自內心」地撰寫了高度頌揚洛杉磯警察局（LAPD）的文章。電影《警藍燈》（*The Blue Lamp*）也開始以介紹性鏡頭和畫外音的方式，突出強調在打擊「犯罪浪潮」的戰鬥中，既要注重發揮制服警察的重要性，又要重視技術性職業的重要地位。

　　如果警察作為英雄出現的前提是警察的專業化，那麼對警察的需求（也是對警察專業化的需求）則說明來自其他非正式的和業餘的維持和平治安的方式已經不再適應形勢的需要了。警察程序故事和社區警察故事意味着，在社會中秩序的維持需要一個職業化的專業組織，而且這個組織可以經社區同意和按照法治原則民主地運行。

　　離經叛道又特立獨行的警察故事和公民權利警察故事，出現在程序警察故事後期和義務警員故事流行之前，暗示着墨守成規的法條主義警務（legalistic policing）模式正在瓦解，至少在一些警察部門裏的部分警察是如此。但是，墨守成規的法條主義警務仍被視為一種理想的狀態。在 20 世紀 70 年代的義務警員故事中，拋棄了自由警務模式，認為這種模式完全是天真的一廂情願。他們認為一個受到邪惡分子極端威脅的社會，只有採取最嚴厲和不受限制的強硬手段才能獲得拯救。在這一時期，警察團體和警察越軌行為的故事，明確指出法律與秩序的思想意識對警察自身可能造成的損害。

　　這些警察故事演變發展軌跡背後的總趨勢，明顯地指向越來越受到批判的警務觀念，在美國警察小說《要塞風雲》中，這種對警務理念的批判達到頂點。雖然故事描述了一對勇敢的警察隊伍巡邏在文明與混亂的邊界上，「文明」的殘酷經濟發展以及種族主義在在貧民窟地區出現，人們對無論是自由主義的改革或是徹底的鎮壓措施的任何解決方案都沒有絲毫的信心。英國的警察小說中也有相似的前景暗淡的結論，這一結論由英國作家 G. F. 紐曼（G. F. Newman）在他的小說中提出來，他綜合了特立獨行警察故事與越軌警察故事的特徵，描述了具有地方病特性的警察腐敗症候和警察自身以破壞規則的方式執法的行為。在他的小說中，人們唯一的選擇要麼是讓惡棍們不受任何規則約束繼續為非作歹，要麼試着控制他們。而如果要控制罪犯，就必然會引起控制者腐敗這一不可避免的結果，甚至是他們在工作的同時也盡可能地收受賄賂甚至貪贓枉法。要想犯罪控制完全符合法制主義的構想是可望而不可及的事情。警察小說中越來越陰暗的色調，與 20 世紀 60 至 70 年代末期的法律與秩序的政治化問題相匹配，同時也與保守黨人和自由黨人越來越高漲的「任何措施都毫無效果」（來源於犯罪心

理學與刑法學的研究）的潛在憂慮相呼應。

在英國，1981 年的《斯卡曼報告》激起了一陣倡導「社區警務」的熱潮。這一小心謹慎的嘗試，目的在於使警察重新合法化，反映在重新煥發活力贏得公眾熱情喜愛的社區警察故事的小說中，例如《警務風雲》、《心跳》以及像《警探莫爾斯》（Morse）這樣的大偵探風格的警探故事。在美國，20 世紀 80 年代初期的電視劇集中，警察的形象也開始變得溫和，在《希爾街的布魯斯》（Hill Street Blues）、《警花拍檔》（Cagney and Lacey）和《胡克警探》（T. J. Hooker）等電視劇集中都有體現。然而，電視劇集裏的警察形象要想回到迪克遜風格時代的全面和諧警民關係已經不可能了。由於大量吸毒、種族、年齡、級別和專業技能等問題，以及處理越來越碎片化的外部世界的紛繁複雜的事務，警察團體內部也已出現了衝突。

20 世紀 80 年代，警察的形象出現了分化。批評性和義務警員的敘述風格與懷舊的復古風格共存，正如《心跳》所展示的那樣。在警察肥皂劇中，一大羣普通人物頻繁出現，《警務風雲》象徵着 20 世紀 40 至 50 年代的社會對警察的一致共識與 60 至 70 年代的批評性風格形成了一個辯證綜合（賴納，1994）。在這種環境中，警察不再習慣性地被描述成「好人」或「壞人」。他們的道德狀況值得爭議，並且在每一種故事的敘述中都必須重新構建（艾倫等人，1998）。20 世紀 90 年代至21 世紀初期，《警務風雲》的人物特徵方面，在許多集中都特別突出了警察的越軌行為，在其他有關警察故事的劇集中，例如《生死之間》、《警察》、《頭號疑犯》，對腐敗、性別歧視、種族歧視和同性戀歧視等問題的關注日益增多，描繪了一幅更加黑暗的藍色陰影（布魯斯登，2000；利什曼和梅森，2003）。這些系列警匪劇的風格模仿了紀錄片，與此同時，很多紀錄片都運用發源於小說中的描述技術來重建犯罪特

徵，以增強戲劇效果，真實事實與虛擬的區別日漸模糊，利什曼和梅森（2003）將此類電視劇集稱之為「紀實與虛構相結合的電影流派」。

五、小結

不管是「真實」的警察形象，還是虛構的警察形象（以及「紀實與虛構結合的警察形象」），從廣義而言，都是在通過陳述他們存在的必要性以及他們大部分工作的有效性來展示警察角色作用的合法性。但是，警察功能的合法化與日益上升的媒體批評共存，這些媒體批評不僅針對具體的警察行動和警察人員，還針對警察政策的總體導向，在這個過程中間或建構了要求改革的共識。而且，無論是在任何一個時期還是在不同的時代，媒體報道中的真實的或理想的警務形象不是遺世獨立的孤懸巨石。然而，在警察政治化的趨勢中，我們可以從中辨識出大致對應的三重變化模式。在警察合法化長期進程的全盛時期，催生了報道犯罪的「黃金時代」以及 20 世紀 40 和 50 年代警察小說對警察一致贊同的共識模式（警察程序和社區警察故事）。警察職業化所帶來的意料之外的結果是，在 20 世紀 60 年代末期導致警察重新政治化。法律與秩序成了一個重要的政治問題，並反映在新聞和小說的媒體報道之中（同時也成就了此類新聞和小說）。然而，在 20 世紀 80 年代早期，人們曾發起一場要求恢復證明警察合法性的鬥爭，不僅體現在警察政策和辯論之中，也體現在媒體報道之中，不管是對「真實」警察或是對小說中「虛構」的警察的報道，都試圖重新證明其存在的合法性。[186] 然而，現在已沒有新的合法性的神話存在了。在警察組織內部和外部，存在一個更加複雜的衝突的公共意識，阻止除了實用主義以外的其他任何陳述，在具體的敍述中，這種有條件的合法化受到來自

其他方面的挑戰。因為，任何具有《心跳》風格的嘗試都肯定和證實懷舊風格，都是對警察的修正主義觀遺跡的批判，正如《洛城機密》所展示的那樣，同樣，在《盾牌》和《嗜血法醫》中，警察主人公已經超越了好警察與邪惡犯罪的界限。在媒體的時間循環中，一些非常受歡迎的近期電視劇集在播放時常常伴隨這樣的問題，當今的警務和從前的警務，人們很難說哪個更好，哪個更可取（例如《火星生活》、《灰飛煙滅》[Ashes to Ashes]、《探案新竅門》[New Tricks]）。所謂的政治立場正確、受《警察和刑事證據法》（PACE）規則約束的、配備科學技術設備的當今流行的程序警察故事，與那種投機取巧的、性別歧視的、高談闊論但卻更加有人情味的《特警搭檔》模式形成強烈對比，而後者最終佔了上風。繼續盛行的警察種族歧視、性別歧視、暴力和違背規則的行為已經從對警察形象的刻畫中排除，同樣排除的還有《特警搭檔》的迪克遜式的親切友好的社區警察偶像。警察已經失去了他們曾經倍感愉悅的自動獲得信任的時光，警察不可能重新得到大規模的信任：公眾對警務的信任是試探性的、易變的、自相矛盾的和易碎的，因此，警察必須與公眾重新協商，就事論事，對具體問題具體分析。

第四篇

法律與政治視野下的警察

第七章
警察權與責任性

　　警察的法律和憲法地位在最近的 30 年裏發生了深刻的變化。制定法中的一些公開變化及政策和實踐中的一些潛在變化，使警察權與問責性也發生了轉變。[187] 具有里程碑意義的《1984 年警察與刑事證據法》（PACE）傾向於將警察調查犯罪的權力及針對其行為的保障措施法典化。《1985 年犯罪檢控法》（The Prosecution of Offences Act 1985）創設了皇家檢察署（Crown Prosecution Service），將檢控這項重要的法律執行職能從警察手裏剝離出來，並聲稱要在案件處理程序中引入一個額外的問責要素（傑克遜，2008）。《1994 年刑事審判與公共秩序法》（The Criminal Justice and Public Order Act 1994，簡稱 CJPOA）在這個意義重大的領域作出進一步改變，該法第 34 條允許法庭在嫌疑人拒絕回答問題時作出相反推斷，從而向嫌疑人施加壓力令其放棄沉默權。這些制定法源自近 30 年來僅有的兩個已提交調查報告的皇家委員會（儘管《1994 年刑事審判與公共秩序法》中對沉默權的削弱違反了兩個皇家委員會 —— 1981 年皇家委員會和 1993 年皇家委員會 —— 的具體建議）。自 1997 年新工黨（New Labour）贏得大選勝利以來，加快了刑事司法立法的浪潮，大多數的立法都擴大了警察的權力，並進一步淡化了對犯罪嫌疑人的保障。此外，新工黨在執政初期推動《1998 年人權法案》（1998 Human Rights Act）和《2002 年警察改革法》（2002 Police Reform Act，簡稱 PRA）獲得議會的通過，並根據該法案建立了英國獨立警察投訴委員會（Independent Police Complaints Commission，簡稱 IPCC）負責調查針對警察的嚴重指控。

法律上的變化和政治實踐同樣使警察獨立和警察治理的法律原則發生了轉變。保守黨推動的《1994 年警察與裁判法院法》（Police and Magistrates' Courts Act 1994，簡稱 PMCA）和工黨推動的《2002 年警察改革法》是這一進程中的關鍵性立法。警察局長對地方政府承擔的責任變得越來越少，與此同時，他們對中央政府負責的事項卻不斷增多。毫無疑問，我們目前具有事實上的國家警力，雖然近年來重振地方警察問責制已成為所有政黨爭取選票的口號。

1981 年是警務政治化的主要轉變期，最明顯的原因是自 19 世紀以來前所未有的城市騷亂以及緊隨而來的《斯卡曼報告》（Scarman Report），以及同時間皇家刑事程序委員會（Royal Commission on Criminal Procedure，簡稱 RCCP）針對《1984 年警察與刑事證據法》（PACE）實施情況的報告，將這一轉變期推向了頂峰。在 20 世紀 90 年代早期還有另一個重要的關鍵轉折點，即新公共管理（New Public Management，簡稱 NPM）理論對警察的衝擊以及警務變得更具中央集權性和更注重務實高效的「企業管理模式」。警察問責在過去 30 年裏一直都是激烈爭論的中心話題，但從 20 世紀 90 年代初期開始，關注的焦點已經從民主和公民自由權問題轉移到鼓吹管理主義暨民粹主義，強調高效、有用和經濟的犯罪抓捕。

1977 年，首相賈拉漢（James Callaghan）向議會宣告皇家刑事程序委員會（RCCP）成立。這是對多年來關注警察權力與問責制的反對方的政治壓力的回應。一方面，對於警察濫用權力的證據和投訴不斷增加（1977 年的《費希爾報告》揭露肯費特 [Confait] 案，在前面第三章

中已有所討論）；另一方面，為法律與秩序進行遊說的陣營卻哀歎法律
對嫌疑人的權利保護規定使警察在展開行動時被「束縛了手腳」（正如
警察聯合會主席吉姆·賈丁 [Jim Jardine] 所一針見血地指出的那樣）。
皇家刑事程序委員會（RCCP）設立了一項範圍廣泛的研究項目，同時
他們也被來自反對立場的遊說團體的證據所淹沒。警察組織提出了一
個希望增加新的權力或有待進一步增強的「權力清單」（shopping-list），
而公民自由組織卻認為要對現有的警察權力進行更嚴格的控制。

　　1981 年 1 月，當皇家刑事程序委員會報告公佈的時候，它就受
到「左翼」和公民自由團體的幾乎一致的指責（例如，見哈里特·哈曼
[Harriet Harman] 的文章，他代表公民自由全國委員會發聲，1981 年
1 月 2 日發表於《新政治家》[New Statesman]，第 6 至 7 頁；休伊特
[Hewitt] 1982 ：第 1 章）。 警方認為皇家刑事程序委員會的建立，借
用全國警司協會（Superintendents' Association）的話說，「幾乎是普遍
的悲觀論調」，警方擔心「法律與秩序問題……會成為每一個少數族裔
羣體和社會機構中具有重要影響力的大人物攻擊的對象」。但是，當上
述報告公佈時，警察對其的接受卻相當順利（《警察》，1981 年 2 月：
3、14 至 22）。

　　1982 年 10 月，內政大臣威廉·懷特洛（William Whitelaw）公佈
了《警察與刑事證據法案》的第一稿（以下簡稱《第一草案稿》）。該法
案宣稱其主要以皇家刑事程序委員會的報告為基礎，然而，它卻以片
面的方式引用了該報告的結論。皇家刑事程序委員會（RCCP）關於擴
大警察權的建議，得到了整合和具體化，甚或有了某種程度的擴展，
但是許多有關權利保障措施的建議卻被忽略或弱化了。皇家刑事程序
委員會非常重視犯罪嫌疑人的權利保障與警察權的擴張保持「基本平
衡」的理念，將自己提出的立法建議提案視為不可分割的整體。因此，

當《第一草案稿》一經公佈之後，立即引起了一陣疾風暴雨般的公開辯論，使「左翼」政黨和公民自由團體以及範圍廣泛的中間路線者甚至持保守觀點的人聯合起來，反對該法案。總而言之，在 1983 年普選開始之前，《第一草案稿》在議會獲得匆匆通過。

修改之後的法案（簡稱《第二草案稿》）於 1983 年 10 月提交給議會下院，對《第一草案稿》的批評意見做出了回應。《第二草案稿》重新獲得了保守黨議員的支持，除了與皇家刑事程序委員會的建議保持一致外，《第二草案稿》還贏得了主流職業法律團體及機構的支持，而媒體的接受度也好得多。但「左翼」政黨、公民自由團體以及許多學術機構繼續持反對態度（克里斯蒂安［Christian］，1983；弗里曼，1984）。與《第一草案稿》相比較，警察對待《第二草案稿》的態度明顯冷淡得多。

毫無疑問，警察的權力與問責是互相依存和緊密相連的兩個問題。引發雙方爭論的基本問題是如何控制警察行為。警察在執法時不可避免地享有自由裁量權，至少有兩個理由說明必須如此。第一個理由是，警察沒有也從來不可能有足夠的資源來完全執行每一個法律條款。因此，不可避免地需要作出優先選擇。第二個理由是，即使是用最精確的語言對法律規則進行表述，也需要對具體情況下的適用進行解釋和說明。在適用規則時，其邏輯的開放性結構不可避免地存在至少是隱含的自由裁量權因素。這些因素使得自由裁量權的行使不可避免，而自由裁量權也確有必要。全面執法可能會妨礙普遍接受的司法準則，尤其是涉及特別年邁或年輕的犯罪嫌疑人時，不提起檢控是毫無爭議的作法。此外，一個犯罪行為的構成標準，是受情景與文化變量的影響的，尤其是在定義更加難以定性的「公眾秩序」犯罪行為時尤其如此。在倫敦蘇豪地區（Soho）被接受的行為標準，在薩福克（Suffolk）

地區則可能會使人反感。例如，根據《1998 年犯罪與擾亂社會秩序法》
（Crime and Disorder Act 1998）制定的《反社會行為令》（Anti-Social
Behaviour Orders，簡稱 ASBOs），法律寬鬆定義的一些行為就可能會
間接地刑事化，被檢控人和警察視為妨害行為（阿什沃思，2004；拉
姆齊，2004）。

　　如何對警察享有的自由裁量權進行控制，主要體現在兩個層面
上：為警察這一整體力量而制定政策的層面，即評估對警察資源的優
先分配，總體的戰略和警務風格；以及從普通警察的角度看，他們在
街頭的具體執法行為。除此之外，還有一個任務，那就是為濫用自由
裁量權和對裁量結果不滿的投訴提供一個渠道。在對這些領域裏的最
新變化進行仔細審視之前，必須考慮到有關警察權合法性的一些基本
問題。

一、基本原理：正式警察權的意義

　　19 世紀英國警察的合法性部分地是基於他們擁有的法律權力的
最小化（見第三章）。這種特性發展成為一個神話即警察是「穿制服的
公民」，沒有任何超越普通公民的特殊權力。其中最經典的表述是由
1929 年皇家警察權力與程序委員會（Royal Commission on Police Pow-
ers and Procedure，簡稱 RCPP）的報告提出的，被 1962 年皇家警察委
員會（Royal Commission on the Police，簡稱 RCP）引用和認可：「不
管是從法律上還是傳統上看，這個國家的警察從來沒有被視為與普通
公民有着明顯區別的一種力量……設立警察的基本原則是，從普通法
的角度來看，警察只是人們支付薪水以令其履行某種義務的人，他可
能會自願地履行責任義務……事實上，警察幾乎不擁有那些不被普通

公民享有的權力」（皇家警察權力與程序委員會［RCPP］，1929：6；皇家警察委員會［RCP］，1962：11）。在這些觀點被權威性地引用並作為英國警務的核心原則之後的半個世紀裏，警察是穿着制服的平民的觀點就成為一種古老的傳統，如同迪克遜式警察的黑白形象一般經典。長達一個半世紀的具有誤導和煽動性的「穿制服的公民」的理想形象使英國的警察合法化了。從那時起，在警察權力的發展和合法化中發生了兩次革命。1984 年的《警察和刑事證據法》（PACE）取代了「穿制服的公民」的神話，其在警察權力與保障犯罪嫌疑人之間保持「基本平衡」的原則備受爭論。十多年後，該平衡被警察權力的不斷擴張所打破，對犯罪嫌疑人的保障不僅未得到平衡，還伴隨着《警察和刑事證據法》所規定的保障措施受到了削減。這一警察權的擴張趨勢因《辣手神探奪命槍》的花言巧語而合法化，用保護被害人的利益這一假定的需求來重新平衡各種制度設計，因為由犯罪、反社會行為以及隨後而來的恐怖主義所構成的持續緊急狀態，通常都伴隨着來自阻擋現代化的傳統原則（才僅僅只有 25 年！）的嚴厲批判。

　　合法性神話的轉變顯示了警務與安全的戲劇性的政治轉變，還涉及在民主社會中有關國家與公民之間的關係原則的深層次問題（洛德和沃克，2007）。但從警務實踐來看，有關警察權力的爭論包含兩個荒謬的假定命題，這兩個命題常見於涉及警務的公共政策爭論之中。該命題由兩個立場互相對立的團體，即支持法律與秩序的遊說團體與支持公民自由的遊說團體所共享。兩者都強調執法是警察職能的中心工作，並且都採用了古典犯罪學的理性威懾模式（rational deterrence model），即便兩者處於爭論的不同階段。在這個意義上，兩者都未能將警察的社會學研究所指示的問題納入考慮範圍，這已經在第五章中有所討論。兩者也都未能充分考慮或解釋這樣一個基本問題，即「警察

權力為甚麼而存在？」但是，在決定哪些權力是必要的以及如何對它們進行規管之前，必須將這個問題陳述清楚。

如果將上述問題呈現在雙方陣營面前，雙方也許都會說警察的任務主要是預防和偵查犯罪。但是，歷史學和社會學的證據清晰地表明，打擊犯罪從來都不是，也不可能是警察的主要活動，雖然媒體形象、警察文化以及近幾年來的政府政策塑造了這樣一個神話。無論是從歷史的角度，還是從施加給警察的具體要求的角度，警務的核心使命都比單一的維持秩序更為寬泛。只有認識了這一點，我們才能真正面對警察權力與問責制問題的複雜性。定義含糊的違反「公共秩序」的行為，比如擾亂治安，或違反根據《1998 年犯罪與擾亂社會秩序法》制定的《反社會行為令》（ASBOs）（無論從犯罪控制還是正當程序的角度來說，這一法令都是令人羞恥的尷尬存在），都說明了警察角色的核心。有鑒於此，許多公民自由論者的批評的隱性目標 —— 清晰而準確定義的一系列的犯罪行為和對其進行處理的警察權力 —— 就成為一個不可能實現的幻想。

當然，不僅僅是公民自由團體參與有關警察權力的討論 —— 似乎警務的唯一功能應當就是實施犯罪偵查。《1984 年警察與刑事證據法》（PACE）得到了 1984 年保守黨政府的堅決支持，因為保守黨政府「當前在警察權力領域發起的最主要的政策就是積極主動地打擊犯罪」（內政部 1984 年《刑事司法》工作文件）。《1993 年警察改革白皮書》（*White Paper Police Reform*）以及新工黨提出的「減少犯罪計劃」（Crime Reduction Programme）以及後來的許多政策都明確地將犯罪控制作為警察的優先使命。在第六章已經論述過，結案率（破案率）只有很少一部是出於警察的積極主動性的結果，更多的是依靠公眾提供的信息偵破案件的。警察權力的變化（擴張）並沒有極大地提高警察在犯罪控制方

面的效率。沒有證據表明新的刑事程序規則會大幅度地幫助犯罪嫌疑人逃避懲罰。警察聯合會主席在 1979 年發表了這樣的一段話：如果這些法律被作為一個新的棋盤遊戲規則：「沃丁頓們將推翻這些規則，因為在這些規則下犯罪分子這個玩家每一次都會贏。」皇家刑事程序委員會（RCCP）自己的研究結論是「在賦予警察的權力中，沒有任何明顯的權力可能會大大提高警察在犯罪偵查方面的效率」（斯蒂爾，1980 ： 125）。

　　如果支持法律與秩序的陣營認為治理犯罪的理性威懾模式為理所當然的假設是錯誤的（更多的警察權力 + 更大的威懾 = 更少的犯罪），然而支持公民自由的團體在治理和管控警察方面也採用同樣的模式。多年來一直作為對激進的犯罪學家和自由主義的犯罪學家的觀點的抑制，這種模式堅決主張反對「行刑隊」（'hang' em, flog' em' brigade）[188]的作用，認為警務和刑罰政策在抑制越軌行為方面只起到有限的並且主要是象徵性的作用。這種分析應當擴展到警察的不法行為上。理性威懾模式所確立的制裁方式和執行機制能夠發揮其有效性的主要方法，是通過其對包括警察在內的各種團體的文化控制所施加的影響。正是這些文化解讀成為遵守法律或行為越軌的直接決定因素，並且它們與一個社會的政治經濟、社會模式和歷史傳統相互依存（賴納，2007a ：第 4 章）。需要進一步準確分析的是正式的法治規則與警察行為的操作慣例（working rules）之間的相互關係。在實踐中「藍字體法」（blue-letter law）如何發揮作用（賴納和利，1992）與「印在紙上」（in the books）的黑字體法（black-letter law）密切相關，是由警察文化和情境性緊急事件以及警務的組織性制裁共同塑造而成的。

　　對於這個問題，在研究文獻中有兩種對立的觀點。在很大程度上，互動論者認為正式規則主要是表象的（曼寧，1979；霍爾德韋，

1979，1983，1989；查特頓，1979，1995；龐奇，1979a；菲爾丁，1989）。這些術語的實施必須獲得正當化，但並不真正影響實踐。警察亞文化正是解讀警察行為的關鍵。這種文化主義（culturalism）[189] 視角，在有些時候就相當於極端的規則懷疑主義。「研究警察的社會學學者一般沒有疑問地接受合法性的概念，認為這個概念是不成問題的，不是因為他們認為警察根據這些原則行事，恰恰相反，他們認為這些原則與實踐幾乎不相關」（麥克巴尼特，1979：25）。

但互動理論者在他們的研究中指出正式規則的某些影響，例如，強調基層普通警員的團結性，其目的在於向上級警官掩蓋他們同行的越軌行為，以及總是需要編織好聽的故事以「掩蓋做錯了的事」（cover your ass）。因此，普通警員的亞文化自主性受限於正式控制的程度，但是其程度究竟如何、在甚麼時候以及以甚麼方式進行限制？則還有待進一步的深入探究。警察亞文化在其價值上，絕不是與法律道德或是公眾道德截然不同和離經叛道的事物。警察因為他們自身的文化，因而最能夠廣泛地代表公眾（P. 沃丁頓，1999a、1999b；福斯特，2003：198 至 199）。

在警察文化中，雖然存在着容忍對規則進行曲解的現象，作為對「崇高事業而導致的腐敗」的一種自我辯解，但這並不意味着對那些顯而易見的嚴重濫用權力行為放任自流。克羅克卡爾斯（Klockars）在研究警察電視劇集《辣手神探奪命槍》中揭示的警察面臨的兩難困境後指出，警察文化的道德規範在某些情況下，能夠容忍諸如「口頭暴力」（verballing）甚至肢體暴力（武力）等不當行為，使其與賞罰和必要性的道德判斷的比例相稱，即使這些行為不符合對有道德的警務的理想期望（克羅克卡爾斯，1980；克雷林格［Kleinig］，1996；內魯德，2008）。然而，伴隨着社會的道德衝突、混亂和變化，以及警察倫理與

其「委託人」的倫理標準間的衝突，警察亞文化中公義的觀念所面臨的危險正變得日益尖銳。當警察在處理那些被視為「異端」和不體面的人以及「警察財產」時，傳統公共道德的約束並非是足夠充分的保護性指引或抑制措施。當代自由主義民主中的問題不是如何保護多數，即「公眾」免受警察壓迫，而是如何保護易受傷害的少數人。警察問責制中一個關鍵的問題是「大多數的暴政」（tyranny of the majority）的難題。刑事程序規則在面對那些相對容易受傷害和無權無勢的弱勢社會羣體的嫌疑人時，其存在的危險被放大了，因為這些人中的絕大多數成為案件的主角。在此，通過選舉程序實現「民主控制」並不十分有效。真正需要實現的是工作程序和規範 —— 它們體現了對弱勢和不受歡迎的少數族羣（他們是合法性說辭所聲稱要代表的）權利的普世性尊重 ——中的警察執行任務的亞文化的內部吸收融合。（戈德史密斯，1990）。改革的任務不僅是制定法律，也不是實現多數人的控制。需要探究的是，要進行甚麼樣的政策變革才能實現他們的理想目標，此間應當銘記普通警察亞文化的折射效果，以及情景式緊急事件建構着警察工作與警察文化（陳，1997；D. 迪克遜，1997；福斯特，2003）。

除了上述第一種互動理論的觀點外，第二種觀點是最近警察研究文獻中出現的結構主義論。這種觀點認為，警察越軌行為的源頭並不主要是普通警察亞文化的自主性，而是高級警官、法官和國家精英階層，對於背離合法性理想的偏離行為所持的一種心照不宣的默認式鼓勵態度。這種默認式鼓勵是通過一種表述含糊的法律規則的縱容結構（permissive structure），以及將判例法適用於警察實踐的方式來實現的（麥克巴尼特，1979、1981；M. 布羅格登，1982；謝斐遜和格雷姆肖，1984；格雷姆肖和謝斐遜，1987；麥康威爾等人，1991；埃里克森，1993；G. 史密斯，2004b）。在確定甚麼樣的規則、在何種情況下、以

何種方式可能被曲解這一問題上，結構主義論者需要限定條件。警察的工作分散且可見性低，且法官在許多判決中也照顧警察工作的實際情況，從而經常使制裁的有效性削弱，但這一事實並不意味着正式規則沒有作用或者萬事皆可，實際上更有效地規範警察工作是一個可行的方案（賴納和利，1992；D. 布朗，1997；D. 迪克遜，1997；陳，1997；B. 迪克遜和史密斯，1998；凱普和楊格，2008）。

由於實踐中的大多數警察工作都存在「低可見度」這一特點，因此控制警察背離合法性的越軌行為的主要問題在於，有關越軌行為是否已經發生的衝突性證據幾乎是無處不在（J. 戈德斯坦，1960）。在這種論點中，嫌疑人通常處於結構性的劣勢之中，這也是為甚麼投訴幾乎得不到支持的原因之所在（博克斯和拉塞爾，1975；戈德史密斯和劉易斯，2000；G. 史密斯，2001、2004a、2005、2009）。《1984 年警察與刑事證據法》（PACE）項目及其後續發展的一個關鍵點在於已形成一套多種策略體系，從錄音磁帶到閉路電視，旨在打破日常警務活動的低可見度（紐伯恩和海曼，2001）。許多對《1984 年警察與刑事證據法》和警察正式權力的其他擴張的批評，建立在被我稱為「必然增加定律」（無論警察擁有甚麼樣的權力，他們都將超越所賦予的邊際）的基礎之上（賴納，1981a ： 38）。正如法律行動組（legal action group）的奧利·漢森（Ole Hansen）所指出的那樣：「如果警察超越了他們當前現有的權力，那為甚麼他們不可能超越更大的權力？」（給《新社會》[New Society] 雜誌的一封信，1981 年 1 月 22 日： 161）。但是，警察權力的濫用不是某些傲慢自大的警察惡意地持續突破繁雜眾多的規則的產物（任何規則都是規範行為賴以為繼的基準）。這些規則依賴壓力獲得某種具體的結果，並使用一些通常情況下可能並不適合的傳統方法。這種壓力部分源自公眾的期待，在警察組織和警察亞文化的作用

下產生。如果警察能在法律的範圍內實現其正當目標，實施越軌行為的張力就可能會消失，雖然這並不意味着不能接受的實踐行為是合法的。但這卻意味着警察必須擁有足夠的權力去履行人們期望他們履行的核心使命。犯罪學的一個常識是，制定一部不具有強制性的法律是有害的，因為這會滋生對法律的普遍蔑視。同樣如此，將刑事程序規則制定得如此狹隘，以至於警察在尋求其目標時，經常傾向於違反這些規則，而這一行為甚至可能得到民眾廣泛的認同。

> 落實問責的藝術……是在紀律處分活動中獲得警察的支持……由於外部規制程序……不僅是一項高度公開的道德遊戲，警察必須確信他們在承擔職責時能夠得到信任……積極的責任心能夠確保他們正確地履行職責（貝利，1983：158）。

只有問責機制戰勝了內部紀律處分和自我約束程序並與之共同運作，才能在影響警察實踐方面真正發生作用。雖然如此，仍然有必要設立合適的和強有力的外部問責機制，既是為了體現警察服從於法律和民主，也是為了確保內部紀律處分和管理程序有效地運轉。

警察目無法紀的行為在過去也是相當普遍的。一個生動的事例是，前倫敦大都會警察廳警察總監（Met Commissioner）羅伯特·馬克爵士（Sir Robert Mark）在自傳體報告中，描寫了他在二戰前作為曼徹斯特警察時作為年輕人的各種「輕率魯莽行為」（indiscretions），例如使用不符合法律規定的警棍打斷了一位喝醉酒的工人的腿（馬克，1978：28至29）。羅伯特·馬克先生還寫道，在20世紀40年代末期，在羈押疑犯時使用肢體暴力（如將嫌疑人的頭按入抽水馬桶）的方式進行審訊，以及對那些襲警者毫不講理地運用簡易審判程序，也是一種普遍

現象。在 20 世紀上半葉的口述警務史中也有類似的證據（M. 布羅格登，1991；溫伯格，1995）。我並不是想說警察現在變得更守法，我想說的是我們並不真正了解現在的趨勢是甚麼。警察越軌行為的程度在任何時候都是一個無從知曉的「黑數」（dark figure）。人們越來越關注這個問題，因為實踐中真正的警察不當行為的不斷增多，可能會改變社會公眾的敏感性和價值觀。甚麼樣的警察行為是公眾無法容忍的行為？對此，公眾的觀念很可能已經隨着戰後公民順從度的降低而改變，這使得對警察的投訴具有更廣泛的可信度。自 20 世紀 90 年代以來，隨着有關採取嚴厲的法律與秩序措施的新政治共識的達成，對警察不法行為的壓力也日益增大。同時，與新的控制犯罪的必要性相比，對警察權力濫用的關注已經被列入優先考慮的事項。正如下文所見，這已導致了正式警察權力的極大擴張，以及防止權力濫用的保障措施被稀釋。

法律規則與警察實踐之間的關係是複雜的。規則不能決定實踐，但也並非與實踐無關。兩者之間的關係隨着時間、地點以及法律與實踐的不同層面而發生極大的變化。我們不能假定權力的轉換會與實踐的變化保持一致，但它們表明警察工作中的政治和社會背景的變化，並且犯罪控制的優先權超過正當程序價值的象徵是從有原則的合法性角度產生的顧慮。下面，我們將對最新的法律變化的影響進行分析，尤其是對《警察和刑事證據法》（PACE）帶來的影響進行仔細的探究。

二、警察權：《警察和刑事證據法》及其影響

《警察和刑事證據法》（PACE）是現代警察權力發展歷程中唯一具有最重要意義的里程碑事件。其主要內容在過去的若干年裏已經通過

成文法和判例法（並非指秘密的警察實踐）的許多零碎變化得到了預示，並最終催生了《警察和刑事證據法》的誕生。儘管如此，該法將警察權力以成文法的形式法典化和合理化，並為警察權力的運行提供保障，因此該法具有極其重大的象徵意義和實踐意義。該法的許多批評者將其視為突然轉向「高壓警務」（policing by coercion）（克里斯蒂安，1983）或「警察權力急劇膨脹」的一種預兆（利和楊格，1984：254）。而官方則宣稱《警察和刑事證據法》的目標在於「在最大限度地得到社會的贊同與合作的情況下，鼓勵開展有效的警務活動」，它維持了警察權力與保障嫌疑人權利之間的平衡關係（內政部《刑事司法工作文件》，1984：15）。

《警察和刑事證據法》（PACE）的主旨在於執行皇家刑事程序委員會（RCCP）提出的原則，即在「社會共同體安全與個人權利」之間必須建立「基本的平衡」。這個理念已被植入皇家刑事程序委員會的工作職責之中：其工作職責對「社會共同體在使違法者得到司法審判方面的利益」和「犯罪嫌疑人或被告人的權利和自由」都給予同等的關注。但許多批評者指出，這種將「個體權利」與「公共利益」劃分為尖銳對立的雙方的做法是站不住腳的。取消「個體」嫌疑人的權利所導致的錯誤定罪以及使真正有罪的人逍遙法外，這對於「公共」利益的維護也是有害的。一個保護公民自由的適當框架，對於維護任何一個文明社會的利益和安全，保護其免受犯罪的危害，是同樣重要且必要的。

儘管皇家刑事程序委員會將「個體權利」和「公共利益」劃分為對立的雙方的做法存在問題，但這正是其現實性的核心所在。在任何一個具體案件的調查過程中，提供給個體嫌疑人的保護措施越多，獲得有罪判決結果的困難就越大。對於立法機關和警察而言，這一情況導致了所謂的「骯髒的哈里的困境」（the Dirty Harry dilemma）（克羅克卡

爾斯，1980）。如果法律規則構建得過於鬆散，就會削弱刑事程序制度對於能夠準確地區分犯罪者和無辜者的聲張。但如果規則構建得太過嚴密，不但明顯的違法者將逃脫審判，而且警察對法律規則的尊重也將大打折扣，從而導致違反正當程序的行為增多這一事與願違的結果。在這種情況下，無論怎樣進行平衡，作為個體的警察在某些場合下，都將面臨「骯髒的哈里困境」，即要麼違反規則，要麼允許可能被判有罪的犯罪者逍遙法外。[190] 因此，最大的問題在於搞好「個體」和「公共」利益的平衡，既不使法律制度在彰顯和保護司法公正程序方面的作用廢棄，也不使警察因過於頻繁地陷於「骯髒的哈里困境」而意志消沉。

（一）《警察和刑事證據法》的內容

在《警察和刑事證據法》如何實現人們強烈期盼的警察權力與嫌疑人權利之間的「基本平衡」這一問題上，存在着極大的爭議。一方面，該法律賦予了警察以前不曾擁有的眾多權力，無論如何，在此之前警察都未曾擁有如此眾多的成文法授予的權力。當然，從某種程度上說，警察權力的擴張也僅僅是名義上的，而並非事實上的，其中的許多權力規定也只是將到目前為止成文法和普通法中一些雜亂無章的規定合理化和法典化而已，或者是將警察在實踐中已行使的權力合法化。

另一方面，在一定程度上，法定權力的行使又受到該法律自身所規定的對犯罪嫌疑人的保障措施的規制，部分地受到伴隨法案同時產生的五個（現在是八個）《實施規程》（Code of Practice）的制約。這些實施規程對攔截和搜查、搜查和扣押、對嫌疑人的羈押和審訊、列隊辨認以及對訊問的錄音等的具體操作程序作出了詳細的規定（之後制定的其他三個實施規程，分別是有關錄像、拘捕權力和恐怖犯罪嫌疑

人的處理等的實施規程。參見《1984 年警察和刑事證據法》及相應的實施規程，內政部網站，2008）。這些實施規程以《警察和刑事證據法》第 67 條作為依據和基礎，任何違反這些規程的行為都將受到紀律處分，並且如果法官認為有相關性，它們可被接受作為刑事或者民事訴訟的證據。同時，該法還將皇家刑事程序委員會針對警察日常工作的低能見度導致的警察行為的審查難問題而提出的解決方案落到了實處，即要求對每一次警察權力的行使過程都建立記錄，並詳細說明行使警察權的具體理由。訊問也要求進行同步記錄。除了為特定的權力行為提出特別的保障措施外，該法律還包括了旨在增強警察普遍問責的條款。例如，第 106 條為警務督察局（police authorities）設定一項法定義務，要求警務督察局作出安排，徵求當地社區團體的意見，在第 9 部分規定設立警察投訴監督局（Police Complaints Authority，簡稱PCA），旨在增強投訴體系的獨立性（於 2002 年被英國獨立警察投訴委員會［IPCC］所取代）。

　　將權力的擴張和合理化與程序性保障措施結合在一起，主要是基於報導需求（reporting requirements）。這一基本設計理念貫穿於《警察和刑事證據法》的所有主要條款中，這一理念作為一個「授權和規範」的策略具有簡潔的特點（D. 迪克遜，2008）。其中一個明顯的例子是有關攔截與搜查權力的規定。第 1 條規定的警察搜查被盜財物的權力在全國範圍內適用，極大地強化了這一權力 —— 先前這一權力只由地方立法授權倫敦大都會警察廳地區的警察在某些地區行使。警察新的權力允許警察對製造或改裝以進行或意欲進行盜竊、偷盜或欺詐等犯罪行為的物品進行攔截搜查，或對未經授權許可使用的機動車輛進行攔截和搜查。最後，該法還授權警察對進攻性武器（進攻性武器是指製造或改裝的以對他人造成傷害的武器，或者攜帶人有意用其對他人造

成傷害的物件）進行攔截和搜查。

總之，警察有關攔截與搜查的權力通過《警察和刑事證據法》得到了明顯的擴張。對於其飽受爭議的有效性問題，有兩個主要的保障措施。第一個是保持進行記錄，即警察必須對每一次搜查及每一次搜查的理由作出詳細的記錄，並告訴嫌疑人有權在 12 個月之內獲取記錄的複件。第二個保障措施是，《實施規程 A》詳細規定了實施攔截和搜查必須通過「合理懷疑理由」證明其正當性，合理懷疑必須具有客觀的基礎，並且與被搜查人密切相關。一些一直以來被視為最有可能實施犯罪的被類別刻板化的羣體的成員，例如黑人或年輕人或蓄長頭髮的人羣，不能以他們的形象作為懷疑依據。

將權力擴張與基於記錄（此記錄受內部紀律監控）的保障措施結合在一起，這一同樣的模式貫穿於《警察和刑事證據法》的所有主要條款中。這一點在與拘捕嫌疑人、進入並搜查嫌疑人房屋和扣押證據、訊問被羈押嫌疑人等權力有關的條款中都能見到。

在有關羈押和審訊的條款中，包含了一套特別複雜的保護措施，主要是通過新設立的羈押警察（custody officer，簡稱 CO）來實施，他們的主要職責是專門對被羈押人的審訊活動進行監督（第 36 條）。羈押警察（根據《警察和刑事證據法》的規定，通常是警長級巡官）有責任將被羈押人享有的權利（包括會見律師、通知某人他被羈押的事實以及就《實施規程》進行諮詢）告知新的被羈押人。羈押警察必須保留羈押記錄，羈押期間發生的所有具有重要意義的事件都應記錄在案。《警察和刑事證據法》及《實施規程 C》中有複雜的時間表，對羈押的必要性及例外情況下將羈押時間最長延長至 96 小時的程序進行覆核在。

（二）《警察和刑事證據法》的普通法解釋

《警察和刑事證據法》明顯地擴張了警察的主要調查權力，每一個權力都受內部紀律保障措施制約。此外，一些通用的保障措施也被引入。其中或許最重要的是，將通過違反該法程序所獲得的證據作出可能的排除。只有在檢控中能表明口供並不是通過強迫，或不是通過能使口供難被信任的方法獲得的，口供才具有可採納性（第 76 條）。法官有義務將以口供為基礎對精神有缺陷的人作出有罪判決的危險提醒予陪審團注意（第 77 條）。如果獲得證據的情形意味着對訴訟程序的公平有負面影響，法官被賦予一個更普遍的自由裁量權以排除該證據（第 278 條）。與公民自由論者所追求的並在美國實踐着的嚴格的排除規則相比，這種更為寬鬆的自由裁量權（對斯卡曼爵士提出的修正案打了折扣）還有很大不足。

然而，自從《警察和刑事證據法》誕生以來，令人驚訝的是司法界對警察違反實用規則的行為的態度更為嚴格，超過了他們對違反以往法官規定的行為的容忍範圍。儘管就單個法官的反應而言，存在不平衡，但是一份關於該法誕生之後普通法對於重要羈押和盤問的規定的覆核得出了這樣的結論：「法官現在認為自己在保持警察權力和嫌疑人保護之間的平衡方面發揮着紀律性和規制性作用」（費德曼 1990 ：469）。

在《警察和刑事證據法》頒佈的十年之後，對其核心方面的經驗主義評價主要由內政部發起（布朗的評價 1997）。對於該領域的政策來說，這是一個令人印象深刻的「反身性」方法，體現了醜聞、改革、研究和進一步改革的辯證法。在過去的十年裏，這樣的研究沒有發生在任何與此相同規模的事件上（開普和楊 2008 ：1 至 4），很大程度上是

因為在強硬的法律與秩序政治的新時代條件下，不再將評價保障措施作為必要的研究，它們被假設為阻礙警察效力的障礙，如同我們在《辣手神探奪命槍》裏面看到的一樣。

(三)《警察和刑事證據法》的實踐：對裁決的研究

《警察和刑事證據法》頒行之前，警察工作的經驗主義研究表明，對警察權力以如此寬鬆的方式進行規定，法院以如此自由的方式作出解釋，導致了警察實踐頻繁地背離「法律規則」的原則性表述（麥克巴尼特，1981）。這為眾多的公民自由論者反對《警察和刑事證據法》打下了基礎。他們擔心警察將如該法通過前的做法一樣，超越他們新擴張的權力。他們預測犯罪嫌疑人的權利保障措施可能會被無視，如同警察以前依靠內部紀律和司法自由裁量權對待保障措施所做的那樣。這些憂慮進一步惡化，是因為警察對保護犯罪嫌疑人權利的各種保障措施的繁瑣文書工作帶有明顯的偏見。

《警察和刑事證據法》所具有的容易引起爭議的特徵，促使相當數量的機構對該法案的效果與影響開展評估性實證研究。研究證據表明，現實的圖景，比起隨《警察和刑事證據法》誕生陣痛而出現的兩極化辯論暗示的圖景，要更為複雜。確定無疑地，《警察和刑事證據法》似乎已經對警察處理嫌疑人的性質和結果產生了深遠的影響。警察日常實踐已經容納了《實施規程》的許多程序，而表明犯罪嫌疑人權利獲得保障的指數也顯示出明顯的進步。然而，《警察和刑事證據法》融入警察文化和工作實踐的過程，卻又是不順利和不徹底的。從犯罪嫌疑人的實際經驗來看，對他們的權利保障，更多的是儀式性的、表面的，實質性的影響甚少（亞當斯，2000）。除此之外，研究證據還表明：

（1）嫌疑人在到達警察局進行案件登記時，幾乎總是會一成不變地

以固定的方式被告知其所享有的權利（麥肯齊等人，1990；摩根等人，1990；D. 迪克遜，1997：147 至 152；D. 布朗，1997：第 6 章；比克和布朗，1997：第 2 章、第 3 章；菲利普斯和布朗，1998：第 3 章、第 4 章；馬奎爾，2002；桑德斯和楊格，2007：170 至 171）。

（2）結果是，接受法律諮詢的比例增加了 2 至 4 倍，目前大約有三分之一的嫌疑人接受過法律諮詢（摩根等人，1990；D. 迪克遜等人，1990；D. 布朗，1997：第 6 章；比克和布朗，1997：第 3 章；菲利普斯和布朗，1998：第 4 章；馬奎爾，2002；桑德斯和楊格，2007：199 至 204）。在受到審訊的犯罪嫌疑人中，現在有 40% 的嫌疑人接受過法律諮詢（比克等人，2000：21）。然而，所提供的法律支持經常是不足夠的（麥康維爾等人，1994；桑德斯和楊格，2007：205 至 214；愛德華茲，2008）。

（3）特別擴張的權力（如拒絕嫌疑人會見律師）適用於「嚴重的可拘捕犯罪」（根據上級警官的授權或在某些場合下由治安法庭授權），這種權力頒下的機率並不大，約佔案件總數的 2%（D. 布朗，1997）。

（4）在審問過程中，使用閃爍其詞、含義不明的「審訊策略」以獲得有罪陳述的程度已有所下降（歐文和麥肯齊，1989；D. 布朗，1997：第 7 章）。警察部門和內政部已經制定了更有效且更合乎倫理道德標準的審訊技巧（威廉森，2006；古德強森，2007；桑德森和楊格，2007b：263 至 269；D. 迪克遜，2008：32 至 33）。

（5）對審訊過程進行同步錄音錄像，使得在法庭上就訊問過程中所發生事宜產生的爭議減少，並且正越來越受到長期以來對審訊錄音持反對態度的警察的歡迎（威利［Willie］等人，1988；D. 布朗，1997：146 至 156）。這鼓勵了在上述提到的審訊過程中的方法的創新。

（6）在所有案件中，犯罪嫌疑人羈押在警察局的平均時間仍然大

致相同，大約為 6 小時 40 分鐘，儘管拘留的法定時間長度被正式延長
了（摩根等人，1990；D. 布朗，1997：63 至 65；菲利普斯和布朗，
1998：第 7 章）。超過 500 名犯罪嫌疑人每年被拘留超過 24 小時，
以及不超過 100 名犯罪嫌疑人被拘留 36 小時以上（桑德斯和楊格，
2007：180）。

（7）警察投訴局（PCA）對於警察對投訴的調查進行的監督，堪稱
充滿活力和積極主動（馬奎爾和科比特［Corbett］，1991）。現在，警
察投訴機構（PCA）已被英國獨立警察投訴委員會（IPCC）所取代，他
們對重大的投訴案件享有完全充分的調查權。

但是，也有很多來自相同研究的證據，描繪了一幅較為消極的
圖景：

（1）警察幾乎是自動地取得對羈押的授權而且總是能夠得到。視
羈押警察為一種對羈押進行監管的獨立檢查力量的理念已被證明是不
真實的、荒誕不經的空想（摩根等人，1990；麥康維爾，1991；菲利
普斯和布朗，1998：第 3 章；桑德斯和楊格，2007：184 至 185）。

（2）有關犯罪嫌疑人權利保障的信息，經常以一種儀式化的、無意
義的方式告知。這或許能對壓倒性多數的嫌疑人不能有效行使這些權
利的現象作出解釋（摩根等人，1990）。已有人宣稱，警察經常使用一
些「策略手段」勸阻嫌疑人行使其權利（麥康維爾等人，1991；桑德斯
和楊格，2007：200 至 204）。

（3）最近的一些研究表明，犯罪嫌疑人保持沉默的權利使那些實
施嚴重犯罪的嫌疑人以不相稱的比例獲益（威廉斯和莫斯頓，1990），
儘管其他的研究對此持質疑態度（比克等人，2000：6 至 7；桑德斯
和楊格，2007：233 至 235）。而曾經真正部分或完全行使沉默權的
犯罪嫌疑人其實相對較少。而自從《1994 年刑事審判與公眾秩序法》

（Criminal Justice and Public Order Act 1994）允許對犯罪嫌疑人作出不利的推論以來，這一比例便急劇地下降（但並不令人特別驚訝）（歐文和麥肯齊，1989；D. 布朗，1997：第 8 章；菲利普斯和布朗，1998：第 5 章；比克等人，2000：第 3 章；桑德斯和楊格，2007：229 至 230）。

（4）羈押程序的後續階段（如審查或規管偵查警官接近嫌疑人的途徑），不如接收程序那樣一絲不苟和嚴謹（D. 布朗，1997：62 至 63、163 至 165）。羈押警官在監督羈押前的有關事項（如從拘捕和到達警署之間發生延遲時：見摩根等人，1990；D. 布朗 1997：159 至 163）時，也不是很仔細和嚴格。

（5）《警察和刑事證據法》規定的程序，也可能經常因獲得嫌疑人「自願」遵從警察的要求而被繞開。這種「自願」遵從，是警察在《警察和刑事證據法》賦予他們明確的法定權力以實施攔截與搜查以及羈押訊問之前，使用的一種主要手段，就像阿加莎·克里斯蒂（Agatha Christie）的讀者都熟悉的委婉說法一樣，稱其為「協助調查」（assisting with enquiries）（D. 迪克遜等人，1990；麥肯齊等人，1990）。

（6）《警察和刑事證據法》生效之後不久，審問中使用「策略手段」的現象有實質上的減少，然而自從該法的地位穩固以後，審問中使用「策略手段」的現象卻又再度增多，當然，也沒有回到該法頒行之前的水平（歐文和麥肯齊，1989；D. 布朗，1997：第 7 章）。

（7）關於由「合適的成年人」（appropriate adults）和辯護律師幫助諸如精神紊亂等易受傷害的嫌疑人的規定，仍然制定得不很充分（桑德斯和楊格，2007：172 至 174，243 至 245）。因為在許多案件中，沒有「合適的成年人」可供傳喚和出庭，儘管通常情況下這涉及的都是一些青少年違法犯罪的案件（菲利普斯和布朗，1998：52 至 57）。

（8）然而，雖然警察投訴局（PCA）對投訴調查的監督有時可能是充分的，但公眾的信心和投訴滿意度卻低得慘不忍睹，同時，基層普通警察卻受到疏遠（馬奎爾和科比特，1991；D. 布朗，1997：第 11章）。英國獨立警察投訴委員會（IPCC）在獲取公眾信任上的成功，似乎迄今為止都令人鼓舞，但鑒於持續低下的實證率，這仍舊是一個問題（G. 史密斯，2004a，2005；T. 瓊斯，2008：711 至 712）。

（9）諮詢委員會（consultative committees）更多的是在向公眾表達警察的觀點，而不是向警察表達公眾的觀點，並且更多地是作為令警務合法化的機器，而非是作為一種問責制方式（R. 摩根，1989；N. 法伊夫，1992；G. 休斯，1994）。

（10）在警察權行使過程中的社會歧視模式依然如故。警察權力的重壓依然不成比例地落在年輕人、經濟困難的社會邊緣人士、少數族裔男性身上，他們成為警察攔截與搜查、拘捕和羈押以及脫衣搜身等行為的對象，而且是佔壓倒性的絕大多數（摩根等人，1990；麥克維爾等人，1991；鍾 [Choongh]，1997；菲利普斯和布朗，1998：第 1章；菲茨傑拉德，1999，2001，2009；菲茨傑拉德等人，2002；紐伯恩等人，2004；亨利，2007；德爾索爾和夏納，2006；鮑林和菲利普斯，2007）。

(四)《警察和刑事證據法》：樂觀或是悲觀

在面對《警察和刑事證據法》時，警務的社會模式及其基本實踐的回彈，是由於警察的角色作用沒有發生變化，其主要角色仍然是公共空間及生活於其中的人們的監管者。《警察和刑事證據法》對警察文化和警務組織的影響，幾乎沒有甚麼改變，正如我們將要看到的那樣，最近這十年來的政策，已經傾向於警察權力的不平衡擴張。

　　儘管如此，《警察和刑事證據法》還是對警察實踐產生了影響，雖然這種影響既不穩定也不規則。其原因部分地在於立法的象徵性後果，這種象徵性後果使成文法成為了安全保護措施的基礎，而成文法對於各級警察的影響力，大於法官的裁判規則對警察的影響。另一個原因是，各種不同的變化使得對違法犯罪行為的懲罰變得更有可能。這些變化包括法院對警察不當行為採取更為嚴格的態度，以及內部紀律制裁的威懾力（然而，外界人士對此並不怎麼欣賞）。特別重要的是，各種制度設計使日常警務工作中的「低能見度」的幕後領域開始展現在世人面前。主要的措施包括對記錄的要求、外人的探訪、增強獲得律師幫助的權利（D. 布朗，1997：第 6 章；菲利普斯和布朗，1998：第 4 章；比克等人，2000： 21 至 27；桑德斯和楊格，2007： 199 至 200），還有在涉及青少年犯罪或精神紊亂的嫌疑人的案件中，尋求「合適成年人」到場的規定（D. 布朗，1997：第 9 章、第 10 章；菲利普斯和布朗，1998：第 3 章）；以及在某些車站安置閉路電視監視系統等（紐伯恩和海曼，2001）。即使立法所取得的成績遠達不到公民自由論批評者所希望的程度，但也比他們一開始所期望的要大得多。

　　在理解《警察和刑事證據法》如何影響警察文化和實踐方面，威懾力、象徵性以及組織上和培訓的變化都是非常重要的因素。如果以精確的方式而不是以自由的方式對權力的邊界進行建構，就可以構建一定的程序，使權力行使的情形清晰可見，並且監督者和法院確定對警察的活動進行監管，那麼變化就會緊隨法律變化而產生。因為在這種情況下，法律文本中通過精確的方式設置的程序，對於監督者來說是一種相對可見的透明的程序，也能夠很好地在培訓中予以實施，並便於執法者虔誠地遵從。但是，也有證據表明，對法律規則作出精確的表述也存在一定的危險性。法律規則也可能只是得到毫無意義的形式

上的遵守，與預定目標背道而馳。

簡而言之，《警察和刑事證據法》實現了重要的憲法和控制功能，並且在很大程度上使警察實踐發生了轉變。但是，由於大量警察日常工作的低可見度以及由此導致的不可避免的自由裁量權，因此最關鍵的改變需要發生於非正式的警察文化領域以及他們實際工作的操作規則方面。這些領域通過象徵主義、培訓、組織和紀律懲戒等而受到影響，但是它們並不由正式規則決定。警察文化主要是警察這一角色的功能，而這角色是結構性的社會角色，沒有發生任何根本的改變。在等級森嚴和嚴重分化的社會中，警務永遠不可能達到其應有的公正影響，而運行警察權力時的社會性歧視仍將會繼續存在。因此，要想獲得警察權力的合法性和公民對警察行為的真正贊同，僅依靠法律規定本身總是不夠的。然而，在過去的 15 年裏，實施嚴厲法律與秩序的霸權主義政治，已經將政策從注重在警察權力擴張與犯罪嫌疑人權利保障之間保持「基本平衡」，轉向在沒有相應保障措施的條件下繼續加強權力，而且與《警察和刑事證據法》規定的保護措施之間，的確存在某種程度的摩擦。在面臨特殊的突發事件需要採取強硬而嚴厲的警務措施時，以及當訴訟程序的現代化不適合 21 世紀的目標時，一種有利於受害人的平衡權力的說辭使得這種（權力擴張與權利保護）不平衡被合理化。貝理雅（Tony Blair）於 2004 年 9 月發起《內政部刑事司法五年戰略規劃》（Home Office Five Year Strategy for Criminal Justice），並引以為傲地說，為了「重新平衡刑事司法制度並從根本上有利於受害者……我們的首要任務是保護守法公民」，由此「我們詢問警察究竟想要甚麼權力，我們就給他們甚麼權力」。但是，如果一個「守法公民」被錯誤地懷疑涉嫌犯罪，該怎麼辦？新工黨對警察的任何要求都屈服讓步，與戴卓爾政府在《警察和刑事證據法》的審議過程中對警察的

「權力清單」所持的懷疑態度相比，形成鮮明的對比。與貝理雅的現代化的演說的含義相反，國家警察權力話題的出現並不是古老的維多利亞時代的遺物，而只有幾乎不到 30 年的歷史。永遠不要相信任何不超過 30 年歷史的警務程序 —— 這似乎是 20 世紀 60 年代出生的一代執政者的口號。這並不是因為公民自由論者的關注點使許多新工黨部長們感到擔心（他們年輕時曾反對《警察和刑事證據法》），而是因為這已被警察視為對犯罪控制的一種阻礙。

三、警察越軌行為的定義：
《警察和刑事證據法》生效後的警察權

自 20 世紀 90 年代早期法律與秩序的政治轉換以來（唐斯和摩根，2007；賴納，2007a ：第 5 章），犯罪控制的價值壓倒了正當程序的價值（桑德斯和楊格，2007a 、 2008）。無孔不入的法律與秩序的政治氛圍的一個自相矛盾的特點是，即使原本意在使警察權力的實踐變得更具問責性的某些改變，也會意想不到地使警察權合法化得到增強。

一個典型的事例是，人們緩慢地在事實上承認了警察進行攔截和查問的權力，而這種承認實際上來自《麥克弗森報告》（*Macpherson Report*），但該報告其實是意圖規範攔截與查問的權力，這些權力當時是沒有任何明確的法律基礎的。人們對 1966 年賴斯訴康諾利案（Rice v. Connolly）的法院裁決歡呼，因為該案的裁決確定了這樣一個原則，即警察沒有權力任意攔截某人進行查問，當然，雖然他們經常這樣做並獲得「自願」協助（在 2001 年的里基茨訴考克斯 [Ricketts v. Cox] 案中，被告人因妨礙公務而被判有罪，其中最主要的原因是拒絕回答警察的查問，但是法官明確表明這種裁決沒有推翻早期的判例，作出有

罪判決是基於「[里基茨]的總體行為」，並不僅是他拒絕答問題這一單
一行為)。《麥克弗森報告》之所以關注攔截的模式，是認為攔截模式
如同攔截與搜查權力的執行一樣，具有種族歧視的特徵，因此，他們
建議警察應當在實施該權力的同時，對其過程進行記錄。內政部以及
全國警察局長協會（Association of Chief Police Officers，或稱英格蘭
和威爾士高級警官協會，簡稱 ACPO）採納了此項建議，在本案判例確
定之後，對攔截行為進行記錄成為全國警察工作的一項必須要求，警
察部門開始談論實施「攔截並要求解釋」（stop and account）的權力。
可以說，攔截和查問的權力隱含在《警察和刑事證據法》所授予警察進
行攔截與搜查的權力中。但是，在該法第一部分的所有條文的措辭中，
都要求實施攔截必須具有正當合理的懷疑理由，對搜查的要求也是如
此，必須有合理懷疑理由，雖然警察「在遇有下列情況時，不必進行搜
查：（1）沒有搜查必要；（2）無法實施搜查行為，因為通過查問已經排
除了嫌疑」（第 2 條）。這並不意味着警察有權自動地實施攔截和查問，
而只是將其作為實施搜查的一種預備行為。然而，政府接受麥克弗森
的建議之後，對有關攔截與搜查的《實施規程 A》進行了修正，並要求
「當警察在公共場所要求某人對其到場的原因作出解釋時，例如，要求
他們對其活動、行為舉止、在某一區域出現和擁有某種物品作出說明
時，需要按照《實施規程》第 4.17 節所規定的程序要求，對整個過程進
行詳細的記錄，並將記錄的副本回單交給被查問人」。2008 年 2 月，
英國北愛爾蘭皇家騎警隊（RUC）前警察局長羅尼・弗拉納根爵士（Sir
Ronnie Flanagan）在《警務獨立審查報告》（*Report of the Independent
Reviewof Policing*）中建議，作為對「不必要的官僚主義作風」（unnec-
essary bureaucracy）批判的一部分，攔截與要求作出解釋的記錄應當
大幅簡化。這項提案被內政大臣雅基・史密斯（Jacqui Smith）欣然接

受（「內政大臣回應弗拉納根的批評意見」，內政部官網，2008 年 2 月 7 日），並在目前已經生效的《實施規程 A》中有明確的規定。因此，管制秘密程序的意圖，在事實上承認了一項成文法或判例法實際上永遠不可能授予的權力，同時，必須對實施攔截與訊問進行記錄的要求被最小化，以減少官僚主義作風對控制犯罪的阻礙。我們有非常合理的理由認為，和攔截與搜查基於同樣的基礎，警察也確實需要攔截和查問的權力。但這一點還未真正地得到清楚的辯論，而這一過程受其合意性（desirability）的一個隱含的毋庸置疑的假設所支配。

過去的 15 年裏，立法的一個趨勢是堅持不懈地擴張警察權力（儘管 1998 年的《人權法案》以及根據《警察改革法》[PRA] 創設的英國獨立警察投訴委員會 [IPCC] 擴大了對公民權利的保護範圍）。《警察和刑事證據法》所建立的平衡被打破過程的禍根由保守黨政府在 1994 年埋下，自 1997 年新工黨執政以後，這一進程加速。1994 年的《刑事審判與公共秩序法》（CJPOA）允許對被告人保持沉默的行為作出不利推定（與皇家刑事程序委員會 [RCCP] 和皇家司法委員會 [RCCJ] 的建議相悖）。《刑事審判與公共秩序法》（CJPOA）第 60 條引入了攔截與搜查權力，並規定如果督察或更高級別的警官有理由相信，在某個區域很可能發生嚴重暴力事件，或有人攜帶攻擊性武器，那麼就算沒有《警察和刑事證據法》（PACE）所要求的合理懷疑理由，也可以行使攔截與搜查的權力。《刑事審判與公共秩序法》授權警察即使沒有合理懷疑理由，也可以對任何攜帶攻擊性武器的人實施攔截和搜查（長達 48 小時）。《刑事審判與公共秩序法》第 61 條第 3 款的規定，也將維護公共秩序的權力擴大到控制非法入侵者或狂歡派對一類的行為。

1997 年的《警察法》作為保守黨政府的最後立法之一，建立了全國刑事犯罪情報中心（National Criminal Intelligence Service，簡稱

NCIS）和全國犯罪調查特勤組（National Crime Squad，簡稱 NCS）。
該法還授權警察干預個人合法所有財產和「無線電報」以預防或偵查嚴
重犯罪。

1998 年的《犯罪與擾亂社會秩序法》（The Crime and Disorder Act）
是新工黨政府推動的一部最重要的立法，確立了雄心勃勃的《犯罪減
少計劃》（Crime Reduction Programme），該計劃所追求的目標是實施
聯合型和證據導向的政策，兌現其嚴厲打擊犯罪、徹底鏟除犯罪成因
的競選誓言，實現其重振秩序的雄心壯志。在這一過程中，警察權力
被極大地擴展了。該計劃還授權警長申請《反社會行為令》（ASBOs）
並制定當地兒童宵禁令（local child curfew orders）。它還創設了新的
涉及種族或宗教的嚴重傷害犯罪行為，擴大了刑事毀壞、騷擾和公共
秩序犯罪的範圍。2000 年的《調查權力規管法案》（The Regulation of
Investigatory Powers Act）擴大了有關權力和程序，以授權和管控通信
竊聽、秘密偵查和侵入性監視以及秘密情報行動。

2000 年的《反恐怖主義法》（The Terrorism Act）沿着《刑事審判與
公共秩序法》（CJPOA）第 60 條的立法路徑，繼續擴大了警察攔截與搜
查的權力，允許警察在沒有《警察和刑事證據法》規定的合理懷疑理由
的情況下，實施攔截和搜查。第 44 條賦予助理警長或更高級別的警察
長官以下權力：經內政大臣批准後，可以向某一地區的警察授權以擴
大他們為「預防恐怖主義行為而採取權宜之計」的應急權力。該地區可
能跟倫敦一樣大，而實際上從那時開始，倫敦就已經被授予這樣的權
力。在規定的區域內，警察可以攔截和搜查任何可能用於實施恐怖行
為的車輛或個人，不管該警察對任何種類的物品的懷疑是否有合理理
由（第 45 條第 1 款）。這一規定經常被用來對付與恐怖行為並沒有可疑
聯繫的人，正如 2006 年發生的吉蘭（Gillan）案，警察對一羣前往巴比

肯（Barbican）藝術中心的武器展進行和平示威的抗議者實施了搜查，但上議院認為警察的搜查行為具有合法性。《反恐怖主義法》還擴大了封鎖和控制特定區域的權力，實施無證拘捕和拘留的權力，以及搜查房屋或其他建築物的權力。

2001 年的《刑事審判與警察法》（The Criminal Justice and Police Act）擴大了控制公眾酒精消費和保護證人的權力。但最重要的貢獻是對法案明確規定的某些犯罪行為設定了當場處罰的權力，即《擾亂秩序處罰通知書》（Penalty Notices for Disorder，簡稱 PNDs）。這種通知書的制度設計，最初起源於貝理雅提出的一個受到嘲諷的建議：年輕的罪犯應當被帶到自動提款機前，並立即支付罰款。在警察批評該建議不切實際後，為了能在大街上實行現場制裁，最終《擾亂秩序處罰通知書》誕生（雖然罪犯常被帶到警局）。《擾亂秩序處罰通知書》原本只針對有關「安全」的犯罪，如報假警和醉酒引起的擾亂社會秩序行為，如今《通知書》的適用範圍屢次擴展，包括偷竊價值 200 英鎊以內的財物、故意破壞價值 500 英鎊以內的財物的行為。警察都可以向實施行為的人發出處罰通知書，並且採用這種方法進行處理的犯罪類型的比例越來越大（楊格，2008 ： 166 至 171）。這種制度設計為警察提供了一個很受歡迎的工具，讓他們在沒有足夠證據起訴的情況下能夠快速結案，從而幫助他們達到更高的工作要求。《擾亂秩序處罰通知書》的重要性尤其是在提高結案率方面的重大意義正不斷增強（楊格，2008 ： 174 至 177），它與攔截和搜查權力的擴張一道，還對警察不斷增多的權力組合蓄電池作出了貢獻。越來越多的可供使用的權力為警察控制他們在大街上那些無家可歸的「財產」提供源源不斷的動力，並且無須克服具有重要意義的證據性障礙。

伴隨着較大自由裁量權的擴張和難於規管的權力，《警察和刑事證

據法》的保障措施也繼續受到削弱。這一點清楚地表現在 2002 年內政部對《警察和刑事證據法》的評估報告中。與《警察和刑事證據法》剛通過及其 1994 年的第一次重大修訂不同的是，這次根本沒有任何公眾諮詢，更不用說有像皇家委員會那樣的機構，告知大眾事件與憲法有相關性。片面關注犯罪控制的新氣候，在法案修訂的範圍內得到了明顯的體現：「確保立法仍然是支持警察工作的有用工具，並向他們提供打擊犯罪所需的權力。」更具體地說：「通過立法簡化警察程序，減少警察所擔負的程序性或行政性壓力，節約警察資源，加速司法進程。」權力擴張與權利保障措施之間保持平衡的觀念已經消失，只需一門心思地強調警察需要甚麼以打擊犯罪，這些犯罪已經被管理主義的「無菌」語言消毒去除。獲得考慮的問題包括：在沒有獲得搜查證的情況下，或只得到一位警司（不是治安法官）授權的情況下，賦予警員搜查房屋的權力並擴大搜查的範圍；拘捕任何違法人士的普遍權力，將適用於嚴重可拘捕違法行為（serious arrestable offences，簡稱 SAOs）的特別增強權力（special enhanced powers）擴大至一切可拘捕的違法行為；創設街頭保釋（on-street bail）計劃，並有權將被捕人直接帶回警局；將任何違法人士（不僅指嚴重可拘捕的違法人士）的拘留時間延長至 36 小時；如果出現合規定的延遲（如請求律師幫助或醫生救治），則可暫停拘留計時；經過督察（不是警司）的許可授權可以將拘留時間延長至 36 小時；撤銷治安法官對超過 36 小時以上的羈押的批准權；允許羈押警官（非督察警官）對 6 小時或 9 小時的拘留實施覆核；允許通過電話進行覆核。

上述許多建議已經體現在立法之中。2003 年的《刑事審判法》（The Criminal Justice Act）將所有可拘捕犯罪的拘留時間延長至 36 小時，而並非只適用於嚴重可拘捕犯罪（SAOs），並授權對刑事毀壞行為進

行攔截和搜查。2005 年的《嚴重有組織犯罪與警察法》(The Serious Organised Crime and Police Act，簡稱 SOCPA)，設立嚴重及有組織犯罪調查署 (Serious and Organised Crime Agency，簡稱 SOCA) 代替全國犯罪調查特勤組 (NCS) 和全國刑事犯罪情報中心 (NCIS)。該法承認市民羈押官 (civilian custody officers) 的合法地位，而非《警察和刑事證據法》中要求的警佐；創設了拘捕所有違法人士的權力，而不僅是可拘捕違法行為或那些滿足《警察和刑事證據法》第 25 條規定的必要性標準的違法行為。同時，還加強了搜查房屋及其他建築物的權力，並授權警員在街上現場採集犯罪嫌疑人的指紋和腳印。社區輔助警察 (Community Support Officers，簡稱 CSOs) 被授予了更多的權力，例如，有權實施搜查。還有一種權力，令警察可以對在議會附近的集會示威活動的舉行設定條件。

自 1993 年以來，擴大警察權力成為明顯趨勢，卻沒有具體的保障措施。這種趨勢在上議院對若干案件的裁決中得到了證實：2003 年的克林漢姆案 (Clingham)，涉及有關《反社會行為令》的適用問題；2000 年的吉蘭案 (Gillan)，涉及根據《反恐怖主義法》的規定實施攔截和搜查的問題；2009 年的奧斯丁 (FC) 等人訴大都會警察廳廳長案 (Austin and another v. Commissioner of Police of the Metropolis)，該案涉及有關公共秩序的警務治理問題，意圖使備受爭議的「水壺式」(kettling) 圍堵戰術合法化 (這種戰術受比例性和必要性標準支配)。這表明，與《警察和刑事證據法》實施的早期相比，司法態度已經完全不同，並對例外論和突發事件的狀況越發敏感。這一趨勢還將持續下去，2007 年成立了另外一個內政部復審報告，旨在使《警察和刑事證據法》的執行效率更高，這同樣是為了方便警察，使他們從繁雜的程序中解放出來。「覆核的目的在於確認，警察及與其一起工作的人，以至

於公眾，他們的行為與《實施規程》是否仍舊是適當、相稱，並與刑事司法系統相關。」為此，該覆核將「一攬子」有關攔截、搜查、拘捕、拘禁、查問等有關的權力，連同某些《警察和刑事證據法》規定的保障措施的進一步消除（對此提出的嚴厲批評，參見澤德爾，2007），都納入通盤考慮的範圍。

總之，被莊嚴地寫入 1984 年《警察和刑事證據法》的警權與嫌疑人權利之間的平衡原則，令警察權力被合法化，這一情況幾乎持續了20 年。但這已被一種有利於受害人的再平衡的現代化說辭所取代，並且該說辭據認為已被一種充滿特別的不安全感和威脅的新時代所合理化。這一同樣的精神使得當前對警察問責制的討論充滿生機與活力，對此，我們將在下文進行探討。

四、管控管理者：警察問責制的發展

刑事程序的基本目標和規則是議會在其制定的實體法和程序法中設計的。問責制的問題，即在於如何使警察實踐，特別是自由裁量權的運作，保持在上述寬泛的制度設計框架內，並且使其符合經民主而決定的社會的共同價值。從分析方法上看，問責制的問題本身可以分成三種不同的獨特功能：判斷具體警察行為是否違反法律或程序規則的「司法」功能；在不同的合法警務職責之間確定資源分配優先權的準「立法」功能；以盡可能有效率和富有效力的方式對這些職責的執行進行管理的「行政」功能。關於問責制的爭論主要圍繞着現有的機制如何圓滿地實現上述功能的展開。例如，有關問責制涉及的工作範圍，以及應當採取甚麼樣的公義概念衡量警務安排，還有當關於警務目標與手段的觀點發生衝突時，誰應當擁有最終的決定權，對以上問題的不

同理解都是爭論的實質所在（賴納和斯賓塞，1993；斯滕寧，1995；N. 沃克，2000；洛德和沃克，2007；T. 瓊斯，2008）。

傳統的有關警察的各種說辭，賦予了英國警察大量的民主特性。正如羅伯特・馬克（1977 ： 56）所指出的那樣：「英國警察對法律負責的事實，以及代表社區的公共利益而不是在政府的蔭庇下行動的事實，使得我們成為世界上擁有最少的權力，承擔最大的責任，以及最被接受的警察。」這表明了警察對法律負責的理念，在官方意識形態中所發揮的中心作用。

法庭管制警察行為的方式主要有 4 種：（1）可能對警官進行檢控，例如出現了對警察犯有刑事犯罪行為的嚴重投訴時；（2）因警察錯誤拘捕、非法侵入、傷害等行為或因警察履行職責時疏忽大意、玩忽職守而導致損害發生時，可能對涉事警察提起民事訴訟；（3）法官擁有自由裁量權，可以依據《警察和刑事證據法》及相應的實施規程，對通過違反法律正當程序獲得的證據予以排除；（4）對警察的政策決定進行司法覆核，如果有人投訴這些政策決策超越職權（*ultra vires*），可以尋求法院對其進行司法覆核。但在實踐中，上述這些方式至今沒有一種能夠有效地運行。警官很少因為不正當地履行職責而受到犯罪指控（B. 迪克遜和史密斯，1998；G. 史密斯，2001）。公訴檢控主任（Director of Public Prosecutions，簡稱 DPP）和皇家檢控總署（Crown Prosecution Services，簡稱 CPS）[191] 已經要求在建議對警官進行檢控之前，要適用更為嚴格的證據標準，較之對普通嫌疑人進行檢控所適用的證據標準更嚴格，因為，他們認為使陪審團對警官作出有罪裁決要更加困難（D. 羅斯，1996 ：第 7 章）。在 20 世紀 90 年代，被判刑事犯罪（而不是交通違法）的警官人數從 1992 年的 35 名增加到 1998 年的 65 名（G. 史密斯，2001 ： 377）。然而，與每年記錄在案的大約 35,000 件

針對警察的投訴相比，或者與因警察不當行為而在民事訴訟結束或勝訴後獲得損害賠償的 1367 人的數字相比，被判有罪的警察的這個數量並不大。雖然民事訴訟中的舉證責任採用的是「可能性平衡」（balance of probabilities）的較低標準，但提起訴訟的成本、時間和獲得律師幫助等方面的問題，意味着這些訴訟很少訴諸實踐（也很少能勝訴），雖然近年來這類民事訴訟有顯著的增加。在《警察和刑事證據法》頒行實施之前，判例法已經使司法的控制功能逐漸遭到了削弱。1979 年，英國國會上議院在有關警察使用線人的桑（Sang）案的裁決中，有這樣的表述：「因警察為獲得能夠在法庭上用於指控犯罪的證據而使用的方式存在問題，而對警察行使紀律處分權或檢控，不是法官功能的一部分。」儘管對違反《警察和刑事證據法》的行為的司法態度在最初很堅定，但是隨着立法創製了越來越多的警察自由裁量權，這種司法態度也變得越來越放任。

（一）投訴制度與民事訴訟

有關投訴警察的成文法制度規定，最早起源於《1964 年警察法》。由於投訴完全依賴於警察部門的內部調查程序和裁決，從一開始，這種投訴制度就受到嚴厲的批判。多年來一直存在外界的強大壓力，要求增強處理投訴警察的機制的獨立性，而絕大多數警察對此持抵制和反對態度，對此，《1976 年警察法》設立了警察投訴委員會（Police Complaints Board）。在對警察的報告和初步決議進行研究以後，警察投訴委員會建議，如果有必要的話，可以直接對投訴指控進行紀律懲戒。

警察投訴委員會的成立是政治妥協的一個產物，警察和公民自由主義者都對它的成立感到失望和沮喪。公民自由主義者對警察投訴委

員會的成員組成方面無懈可擊的做法、獨立調查權力的缺失以及授予警官以誹謗罪起訴投訴人的便利（在《1976年警察法》頒行之前，只有警察聯合會在政治爭論中才享有這個便利）等方面表示強烈反對，對這樣的規定感到痛惜。

在20世紀80年代早期，外界的壓力日漸增加，要求對嚴重的警察不當行為的指控進行更有力、更獨立的詳細審查。警察投訴委員會在其1980年的三年一度的《工作報告》中，列出了改進其職能作用的幾點建議。投訴委員會的新任主席西里爾‧菲利普斯爵士（Sir Cyril Philips）（他也是皇家刑事程序委員會的主席）承諾他將採取更為嚴厲的政策，他宣稱「目前的投訴委員會形象如此低下，以至於到了背水一戰的境地了」（《衞報》，1981年3月19號）。《斯卡曼報告》和英國議會下議院專責委員會（Commons Select Committee），強烈支持對投訴進行獨立調查，並對投訴作出獨立的裁決。最後，警察聯合會的態度出現了令人驚訝的大轉彎，如同少數的警察局長一樣，他們一改長期以來對獨立調查所持的反對態度。

儘管面臨上述壓力，但《警察和刑事證據法》仍然沒有建立完全獨立的投訴制度。相反，它以警察投訴局（PCA）代替警察投訴委員會，由警察投訴局對聲稱導致死亡或嚴重傷害的投訴而進行的調查實施監督，並授權警察投訴局在任何其他案件中，如認為公共利益需要，也可以如此行事。在投訴人同意的情況下，該法也建立了處理輕微投訴的非正式程序。

自《警察和刑事證據法》頒佈施行後，針對新程序的研究表明，投訴人和警察對警察投訴局和整個制度都缺乏信心（馬奎爾和科比特，1991；賴納，1991：286至300；D.布朗，1997：第11章）。然而，備受詬病的警察投訴局和非正式解決輕微投訴的新程序，卻在資源嚴

重受限的情況下，運轉得相當出色（馬奎爾和科比特，1991）。

　　到 20 世紀 90 年代後期，經歷了幾年的漸進式改革以後，要求對投訴制度進行根本性變革的壓力再一次日漸增強。《1994 年警察與裁判法院法》（PMCA）第 37 條廢除了雙重危險規則（double jeopardy rule），使得在刑事犯罪中被宣告無罪的警察，不會再度面臨在實質內容上相同的紀律指控。《1998 年警察（北愛爾蘭）法》設立了完全獨立的政府巡查員制度，專門調查和裁決針對警察的投訴（第 51 條），這一制度在 2001 年開始全面運作（馬爾卡希，2008：214）。

　　1997 年下半年，議會民政事務委員會（Home Affairs Committee，簡稱 HAC）開始對警察的紀律和投訴問題進行調查。調查形成的報告《警察紀律和投訴程序》（*Police Disciplinary and Complaints Procedures*）於 1998 年 1 月發佈。該報告建議對整個投訴制度進行徹底改革。它對獨立調查原則表示了支持。報告還形成了一個結論，即規定警察在何種情況下接受調查與誰來進行調查同樣重要。因此，它建議在警察紀律調查程序中剝奪警察的「沉默權」，並認為在警察紀律處分程序中，應適用民事訴訟證據的「可能性平衡」證明標準，而不是刑事訴訟的「排除合理懷疑」的證據標準。民政事務委員會的報告，支持內政部與警務人員協會（police staff associations）之間的一項協議，該協議在於採取程序處理警察表現不佳的問題。報告還對皇家檢察總署（CPS）決定檢控違紀警官的問題表達了嚴重的關切，強烈要求公訴檢控主任（DPP）在不建議檢控的時候做出書面解釋。

　　內政部對該報告的反應出奇的積極，廣泛地接受了民政事務委員會（HAC）報告中的主要建議。1999 年 4 月 1 日，處理警察行為和效能的新規定代替了原有的紀律規定，新規定試圖使警察符合就業體制的僱傭慣例標準。最後，經過十幾年的壓力，2002 年的《警察改革法》

建立了英國獨立警察投訴委員會（IPCC），其主要職責是負責調查針對警察的嚴重投訴。

英國獨立警察投訴委員會（IPCC）調查所有涉及死亡、嚴重傷害、侵犯或腐敗的案件。警察部門也可以將其他案件提交給委員會處理，並且如果案件涉及重大公共利益，則獨立警察投訴委員會也可能會接手案件的調查。獨立警察投訴委員會的調查不局限於投訴事件，其受案範圍涵蓋了所有針對警察提起的嚴重不當行為的指控，包括槍擊、涉及警用車輛的交通事故以及拘留期間發生的死亡事件。獨立警察投訴委員會（IPCC）獨立自主地調查最嚴重的事件。其他不那麼嚴重的事件的調查，受獨立警察投訴委員會的**管理**或**監督**，管理意味着委員會會更緊密地參與和審查。那些被視為不那麼嚴重的案件仍然受地方警務督察局的調查，並由獨立警察投訴委員會進行遠距離的監督。英國獨立警察投訴委員會在英格蘭和威爾士劃分四個區域分局。其調查人員具有不同的背景，具有合適的技能，也包括前警務人員，以及曾從事金融服務分析、海關和消費稅等相關工作以及社會工作的人。2007 至 2008 年，整個英格蘭與威爾士全境，警察部門記錄在案的投訴案件，共有 28,963 件（格利森 [Gleeson] 和格雷斯 [Grace]，2008：vi）。最常見的投訴指控包括「履行職務過程中的其他疏忽或失誤」（佔投訴總量的 24%）；「不文明、粗魯和不寬容」（佔 22%）；「其他侵犯人身的攻擊行為」（佔 14%）。在所有的投訴指控中，43% 的投訴由地方警務督察局解決處理，32% 的投訴經過調查後處理，14% 的投訴被撤銷或中止。在那些接受調查的投訴指控中，有 11% 的投訴得到證實，而 89% 的投訴沒有證實。統計數據表明，自英國獨立警察投訴委員會成立以來，投訴的數量逐漸增加，這可能部分地表明公眾對警察的信心增強，也可歸因於可能受到投訴的員工類型的擴張，以及直接向獨

立警察投訴委員會投訴的可能性增加和警察部門記錄工作的改進。投訴經過調查得到證實的比率略高於獨立警察投訴委員會成立之前，但總體而言仍然非常低。

完全獨立的投訴調查制度，其結果並沒有像許多人所希望的那樣帶來戲劇性的變化。造成針對警察的投訴解決率低的原因，並不主要是由於警察調查人員的包庇，對於「誰來調查」這一爭論焦點，忽略了更多的基礎問題，如獨立投訴制度的功能究竟是甚麼，以及如何把投訴者的利益置於最突出的位置（史密斯，2004、2006、2009）。在絕大多數投訴中，引起投訴的一個主要因素是警務運作環境中的「低能見度」問題。通常在沒有獨立證據的情況下，投訴人和警察之間的證詞互相衝突。在不考慮誰來作調查和裁決的情況下，許多投訴不可能得到維持，許多投訴人因此感到有冤難申，怨聲載道。這一問題的困擾，阻礙了在所有司法管轄區內建立投訴系統的嘗試（戈德史密斯，1991；戈德史密斯和劉易斯，2000）。

鑒於對警察的投訴能夠獲得證實的暗淡前景，作為一種可供選擇的救濟手段，民事訴訟已經成為一種主要的增長性行業，這一點也並不令人吃驚（B. 迪克遜和史密斯，1998；G. 史密斯，2001、2003）。《1964 年警察法》第 48 條規定：警察局長以及警察部門需對警察人員的不當行為承擔代償責任（它改變了 1930 年費希爾訴奧爾德漢姆一案 [Fisher v. Oldham] 所確立的普通法立場），民事訴訟這一扇門被打開了。從財務的角度看，這使得民眾認為對警員侵權行為提起訴訟是值得的。起訴的方式通常來自法律援助。同時，與刑事訴訟的證據標準要求比較起來，民事訴訟的舉證負擔較輕，這使得對警察的投訴成功率極大地提高。1998 至 1999 年，女王陛下警務督察總監（HM Chief Inspector of Constabulary）的年度報告表明，對英國所有警察的投訴索

賠請求達到了 5961 件，其中 1302 件得到和平解決，投訴人成功地獲得損害賠償的有 65 件。為賠償損害和解決投訴所支出的總金額達到了近 460 萬英鎊（G. 史密斯，2003）。從這點上看來，大都會警察廳的政策在 20 世紀 90 年代中期開始由尋求和平解決訴訟到採取對抗的這一變化就顯得不足為奇了。在 1997 年上訴法院審理湯普森和胡蘇訴倫敦大都會警察廳廳長（Thompson and Hsu. v Commissioner of Police of the Metropolis）一案中，大都會警察廳成功地促成法庭作出了更為嚴格的指導方針，規範此類案件的損害賠償請求（B. 迪克遜和史密斯，1998：428）。此外，上訴法院在 1996 年擴展了可以提起民事訴訟的理由和範圍。在斯溫尼訴諾森布里亞警察局長（Swinney v. Chief Constable of North Umbria）一案中，警察部門被判對警察人員的過失行為承擔責任，儘管 1989 年國會上議院在希爾訴西約克郡警察局長（Hill v. Chief Constable of West Yorkshire）一案中，對此類訴訟設立了最為嚴格的檢測標準（B. 迪克遜和史密斯，1998：424 至 426）。但是在目前，與投訴制度相比，民事訴訟對很多人來說，似乎是應對警察不當行為的眾多手段中最有吸引力的一項措施。

（二）警察治理

警察問責制中最有爭議的一些問題的產生，都與決定警察政策的優先性和能效性的準立法功能與行政功能有關。《1964 年警察法》令在 20 世紀發展起來的以郡縣為單位的警察治理框架得以鞏固和合理化。倫敦的兩支警察力量（大都會警察廳和倫敦城警察廳）保留了其自身的問責制框架（前者只對內政部長負責，後者在向倫敦市議會負責的同時，還要向內政部長負責）。《1964 年警察法》將警務督察局（police authority）的一般職責定義為「確保本地區的秩序而維持適當的和

富有效率的警力」（第 4 條第 1 款）。一直以來，警務督察局、警察局長和內政部之間在憲法上的確切關係以及在具體實踐中的關係，都是複雜而爭論不休的問題（G. 馬歇爾，1965，1978；洛夫迪，1985、1991、2000、2006；勒斯特加滕 [Lustgarten]，1986；賴納，1991；賴納和斯賓塞，1993；瓊斯等人，1994；瓊斯和紐伯恩，1998；沃克，2000；洛夫特和里德，2003；麥克勞林，2005、2007：第 7 章；洛夫迪和麥克洛里 [McClory]，2007；瓊斯，2008）。雖然《1964 年警察法》旨在闡明這一情況並使之合理化，但未能實現這一目標。它在關鍵問題上的表述自相矛盾或模糊不清。警務督察局得到明確授權，有權任命警察局長，確保警察局長的退休（需經內政部長的同意）「有利於效能」；並且該督察局還接受警察局長的年度報告。警務督察局也可以要求警察局長就「與該地區警務有關的事項」提交進一步的詳細報告（第 12 條第 2 款）。但是，警察局長如果認為提交這樣的報告不合適，也可以拒絕，由此產生的爭議將提交給內政部長仲裁決定。《1964 年警察法》也沒有闡明警務督察局在該地區就與執法相關的一般政策問題對警察局長進行指導的可能性（與明確被排除在外的、對警察部門的即時性和日常性的指導及控制有着根本性的不同）。如警察局長與警務督察局之間的意見發生衝突，則由內政部長裁定。但是，《1964 年警察法》極力推動限制警察局長在「操作性事務」上的職責（謝斐遜和格里姆肖，1984a：第 2 章）。勒斯特加滕（1986）優雅但極具諷刺地批駁了「操作性」和「政策性」事務之間這種陳腐的、站不住腳的區分。這種分類必然存在重疊，並且具有隨意性和傾向性，在《1964 年警察法》中也找不到依據。

總之，《1964 年警察法》與前文已經討論的警務中發生的組織性變化（合併、科技進步、職業化／專業化、警察遊說的增加）一道，以犧

牲地方警務督察局為代價，強化了警察局長和內政部的權力。警務督察局為此付出了代價（更確切地說是與中央政府分擔了警務成本），但沒得到任何回報。警務督察局決定警察部門的設立和警銜職級的框架結構，並且任命警察局長（兩者均須經內政部批准同意）。但警察局長獨自對警力的調度與配置、人事任命、晉升和紀律處分承擔責任。警務督察局可以充分的理由解除警察局長的職務，但內政部對此可以行使否決權。在實踐中，絕大多數警務督察局通常情況下願意遵從警察局長的「專業」意見，甚至未使用過《1964 年警察法》所設定的有限的權力（M. 布羅格登，1977；賴納，1991：第 11 章）。取代大都會警務督察局而成立的聯合委員會就更是如是，前者被《1985 年地方政府法》(Local Government Act) 廢除（洛夫迪，1991）。

20 世紀 70 年代後期，左翼陣營在競選造勢活動中提出了幾個動議，鼓勵警務督察局行使其潛在的權力，並尋求擴張這些權力。1979 年 11 月，首選是傑克・斯特勞（Jack Straw），然後是工黨議員布萊克本（Blackburn），提出了一項有關警務督察局職權問題的普通議員法案（Private Member's Bill），[192] 但未獲成功。這部法案的目的在於增加警務督察局（由地方社區民主選舉產生，排除了治安法官的影響）對總體警務政策的影響，這有別於日常操作性事務的決定權，而這項權力仍然屬於警察局長的特權。

有關內政大臣對倫敦大都會警察廳的監管問題，公開的辯論尤為尖銳激烈，以至於倫敦人甚至缺少地方上可採用的有限的財政問責形式。1980 年 3 月，傑克・斯特勞發起了一場轟轟烈烈的激進警察改革行動，提出了另一個失敗的法案，該法案的目的在於創設一個大倫敦地區警務督察局來控制首都大都會警察廳。然而，直到 1999 年《大倫敦政府組織法》(Greater London Authority Act) 設立了首都警察監管局

（Metropolitan Police Authority，簡稱 MPA），才結束了倫敦缺少地方警政監管局的這種反常局面。

在工黨獲得了 1981 年 5 月地方政府選舉的全勝後，大倫敦市議會（Greater London Council，簡稱 GLC）設立了一個強有力的輔助單位——警察委員會（Police Committee）以監督警察政策。20 世紀 80 年代早期，幾個倫敦自治市鎮在大倫敦市議會提供的資金援助下設立了地方的「警務督察小組」（monitoring groups）。1981 年，許多郡議會也被激進的工黨所掌控，隨後對警務督察局與警察局長之間的爭議進行的大肆宣傳報道，尤其是對大曼徹斯特市和默西塞德郡的警務督察局與警察局長之間爆發的鬥爭，出現了一系列高度公開的渲染報道（麥克勞林，1994）。

1984 至 1985 年的礦工罷工事件，使警務督察局與警察局長之間的衝突進一步尖銳激烈，因為幾個由工黨控制的警務督察局，由於缺少對警察部門處理罷工的警務措施進行監管的手段而表示抗議，同時也抗議警察在罷工期間採取的全國性警務行動，對地方所需的警務資源產生了潛在的災難性損耗（法恩和米勒，1985；麥凱布等人，1988；格林，1991）。南約克郡警務督察局試圖對其警察局長在礦工事件上花費的警力資源進行約束，但被高等法院的裁決所阻止。1984 年 9 月，南約克郡警務督察局指示警察局長解散騎警隊，以及絕大多數警犬部門，其理由是財政上的原因，而警察局長（以及大多數媒體）則認為，這是對警察在控制罷工人員的過程中使用有爭議性的騎警衝鋒這種行為的報復。第二天，內政部長警告警務督察局，指出其行為可能違反《1964 年警察法》，因此警務督察局遵循司法建議放棄了原主張。從整個礦工罷工看，如果警察局長和內政部達成一致，警務督察局的意見則可以不予理會。

　　礦工罷工後的形勢發展繼續着這種中央集權化的軌跡，地方警務督察局的作用事實上被減少到了無足輕重的地步。《1984 警察和刑事證據法》提出了一項法定要求（第 106 條），即在每個警察部門的轄區內都應建立一種協商辦法。在明顯增強地方問責的同時，內政部在採取統一的諮詢委員會協商模式方面施加了壓力，這表明越來越多的《內政部通告》（Home Office Circular）這種名義上的諮詢如何被絕大多數的警察部門視為一種約束。諮詢委員會發揮的功能是對其憲法性地位現狀的合法化（R. 摩根，1989；N. 法伊夫，1992；G. 休斯，1994）。《1985 年地方政府組織法》廢除了六個城市議會，而以更為靜態的聯合委員會代替了它們的警務督察局（洛夫迪，1991）。

　　上訴法院在女王（R）訴內政部國務大臣以及諾森布里亞警務督察局前局長（R v. Secretary of State for the Home Department ex. p. Northumbria Police Authority）一案（[1988] 2 WLR 590）的判決中，確立了這樣一項原則：如果警察局長得到內政部長的支持，即使涉及警務費用支出事項，地方警務督察局也無權挑戰警察局長作出的政策決定。1986 年第 40 期《內政部通告》中也認為，如果警務督察局不允許警察局長購買催淚彈（CS gas）或塑料子彈作騷亂控制的訓練之用，只要女王陛下的警務督察總監（HM Inspectorate of Constabulary）認為必要，警察局長就可以從中央存儲倉庫獲得。諾森布里亞警務督察局（The Northumbria Police Authority）認為，內政部的通告的做法超越了《1964 年警察法》規定的內政部長的權力，應該對其進行司法覆核，因為該法律第 4 條第 1 款規定，警務督察局的主要職責是「維持一支適當並富有效率」的警察力量。上訴法院駁回了這一論點。上訴法院認為，內政部長有權力根據皇家特權作出其認為有利於維持女王陛下治下的社會秩序的必要決定，這與《1964 年警察法》的規定沒有關係。上訴法院同時

解釋了《1964 年警察法》第 41 條規定內政部長提供公共服務（common services）的權力，以及使用權力（第 28 條）提高普遍警察效率的行為，認為這些條款可以令警察局長在必要的費用和裝備方面，可以不考慮警務督察局的意見。這種解釋彷彿強調了地方警務督察局在面對警察治理的三足鼎立制度中的其他兩足時的無能為力，使得地方警務督察局在高度集中化的事實上的國家結構中，在地方的影響力成了一塊遮羞布（賴納，1991 ： 25 至 28）。

在 20 世紀 80 年代後期和 90 年代早期，其他發展的大量事例表明，這種清晰的集權化趨勢在繼續。談論警察力量的地區化甚至國家化的「隱秘議程」（hidden agenda），成為警察精英階層的一個共同話題。中央政府通過代理人而不是公開地建立一支國家警察力量的方式，實現其對警務的有效控制。女王陛下警務督察總局（Her Majesty's Inspectorate of Constabulary ，簡稱 HMIC）、全國警察局長協會（ACPO）、倫敦大都會警察廳以及建立的國家警務特勤隊（specialist national policing units）等，都是中央政府實現這一目標的工具。

中央政府加緊對警察財政的控制，是加大中央集權的一個有力舉措。警務是否「物有所值」的關注，如同所有公共服務一樣（雖然不那麼嚴格），是整個 20 世紀 80 年代戴卓爾政府自始至終的一個主題。1983 年第 114 期《內政部通告》是表明政府意圖的信號，對獲取額外警察資源設置了一定的條件限制，即必須有證據證明警方對現有資源的使用是最大限度地有效率、效益和經濟的（可怕的三「E」），只有這樣才能獲得額外的警察資源。而讓警察管理者和員工協會（Staff Associations）至今還感到不寒而慄的是更為嚴屬的 1988 年第 106 期通告。1989 年，在全國所有的三個員工協會的資助下，針對「傳統警務」受到的威脅開展了前所未有的聯合研究，研究指出，在全國各個層級的警

務圈中，已經拉響了警報（1990 年《警務運行評論》[*Operational Policing Review*]）。

新的財政制度不僅變得更為嚴格，而且變得更為集中。國家審計署（Audit Commission），這個由中央政府設立、對地方警務督察局的經費開支進行監督的獨立機構，是監督警務領域的一支主力軍，它發佈了一系列強硬而直言的報告，目的在於真正地實現「物有所值」的目標（韋瑟里特，1993 ： 32 至 36）。審計署自己認為「目前天平已嚴重地偏向中央政府，以至於在三足鼎立的警察治理框架中，地方警務督察局的作用已經明顯減弱。問責制已經變得含混模糊，財政和管理的激勵措施，三者的步調並不一致」（審計署，1990a）。

20 世紀 80 年代中期之後，女王陛下警務督察總局（HMIC）作為標準和程序更為中央化的關鍵，作用得到極大的加強（R. 摩根和紐伯恩，1997 ： 146 至 147；薩維奇，2007 ： 95 至 104）。提出財政管理提議的進程始於 20 世紀 80 年代初，隨後這一進程大大地加快（韋瑟里特，1993 ： 29 至 32）。1987 年，警務督察部門啟用了一個複雜的以計算機為基礎的信息管理系統 —— 警察指標矩陣（Matrix of Police Indicators）。1990 年以來，針對個別警察部門的工作表現的審查報告，以及對不同部門關注的問題的專題檢查報告，也開始對外公佈。很明顯，監督檢查不再是「警察傳奇」中可以敷衍應對的事情，而是一項在標準化的基礎上對大量資料進行整理核對的工作，從而按照中央確定的軌道塑造警察的活動行為。直到 20 世紀 80 年代，警務督察部門才開始有點像警察的上議院的樣子。它是功勳卓著的前警察局局長們，在完成了漫長而有價值的操作型職業生涯後可以嚮往的地方，或者有時候是那些不甚成功的局長們被踢下台後可能去的地方。女王陛下警務督察總局（HMIC）及其警務督察的角色發生了變化，從只是表面上

的威嚴到變得真正起作用、有效果且令人印象深刻。伴隨着這一變化的是，被任命為女王陛下警務督察官的人的特點也發生了變化。現在被任命為女王陛下警務督察官的，是那些相對年輕的警察局長，他們正處於事業高峰，隨着操作指揮型工作的進步，他們的前程無可限量。同時，女王陛下警務督察官中，也有專家型的文職人員。

內政部也鼓勵將警察局長協會（ACPO）發展為級別更高的機構，並擴展其角色作用，將其作為提高警務標準化和集中化的一種手段（賴納，1991；薩維奇等人，2000；洛德和馬爾卡希，2003：第 7 章、第 8 章；薩維奇，2007：156 至 163）。當警察局長協會在 1984 至 1985 年的礦工罷工期間，設立並運作國家報告中心，還將其作為大規模的國家互助警務行動的協調手段，這時它第一次對警務的公開辯論產生了極為重要的影響。警察局長協會作為政府控制警務的一個媒介或手段，引起了廣泛的爭議。

繼任的內政部長們鼓勵英格蘭和威爾士高級警官協會，成為協調不同警察部門之間的和諧政策的中樞機構。為了實現這一新增功能，內政部增加了警察局長協會秘書處的資金援助，該秘書處已經變得更為專業和精簡。直到 20 世紀 60 年代，秘書處還完全由在任的警察局長把持，直到 1989 年，還由退休的警官管理着零散資金的運作。1989 年 10 月，警察局長協會委託一家「獵頭」公司為內政部所資助的秘書長職位尋找合適的候選人，該職位的薪水與在職的警察局長的薪水相當，其職責是負責一個政策分析部門。雖然警察局長協會的章程規定該職位必須先提供給其成員擔任，結果卻任命了一名文職警官：瑪西亞·巴頓（Marcia Barton），他是警察談判委員會（Police Negotiating Board）代表官方的前任秘書。警察局長協會已經成為所謂中央「警務政策網絡」的樞紐。這個網絡的成員包括內政部長、內政部公務人員、

女王警務督察總局、審計署的代表，同時，還包括從代表較低銜級警察的員工協會（警察聯合會和全國警司協會）、個別警察局長和警務督察官中吸收的人員（薩維奇等人，2000；薩維奇，2007）。

同時，專業性的全國警務特勤部門也蓬勃發展起來。其中，最為重要的是根據《1997 年警察法》第一部分和第二部分的規定設立的國家刑事犯罪情報中心（NCIS）和全國犯罪調查特勤組（NCS），在過去的十年裏，各種專業性的全國性和地區性組織不斷增多。他們成為全國情報導向警務（intelligence-led）和先發制人警務（proactive policing）發展中的核心機構，與國際警務機構有着緊密的聯繫。國家刑事犯罪情報中心（NCIS）和全國犯罪調查特勤組（NCS），連同移民局、乘務局和海關的分支調查機構，已經合併到根據《2005 年嚴重有組織犯罪與警務法》（2005 Serious Organised Crime and Policing Act）創立的嚴重犯罪和有組織犯罪調查署（Serious and Organised Crime Agency，簡稱 SOCA）。嚴重犯罪和有組織犯罪調查署作為一個警務組織，是綜合性的工作機構，專門從事秘密行動和情報收集活動（哈菲爾德，2006；薩維奇，2007 ： 111 至 114）。它擁有永久性派駐在海外情報機構的官員，並有來自其他司法管轄區的調查人員在該機構工作。嚴重犯罪和有組織犯罪調查署是一個非政府部門的公共機構，由董事會和大多數非執行董事領導，並直接對內政部負責，而不是向警務督察局負責。該機構的員工是文職人員，而不是警察人員，雖然他們的確擁有一系列權力。

推進中央集權機構的建立和對警務進行更嚴格的國家控制的主要動力之一，是人們普遍相信這是 1992 年之後歐洲一體化的基本要求（M. 安德森等人，1995；鄧波爾［den Boer］，1999、2002）。而更普遍的動力則是人們對國際犯罪增加的普遍關注，促使人們認識到需要

一個更高級別的國家級（事實上是國際級）警察機構來應對日益上升的國際犯罪勢頭，這促進了跨國警務的發展，也增加了人們對此類警務機構的問責制問題的關注（M. 安德森，1989；麥克勞林，1992；薛普特基，1995、1997、1998a、1998b、2000a、2002；R. I. 莫比，1999；德弗萊姆［Deflem］，2002；安德里亞斯和納德爾曼恩［Nadel-mann］，2006；約翰斯頓，2006；戈德史密斯和薛普特基，2007；N. 沃克，2008）。

近年來，對警察領導質素的關注成為推進集中化的另一個主要力量源泉。議會在 1989 年的《民政事務委員會報告》中，建議中央加強對高級警官的職業生涯和培訓的控制力度，要求他們必須到布拉姆希爾國家警察學院成功地完成高級指揮課程的學習，並將其作為擔任局長助理級以上警銜職務的一個晉升條件。這是對現行做法的正式認可，因為，此前內政部已經採取了大量的控制措施，對可能晉升為警察局長的警察的資格條件進行了有效控制（賴納，1991：第 5 章）。根據《1964 年警察法》的規定，內政部有權批准經過警務督察局面試的正式供挑選的候選人名單，也有權否決警務督察局選用的人選。即使在第二次世界大戰之前，內政部也可以對警察局長的任命施加極大的影響（聖·約翰斯頓，1978：61 至 63；沃爾，1998）。

更進一步的中央集權不是一個新的發展，而只是強化了一種進程而已，該進程可以追溯到 1829 年警務制度創設之初。自此以後，每一項有關警察的立法在警務方面都賦予了更大的統一性。這也不只是警察正式組織層面的一個問題。內政部經常密切地介入警察處理勞資糾紛的日常運作（摩根，1991）：1984 至 1985 年的礦工罷工遠不是一個新的起點。日常犯罪也是刺激更大的中央集權的一個因素，意在尋求更有效地協調「打擊犯罪的戰爭」。這是《1962 年皇家委員會報告》

證明其建議合理的基本理由，報告建議由內政部對警察部門實施更大範圍的控制，雖然報告中的這種建議在古德哈特（A. I. Goodhart）博士頗具影響力的反對性備忘錄中提出的建立公開的國家警察力量的建議面前畏縮不前。然而，古德哈特博士和其他人在 1962 年所預見的景象，現在已經變成了現實。儘管我們反對建立一支法理上的國家警察力量，取而代之的卻是一支實質上的國家警察力量，但這種實質上的國家警察力量卻沒有包含我們明確提議的那種問責制度。

　　隨着 20 世紀 90 年代警察治理結構的深度重構，中央集權化的趨勢變得更為明顯。正如內政部長肯尼斯・克拉克（Kenneth Clarke）在 1993 年 3 月最初宣佈並由其繼任者邁克爾・霍華德（Michael Howard）在 1993 年 6 月發佈的《警察改革白皮書》中所公開的一樣，在《1994 年警察與裁判法院法》（在經歷了備受爭議的過程後，該法律於同年 7 月得到御准）頒行後，各種改革措施被推向了頂點。最有爭議的變化當屬警務督察局的組織框架。《1994 年警察與裁判法院法》第 4 條將警務督察局的一般規模限制在 17 人。這種統一的組織規模，沒有考慮其轄區所管轄的地域或人口狀況，表明警務督察局已背離了其作為有代表性的地方機構的組織構想。《1964 年警察法》第 4 條規定的警務督察局的具體職能已經發生了微妙的變化，該法將警務督察局的職能定位為「維持一支適量而富有效率」的警察力量。1994 年的法律將其職能改變為維持一支「富有效率和效力」的警察力量。雖然對警務督察局具體職責範圍的描述仍然像《1964 年警察法》一樣精闢深奧，但其象徵意義是非常明顯的。警務督察局新一輪改革的主要方向是轉向務實高效的「企業型」管理機構 —— 成為注重經營管理、合乎經濟效益、具有私營企業精神的地方守護者，為一整套改革方案打下了堅實的理論基礎（麥克勞林和穆爾吉，1997，2001；薩維奇，2007 ： 173 至

183）。

　　在警務督察局的成員中，通過民主選舉產生的政務會委員，從以前的三分之二減少到目前的剛過一半（17 名成員中的 9 人）。其中治安官從之前的三分之一減少為三名。剩下的五名委員，則通過一個複雜得不可思議並且隱秘晦澀的程序進行任命。這種貫穿在全國 14 個區域警務督察局和無數個分局，並令人思維麻木、如入迷宮般的基本原理，其目的似乎是使內政大臣擁有盡可能多的嘗試機會，而不是簡單地由他或她直接挑選政務委員。該法案的最初版本確實是按照這種思路進行精確設計的，但是，採用這種如此公然的集權化措施，使上議院中那些保守黨的前內政部長們極為憤怒，他們發起了一場抵制行動，反對該法案獲得通過。警務督察局的主席一職由政務委員會成員自己選舉產生。這是上議院反對法案最初版中明顯的集權化舉措引起的另一個讓步妥協的後果：法案最初版本力圖由內政部長直接任命政務委員會主席。綜觀該法律的最終版本，警務督察局在政務委員會委員的選舉中，有輕微的數量上的優勢，但這只是一塊遮羞布，掩蓋了最初在議會提出的法案中赤裸裸的集權。

　　《1994 年警察與裁判法院法》的意圖是使警務督察局更具務實高效的「企業管理」性，儘管他們應做的事務是中央政府的事務而不是地方選區選民關心的事務。然而，在事實上，新的警務督察局比起《1964 年警察法》所規定的職權來，擁有更為明確具體的職能和權力，包括發佈所管轄區域的年度警務規劃和地方警務目標的職責。新的法律規定，警察局長具有在《1964 年警察法》中規定的相同的總體職能，即對警察部門進行「指導和控制」的職能，但是這一職能的履行，現在警務督察局必須通過聯絡人與其共同擬定的地方警務計劃和警務目標的實施方式來實現。相比《1964 年警察法》，這是警務督察局獲得的一項權力，

但是它的行使主要是作為內政部長行使其優先權的一種渠道。內政部長為警務督察局制定《實務規程》，設定地方計劃中必須包含的國家目標和績效目標，決定中央政府對地方警察部門的財政撥款額度（涵蓋了地方警察部門的大部分支出），並且可以對警務督察局的最小預算分配額和其他事項進行指導。儘管權力實質性地轉向了中央政府，但《1994年警察與裁判法院法》（PMCA）正式表達的立法意圖與法律實施的實際情況恰恰相反。這種斷言基於這樣一種具體控制的放鬆，這種控制過去用於警察局長們對預算的使用進行管制的時候。現在，警察局長們可以根據他們認為最適合於實施警務計劃的任何方式自由地分配其預算。《警察改革白皮書》（內政部 1993 年）對此曾公開地預測到，警察局長會對審計署和女王陛下警務督察總局的建議予以特別重視。這些機構鼓勵他們參照首都警察的部門警務模式將決策權轉移給警察部門中的基層基本指揮單位（basic command units）（B. 迪克遜和斯坦科，1995）。普遍認為，追求由國家來決定地方警察部門的績效目標的做法（與立法目的自相矛盾），將驅使警察局長將大量的職責轉移給地方指揮官。

將警察治理結構所發生的變化，放在政府推動的「一攬子」警察改革方案的其他因素的背景下考慮時，警察部門這種表面上的獨立自主性，在某種程度上被證明是一種虛幻的假象。1993 年 6 月，在《警察改革白皮書》發佈的同一周，有關警察績效與薪酬的《希伊調查報告》（*The Sheehy Inquiry*）也同時發佈。該調查報告建議所有警察部門都應當與警察人員簽訂短期合同，並實行績效工資制度（performance related pay，簡稱 PRP）。成功的業績標準和對工作是否符合這些標準進行的評估，都將由內政部長通過新的警務督察局來實施監管（在白皮書最初的計劃中，是由中央政府所任命的人來管控這項事務）。

這將構成一個強大的集權化警務控制系統。無須以任何正式的方式背棄警察獨立性原則，內政部長就可以通過建立並評估警察績效標準的方式，對警察的自由裁量權的行使進行有效的監管，因為這些標準決定着警察人員的薪水和職業安全保障。警察將不再以彬彬有禮的溫和的「解釋與合作」（explanatory and cooperative）模式進行問責 —— 這一模式是《1964 年警察法》的獨有特徵 —— 他們也無須依照「服從與順從」（subordinate and obedient）模式向通過民主選舉產生的地方警務督察局進行問責（G. 馬歇爾，1978）；相反，他們將受到新的市場模式的紀律約束，這種紀律可以被稱作「精算與契約式」（calculative and contractual）問責模式（賴納和斯賓塞，1993）。用新公共管理的時髦術語來說，就是政府的主要職責是「掌舵」而不是「划船」（奧斯本和格布勒 [Gaebler]，1992）。雖然不直接關注警務的細節，但在實踐中，中央政府可以滲透到至今都無法滲透的部分，也即日常自由裁量權的實施。通過實現在警務計劃中所具體規定的目標，附加以無法拒絕的提議，就可以完成上述滲透。

在警察改革法案的最初方案中，明顯地呈現出清晰的集權化路徑，但這種思路在隨後接踵而至的立法中卻並沒有被完全納入其中。《警察與裁判法院法》（PMCA），堪稱一部法令全書，但由於受到同儕壓力的影響 —— 主要來自保守黨前內政大臣們的壓力的影響 —— 大量的內容都經過了修改。《希伊報告》中提出的建議中，那些最為強硬的改革內容被來自警察代表協會的疾風暴雨般的反對聲所打敗（薩維奇等人，2000：第 6 章；薩維奇，2007： 144 至 156）。《1994 年警察與裁判法院法》中隱藏的集中化推力，並沒有直接地在實踐中顯現出來。《國家警務改革計劃》傾向於沿着「理所當然並得到支持」（motherhood and apple pie）的路線前進，其主要目標不可能引起地方警務督察局與

警察局長之間產生矛盾（T. 瓊斯和紐伯恩，1997）。然而，1998 年上議院的一份裁決，着重強調了內務部長提出的國家警務計劃和警務目標在制訂全國的操作性警務框架方面的重要性（雷吉納訴薩塞克斯警察局長和國際渡船商貿有限公司前總裁 [Regina v. Chief Constable of Sussex ex. p. International Trader's Ferry Limited] 一案的有關情況，在上議院網站中可以查詢到）。該裁決維持了警察局長決策（對警察保護活體動物出口商免受抗議者騷擾的級別做了限制）的合法性。這個裁決是部分地基於警察局長的法定義務，他必須完成政府確定的任務目標：

> 警察局長擁有指揮警察部門的操作性事務的權力……但是，他現在也需要考慮警務督察局根據《1996 年警察法》第 8 條規定發佈的年度計劃中確定的目標……在準備計劃的過程中，警務督察局應當考慮到轄區內其認為屬於優先警務的事宜，以及考慮內政部長根據第 37 條和第 38 條設定的任何全國性的任務和績效目標。1995 至 1996 年的警察計劃提出，警察應將其着眼點集中在犯罪的預防和偵破工作上，以及回應公眾的報警電話並出警處理求助。內政部長確定了計劃中必須包含的某些「關鍵性目標」，如提升暴力犯罪的偵破率和打擊犯罪的針對性，鎖定諸如與毒品相關的犯罪活動這類地方性問題，將其作為警務工作的重點目標（參見霍夫曼勳爵的報告）。

在某種程度上說，這些目標帶有「理所當然並得到支持」的意味，對此沒有人會有爭議。但當這些目標凌駕於警察維持治安的一般職責（不得不在這個職責與其他方面的關注事項——如預算的局限——之

間尋求合理平衡）以及歐共體保護商品貨物自由流通的義務之上時，這些目標便受到了質疑。

傳統普通法上的警察獨立性原則，在上議院的裁決中成為一張空頭支票，事實上，在這樣的案子中，裁決支持的是警察局長的決定。然而，人們也認識到了《1994 年警察與裁判法院法》以及隨後的立法，責成警察局長達到中央政府提出的目標任務。這使警察運作獨立性原則成為了一具空殼。警察可以按照他們決定的任何方式自由地「划船」，只要他們的航向與內政部長這個「掌舵」所確定的方向保持一致就可以。

1994 年的警察改革，對警察治理的正式組織形式帶來了一場深刻的變革。對警務變革所引起的各種變化的批評，與對其實質內容的批評，差不多處於同一水平。與先前的警察問責制的主要變化不同，這裏沒有皇家委員會在先的報告引領，或重要的充分的公共討論。各種改革措施出自內政部自己開展內部調查研究的結果，只有最低限度的外部諮詢。儘管各種改革措施都是基於警察「抓捕罪犯」這一角色的清晰和富有爭議的概念之上（《警察改革白皮書》第 2.2 段），但是，這種將傳統的警察使命狹隘化的做法，沒有引起公開辯論。從理論和實踐兩方面看，在此之前這被認為涵蓋了更為寬泛的關注範圍，包括犯罪預防與管理、維護秩序與維持治安、處理緊急事件以及其他服務內容（參見第五章）。狹隘地強調犯罪偵破，被《警察改革白皮書》推到了最前沿，但迄今為止，絕大部分官方的調查報告都將此視為基層普通警察文化的一種畸形，不但不會通過政策和績效目標積極地推進，還會受到明智的管理層盡可能的反擊。

將對警察的控制重新地方化的企圖，如同使河水倒流一樣不切實際。隨着「法律與秩序」的日益政治化，希望政府放棄對警務的最終控

制權，就更不可能實現。此外，確保中央政府統治地位的複雜的調停機制，也為政府面對輕微事故的問責提供一個防護盾牌。為甚麼一切政府都應當放棄只有權力沒有責任的立場？雖然不是王室才配享有君主特權，但是這畢竟是一項古老的傳統。地方警務的三方治理結構的神話，以及警察在操作性事務的決策方面的獨立性，有利於使事實上的國家控制體系合法化。

　　1997 年新工黨當政後，通過新公共管理理論來增強中央控制和推進務實高效的企業管理模式現代化的主題越來越明顯（西尼爾 [Senior] 等人，2007）。但不管如何，使地方社區關注對警務的有效控制問題，仍然是一個重大的爭論話題。《1998 年犯罪與擾亂社會秩序法》為地方當局增添了減少犯罪的新職責。他們有義務聯合警察協力建立多機構的減少犯罪與擾亂社會秩序行為的合作夥伴關係（Crime and Disorder Reduction Partnerships，簡稱 CDRP），讓所有相關的地方機構都一起參與到減少犯罪和擾亂社會秩序行為的發展戰略中。該法律要求他們每三年對地方的犯罪、擾亂社會秩序行為以及毒品問題進行審計，並以此作為設計和評估其工作績效的基礎。這種夥伴關係不但授權地方當局成為警察部門的合作夥伴，還使他們負責執行政府雄心勃勃的犯罪減少計劃（Crime Reduction Programme）。中央集權化和管理主義的舉措，在千禧年的早期變得十分突出。當戴維・布倫基特（David Blunkett）在 2001 年成為內政大臣後，將其發佈的《新世紀警務：改革的藍圖》（Policing A New Century: A Blueprint for Reform）白皮書作為其新官上任的三把火。布倫基特建立了警察標準小隊（Police Standards Unit，簡稱 PSU），並以此來衡量和比較基本指揮單元（Basic Command Units，簡稱 BCUs）與地方合作夥伴的表現，支持必要的干預，並公開宣傳報道最好的實踐案例。根據《2001 年刑事審判與警察法》

的規定，中央警察培訓與發展局（Central Police Training and Develop-
ment Authority）交流中心（Centrex）被設立，這融合了國家警察培訓和
其他更廣泛的責任，如推動以科技和情報為導向的工作方式（薩維奇，
2007：111 至 112）。 全國卓越警務中心（National Centre for Policing
Excellence，簡稱 NCPE）是中央警察培訓與發展交流中心的一部分，
職責在於推進改革計劃（同上：114 至 115）。

　　隨後發佈的《警察改革法案》提出了政府加強對警務標準進行控制
的全面措施，其中一些措施在警察激烈地反抗後被終止。但《2002 年
警察改革法》是進一步鞏固中央政府對警務的更大控制權的一座重要
里程碑。警務督察局局長有責任繼續與警察局局長一道制訂地方的警
務戰略，但這些都必須「充分考慮」內政大臣制訂頒發的全國警務計
劃及其優先事項。內政大臣有權對地方戰略「提供指導」，地方警務督
察局和警察局長都有責任顧及這一問題。內政大臣有權頒佈《實務規
程》，並制定指導全國警務實踐與程序性的規範。這一規範不僅是諮詢
性的，而且是對地方警察部門具有約束力的。另外，如果地方警察部
門被女王陛下警務督察總局裁定為低效或無效，內政大臣也有權強制
要求警察部門採取補救措施。同時，《警察改革法案》還增強了警務督
察局的權力，他們有權暫停或解除警察局長的職務，並賦予內政大臣
更大的權力來監督警務督察局行使這一權力。2004 年，在《理查德報
告》（Richard Report）對索厄姆謀殺案（Soham murders）的調查提出批
評後，布倫基特試圖行使這種權力，要求亨伯賽德郡警務督察局（Hum-
berside Police Authority）暫停該郡警察局局長的職務。警察局局長和
警務督察局對此提出異議，但高等法院的裁定支持內政部的該項指令。
雖然該事件最終以警察局局長在提前退休以前短暫地重返工作崗位的
方式得到妥善的解決，但它突出地強調了中央政府新權力的效能。《警

察改革法》(PRA) 還通過進一步強化「已經擴大的警察家族」成員的方式使警務多元化的問題更加突顯：該法許可警察局長任命「社區輔助警察」(community support officers) 和其他輔助人員，並授權警察局長委派街道和社區的守望人員。同時，它還通過建立獨立警察投訴委員會，強化了警察個人問責的程序，此問題已經在前文進行了討論。

　　為了增進警察部門的效力和效率，《1994 年警察與裁判法院法》還賦予內政大臣要求警察部門合併重組的命令權。在 2004 年發佈的《建設社區：打擊犯罪》(*Building Communities: Beating Crime*) 的白皮書中，再次重申了對某些警察部門進行合併重組的問題，旨在進一步提高效率以達到有效防控「二級」(Level 2 criminality) 犯罪行為 (介於地方與國家之間的水平)，女王陛下警務督察總局負有監督這一任務落實的義務 (薩維奇，2007：119 至 122)。2006 年《女王陛下警務督察總局在有關取長補短縮小差距 (Closing the Gap) 的報告》適時地提出了一種注重務實高效的「企業管理案例」以指導合併重組工作，並支持將現有的 43 個警察部門合併成為少而精練的「戰略力量」。內政大臣查爾斯‧克拉克 (Charles Clarke) 滿腔熱情地擁護這一提議，並要求警察局長和警務督察局提出具體的合併建議。這一計劃在 2006 年被內政部的一系列危機耽擱，後來在克拉克的繼任者約翰‧里德 (John Reid) 任職期間達到頂峰，並最終導致該項行動內容從內政部的活動中分離出來，成為一個新的司法行政部門。在這些喧鬧結束以後，強行要求警察部門合併的計劃被擱置，以待進一步審查。但重組合併的問題可能會很快恢復，而且合併政策的集中化措施將會十分明顯。

　　《2006 年警察與司法法》(2006 Police and Justice Act) 繼續推動這些進程，在進一步強化地方警務督察局的權力的同時，也增加了他們遵循中央政府政策的責任。地方警務督察局的組成人員的結構也發生

了改變，治安法官不再是警務督察局的成員（治安法官也許試圖變成為獨立成員）。警務督察局政務委員會，通常由選舉產生的九名委員和另外八名獨立委員組成。《警察與司法法》淡化了中央政府在選舉獨立政務委員中的作用，現在這些獨立政務委員由地方專門小組遵照中央的指導選舉產生。警務督察局有支持警察局長積極履職的職責，督促警察局長對其履行職能的績效負責。內政大臣也獲得授權以命令的形式向警務督察局增加新的職能，並在 2008 年給警務督察局增設了監督職能，監督警察部門的人員尊重人權與計劃程序（Human Rights and Planning Procedures），促進平等和多樣性。該法案還建立了國家警察促進局（National Police Improvement Agency，簡稱 NPIA）與中央警察培訓與發展局交流中心（Centrex）和全國卓越警務中心（NCPE）以及警察信息技術組織（Police Information Technology Organisations，簡稱 PITO）合署辦公。國家警察促進局（NPIA）有「使國家組織的形象合理化」（rationalise the landscape of national organisations）的職能，既有為國家警察組織的錯誤的或有害的行為尋找合理依據或理由，也有促進良好實踐的發展、支持警察部門實施改革，以及提供操作性支持等職能作用（薩維奇，2007 ： 118 至 119）。2007 年，當國家警察促進局開始正常運轉時，它擁有自己的優先事項：如強調自己在未來警務挑戰中的辨識和規劃作用，辨識和推廣良好的循證警務實踐，引導變革方案以及使用研究和分析方法改善警務效率等。該法案清晰地發展了由國家治理的現代化的進程這一理念，在授權地方警務督察局推動此議程的同時，強化其責任性。

同時，對日益增加的中央集權化的關注變得更加強烈，工黨、保守黨和自由民主黨都已承諾通過多種方式加強對地方警務工作的問責。近年來，工黨政府制訂了旨在提高效率、促進公眾信任和縮小

「信心鴻溝」的戰略，其中一個重要的方面就是推動實施鄰里警務計劃（Neighbourhood Policing Programme），包括承諾加強對地方部門的問責力度（麥克勞林，2005b、2007：187 至 196）。作為《2008 年警察與犯罪法案》（2008 Police and Crime Bill）的一個有機組成部分，工黨希望在警務督察局中引進一些直接選舉產生的政務委員，但由於地方當局和警察機構的反對而被迫放棄（「警察選舉計劃落空」，英國廣播公司新聞網，2008 年 12 月 18 日）。保守黨，這個昔日專業警察獨立性的擁護者，探究了直接選舉警察局長或由政府特派員取代警務督察官的各種方案。警察問責再地方化的需要，是目前跨黨派間的共識，儘管就如何實現這一問題仍存在爭議。只要有關法律與秩序的政治化問題仍然像近十來年那樣成為人們熱議的話題，任何執政黨想在實踐中逆轉最近幾年來已經發生的集中化管理主義軌道的行為，其結局都是難以預測的。

第八章
結語：超越《火星生活》
—— 一部未來史

　　正如在前面章節所指出的那樣，在法律與秩序政治霸權大行其道的最近 40 年間，警務工作一直面臨着日益沉重的壓力。新自由主義的全球化猛然加速，令警務工作與過去相比在很多方面都發生了根本性的轉變，給犯罪與刑事司法帶來了致命性的後果（賴納，2007a）。轉型理論（本書第一章對此有批評分析）斷言：「未來時代在回望我們這個時代時，他們會認為這是一種警務制度終結，另一種警務制度繼起的時代」（貝利和希林，1996：585）。這種說法的主要依據是勞動分工中的警務工作的各種變化。在 19 世紀經歷了嚴峻挑戰才得以建立的皮爾式警務模式的主導地位，已經被多樣化警務供給模式所篡奪（約翰斯頓和希林，2003）。警察正越來越多地與多種其他警務機構與程序 —— 既有國內的，也有國家間的 —— 進行合作與競爭（薛普特基，2002）。警察的職能也變得越來越多樣化和複雜化。警察越來越多地扮演着「知識工作者」（knowledge workers）的角色，負責將信息傳遞給那些關注各種各樣風險的管理的公共和私人組織（埃里克森和哈格蒂，1997）。與此同時，警方在有效實現犯罪控制方面，面臨着越來越強的管理主義者鼓吹的問責制，以及由濫用職權與武力、種族和性別歧視醜聞引發的危及警方正當性的周期性危機。警察自身在控制犯罪與擾

亂社會秩序的行為方面，無法有太多作為，他們的控制能力深受當前的文化和經濟的影響。但是，自由主義的支配性影響，已經深深地融入社會秩序的堅實基礎。警察突然被要求提供對犯罪的控制這一不可能的任務，正如他們在過去一個多世紀以來不切實際地承諾的那樣。

　　21 世紀初，警務工作的政治分析是一個由多股相互激蕩的水流匯成的變幻莫測的漩渦。不過，正如本書第一章所說的那樣，轉型理論對警務工作過去的性質以及當前所面臨困境的來源，存在着不準確的敍述。警務工作的危機的主要源頭並非皮爾式警務模式的缺陷，而一個融合了私營安保網絡，以及經過管理至上主義者主張的「務實高效」的企業型模式改造的公共警察部門的混合經濟形態，也絕非解決這一危機的方案。社會學研究發現警方在效用與正義方面存在諸多弊端，但這些弊端之所以出現並不是由國家警務本身所造成的，而是由於國家遭到資本利益的主宰所導致的。這樣一來，在維護惠及社會全體的秩序的警務（例如「違規停車罰單」），與維護具有政黨性的秩序（「階級壓迫」）的警務之間，張力就極大地向後者傾斜了（梅瑞林，1983）。就此而論，減少國家對警務工作實施的管控並非自由解放。這就好比逃脫了墨索里尼的奴役並獲得自由，卻又落入了希特拉的魔掌。

一、新千年，新秩序

　　警務的轉型反映並鞏固了社會秩序、政治經濟和文化方面範圍更為寬泛的深刻變遷。20 世紀最後 25 年間所發生的深刻的社會變遷，意味着世界發展軌跡中出現了一個根本性的突變，這一突變在範圍上足以與大約兩個世紀之前工業資本主義的興起比肩齊論。對於這是否構成了一種有着自己嶄新動力的新型社會秩序，人們進行了廣泛的爭

論（哈維，1989、2005；卡利尼科斯 [Callinicos]，1989、2006；鮑曼，2000、2007；吉登斯，2002；赫爾德 [Held] 和麥格魯 [McGrew]，2007；潘尼奇 [Panitch] 等人，2006；P. 赫斯特 [Hirst] 等人，2009）。針對這一新生態勢，湧現了大量的標籤，表明給這個正在浮現的社會進行定性存在諸多難題：後現代性[193]、晚期現代性、流動的現代性、新自由主義、後福特制[194]、渦輪資本主義[195]、風險社會、全球化、信息時代等，不一而足。所有這些標籤性都包含了當代發展變化中某些不可否認的方面，不過它們對於這些發展變化的推動力量、發展方向以及合意性（desirability）都有不同的理解。然而，有一點是明確的，那就是若干相互聯繫的變化——技術的、文化的、社會的、政治／經濟的——在 20 世紀 70 年代結成一體，鍛造出一個按理說可謂全新的政治和社會構型，對犯罪、秩序和警務工作產生了深遠的影響。

很多評論人士（主要是保守黨人士及其支持者）在解釋犯罪上升、社會秩序混亂以及警務工作中的重重問題之時，通常都會援引被視為使「自由放任主義」（permissiveness）順勢生長的這一漫長的歷史進程（賴納，2007a：第 4 章）。貝理雅就曾經多次反覆鼓吹這一論調，其中最為坦率直言、毫不隱諱的一次是 2004 年他在啟動內政部法律與秩序《五年戰略計劃》之時發表的講話。貝理雅聲稱該計劃「標誌着 20 世紀 60 年代關於法律與秩序的自由和社會共識的終結」。他公開抨擊「20 世紀 60 年代的革命」鼓吹「沒有責任的自由」，導致「一個有着多種不同生活方式的社會滋生了這樣一羣青年人：他們在成長過程中缺乏父母管教，沒有恰當的榜樣而且沒有任何對自己或他人負責的意識」（《關於法律與秩序的新共識》，工黨，2004 年 7 月 19 日）。貝理雅的講話體現了典型的保守黨人對犯罪率上升的分析：個人自由、獨立自主與自我實現的啟蒙價值，被 20 世紀 60 年代的「自由放任主

義」危險地民主化了。當這種自由放任主義觀念蔓延到廣大民眾之中，招致了家庭、責任和自我控制這一文明的堡壘的毀滅；這一致罪基因結果（criminogenic consequence）削弱了非正式社會控制和內在抑制的基礎，正是這些非正式社會控制和內在抑制機制在阻遏不正常的衝突中發揮着重要任用。雖然許多自由派和激進派分析人士並不贊同保守黨對這些趨勢的負面分析，但是他們還是認同存在一個走向更高程度的個人自主與「去從屬化」（desubordination）的漫長進程（米利班德 [Miliband]，1978；達倫多夫 [Dahrendorf]，1985）。

然而，法律和政策方面那些經常被指有促進「放任自流」之嫌的種種變化，代表的是社會控制的重構，而非僅僅是社會控制的削弱（紐伯恩，1992）。此外，有些離經叛道的異常行為領域表現出了與不斷加深的自由化截然相反的趨勢。毒品政策就是一個明顯的實例。一方面，非法毒品消費的增加表明毒品為更多的民眾接受（索思，2007；夏納 [Shiner]，2009）；另一方面，毒品政策卻愈加嚴厲，已經到了「向毒品宣戰」的程度。毋庸置疑地，當壓力或者誘惑增加之時，自由化固然會為犯罪率上升提供潛在的可能性，但是自由化本身卻僅是犯罪數量上升的諸多解釋之中的一個而已，就如同剎車失靈只不過是汽車向前運動的原因之一。只有在其他因素產生了誘發違法行為的社會張力和機會的情況之下，用非正式控制與對權威的態度所發生的變化來解釋犯罪率的上升才能說得通。

警方記錄在案的犯罪行為自 20 世紀 50 年代末期開始呈現不可阻擋的上升態勢，這是由大眾消費主義「富足社會」（affluent society）的發展所帶來的多個後果所引發的（賴納，2007a：第 4 章）。這對在違法行為中佔絕大部分的財產犯罪的增加具有多個意義。其中最為顯著的影響是具有吸引力和易受侵害，並以廣泛可獲取的消費品形式存在

的犯罪目標的產生。汽車及其相關設備是違法犯罪行為最常見的「受害對象」，偷盜汽車及其車載設備的犯罪活動數量激增。大規模批量生產的耐用消費品不但對偷竊者具有誘惑力，而且還具有相對不記名特性和不可追蹤性，因此犯罪者更容易處置而無須擔心身份被人識別。另外，此類消費品的普及也使那些被這一新生的更為物質主義和貪婪的文化拒之門外的人的相對剝奪感變得更為強烈。

20 世紀 70 年代中期以後，隨着以自由市場經濟的回歸和日益全球化的市場的放鬆管制（deregulation）[196] 為代表的政治經濟形勢發生了根本性的變化，登記在案的犯罪數量的上升進一步加速。其顯著後果之一就是不平等、社會經濟的極度兩極分化以及長期無法就業現象的迅速增加（達倫多夫 [Dahrendorf]，1985；萊維塔斯 [Levitas]，2005；威爾金森 [Wilkinson] 和皮克特 [Pickett]，2009）。從 1977 年到 2006 至 2007 年，英國人口中佔據頂層的 20% 在國民總收入中所佔的份額有所上升，從 36% 增加到 42%，而居於底層的 20% 在國民總收入中所佔的份額則從 10% 降至 7%（F. 瓊斯，2008）。財政研究所（Institute of Fiscal Studies）發現，1979 至 1991 年，戴卓爾（Thatcher）當政時期，收入不平等程度（根據標準基尼系數 [standard Gini coefficient] 計算）大為上升，上升速度之快前所未有。這種不平等在馬卓安 [197] 當政時期略有下降，但是在新工黨政府第一屆任期內又有所上升。在工黨政府第二屆、第三屆任期內，收入不平等程度大致維持不變，但是在過去幾年間略有上升，並達到自 1961 年收入不平等狀況記錄開始以來的最高水平（布魯爾等人，2008：27 至 28）。在戴卓爾主政時期，來自收入低於官方貧困線的家庭的 18 歲以下的青少年比例從 10% 增加到三分之一，不過到 2004 至 2005 年，新工黨成功地將這一比例降低到 21.3%。然而，自那以後，這一比例又回升到 22.3%。在工黨

執政時期,處於工作年齡且尚未有子女的人士的貧困水平有所增加,但從 1997 年至 2004 至 2005 年,英國人口中貧困人口的比例略有下降(從 19.4% 降低至 17%),然而從那以後又反彈至 18%(同上: 38)。在千年交替之際,薪酬最低和薪酬最高的羣體之間的差距比 1886 年有關記錄開始以來任何一個時期都要大(I. 泰勒,1999 : 15)。這就等於將一個持續了兩個多世紀、逐步將社會各階層歸並到公民這一共同身份之中的漫長進程又重新逆轉過來了,儘管在這一漫長過程中存在種種相當嚴重但卻正在縮減的不公平。正如第三章所示,這一過程正是警察正當合法化的根基。

這一進程的逆轉對犯罪與社會凝聚力帶來了嚴重的後果。在世界許多地方,「目無法紀和犯罪蔓延嚴重破壞了社會架構,到了國家政權已經撒手不管的地步」(S. 科恩,1997b : 234)。儘管英國和其他工業社會並沒有受到如此極端的社會崩潰的威脅,但它們依然正在經受着犯罪、秩序和警務形態方面的深刻變化。

隨着社會排斥、經濟不安全感和社會不平等的增長,犯罪動機和機會也成倍增加,正式和非正式控制措施的抑制效應也遭到侵蝕。這種社會地震在犯罪和秩序方面的後果是非常嚴重且相互纏繞錯綜複雜的(E. 柯里 [Currie],1998a,1998b;戴維斯,1998;楊格,1999;I. 泰勒,1999;賴納,2007a)。日益嚴峻的社會排斥和貧困現象(im-miseration)—— 以及痛感無望以合法途徑逆轉這種狀況 —— 不但強化了促使人們從事違法行為的壓力,而且削弱了家庭、教育、工作和社區所帶來的非正式社會控制,還為鼓吹適者生存的新社會達爾文主義文化推波助瀾。自由市場的社會思潮使公共財政開支以及集體提供服務的合法性和權威性喪失,此舉不僅削弱了國家通過提供福利實施「軟控制」(soft controls)的能力,還削弱了實施有效的公共警務的能力。

隨着警務中的私營市場迅猛發展，人們在獲得安全保障服務方面的不平等也隨之擴大。

　　20 世紀 80 年代是自由市場必勝信念的鼎盛時期。在這一時期，警方記錄在案的犯罪數量一路飆升。雖然在 20 世紀 90 年代中期，記錄在案的犯罪數量有所回落，但這在很大程度上是一個記錄層面的現象：《英國犯罪調查報告》（*British Crime Surveys*，簡稱 *BCS*）表明，犯罪被害率仍在持續攀升（賴納，2007a：第 3 章）。報案和犯罪記錄的減少其實是違法行為數量居高不下所造成的一個看似矛盾而可能正確的詭譎的後果。一方面，受害人由於擔憂喪失保險賠付而不願意報案；另一方面，由於警察部門引進了新的務實高效的「企業管理型」數字統計分析制度（policing-by-numbers）的警務模式，其目的在於增進打擊犯罪的效率，因而面臨降低記錄在案的犯罪案件的比例的壓力。1997 年，新工黨上台執政之後，英國犯罪調查報告（*BCS*）與警方記錄在案的犯罪率兩者之間的差異趨勢出現了逆轉。英國犯罪調查報告得出的犯罪數量持續降低，截至 21 世紀前十年末期，已經降至自 20 世紀 80 年代初期以來的最低水平（賴納，2007a：第 3 章）。但是，由於對統計規則所做的兩項重大變動，直到 21 世紀第一個十年中期，警方記錄在案的犯罪統計數字一直在節節攀升。近年來儘管犯罪數量整體下降，公眾對犯罪的擔憂程度依舊居高不下，導致「信心保證裂縫」（reassurance gap）進一步擴大。

　　1993 至 1994 年，「一攬子」改革方案得到實施，意在英國建立起務實高效的「企業型」警務模式。該方案的設計師 —— 保守黨內政大臣肯尼斯・克拉克（Kenneth Clarke）聲稱，此舉堪稱自 1829 年皮爾爵士創立大都會警察廳以來，對警察部門所做的意義最為深遠的重組。儘管獲得某種政治特許權（political license）的這種說法有點誇張，但

毋庸置疑的是，近幾十年來警察也確實經歷了自身無法擺脫的危機。近幾十年來犯罪數量的上升，以及公共輿論未能認識到最近十年間犯罪數量總體上處於下降趨勢，加上多種此前章節中已經論述過的其他多個公開爭辯的核心問題，這些都在警務領域催生了看來無休無止和進一步升級的一系列改革（薩維奇，2007 年中對此進行了非常精彩的總結和分析），而且可以預見未來還會有更多的改革。

二、深陷危機無法自拔的警務工作

對英國警務工作危機的特殊性存在一種解釋，那就是警方正在經歷一個正常化進程（normalization process）。雖然在某些方面，英國警察曾經與歐洲或普通法世界其他國家的警察迥然相異（貝利，1985；R.I. 莫比，1991、1999、2008；布羅德，1995，1998），但現在兩者在組織和形式上已然開始趨同，其標誌之一就是，例如，社區導向警務與問題導向警務幾乎在所有警察部門都是非常時尚的警務模式，至少在空口的應酬話層面上看是如此。由於各地警察部門所面臨的國內犯罪問題相似，並且都面臨着不斷增加的國際犯罪，因而他們都採用了相類似的方式進行應對，而通過會議、交流和增進協同合作的方式直接傳播理念和創新方法，更加促進了世界各地警察之間的趨同（薛普特基，2002；戈德史密斯和薛普特基，2007；瓊斯和紐伯恩，2006b；薩維奇，2007：第 2 章；N. 沃克，2008）。

正如本書第二、三章所述，現代英國警察是 19 世紀上半葉在遭到社會和政治各界廣泛反對的情況下成立的。為了克服這種反對，英國警察傳統的設計師（皮爾和最初兩位大都會警察廳長羅恩和梅恩），力圖為警察構建一個與眾不同的組織風格和形象。他們強調警察本質上

仍然是民事機構（civilian body）這一理念，擁有最低限度的武力，主要依靠與全體公民共享的法律權力來治理犯罪，嚴格遵守法治，不受政府控制，從具有工人階級背景的代表性人羣中招募警員，以促進公眾對警察的認同。警務人員協會（Police Staff Associations）實施的一項正式調查曾對這一理念做過精闢的概括：「相較而言，傳統英國警務工作從業人數不多，權力不大，但是嚴於問責……它是在獲得公眾贊同的前提下實施的」（《警務運行評論》[*Operational Policing Review*]，1990：4）。

　　英國警務之所以能夠形成這樣一個形象，並非如保守派歷史學家們所述，係由於英國文化與公民社會價值觀有甚麼獨特的親和力。在管理殖民地（包括愛爾蘭）之時，英國警務則是參照公開倡導使用武力的軍事模式發展起來的（M. 布羅格登，1987）。英國警察愛好和平的形象是一個經過深思熟慮而編織的神話，其目的是化解 19 世紀早期英國民眾對警察這一理念本身的激烈反對。警察之所以得以正當化，歸功於 19 世紀 50 年代到 20 世紀 50 年代的一個世紀裏所發生的社會融合與共識的進程，這一程度更高、影響更多普通百姓的社會進程所起的作用至少可與警察自身行為的作用等量齊觀。

　　20 世紀 70 年代，針對警察玩忽職守等不端行為，以及警察總體戰術向強制力更大的「消防隊式」（fire brigade）風格的明顯轉變，出現了越來越多的爭論，在這些爭論之中，警察的政治化再次出現。對警察行為模式變化的憂慮，促使公民自由權人士愈加關注限制警方的權力，並加強對警察部門的問責。此外，在整個 20 世紀 70 年代，警察不斷加大力度，大張旗鼓地進行遊說，要求獲得更多的權力，以「打擊犯罪」並抵制「政治」控制。

　　1964 年後的警察策略並沒有一個條理清晰、連貫一致且深思熟慮

的戰略考慮。許多變化，特別是通過「警管區巡邏制」(Unit Beat) 重組形成的「消防隊式」警務，實屬種種原本為達到其他目的而進行的改革措施導致的意外結果。其他變化，例如，在集會人羣控制和打擊犯罪時使用更具強制性的警務戰術手段等，則大體上是對迫在眉睫的問題的被動回應，以及因形勢所需而臨時採取的應對措施和缺乏創造性的反映。

警察文化和大眾文化都代表了若干關於警務及其目的的思想觀點，但是這些觀點與警務工作的實際並不相符。它們誇大了警務工作與嚴重刑事犯罪之間的關聯度，並高估了警察通過偵辦和遏制罪案來應對犯罪行為的能力。在實踐中，人們在要求警察出手干預之時，多數情況下其實是要求警察處理各色各樣不嚴重的衝突、擾亂社會秩序的行為和各種糾紛爭執 —— 警方履行的實際上是一個「維持和平」的職能 (peacekeeping function)。警察的法定權力 (特別是使用合法武力的能力) 才是人們遇到緊急情況時求助於警察而不是求助於諸如牧師、精神病醫師或婚姻指導顧問等人員的原因。至於警察為「維持和平」而進行的干預行動是否充分適當和公平還大有討論的餘地。警察部門作為打擊犯罪的鬥士的形象，轉移了人們對於探索如何通過訓練和監管來培養「維持和平」的技能的注意力。就警察工作中打擊犯罪的職責任務而言，研究表明公眾 (受害人與證人) 在揭露犯罪與消除各種違法行為方面扮演着核心角色。只有在相對較少的非典型 (但是卻非常出名) 的重要案件中，警察的偵查工作才與其大眾形象有些許相似之處。

在 20 世紀 70 年代以及 80 年代早期，主張「法律與秩序」與倡導公民自由的兩派之間，就警察權力和問責問題產生了針鋒相對的爭論。兩派均忽視了「理性威懾」(rational deterrent) 模式 (強化懲處就能減少違法) 無論是作為治理犯罪還是管理警方的手段都有其弱點與不足。

警察的正式權力與普通犯罪或警察玩忽職守的程度之間的聯繫，是非常牽強和不確定的。

　　20 世紀 70 年代和 80 年代警務的政治化催生了一系列的改革戰略。隨後，當警察部門出現新的醜聞之後，這些醜聞又繼而促使警方領導人進行深入的自我反省，並自發地採取新的政策倡議。這裏，一個重復的矛盾對立統一體似乎正在自我循環：鼓吹強勢維護「法律與秩序」的論調，催生了一個對立理念，即重新強調（警務工作）應當贏得公眾同意，但到頭來最終得到的卻是一個雜糅了從「警察強制手段論」到「得到公眾同意論」譜系範圍間的各種策略手段的大雜燴，並與特定的具體情況的需要相適應。然而，從 20 世紀 90 年代初期開始，兩黨之間在強勢維護法律與秩序方面的共識，導致警方獲得了一整套不斷得到強化的新權力，並且這些權力並沒有受到相應的預防措施的制約。改革已經被導向至強化犯罪控制的成效這一方向上來。

三、改革的周期

（一）斯卡曼主義到紐曼主義

　　1981 年，關於布里克斯頓騷亂（Brixton disorders）的《斯卡曼報告》發佈。在對警察的思想觀念進行的多層面重新定位中，該報告成為關注的焦點。在整個 20 世紀 80 年代，這種重新定位支配着有關警察改革的爭論。斯卡曼提出的說法遠遠談不上有甚麼新意。他在論述「警務工作的兩個原則」時，就毫不隱諱地援引了 1829 年理查德・梅恩爵士（Sir Richard Mayne）對新建大都會警察廳（New Metropolitan Police）的訓詞（《斯卡曼報告》第 4.55 至 4.60 段）。斯卡曼採用了梅恩

對警察功能職責的定義，即警察的職責是「預防犯罪⋯⋯保護生命和財產、維護公眾安寧」。斯卡曼所提出的方法的核心是維護公共秩序安寧要優先於執行法律。嫻熟而明智審慎地進行自由裁量——「根據具體情況採取恰當行動的藝術」——才是警察英勇這一品質中最為可貴的部分。

在這些原則的指導之下，斯卡曼勳爵對警察部門提出了幾點批評，認為警方的所作所為既是布里克斯頓騷亂事件的產生背景，也是該事件後果的直接承受者，警察部門對事件的處置過程和急躁輕率的行動，都值得檢討。他的評判是，總體而言，「近年來，布里克斯頓警方與民眾之間的關係史是一個失敗的故事」（《斯卡曼報告》第 4.43 段）。雖然斯卡曼勳爵並沒有為布里克斯頓騷亂開脫，他還是概述了布里克斯頓市內城（inner city）[198] 生活中充斥着貧困潦倒、挫折失敗和種族關係緊張的狀況，這使得居民「與警方之間發生衝突可謂是順理成章、水到渠成」（《斯卡曼報告》第 2.37 段）。這一局面又因為警方「缺乏創造力和刻板僵硬的」戰術——例如，實施大範圍的截停搜查，引發那些無故遭到牽連的人士的反感——而雪上加霜。警方這些行動的集大成者就是臭名遠揚的「沼澤 81 行動」（Operation Swamp 81），它成了該騷亂事件的直接導火線，堪稱以損害公共秩序安寧為代價的執法的經典範例。

為了防止此類騷亂事件再次發生，斯卡曼勳爵對改善警務工作提出了多項建議。其中包括若干項旨在提高警員個人業務水平能力、減少他們種族偏見的建議（《斯卡曼報告》第 5.6 至 5.32 段）。此外，其中還有若干項關於組織改革的建議：強化針對種族偏見或者種族歧視行徑的紀律懲戒措施（《斯卡曼報告》第 5.41 至 5.42 段），增加對警員提供的諮詢（《斯卡曼報告》第 5.55 至 5.71 段），通過非警界人士走訪警察局的方式強化問責制（《斯卡曼報告》第 7.7 至 7.10 段）；對性質嚴重

的投訴進行獨立性更高的調查（《斯卡曼報告》第 7.11 至 7.29 段），鑒
於警方擁有高度自由裁量的權力，則建議縮小此類權力的範圍（《斯卡
曼報告》第 7.2 至 7.6 段）。

　　《斯卡曼報告》招致了左翼人士的強烈不滿，因為在報告中，斯卡
曼否認種族主義「在警方實務工作中或者在整個英國社會中已然制度
化了」，這與 1999 年針對斯蒂芬・勞倫斯一案發佈的《麥克弗森報告》
形成了鮮明的對比。斯卡曼明確將「制度性種族主義」定義為「明知故
犯和政策性的」歧視（《斯卡曼報告》第 2.22 段）。對此持批評態度的
人表示有大量的證據表明（警察和其他機構的）官方政策存在歧視性的
影響，儘管這些影響後果往往是在不知不覺的情況下發生的，但是並
沒有任何證據表明警方存在符合《斯卡曼報告》所特別指出的制度性種
族主義，即故意採取暗含有種族歧視性的政策。根據廣義的制度性種
族主義（作為機構政策非故意的結果［參見本書第五章］）的定義，斯卡
曼對諸如截停搜查等策略帶來的災難性影響所做的分析雄辯地證明，
他已經意識到了這一問題。但是斯卡曼擔心，如果他對「警方高層領導
的誠實和公正」（《斯卡曼報告》第 4.62 段）進行抨擊，有可能會使警方
緊密團結起來抗拒變革。他的建議的目的是要治理普通警員中廣泛存
在的種族偏見和諸如截停搜查等警方政策無意間造成的歧視性後果。

　　斯卡曼是引發對警察思維在大範圍內進行重新定位的誘因。直到
20 世紀 80 年代後期，英國警察局局長們一直將他提出的警務改革理
念奉為警務工作哲學之圭臬（賴納，1991：第 6 章）。斯卡曼提出的
這些原則對肯尼斯・紐曼（Kenneth Newman）爵士在 1982 年 10 月擔
任大都會警察廳廳長後制訂的倫敦警務工作戰略產生了影響，從而首
次在警務工作實務發揮了作用。該戰略成了此後十年間英國各地實施
的類似計劃的藍本（薩維奇，2007：第 4 章）。

　　紐曼制訂的戰略意在從根本上對警方的政策和組織進行重新定位，目標是在為警察部門，如與當初羅恩（Rowan）和梅恩（Mayne）在大都會警察廳最早制訂的戰略取得的成功那樣，贏得同樣成功的合法性，不過紐曼的戰略面對的是新問題。對於這一戰略要起到的重大歷史作用，紐曼毫不諱言。他將該戰略要實現的變革描繪為「大都會警察廳 150 餘年歷史上最為廣泛的」──十年後，肯尼斯・克拉克（Kenneth Clarke）在啟動「一攬子」警察改革方案時重複了這一斷言，只不過他的改革在方向上與紐曼恰恰相反！

　　紐曼非常強調構建在更高程度的公眾參與和「多機構協同合作」途徑基礎之上的「理性社會契約」（notional social contract）理念。實現公眾參與的主要手段包括斯卡曼式的協商委員會（由警方以外的觀察訪談人員向其匯報工作）、「鄰里守望」組織、犯罪預防小組、受害人支持計劃、更多地使用特別預備警察（Special Constabulary，社區志願警察），並嘗試招募更多的黑人進入警隊。「多機構協同合作」方式則要求警方與其他機構──「社會、經濟、文化和教育機構」──協作，聯合制訂「治理犯罪的根本成因而非犯罪表面症狀」的解決方案（委員會報告，1983：8）。紐曼所提出的「理性社會契約」的目標還包括促成警察組織和文化發生轉變。它的主要目標是實現更為專業的「目標化管理」，並將各級警員和部門都整合到總體戰略中。它還考慮到了一個困擾着警察管理創新的問題：如何吸納普通警員參與管理決策。紐曼制定了一個「職業道德規範」（code of ethics），並力圖在警察部門內部推廣該規範的精神。所有這些舉措的目的是形成一個讓普通警員參與制定警方任務目標和優先工作的「公司治理」（corporate management）風格。

　　但是，戴卓爾政府的社會和經濟政策所帶來的不斷加劇的兩極分

化，從根本上破壞了紐曼的戰略。對警察部門力求重新贏得正當性的努力而言，最大的敵人不是那些公然對他們提出批評的人，而是表面上襄助他們的人——一個鼓吹「法律與秩序」的政府，卻對毀掉贊同式警務的社會先決條件和英國警察傳統的優點的做法無動於衷、漠不關心。戴卓爾政府的政策滋生了迅速擴大的不公平、長期失業和政治兩極分化。政府自吹自擂，宣稱要回歸「維多利亞價值觀」（Victorian values），[199] 實質上卻首先是回到了迪斯雷利（Disraeli）提出的「國家一分為二」（two nations）（意指英國貧富差距，分裂成了「窮人國」和「富人國」）的恐懼縈繞心頭的深淵時代，並且犯罪、暴力和社會秩序混亂無序達到了自 19 世紀以來的前所未有的最高水平。那些在維多利亞女王時代為警察贏得了正當合法性的政策之所以能夠奏效，是因為當時存在一個範圍更為廣闊的進程——將工人階級納入社會與政治秩序。20 世紀最後 20 年見證了越來越多的社會階層加速解體的過程，社會被分解為越來越多的階層，而且速度越來越快。「從未就業」（never-employed）的年輕人，尤其是少數族裔中的從未就業的年輕人更多，使那些面對強制性警務工作總是首當其衝的「警察資產」人數大為膨脹。無論是警察局長還是基層警員自己，都廣泛認識到了不斷加深的社會分化，以及其對警務工作問題帶來的影響（賴納，1991：第 9 章；羅斯，1996：第 6 章）。

　　20 世紀 80 年代晚期和 90 年代早期是警察醜聞集中爆發的時期，以 1989 年上訴法院釋放吉爾福德四人案件的犯罪人（Guildford Four）為開端。隨後不久一系列類似的醜聞接踵而至：伯明翰六人案、馬奎爾（Maguire）七人案、朱迪思·沃德（Judith Ward）案、溫斯頓·希爾考特（Winston Silcott）案和其他幾人因在 1986 年布羅德洛沃特農場騷亂期間謀殺布萊克洛克（Blakelock）警官而被判有罪一案、西米德蘭茲

郡（West Midlands）重案組（Serious Crimes Squad）折磨疑犯受到懲罰案以及其他多起被揭露出來或者警察受到瀆職指控的案件。

1989 年後，警方的民意支持率急劇下降，反映出了這些醜聞的惡果。這與「二戰」結束後往往被視為警察的「黃金時代」的那個時期形成了極其鮮明的反差。1989 年，英國市場輿論調查國際公司（MORI）為英國廣播公司《新聞之夜》（*Newsnight*）節目所作的一項民意調查發現，當時只有 43% 的人對警察「非常尊敬」；與之相比，還是同樣的調查問題，在 1959 年皇家警察委員會開展的一次全國抽樣調查中，受訪者中回答對警察「非常尊敬」的比例則為 83%。在 1989 年這次調查中，有 14% 的人表示對警察「幾無尊敬可言」，相比之下，在 1959 年那次調查中，這一比例只有 1%。幾年來所作的多項調查都顯示，對警方的支持正在受到侵蝕，特別是那些可能成為警察權力作用對象的人員 —— 生活在內城中心貧困社區的、在經濟上處於邊緣地位的青年男性，對警方權威的信任更是逐漸喪失（史密斯等人，1983）。此外，民意調查證明，認為警方在濫用權力（例如，腐敗、過度使用武力或者種族歧視）的人士的比例正在上升，就連民眾中那些「體面可敬」的絕大多數人對警察的看法也是如此。

公眾對警方信心下降的另一個原因是，警方顯然沒有能夠有效地實現在自己的宣傳中承諾的保護民眾安全的承諾。有記錄的犯罪率自 20 世紀 50 年代中期以後節節攀升（其中部分原因是受害者報案的比例有所提高，但是從 20 世紀 70 年代末期開始，犯罪率的攀升演變成了真正意義上的爆炸式增長，這一點得到了新近實施的英國犯罪調查的印證 [賴納，2007a：第 3 章]）。這樣一來，在警方顯而易見的工作不力和瀆職行為的不斷曝光的共同作用下，公眾對警方的信心受到了嚴重的削弱。

紐曼的繼任者——彼得·英伯特爵士（Sir Peter Imbert）和保羅·康頓爵士（Sir Paul Condon）——與英國全國各地的警察局長們一樣，繼續實施了一項直面諸多侵蝕警方正當合法性的因素並意在為警方重新贏得正當性的戰略。他們的戰略在本質上與紐曼的戰略是相似的，而且肯定吸納了斯卡曼報告的精神。這一過程發生之時，恰逢尼爾·金諾克（Neil Kinnock）領導下的工黨採用「新現實主義」（new realism）政策，以及緊隨其後的貝理雅政府為收復在「法律與秩序」這一政治議題上的優勢而提出「嚴厲打擊違法犯罪、徹底治理犯罪成因」的政策口號。由於工黨的立場與警方高層只存在隱約而微妙的區別，而且 1992 年之後工黨基本上採納了鼓吹法律與秩序的政治策略，因此 20 世紀 90 年代警方領導人面對的激進反對大為減少。公眾對警察信心的下降也在 90 年代觸底反彈，自 1991 年抵達谷底之後一直維持穩定，到千禧年之交的 2000 年時又有所下降，自 2005 年之後以來的若干年內，公眾對警方的信心又開始緩慢上升（艾倫等人，2006；洛克等人，2009：103 至 105）。

（二）消費主義

與舊工黨關心通過強化問責來約束警察權力不同，新工黨的警務戰略的中心議題是切實有效地減少犯罪。當然，新工黨警務戰略既與保守黨的警務戰略不同，也與警方的犯罪預防理念存在差異。1998 年《犯罪與擾亂社會秩序法》實施之後，地方政府與警察部門形成合作夥伴關係，並負責預防犯罪戰略的協調工作。不過，作為各個預防犯罪倡議舉措中的核心夥伴，警方仍然佔據了他們應有的重要地位，警管區巡邏警務也被視為重中之重的警務舉措。就像保守黨與警察部門發佈的公告所表明的那樣，新管理主義（new managerialism）[200] 話語在工

黨的思維中也非常引人注目。但是，20 世紀 90 年代早期關於警察改革的話語之中最為清晰的主題是消費主義的客戶至上言論。保守黨政府（《公民章程》）和作為反對黨的工黨（「質素委員會」）都競相提出了具有競爭性的警務改革理念。警方高層自己則不失時機地抓住了這一新生的話語主題，將其作為構建新的服務倫理、使萎靡不振的狀態重新煥發活力並規避更具政治性的問責制方式的一種途徑。

這一點在警方針對他們心目中的公眾信任危機而作出的首次全國性回應中表現得非常明顯。1990 年，《警務工作實務評論》（*Operational Policing Review*）問世。《警務工作實務評論》是通過三個警務人員協會 —— 警察聯合會（Police Federation）、英國警司協會（Superintendents' Association）和英國警長協會（Association of Chief Police Officers，簡稱 ACPO）—— 前所未有的協作，在對警務工作中諸多問題進行廣泛研究後發表的一份報告。警方對這項由自己人進行的研究進行了評判，結論是警方眼中的優先事項與公眾眼中的優先事項並不相符。公眾更喜歡以社區為導向的服務式警務，而不是基於執法的方式。隨後發佈的《共同目標和價值聲明》將以服務為格言的警務哲學理念奉為圭臬。之後三個警務人員協會簽署了一份《關於服務質素的戰略政策文件》，強化了這一理念。根據這一理念，公眾經常被冠以「客戶」的名號 —— 即便他們是監獄的囚犯也使用這一名號 —— 警方的頭等大事則是通過「服務文化」來滿足公眾的需求（伍德科克［Woodcock］，1991 ：82；沃特斯，1996，2007；斯夸爾斯，1998；薩維奇，2007 ：139 至 141）。

20 世紀 90 年代初期的以服務為基礎、客戶至上主義的言辭，與此前 20 年間採取強力措施維護「法律與秩序」的承諾和做法相比要可取得多，採取強力措施是警察部門應對犯罪與擾亂社會秩序問題急遽增

長的最初回應。儘管如此，這一言辭依舊沒能恢復警方曾在民眾心目中享有的崇高威望，這曾是該言辭信誓旦旦表示要到達到的目標。

(三)「企業型」罪犯抓捕機制

實踐證明，警方自行設計出來的改革政策都滿足不了政府的要求。正如本書第七章中所論述的那樣，1993 年，時任內政大臣的肯尼思·克拉克啟動了對警察組織和問責制的重建，其目的是根據中央政府及其委派的地方機構所設定的標準，使警務工作更加具有務實高效的「企業化」管理特徵。這一方法在 1993 年希伊《關於警察職責與獎勵的調查報告》(*Report of the Sheehy Inquiry into Police Responsibilities and Rewards*)（簡稱《希伊報告》）、《1993 年警察改革白皮書》和內政部《關於警察核心和輔助任務的審核報告》(*Review of Police Core and Ancilary Tasks*) 之中得到具體化。這「一攬子」改革方案以有關警察任務的官方定義為前提條件：「抓捕罪犯」(catching criminals)（具體含義見《白皮書》）。這個定義逆轉了警察的首要任務是維護公眾安寧這一從皮爾直到斯卡曼被一直強調和倡導的英國警務傳統理念。顯然，這些改革的方向是要將市場規則應用到警務工作中去。

前述三個警務人員協會都對政府的有關計劃表達了強烈的不滿，認為政府的計劃不能適用於警務實踐。在 1993 年 5 月舉行的警察聯合會年度大會上，內政大臣照例受到了嚴厲的責難，與之形成鮮明對比的是，工黨的貝理雅則受到了熱烈的歡迎（1993 年 5 月 28 日《警察評論》[*Police Review*]：12 至 13）。與人們認為法律與秩序理所當然是保守黨應當倡導的議題、警方是戴卓爾政府寵兒的時代相比，有關警務工作的政治結盟似乎正好顛倒過來了（意指保守黨與工黨對待警察及警務工作的態度發生了根本性的逆轉）。

前文已經討論過的公眾對警方支持態度的流失，為保守黨政府與警方之間的對抗創造了政治空間。在整個 20 世紀 80 年代，人們普遍認為，儘管與其他公共服務部門相比，警察部門在薪酬和條件方面可謂待遇優厚，但警察部門不僅存在系統性的瀆職行為，而且在工作上也未能盡到職責。這種看法在很大程度上誇大其詞：在這之前，警察部門內部的瀆職行為肯定一樣普遍存在，只不過是更容易掩蓋起來而已。警察部門的資源固然有所增加，但是與警方由於犯罪率上升、社會秩序混亂無序狀態加劇、交通流量增加以及各類緊急救助的增多而承擔的不斷增長的警務需求相比，依然是小巫見大巫。無論如何，不管合理與否，公眾對警察部門的信任度還是有所下降，但與許多其他公共機構相比，公眾對警方的信任度依然還是很高的。

四、新工黨及其警務

新工黨政府 1997 年當選之後，在本質上延續了從保守黨那裏繼承的警務政策。《1994 年警察與裁判法院法》體現的新型治理結構原封未動，尋求令錢用得划算（value for money）、準市場型業績測評與獎懲以及減少犯罪的目標居於優先地位等政策理念也同樣原封未動。不過，新工黨執政之初也做了一些保守黨治理下不可能出現的重要的改弦更張之舉，其中包括成立麥克弗森調查組，調查此前處理不當的史蒂芬·勞倫斯被殺一案，並通過《1998 年人權法》以及對警察投訴體系的改革（參見第七章）。最為重要的是，《1998 年犯罪與擾亂社會秩序法》以及隨之而來的《減少犯罪計劃》（Crime Reduction Programme）推出了一種新的警務方法，這種警務方法並沒有貶低警察的角色作用，而是將警察置於更為廣闊的警務背景之下，將地方政府和其他機構視

為警務合作夥伴。然而，隨後的幾年裏，在追求短期成功和為安撫通俗小報而提出的引人注目的倡議的壓力下，這種警務戰略反而成為犧牲品。最為典型的事例就是 2002 年「街頭犯罪」峰會提出的警務倡議（霍夫，2004；賴納，2007 ： 138；紐伯恩和賴納，2007 ： 334 至335）。

（一）《麥克弗森報告》與史蒂芬・勞倫斯案

針對史蒂芬・勞倫斯（Stephen Lawrence）被謀殺一案的《麥克弗森報告》在 1999 年 2 月下旬發佈後，在英國媒體界引發了一場軒然大波，人們對此痛心疾首並紛紛進行分析解讀。媒體對此已經做了連篇累牘的報道、評論和採訪： 1993 年 4 月 22 日，一名 18 歲的黑人學生是如何無故慘遭一夥青年種族主義分子殺害一事的基本事實，幾乎已經是家喻戶曉、無人不知了。

（1）很多在謀殺現場的警察對本案敷衍了事，起初甚至懷疑過已經奄奄一息的史蒂芬和他的朋友杜韋恩・布魯克斯（Duwayne Brooks）。

（2）警方對本案的調查手法粗糙拙劣，並企圖對三個首要嫌疑人適用刑事自訴（後未果），這就意味着無論之後有甚麼證據浮出水面，這幾個嫌疑人都會逃脫懲罰。

（3）大都會警察廳領導層被逼入了一個空前的絕境，不得不屢次屈辱地為自己在該案件中應做而未做或者做了不該做的事而犯下的種種罪過致歉。

（4）史蒂芬的父母為查清自己兒子死於非命的真相進行了令人動容的鬥爭，最終克服重重困難，通過《麥克弗森報告》才獲得了最終的皮洛式的勝利（pyrrhic victory，即在付出極大代價的情況下獲得慘勝）。該報告的結論是，警方的調查工作漏洞百出，未能體恤地處理與勞倫

斯家人及杜韋恩‧布魯克斯的關係,這兩者在很大程度上要歸因於「制度性種族主義」。

對於媒體報道所揭露的殘暴行為、暴力種族主義、警方的無能和冷酷無情,普通公眾似乎深感震驚和驚駭,這倒也理所當然。

然而,從英國過去半個世紀以來黑人遭到歧視和暴力的慘痛經歷來看,勞倫斯一案最為可怕之處在於,無論是作為暴力種族主義還是歧視性警務工作的實例,它都遠遠算不上獨一無二。本‧鮑林(Ben Bowling)曾就此主題撰寫過一部扛鼎之作(1999a)。這部作品表明,從 1959 年發生的凱爾索‧科克倫(Kelso Cochrane)被謀殺案以來,英國至少發生了 90 起由種族主義動機引起的針對黑人或者亞裔人士的謀殺案。這些謀殺案對於針對各個少數族裔羣體的數量龐大的種族暴力、恐嚇和騷擾案件而言,還只是其中的滄海一粟。而這又只是更大層面上針對所有其他處於弱勢且易受侵害的少數羣體的「仇恨犯罪」(hate crimes)的一個部分而已(霍爾,2005;查克拉波蒂 [Chakraborti] 和加蘭,2009)。導致人們對勞倫斯一案形成與眾口紛紜意見的,不僅是這一事件本身的殘暴(在這方面與之相類似的案件為數眾多),也不僅是在調查中發現的警察無能與種族主義。史蒂芬本人是一個理想型的純粹被害人(ideal-typical pure victim),一個人格和個性都完美無缺、不會做壞事的人,但卻無緣無故慘遭襲擊。話雖如此,注定這一案件最終取得勝利的關鍵因素正是勞倫斯的父母在不屈不撓地尋求他們的兒子被害真相(即便不能討還公道)的過程中,所表現出來的洞察力與犧牲奉獻精神。

《麥克弗森報告》肯定了所有上述論點,它徹底改變了有關黑人與刑事司法的政治爭論的基調,是堪與《斯卡曼報告》比肩的具有里程碑意義的影響。在《麥克弗森報告》發佈之前,人們一直將注意力放在黑

人遭到攔截、拘捕、定罪和監禁的比例偏高這一問題之上。無論人們將這一點解讀為刑事司法中存在種族歧視的證據，還是黑人的犯罪行為比其他族裔的犯罪行為要高，此前人們主要關注的問題始終是將黑人視為理所當然的犯罪嫌疑人。無論是公眾意識還是政治辯論，都未涉及黑人成為犯罪的受害者、受到犯罪戕害的比例也偏高這一問題。這一問題的兩面都反映了在一個歧視性的社會裏，黑人在社會和地理兩個層面都被排斥在外的現實。現在，人們通常認為 1999 年《麥克弗森報告》與 1981 年《斯卡曼報告》相比毫不遜色，因為前者抓住了制度性種族主義這一棘手的問題，而後者卻拒絕承認制度性種族主義的存在。在批判警察部門的失敗之處方面，麥克弗森報告無疑力度更大。它成功地讓官方承認警察部門存在制度性種族主義問題。然而，十分弔詭的是，關於種族、社會層面的不平等與劣勢現象的更寬泛的社會結構，以及警察歧視之間是如何形成緊密關係的，反而是《斯卡曼報告》剖析得更為深刻透徹。

　　儘管《斯卡曼報告》對 30 餘年來警察部門中存在的種族歧視行徑看得一清二楚，它卻顯然沒有能夠終結警務工作中的種族歧視。這並非由於該報告自身存在的缺陷，而是因為英國社會缺少政治責任擔當，以實現黑人的社會與經濟境遇的徹底改觀，以及實施該報告所呼籲的對警察組織與政策進行改革的措施。如果黑人和其他少數族裔人士身受的經濟與社會弱勢地位依舊無法從根本上得到治理，也就是說那些觸發勞倫斯悲劇的普遍憤怒與悲傷問題得不到根本改善，那麼就有證據表明想要在黑人與警方和刑事司法系統之間令人大傷腦筋的棘手關係上實現任何實質性的突破，是不可能取得成功的。

（二）減少犯罪與警務合作夥伴

新工黨執政伊始所提出的刑事司法政策的要旨 —— 體現在《1998年犯罪和擾亂社會秩序法》和《減少犯罪計劃》之中 —— 正是對此前保守黨或者工黨政府傳統政策的改弦更張。正如很多評論家所指出的那樣，《1998 年犯罪和擾亂社會秩序法》中含有若干有可能壓制人權和達不到預期目標甚或適得其反的條款（尤其是《反社會行為命令》[the Anti-Social Behaviour Orders]）。雖然如此，該法的主要戰略卻是頗具新意的，不能將其簡單斥責為具有懲罰性或者自由放任的政策而加以摒棄；相反，這一戰略是構建在一個反映了近幾十年文化變遷的公民身份這一概念之上的（拉姆齊，2006，2008）。該戰略奠基於情報導向和問題解決導向的方法基礎之上，在建構政策發展方面融入了系統性分析方法與應急反應性監督（reflexive monitoring，自反性監督）設計。該戰略的智識基礎是，對關於治理違法行為的主要戰略的有效性、成本和優點的證據進行全面徹底的評審，這些戰略包括：通過在兒童時代的早期干預與教育預防犯罪、情境犯罪預防[201]與社區犯罪預防、警務工作、審判以及替代性懲罰手段等預防犯罪行為（納托爾等人，1998）。

《1998 年犯罪和擾亂社會秩序法》第 6 部分要求地方當局與警方建立合作夥伴關係，對本地犯罪和擾亂社會秩序的問題進行監督審查，辨識其產生根源並制訂恰當的戰略來減少犯罪和破壞治安和擾亂社會秩序的問題，並定期對這些戰略的有效性進行研究評估。這是「循證」（evidence-led）減少犯罪計劃的一部分，其基礎是「整體思維」（joined-up thinking），即意識到治理犯罪不能單靠刑事司法，而是必須依靠範圍更廣的政策。原則上，此舉旨在嚴屬治理犯罪的成因，而不是單單

嚴厲懲罰那些少數被判有罪的刑事司法系統的倒霉蛋（意指那些運氣不好才會被刑事司法系統判決有罪的少數罪犯）。這種寬口徑的警務工作方法，強調問題解決導向，與包括地方政府在內的其他機構合作共同解決犯罪問題，一項公認的研究表明，在解決犯罪問題上靠警方單打獨鬥存在諸多局限。該方法與斯卡曼以及諸如紐曼（Newman）和英伯特（Imbert）等受斯卡曼影響的警察局長們所做的分析可謂同聲相應。不過這種方法已經被發端於 1993 年由克拉克・霍華德提出的「一攬子」改革計劃中的對「抓捕罪犯」的片面強調取而代之了。新工黨執政之初對循證警務政策（evidence-led policy）的執著，還導致它做了一件日後可能會令工黨搬起石頭砸腳的事情：工黨對許多具有重要意義的警方記錄罪行的統計規則做了改變，此舉勢必會導致出現犯罪數量激增的表象（賴納，2007a：51 至 53）。

《犯罪減少計劃》的問題其實在於它在新工黨總體戰略中的位置。這一總體戰略中的其他許多方面扼殺了該計劃取得成功的可能性。其中最顯著的是，新工黨執政之初曾經執意避免超出此前保守黨政府制訂的開支計劃，此舉損害了警方、緩刑機構、教育和其他社會服務機構按照預期運作的能力，同時還使那些導致青年人走上犯罪歧途的種種壓力（例如輟學與逃學）愈加嚴重（道恩斯［Downes］，1998：196 至 197）。從更大的範圍來看，政府未能緩解不平等和社會排斥問題，這一敗筆所帶來的滋生犯罪的後果，遠遠超過了內政部《犯罪減少計劃》在減少犯罪方面所能產生的一切效果。新工黨對保守黨的舊有經濟政策的承襲，以及在犯罪控制政策方面的聽天由命甚或引狼入室的態度，是其主要敗筆之一。此外，情報主導警務工作方法和犯罪減少計劃很容易遭到保守黨裏挾民意而發起的攻擊。儘管新工黨成功地實現了犯罪數量的整體下降，保守黨仍然繼續抨擊工黨在打擊犯罪方面

「軟弱」，並藉此奪回了公眾對保守黨的信任，認為該黨能夠維護法律與秩序（達菲［Duffy］等人，2008）。這導致工黨逐漸摒棄了它所提出的著名口號中「徹底治理犯罪成因」這一部分，並越來越執拗於該口號中關於「嚴厲打擊犯罪」這一部分（紐伯恩，2007c；賴納，2007a：第5章；紐伯恩和賴納，2007）。

五、警察改革的局限

截至目前，所有的警務改革戰略中，都缺少一個對警察部門的角色以及他們目前困境的根源的基礎社會學分析。人們曾經考慮的所有解決方案有一個共同點，那就是人們毫不猶疑地認定，公眾對警察部門信心的式微是由警方自身標準下降導致的。誠然，已經揭露出來的警察部門的嚴重瀆職行為的醜聞不在少數。但是，僅憑這些醜聞就能確定英國警察部門的誠信度降低了嗎？在任何時期，警察不端行為的嚴重程度都是無法查明的，而且有相當數量的統計黑數（dark figure）掩蓋了警察部門的越軌行為，因此，警察不端行為的趨勢究竟如何，是無法可靠地確定的。我們所知道的是，在20世紀中葉的警察的「黃金時代」（當時警察是民族驕傲的象徵），在表面光鮮的背後，警察部門存在包羅萬象的日常慣例化的不端行為。這一點可以在警察的回憶錄（例如，20世紀30年代和40年代曼徹斯特的警察日常生活花絮的記錄，透露了不少內情的詳細描述，參見馬克，1978）以及警務工作的口述歷史（例如，M. 布羅格登，1991和溫伯格，1995）中清楚地看到。這些瀆職行為在當時之所以得以免於暴露於公眾視野之中，是因為作為警務工作領受者的社會階層、媒體和受過良好教育的中產階級所奉行的一種遠比今天更為順從恭敬的文化（deferential culture）。當

時，人們對警察部門提出投訴的概率要低一些（人們寧肯憤憤不平地忍受人生中又一個可憎的無法更改的事實），而且投訴也很難得到左右輿論的意見領袖（opinion formers）的採信。表面上看來似乎是東窗事發的警察瀆職行為越來越多，實則在很大程度上是由於出現了更為深層次的文化變遷——戰後時期民眾對政府權威的順從心理逐漸遭到侵蝕——導致警察部門的瀆職侵權行為遭到曝光的概率提高了，這樣說是不無道理的。20 世紀 70 年代和 80 年代，警察部門為應對日益上升的犯罪與擾亂社會秩序的活動，進一步強化了警務戰術的強制性，從而導致這一表象更為突顯。

警察部門面臨的犯罪與社會秩序的混亂不斷加劇這一問題，有着深刻的社會原因。最為重要的原因是新自由主義經濟政策造成的越來越嚴重的社會與經濟分化和社會剝奪，這種分化與剝奪導致那些在維多利亞女王當政時代被稱為「危險階級」，後來被稱為「下層階級」的人員數量極大膨脹（克勞瑟，2000a、2000b）。這些人一直以來都構成警方的主要工作對象，並被人貼切地貼上了「警察資產」的標籤。隨着警方的「財產」與問題越來越多，警察部門轉而使用他們戰術清單中強制性更高的部分。這勢必會導致出現更多的濫權行為，反過來，此舉又強化了警察文化中玩世不恭和威權主義的趨勢。但是，這些還只是問題的表象，而不是問題的主要動因。這樣一來，那些以改變警察部門本身為主要宗旨的解決方案也就無法奏效。

從本質上講，上文探討過的那些用意良好的解決方案都未能系統性地直面警務工作的本質。尤其是用戶至上的消費主義的方法，暗示市場調查表明消費者喜好甚麼，警方就能夠、並應該幹甚麼。但是，當年組建現代職業警察來提供的「服務」究竟是甚麼？當客戶向警方有效地提出需求時，「服務」內容究竟是甚麼？在很大程度上，客戶要求

的是處理混亂無序與犯罪問題，儘管警察通常都力求在不訴諸強制措施的情況下解決糾紛，但這兩者在本質上都伴隨着激烈的衝突爭論情景。在國內，警察是國家政權機構中壟斷合法暴力的專業機構，在大多數情況下，民眾要求警察部門提供的「服務」是「採取斷然行動的能力」（比特納，1974：35）。因此，正如電視劇集《警務風雲》某一集的名稱所一語中的那樣：「暴力是服務的一部分。」

這樣一來，用埃弗雷特・休斯（Everett Hughes）的話來說，警察本來就是幹「苦活」的行當（E. 休斯，1961）。只有在最為例外的情形之下，例如，在戰後英國一致共識的氛圍之下，民眾才不會將警察視為一種令人可惜的必需品。令人可惜但又不可或缺，一直以來警察部門的地位就是如此，就連世界上最為和平和守法的國家也概莫能外。就絕大部分而言，管理主義、社區和消費主義的時髦話語都忽略了一個事實，即像其他部門的服務一樣，警務工作提供的不是一個不容易引起爭議的服務，反而動輒得咎。警方的工作就是調節社會衝突，不可避免地是骯髒和棘手的。警察部門控制不了社會的大潮流，反而要受到社會大潮流的衝擊。

務實地講，改革的最終產物若是恢復警察作為受人們鍾愛的民族自豪的象徵這一地位是不現實的。警察之所以能在 20 世紀中葉取得這樣受人尊敬的地位，得益於當時獨特的環境，特別是「二戰」期間和之後英國全國上下對警察形成的一致共識氛圍。喬治・迪克遜警官（PC George Dixon）[202] 不是英國警察的常態，而是他們的巔峰時刻。在一個更加以自我為中心、道德淪喪、分裂的社會裏，警察不能充當一個已然四分五裂和多元化的集體意識（collective conscience）[203] 的具有宗教性質的神聖圖騰。他們已經變成一個不再神秘、世俗尋常的治理機構，要與其他警務工作形式相互合作和競爭。但是，如果不實施經濟和社

會變革，不扭轉新自由主義強行推入造成的更嚴重的不平等、社會排斥和衝突的勢頭，警察部門就無法遏制那些導致犯罪與秩序混亂蔓延的壓力。

　　無論是務實高效的「企業型」管理主義改革，或是工黨的《犯罪減少計劃》抑或是新警務理論，都對私人安保和公共安保力量構成的節點網絡（nodal network）給予厚望，想要通過它們逆轉這一勢頭的前景，都與此前他們提出「靈丹妙藥」式的嚴厲的或靈巧的警務措施一樣，因存在相同的問題而非常黯淡。所有這些理念都構建在這樣一個前提之上：如果組織得當，警務工作或者安保措施就可以對犯罪率產生重大影響，通過制服警察的巡邏工作和其他預防性措施能夠阻遏犯罪，即便是真的發生了犯罪案件，也能迅速有效地偵破案件。

　　但是，大量的研究證據和理論論據（本書第六章曾對此進行回顧）表明，警務資源和戰術與犯罪水平或者結案率之間，最多也就只有微弱的關係。創新性的戰略或許在特定情景下產生一定的作用，但對整體犯罪率的下降則收效不大。作為犯罪管理者和平安守護者，警察職能的表現還算差強人意，但是指望將他們作為從根本上實現減少犯罪的工具手段則是不現實的。犯罪是更深層次的社會力量的產物，對於這些力量，警察部門的一切戰術策略在很大程度上都是力不能及的。結案率是隨犯罪率和警察部門工作量的其他層面的變化而變化的應變量，而不是警察工作效率的體現。

六、警務的新自由主義

　　在引發警務工作爭議的問題，例如，玩忽職守、軍事化或者工作成效表面上看在下降等的諸多具體原因背後，是當代社會發生的更加

深層次和更具根本性的變化（對此本書前面章節已有論述）。一個專事警務職能的機構的興起，是與近代民族國家的發展同時進行的，並且是近代民族國家竭力取得對某一領土的集中控制這一過程中的一個方面。這在英國尤其如此，按照歐洲標準，英國官僚主義式的警察組織的出現相對較晚，並且與工業革命產生最初效果之後英國走向更高程度的社會融合的歷史軌跡相一致。在所有的社會制度裏，警察的象徵性功能與他們在治理犯罪與社會秩序混亂方面的直接的工具性效果至少是同樣重要的。

新自由主義政治經濟以及那些經常被冠以「後現代性」名頭的社會變化，特別是越來越嚴重的不平等、碎片化和多元化社會的出現，從根本上威脅到了警察作為象徵着國家統一體和秩序的組織的地位。消費主義以及「酷」文化，已經成為行動、自戀和避苦趨樂之本能的「快樂原則」（pleasure principle）的驅動力，這三者取代了近代產業主義（工業制度）的文化根基 —— 清教徒式的苦行主義和紀律（龐坦 [Pountain] 和羅賓斯 [Robins]，2000；霍爾等人，2008）。後現代的社會結構沿襲了同樣的驅動力：碎片化、去組織化、多元化和去中央化（鮑曼，2000、2007）。經濟上的變化導致社會體系架構發生轉變，使現代社會集權化的福特式生產體系歸於瓦解，兩極分化的社會階層結構，導致社會形成了一個通常被稱為「2/3 與 1/3 的社會」（即 2/3 的人口生活陷於貧困，1/3 的人生活富裕），但是，由於多樣性具有多種多樣的維度，使得持續進行的階級關聯性受到了阻遏，即不同階層的社會流動堵塞導致社會的兩極化發展（赫頓，1995；洛夫特斯，2007、2009）。

儘管分佈不均衡且不穩定，但是大多數人仍然都參與到了史無前例的高消費之中（直到 2008 至 2009 年經濟崩潰之時為止），而一個人數眾多且正不斷增加的「下層階級」卻長期不變地被排斥在外，而且令

人絕望的是他們沒有希望參與這一盛宴的可能（達倫多夫，1985：第
3 章；加爾布雷思 [Galbraith]，1992；克羅塞 [Crowther]，2000a、
2000b）。在自由市場經濟政策在政治上佔據主導地位的情況下，這些
人自然根本無望被納入一般社會秩序。換言之，被稱為「警察資產」的
羣體不僅人數更加龐大，而且更為重要的是被社會疏遠的程度也更為
嚴重。這種經濟上的碎片化與文化多樣化、順從意識的式微、道德絕
對性準則遭到侵蝕以及日益增長的「命名不能症」（anomia）等漫長而
複雜的進程交互作用（達倫多夫，1985：第 2 章），形成了一個更為動
盪不安、混亂無序的社會世界。

　　在這種環境之中，英國將警察的概念視為一個擁有多項使命、象
徵着秩序與和諧的機構，正變成一個越來越不合潮流的時代錯誤。英
國警察開始向國際模式轉型：負責打擊嚴重犯罪與恐怖主義、維護公
共秩序、治理大規模詐騙以及其他國內和國際問題的國家高級警務
（high policing）模式。針對具體社區的地方警務工作依然還在，而且還
通過《鄰里警務計劃》（the Neighbourhood Policing Programme）和跨黨
派的有關強化地方政府問責制的口頭承諾的方式穩定下來（麥克勞林，
2005、2007：第 7 章）。但是，針對不同的「風險社區」（communi-
ties of risk）的警務工作的風格可謂大相徑庭（約翰斯頓，2000：第 4
章）：對於設有門控系統的富人聚集的「社區」而言是高科技的「安全
氣泡」；穩定的城郊地區則是「服務」式巡邏；而對於成為下層階級象
徵的地區，則採用準軍事的零容忍警務風格，強力維穩。

　　對於那些社會中負擔得起的人士而言，安全保障服務的供應變得
越來越私有化了，越來越多的中產階級經常將「公眾使用的私人財產」
（mass private property）作為自己休閒娛樂與工作的場所（希林和斯滕
寧，1983、1987；紐伯恩和 T. 瓊斯，1999；洛德，1999；巴頓，

2002、2007、2008；里卡戈斯［Rikagos］，2002；威克菲爾德［Wake-
field］，2003）。在一個由嵌入環境內部的非人化的控制流程、技術控制
與監視設施以及普通公民實施的監護與自我管制（self-policing）等構成
的（警務工作）陣列之中，由人工實施的專業化警務工作，無論形式如
何，正在成為一支偏師（M. 戴維斯，1990、1998；麥卡希爾［McCa-
hill］，2002；澤德爾，2003、2009；科爾曼，2004；古爾德，2004；
瓊斯，2007）。警察正在演化為一個具備警務職能的更為多樣化的實
體機構的一個組成部分，以及一個在民族國家內部和國家之間更為漫
射的警務程序陣列的組成部分（薛普特基，2000a、2002、2007；戈
德史密斯和薛普特基，2007；沃克，2008；鮑林，2009）。

七、警務的局限性

　　無論是通過嚴厲的零容忍式「法律與秩序」執法活動，抑或採取
情報主導的犯罪減少與問題解決式的途徑，警察部門和警務工作都無
法實現人們對他們在控制犯罪方面所寄予的厚望。當然，通過對有關
刑事司法和警察實踐的評估研究，就像在 20 世紀 70 年代所經常實施
的那樣，如果得出「一切都是徒勞」這樣一個結論，那就有點太過令
人沮喪和使人意志消沉了。這裏仍然有許多關於目標警務（targeted
policing）和預防犯罪創新等領域的成功研究的實例，例如，這些創
新研究實例表明，它們在減少犯罪與恐懼方面，儘管在範圍與程度上
還不算太高，但是仍然產生了意義重大的作用和影響（韋斯伯德和埃
克，2004；斯柯甘和弗里德爾，2004：第 6 章；蒂利，2008；科普，
2008；馬奎爾，2008）。但是，政府加在這些創新上的負擔過於沉重
了。通過這些創新，人們確實感受到了犯罪率的減少 —— 這固然值得

歡迎，而且無論是比起犯罪增加，或者是大規模監禁的成本效益而言，都是值得肯定的 —— 可是要想由此逆轉過去半個世紀以來犯罪率的上升趨勢，卻也只能望洋興歎了。最近幾年間犯罪數量的總體減少，在很大程度上要歸功於警務工作之外的因素。對此，工黨政府是清楚明白的，這真是一個殘酷的諷刺。英國首相戰略辦公室（the Prime Minister's Strategy Unit）2007 年所做的一項評審曾得出結論，認為減少犯罪方面的成果有 80% 其實源自經濟因素，但是該報告現在刊載在政府內閣官網上的版本，幾乎將全部篇幅用在刑事司法解決方案之上，卻不知何故刪掉了這一估計（所羅門［Solomon］等人，2007：14）。目前為止，儘管工黨在遏制不平等與社會排斥方面的成就非常有限，但工黨在減少犯罪方面還是取得了一定的成功。但是，由於工黨深陷法律與秩序的政治爭論之中而不能自拔，以至於不敢對這一成功進行正名（speak its name）。而且，就連這僅有的一點成果，在工黨政府構建在新自由主義市場經濟教條這一脆弱基礎之上的經濟計劃崩潰之後，也很有可能隨之付諸東流。

　　大衛・加蘭（David Garland）（1996，2001）頗為中肯地提出，鑒於國家在犯罪控制方面最高統治權的有限性，國家已經對控制犯罪的政策及其說辭進行了調整。在犯罪控制政策及其話語方面，目前已經被分為兩個平等的分叉。一方面，國家頒佈了詳細的政策來貫徹實施犯罪預防領域的最佳實踐 —— 加蘭稱之為「日常生活的犯罪學」（criminologies of everyday life）[204] —— 工黨政府的《犯罪減少計劃》即是一例。此類話語中，已經大部分地剔除了對犯罪的道德譴責，轉而以實用主義的態度對待犯罪，將犯罪視為一種保險精算風險（actuarial risk），[205] 是可以通過統計分析核算出來並將風險降到最低程度的（菲利和西蒙，1994）。另一方面，那些特別令人毛骨悚然的犯罪案件（例

如，傑米‧巴爾傑 [Jamie Bulger] 謀殺案 [206] 或索厄姆 [Soham] 慘案）會經常引發道德恐慌，這為那些借道德衰落而肆無忌憚地要求採取懲罰主義政策的某些人提供了機會和舞台，使他們得以痛苦不堪地編造道德衰敗的傷心故事。那些相對少見但是卻聳人聽聞、特別令人恐怖的犯罪案件，所激發的要求嚴厲懲罰犯罪的轟轟烈烈的聲勢，可以象徵性地撫慰大眾的焦慮與挫敗感；而「日常生活中的犯罪學」理論，則意在盡可能為民眾提供實用的保護，使他們盡量免受更為普通的違法行為的傷害。

如果不對導致犯罪數量上升的條件進行重大改變，那麼要想使犯罪率從根本上重回以前的水平並長期維持在此水平上，是完全不可能的。「務實地」探尋哪些方法切實有效固然可貴，但是除非以此為開端，實施範圍更大的改革，否則此舉並不能收到甚麼可觀的效果。由於全球化和大眾價值觀的變化，如果「社會」確實已經死亡（N. 羅斯，1996），而且重返以穩定與團結為目的的凱恩斯主義經濟政策已確然不可行，那就勢必要付出這麼一個代價：生活在一個高犯罪率社會裏，永遠不得脫身。

八、漫長的告別

普通犯罪的發生率繼續保持高位態勢，為遏制或者降低犯罪率而採用的形形色色的安保與管控措施繼續實施，這為未來描繪了一幅非常具有反烏托邦鏡像的暗淡圖景。我們已經習慣於自己的日常所作所為都是為了預防犯罪，具體採用的手段和成效如何則取決於社會定位。在實質上，社會分化與排斥、犯罪和犯罪控制戰略之間相互依存，已然形成了一個惡性循環。社會分化愈演愈烈，為犯罪率的不斷攀升火

上澆油，這一局面反過來又催生了種種導致社會排斥愈加嚴重的管控戰略。社會分化導致了犯罪與對犯罪的反應；而犯罪與對犯罪的反應又通過多種彼此糾纏不清的方式導致社會分化更為嚴重。

關於這一點，最顯著的實例莫過於社會的二元分化：社會二元分化催生了一個欣欣向榮的私營安保的繁榮市場，而私營安保市場的繁榮又反過來強化了社會的二元分化，有人精闢地將這種二異狀態形容為「新封建主義」(new feudalism)（希林和斯滕寧，1983）。社會中居於優勢地位的有權有勢的階層通過各種各樣的環境的、空間的、建築的和技術的隔離設施（例如，越來越多的無處不在的閉路電視攝像頭），將他們自己與那些被社會排斥在外、數量不斷膨脹的「危險階級」隔離開來。這些措施與私人警務一道，構成了保護消費主義城堡的「護城河」。富人們穿梭來往於「水晶之城」(cities of quartz)中的各個「安全氣泡」之間。保護這些安全氣泡的，與其說是警察（無論是公共警察或是私人警察），倒不如說是那些或多或少的隱約可見的物理和社會性障礙（M. 戴維斯，1990）。當警務與安保工作正日益演變成那些被社會排斥者所居住的恐怖圍場和富人居住的設有門禁的社區之間的邊界控制戰略時，無論是在不同國家之間還是在一國之內，在控制犯罪與擾亂社會秩序行為中暴露出來的不平等問題，就會進一步加劇。

國家和公民無法治理或不願治理導致犯罪率上升的源頭，於是轉而對少數不幸被他們碰到或者抓住的罪犯採取懲罰性政策。以「累犯三次打擊法」(three strikes and out)[207]為基礎的嚴屬的新量刑政策，導致美國、英國和其他越來越多地執行這一政策的國家的監獄人數增加到了前所未有的水平（萊西，2008）。儘管很少有證據表明，此舉能夠使犯罪率有任何實質性的降低（賴納，2007a：158至161；赫德曼[Hedderman]，2008）。儘管如此，現行政策將會導致刑罰帝國的進一

步巨大增長（入獄服刑的人數繼續增加），哪怕此舉只是為了向那些在刑事司法系統輪盤賭博中聽天由命的倒霉蛋宣泄無奈的怒火。與公共警察強化懲戒力度相呼應，公民的義務警察活動也可能有所增加，打擊那些自己周邊的違法犯罪涉嫌人員，藉以宣泄自己面對犯罪與不安全之時的無力之感（約翰斯頓，1996；亞伯拉罕斯，1998；澤德爾，2009：51、161至162）。

在 19 世紀末期對未來所做反烏托邦式的種種陰暗設想之中，正如赫伯特・喬治・威爾斯（H. G. Wells）在《時光機器》（*The Time Machine*）[208] 中所描述的那樣，社會兩極分化為一個表面光鮮但是內心不安的精英階層，一個具有危險威脅性、蠢蠢欲動、只是暫時被壓制住的大眾階層，這兩個極端的社會給人一種揮之不去的灰暗景象。在 20 世紀最後 25 年，這些設想又捲土重來。這不是由於甚麼不可避免的世紀末恐慌（*fin de siècle* phobia），[209] 而是由於社會融入 [210] 的緩慢進展迅速遭到逆轉。電影《2020》（*Blade Runner*）[211] 所揭示關於受壓迫階層揭竿而起的懸想大行其道（M. 戴維斯，1998：第 6 章、第 7 章），證實了人們所抱有的、幾乎算不上潛意識的焦慮：先進複雜的監視與控制措施迅速發展，但仍然不足以無限期地壓制住那些仍在不斷壯大的被排斥階層的不滿。

如果我們走向某些全球化分析人士所預計的「20：80」社會——五分之二的人口無緣從事正當工作，那就很難想像各種各樣的秩序如何才能夠維繫下去（H. P. 馬丁和舒曼［Schumann］，1997：第 1 章）。當然，在世界上很多地方，國家和公民社會的正常運轉已經遭到了嚴重的削弱，以至於到了「新野蠻主義」（new barbarism）橫行霸道、肆無忌憚的程度（霍布斯鮑姆［Hobsbawm］，1994：53）。在這「新野蠻主義」的社會裏，現代社會中犯罪與政治之間的脆弱的差異不再被

視作「低強度的衝突快速演變為高強度的犯罪」的分界線（S. 科恩，1997b：243）。直到 21 世紀初，發達工業化社會還是避免了這種秩序的「零度」（degree zero）崩潰（即徹底的崩潰）（賴納，1999）。但是，鑒於我們現有的「三分之二或三分之一」社會已經導致犯罪與社會秩序混亂問題激增，那麼隨着本次經濟崩潰導致不平等與排斥問題更為嚴峻，其後果究竟如何，人們很難對此感到樂觀。

　　21 世紀的法律與秩序是否就當如此，那是任何人都不能妄自猜測的。但是未來的前景可以借用羅莎・盧森堡（Rosa Luxemburg）[212] 的話來一言以蔽之。是某種形式的社會民主，還是犯罪率居高不下的野蠻世道和壁壘森嚴的社會，人們必須在這兩者之間作出選擇。有一點是清楚的，那就是警察部門都無力保護我們免受不安全的影響，即使全部警察都化身為傑克・鮑爾（Jack Bauer）[213] 的克隆人，或者是轉變為一個靈活分配警力的「綜合萬能」（pick 'n' mix）[214] 的警察服務網絡，對此也是無能為力的。

　　在本書第二章中，我在論述現代警務的興起之時引用了雷蒙德・錢德勒（Raymond Chandler）的偵探小說《漫長的告別》一書中的一句話作為引子，現在我要引用該書中另外一句話作為本書的尾聲。在這本 1953 年問世的關於私家偵探的經典作品中，菲利普・馬洛（Philip Marlowe）曾就警務工作和治理犯罪的前景說過一番頗有遠見的話：「犯罪不是疾病，只是病徵。警察就像一個給人阿司匹林治療腦瘤的醫生，所不同者，不過是警察更願意用金屬警棍來治腦瘤罷了」（錢德勒，1977：599）。如果不給社會動一場徹底的手術，那麼警棍（嚴厲維護「法律與秩序」的警務工作）和阿司匹林（社區警務）都將只是暫時減輕症狀的緩和劑。

後記：
社會民主主義的警務

　　隨着自 20 世紀 30 年代以來，在規模上前所未有的嚴重經濟蕭條（指 2008 年全球範圍內的金融危機）捲土重來，新自由主義在經濟領域造成的惡果暴露無遺。現在，就連曾經信奉新自由主義的經濟學家與政策制定者也普遍承認新自由主義模式存在漏洞（特納 [Turner]，2009）。風險社會和新自由主義的「責任化」（奧馬利，1992，2004；加蘭，2001），其實是政府和公司向不堪重負的普通大眾大肆進行「風險轉移」（哈克 [Hacker]，2006）（普通大眾根本無法負擔）的一種委婉說辭。「當布什－切尼政府提出用一個由個人積累、歸個人所有並由個人投資的賬戶體系取代社會保險制度時，我起初以為此舉的目標是將『社會』從『社會保險』中排除在外。又過了幾分鐘之後我才意識到，此舉還想把『社會保險』中的『社會安全』也排除在外」（索洛 [Solow]，2008，參見戈斯林 [Gosselin] 的評論文章，2008）。犯罪學界的絕大多數人士對這一新聞的實質似乎還不能洞察秋毫，不過經濟和政治分析人士中有一種認識越來越強烈，那就是國家仍然是必要的，而且和戰後一代人的感受一樣，社會民主是必不可少的。文明的前景如何，取決於「西歐的社會民主主義領袖們是否能夠給一個骨瘦如柴的人注入生命活力，使一個不久前還被人視為已經死亡的學說起死回生」（博格達諾 [Bogdanor]，2009）。托尼（Tawney）在上一次經濟大蕭條開

始之際對社會民主主義原則所做的陳述，今天對民主和道德政治與警務依然具有非常寶貴的借鑒意義：「它對資本主義所做的徹底批判不僅僅在於資本主義導致大多數人類陷於貧困——貧困是一個古已有之的罪惡問題了——而是因為資本主義將財富變成了神⋯⋯社會主義⋯⋯接受那些作為民主之基石的原則：權威，如果要具有名副其實的合法性，就必須以贊同為基礎；權力只有在向公眾負責的情況下人們才可以容忍；人與人之間在品格和能力方面的差異，無論就其自身而言有多麼重要，與人類所共同具有的人性這個最為重要的關鍵特性相比都是次要的」（托尼，1931：197）。與普遍流行的神話乃至於新警務理論家的說法相反的是，即便是最為優秀的警務工作（公共警務，或是私人警務，抑或是二者相加）都無法為安全提供根基。但是，如果能夠通過包容性的經濟和社會政策重構安全的根基，警方就能夠做他們所能做之事了，也即是針對犯罪與緊急情況提供合法而有效的應急響應。在此對《舊約・詩篇》第 127 章（這也是本書卷首引語之一）反其意而用之：若是耶和華看守城池，看守的人就不會枉然警醒。

註　釋

第四版前言

1　「1984 至 1985 年英國煤礦工人大罷工」(UK miners strike，1984 至 1985)，是指 1984 年 3 月到 1985 年 3 月英國爆發了自 1926 年以來 60 年裏規模最大、持續時間最長的一次煤礦工人罷工。

2　新工黨 (New Labour)，是相對老的英國工黨而言的，是指從 20 世紀 90 年代中期到 2010 年在貝理雅 (Tony Blair) 和戈登・布朗 (Gordon Brown) 領導下的英國工黨。

3　史蒂芬・勞倫斯謀殺案 (Stephen Lawrence murder)，來自英國倫敦東南部埃爾瑟姆的黑人青年斯蒂芬・勞倫斯 (1974 年 12 月 13 日至 1993 年 4 月 22 日)，1993 年在一場出於種族動機的攻擊中死於五個白人青年之手。經過初步調查後警方逮捕了五名嫌疑人，但沒有定罪。有人認為勞倫斯之所以被謀殺是因為他是黑人，警察和皇家檢察署在處理案件時受到了種族主義的影響。該案一直懸而未決，一直到到 2012 年 1 月 3 日，法庭才宣判多布森和諾里斯在勞倫斯案件中犯有謀殺罪，兩人分別判處 15 年零 2 個月和 14 年零 3 個月的監禁。

第一篇　警務：理論與研究

第一章　對守望者的守望：警務研究的理論與探索

1　標籤理論 (labeling theory) 是解釋越軌行為如何產生及其發展的理論，其理論根源於符號互動理論，即從符號互動論的角度探討越軌行為，認為越軌是社會互動的產物。── 譯者註

2　結構主義 (structuralism) 是 20 世紀下半葉最常使用的用來分析語言、文化與社會的研究方法之一。這個學派把各種文化視為系統，並認為可以按照其成分之間的結構關係加以分析。結構主義企圖探索一個文化意義是透過甚麼樣的相互關係 (也就是結構) 被表達出來。根據結構理論，一個文化意義的產生與再造是透過作為表意系統 (systems of signification) 的各種實踐、現象與活動實現的。── 譯者註

3　博比，也有的稱為「鮑比」，英國級別最低的警員，Bobby 是當時英國內政大臣羅伯特・皮爾 (Robert Peel) 的昵稱。── 譯者註

4　符號互動論 (symbolic interactionism)，又稱象徵相互作用論或符號互動主義，是一種主張從人們互動着的個體的日常自然環境去研究人類羣體生活的社會學和社會心理學理論派別。── 譯者註

5　「零容忍」(zero tolerance) 警務戰略，又稱「生活質量警務」，試圖通過對輕微犯罪 (特別是公共秩序犯罪) 採取強有力的執法措施，以預防更為嚴重的犯罪，並最終促使犯罪率下降的一種警務運作方式。── 譯者註

6　破窗理論 (broken windows theory) 認為環境中的不良現象如果被放任存在，會誘使人們仿

效,甚至變本加厲。—— 譯者註

7 安心警務,亦有翻譯為「再保證警務」、「平安警務」,是一種與「徵兆性犯罪」(signal crimes)有關的警務模式。該犯罪防控的警務模式是英國最先提出來的,目的是辨識各種犯罪活動趨勢的「信號」或「徵兆」(signals),並在社區層面解決與社區有關的問題(類似社區警務 [community policing] 模式)。—— 譯者註

8 志願警察,指兼職志願警察,擁有自己的全職工作,業餘時間義務執行警務,着制服,與正規警察具有相同的權力,領取一筆補助金。—— 譯者註

9 社區服務警察(Police Community Support Officers,PCSOs):是全職警察,但只享有正規警察的部分權力,負責維護社區安全和阻止反社會行為。—— 譯者註

10 地位商品,通常是指可以彰顯購買人與眾不同的身份或者社會地位的這一類商品,亦有翻譯為「身份商品」。—— 譯者註

11 羅伯特・皮爾(Robert Peel),英國第一支新型警察隊伍的創建人。—— 譯者註

12 監管俘獲(規制俘獲)理論(Regulatory Capture Theory),是諾貝爾經濟學獲獎者喬治・斯蒂格勒(George Stigler)的主要理論貢獻,指的是主管機關在其主管範圍,制定出的某種公共政策或法案,在損害公眾利益的狀況下,使特定領域商業或政治上的利益團體受益的行為。當監管俘獲發生時,企業或是政治團體的利益優先於公眾利益得到考量,使得社會全體受到損失。常常受到監管俘獲的政府單位被稱為「受俘機關」。—— 譯者註

13 理查德・亨利・托尼(Richard Henry Tawney,1880 年 11 月 30 日至 1962 年 2 月 16 日),英國經濟史學家、社會批評家、倫理社會主義者和基督教社會主義者。「經濟利益不是生活的全部」是他的膾炙人口的名句之一,主要著作包括《宗教與資本主義的興起》(1926年)、《貪婪的社會》(又譯《近代工業社會的病理》1920 年)、《社會主義之教育政策》(1924年)和《中國的土地和勞動》(1932 年)。—— 譯者註

14 第四條款,指的是英國工黨黨章第四條「目標與價值」。—— 譯者註

15 警藍線(the thin blue line),也譯「淡藍線」或「淺藍線」,指警察或執法力量。—— 譯者註

16 社會死亡,是用於描述那些不被多數社會接受為一個完整人狀態的人的術語。—— 譯者註

17 「高級警務」(high policing)是一種情報主導警務的形式,其主要目的是用於保護國民政府或者聯合政府免受來自內部的各種危險威脅,為達此目的可以綜合使用各種警務手段,包括國內情報收集、國家安全保衞或國際安全行動。—— 譯者註

18 「低級警務」(low policing),主要是指負責社會秩序的維持,包括街頭巡邏、打擊一般犯罪等的警務活動,是傳統意義上的「警務」。—— 譯者註

19 政治保安處(Special Branch),是指英國警察部門內部負責處理反恐、外國領導人來訪等問題的專門性政治警察機構。—— 譯者註

20 阿納托爾・法朗士(Anatole France,1844 年 4 月 16 日至 1924 年 10 月 21 日),是作家雅克・阿納托爾・弗朗索瓦・蒂博(Jacques Anatole François Thibault)的筆名。法朗士是法國作家、文學評論家、社會活動家,1921 年諾貝爾文學獎獲得者。由於受法國唯心主義歷史學家列南的「人類永遠也不能接近真理」的影響,他的作品均流露出歷史循環論、社會改造徒勞無益論的悲觀情緒,但更多的是充滿對社會醜惡的嘲諷和抨擊。—— 譯者註

21 贊同式警務(policing by consent),也有的翻譯為「滿意警務」。1829 年英國內政大臣羅伯特・皮爾推動建立現代職業化警察時,因為遭到絕大多數市民的反對,因而提出了建立「合乎倫理道德規範的警察力量」,以「建警九原則」即「皮爾原則」(Peelian Principles)著

稱於世，其核心就是眾所周知的「贊同式警務」，目前仍然盛行於英國、加拿大、澳洲和新西蘭等國家。——譯者註

22　逆喻（oxymoron），矛盾形容法，一種由果推因、由末究本的譬喻方法。——譯者註

23　《警探迪克遜》（*Dixon of Dock Green*），是英國廣播公司（BBC）播出的英國歷史上播放時間最長的、受歡迎程度最廣的一部電視劇集，描述的是倫敦警察局的日常工作，突出強調警察通過常識和人的理解力控制犯罪，尤其是輕微犯罪的故事。中心人物是由傑克·沃納（Jack Warner）主演的喬治·迪克遜（George Dixon）警官。該角色是典型的「博比」式理想警察的化身和象徵，他熟悉自己所服務的社區及其居民，經常在社區巡邏，也獲得了社區居住及往來社區的其他人的廣泛喜愛。——譯者註

第二篇　警察發展的歷史

第二章　制服警察的誕生：英國職業警務的建立（1829 至 1856 年）

24　菲利普·馬洛（Philip Marlowe），是美國硬漢派偵探小說家雷蒙德·錢德勒於 1939 年寫的第一部長篇小說《長眠不醒》（*The Big Sleep*）中首次刻畫的私人偵探人物，當時 33 歲，未婚，身高約 185 厘米，體重大概 86 公斤，職業是私家偵探。當上私家偵探之前，曾是洛杉磯地檢處衛爾德檢察官下面的一名調查員，後來因不服從命令而被解僱。他經常喝威士忌或白蘭地，擅長利用酒精從人們口中套出他所要的情報。錢德勒因此部小說而一舉成名。——譯者註

25　雷蒙德·錢德勒（Raymond Thornton Chandler，1888 年 7 月 23 日至 1959 年 3 月 26 日），美國著名的硬漢派推理小說家，是愛爾蘭籍美國人，1888 年出生於芝加哥。雷德蒙·錢德勒代表着硬漢派推理文學哲學的最高水平，被譽為硬漢派偵探小說的靈魂、「犯罪小說的桂冠詩人」。《漫長的告別》是作者的代表作，發表於 1953 年，是其第六部長篇小說和最重要的一本小說。——譯者註

26　蒙昧主義（obscurantism），愚民（文盲）政策，指為避免人們發現真相的故弄玄虛，是一種反理性、反科學的唯心主義思潮，它否認人類的理性思維能力，反對科學知識，宣揚不可知論和迷信，認為人類的文明和文化的進步是社會各種罪惡的根源，主張人的思想回到原始的蒙昧狀態。——譯者註

27　切薩雷·波利薩納·貝卡里亞（Cesare Bonesana di Beccaria，1738 年 3 月 15 日至 1794 年 11 月 28 日），意大利犯罪學家、法理學家、哲學家和政治家，刑事古典學派的創始人。他被公認為是意大利最具天才的法理學家，以及啟蒙時代最偉大的思想家之一。同時，還是公認古典犯罪學理論和現代刑法學之父，因其 1764 年出版的《論犯罪與刑罰》而著名於世，書中他譴責酷刑和死刑，因其司法改革建議成為刑罰領域和古典犯罪學派的奠基性著作。——譯者註

28　謝里米·邊沁（Jeremy Bentham，1748 年 2 月 15 日至 1832 年 6 月 6 日），是英國的法理學家、功利主義哲學家、經濟學家和社會改革者。他是一個政治上的激進分子，亦是英國法律改革運動的先驅和領袖，並以功利主義哲學的創立者、一位動物權利的宣揚者及自然權利的反對者而聞名於世。——譯者註

29　治安官（constable），又譯為「治安官員」，擁有執法頭銜的基層官員，起源於拉丁語 *comes*

stabuli（馬廄隨從 [attendant to the stables]，字面意思就是統計馬匹數量並照看戰馬的「馬官」[count of the stables]）。在羅馬帝國，是負責照看領主或者皇帝馬匹的官員，在現代英國是普通警察或鄉村警察的稱謂。—— 譯者註

30　守望者（watchman），也稱為「看守人」或「夜巡者」，通常是指由國家、政府或者社會授權以防止犯罪活動和提供執法服務的一個羣體。守望者以各種形象和化身存在於世界各地，並最終成功地以正式的、有組織的警務形式出現於現代社會。—— 譯者註

31　抓賊者，也有的稱為「捕盜人」，在英格蘭的歷史中，捕盜人是受人僱用以抓獲罪犯的私人個體。在 19 世紀英國職業警察普遍建立之前，該職業一直存在。—— 譯者註

32　喬納森・懷爾德（Jonathan Wild，1682 年 3 月至 1725 年 5 月 24 日），是倫敦的黑社會人物，操控黑白兩道，玩弄法律於股掌間，以有公德心的犯罪鬥士自居，享有「捕盜總管」（Thief Taker General）的頭銜。—— 譯者註

33　亨利・菲爾丁（Henry Fielding，1707 年 4 月 22 日至 1754 年 10 月 8 日），18 世紀英國啟蒙運動的最重要的代表人物之一，英國最傑出的現實主義小說家、戲劇作家。—— 譯者註

34　約翰・菲爾丁爵士（Sir John Fielding，1721 年 9 月 16 日至 1780 年 9 月 4 日），英國著名的治安法官和 18 世紀的社會改革家。同時，也是英國 18 世紀最有名的小說家、首席治安法官亨利・菲爾丁的同父異母兄弟，特別擅長於質詢目擊者和嫌疑犯。—— 譯者註

35　弓街警探隊（Bow Street Runners），Bow Street 是倫敦市的街名，Runners 含有「信使」、「奔跑者」的意思。弓街警探隊被人視為倫敦的第一支職業警察力量。—— 譯者註

36　賀瑞斯・沃波爾（Horace Walpole，1717 年 9 月 24 日至 1797 年 3 月 2 日），第四任奧福德伯爵，英國藝術史學家、文學家、文物研究專家和收藏家，輝格黨政治家（Whig politician），是英國第一任首相羅伯特・沃波爾（Sir Robert Walpole）的兒子。—— 譯者註

37　亞歷克西斯・德・托克維爾子爵（Alexis de Tocqueville，1805 年 7 月 29 日至 1859 年 4 月 16 日），法國政治學家、歷史學家、社會學（政治社會學）的奠基人。他根據對選民在民主政治中作用的認識，提出了「多數的暴政」理論，最早對法國大革命的起因作出豐富具體的歷史社會學解釋，揭示了經濟發展、政治改革與革命之間的某種聯系。—— 譯者註

38　帕特里克・科爾奎豪恩（Patrick Colquhoun，1745 年 3 月 14 日至 1820 年 4 月 25 日），蘇格蘭商人，統計學家、治安法官，英格蘭第一支常規預防性警察力量泰晤士河水上警察（Thames River Police）的奠基人，也是英國近代專職警察制度的推動者和催產士。—— 譯者註

39　羅伯特・皮爾爵士（Sir Robert Peel，準男爵二世，1788 年 2 月 5 日至 1850 年 7 月 2 日），於 1822 年任英國內政大臣，他認為抑制犯罪的最好方法是預防犯罪而不是打擊犯罪。在他的努力下，英國國會於 1829 年通過了由皮爾提出的創建新警察的議案《大都會警察法》（The Metropolitan Police Act），據此創建了世界上最早的職業制服警察 —— 倫敦大都會警察廳，被稱為現代警察之父。—— 譯者註

40　彼得盧大屠殺（Peterloo Massacre），又稱彼得盧慘案，是 1819 年 8 月 16 日發生在英國曼徹斯特聖彼得廣場上的一場英國政府屠殺工人和市民羣眾的流血事件。—— 譯者註

41　戈登暴亂（Gordon riots），1780 年 6 月發生在倫敦，因反對放寬對英格蘭天主教徒的限制的《1778 年天主教徒法案》而引發的一系列抗議行動，並最終演變成為嚴重的暴亂和劫掠浩劫。—— 譯者註

42　正當殺人，或「合法殺人」，即指執行死刑或因正當防衛等目的而導致的殺人。—— 譯者

註

43　查爾斯‧羅恩爵士，二等高級巴思勳爵（KCB）（Sir Charles Rowan，約 1782 至 1852 年 5 月 8 日），羅恩上校是一名英軍軍官，曾經在半島戰爭和滑鐵盧戰場上服役，加入大都會警察廳並成為第一任共同監管專員，倫敦警察廳廳長。——譯者註

44　理查德‧梅恩爵士，二等高級巴思勳爵（Sir Richard Mayne，1796 年 11 月 27 日至 1868 年 12 月 26 日），出庭律師，大都會警察廳第一任聯合警察總監，倫敦大都會警察廳廳長（1829 至 1868 年）。在他任職的 39 年裏，在大都會警察廳的歷史中，他既是最年青的廳長，也是任職時間最長的。——譯者注

45　《1835 年市議會組織法》（1835 Municipal Corporations Act），是英國在 1835 年擴大市議會行政權力及選民基礎上通過的法案。法案令城市的中產階級逐漸支配各地方議會，反映英國一直以來的城市化及工業化，是英國議會史上一次重大改革。——譯者註

46　《1856 年郡縣與自治市警察法》（The County and Borough Police Act 1856），是英國議會通過的一部警察實施法案，是 1839 至 1893 年的一部重要的警察法案。該法案要求在此以前沒有成立專職警察的郡縣必須建立專業化的警察隊伍，這是縣市議會的一項強制性義務。——譯者註

47　道德經濟，是指市場經濟主體自覺地遵守倫理規範，並用倫理價值觀來指導自己的經濟行為的經濟形態。——譯者註

48　血腥法典，因 17 世紀後期至 19 世紀早期英國的法律制裁的殘酷性而得名。——譯者註

49　淘汰剔除，也即動物飼養中將劣質的動物予以屠殺的一種挑選過程。——譯者註

50　官僚行政組織（bureaucratically organised force），官僚制指的是一種權力依職能和職位進行分工和分層，以規則為管理主體的組織體系和管理方式，也就是說，它既是一種組織結構，又是一種管理方式。——譯者註

51　雅努斯兩面神（Janus），在古羅馬的宗教和神話中，是開始和轉變之神，掌管門戶出入與水陸交通，具有前後兩個面孔或四方四個面孔，能夠預見未來和看見過去，因而也是羅馬人的門神和保護神。——譯者註

52　沃茨‧米勒（Watts Miller，1987：51）提出了這個有趣的可能性：拉齊諾維奇（Radzino-wicz）及其他人告訴我們：大都會警察很快就成為一個公認的「可以被公眾接受的機構」。這種觀點忽視了持續不斷的批評之聲和政府試圖將其扼殺在萌芽狀態的嘗試……儘管中央政府將資金控制在更為「可靠的人」手中，如果皮爾提出的警察改革法案在 1832 年或者 1835 年才通過，那麼地方自治政府的「大憲章」（Magna Carta）的問題就出現了，這是一個開放的問題。所有這一切都必然地表明，議會拒絕承認倫敦之外的警察機構是「可以接受的警察機構」，這一點是肯定的。

53　惠靈頓公爵在皮爾的警察改革法案獲得議會通過後，說道：「從今以後，如果沒有軍事力量的幫助與支持，我們將無法承擔起政府所肩負的責任。如果我們沒有一支富有紀律性且高效的常備軍隊作為國王的依靠，那麼我們必須並且應當擁有一支某種形式的國民警衛隊或其他形式的執法力量」（西爾弗，1971：185）。

54　正如沃茨‧米勒（1987：58）直言不諱地指出的那樣：「現代國家的行政管理部門，通常也是通過一個委員會來管理那些資產階級常見的管理不善的事務。」

55　《黑匪法》（Black Act），法語意為《取締遊民條例》或《取締流浪者條例》，是英國議會於 1722 至 1723 年通過的一項旨在懲治兩個偷獵者團夥的劫掠行為的法令，其主要目的是鎮

壓在埃塞克斯郡沃爾瑟姆（Waltham）（現今的埃平 [Epping]）森林附近出沒的黑面匪徒，並因此得名，也稱《沃爾瑟姆黑匪法》（Waltham Blacks）。── 譯者註

56　老貝利，是位於倫敦的英格蘭和威爾士中央刑事法院的俚稱，英國最著名的皇家刑事法院。── 譯者註

57　《1856 年郡縣和自治市警察法》，是英國現代警察制度發展過程中的一個重要的里程碑。《大都會警察法》為文職治安力量的建立提供了一種模式，而 1856 年的法令則為全國範圍內的警察制度標準化樹立了典範。這也成為今天英國警察制度的特色。要求各市鎮監督委員會以及鄉村治安法官分別在自己轄區內成立職業化的警察隊伍。作為鼓勵措施，中央政府為地方警察提供財政經費（最初的時候相當於警察薪資和服裝費用的四分之一）。不過，地方警察機構要想得到這筆財政經費的資助，必須提供文件來證明它們的警隊是有效率的。這種證明文件由警務督察負責簽發。各地警察局都被要求搜集犯罪的統計數字並上報內政部。警務督察巡視各地警察，並向英國內務部匯報。因此，150 多年來英國一直保存着全國範圍內的報告給警察的犯罪記錄。參見 [英] 彼得·喬伊斯：《警務發展與當代實踐》，曹志建譯，知識產權出版社 2015 年版，第 14 頁。── 譯者註

58　本傑明·迪斯雷利（Benjamin Disraeli，1804 年 12 月 21 日至 1881 年 4 月 19 日），英國著名政治家、小說家，第一代比肯斯菲爾德伯爵，英國保守黨領袖、三屆內閣財政大臣，兩度出任英國首相（1868 年及 1874 至 1880 年）。他在把托利黨改造為保守黨的過程中起了重大作用。── 譯者註

59　黑鄉（Black Country），在工業革命的過程中，該地區成為英國工業化發展水平最高的地區，但污染嚴重。其得名源自覆蓋該地區的重工業煤煙污染。── 譯者註

60　季審法院，也有的譯為「地方法庭」，原文為 The courts of quarter sessions，指郡的全體治安法官聚集在一起處理事務而組成的法院。一年四次，按季舉行，必要時可以增加開庭次數。── 譯者註

61　教區治安官，又稱為「教區巡官」，教區主要是指民政教區（Civil Parish 或 Administrative Division），以區別於基督教教區（Ecclesiastical Parish）。── 譯者註

62　我將這種理論觀點稱為新里思主義，主要是為了強調公眾一致贊同的愛好和平的警務理念的美德，這是里思對英國警察的卓越貢獻。然而，作為一種歷史闡述，里思對修正主義的尖銳批判，應當意識到在階級分化的社會中（這種分化仍然繼續），警務環境中存在的結構性衝突。

第三章　始料未及的問題 ── 1856 至 2009 年警察合法性歷程：建構、解構與重構

63　其他國家的警察，例如，美國的聯邦調查局，也在所在國家的大眾文化中擁有顯赫的地位（R. 鮑爾斯，1983；波特，1998）。加拿大人經常指出，騎警是他們最有特色的國家象徵（沃爾登 [Walden]，1982）。但是，在所有這些實例中，獲得令人敬仰地位的都是精英警察力量；英國的「蘇格蘭場」在英國大眾文化中扮演着同樣的角色，但是平凡的普通警察同樣也是民族自豪感的基石之一。這種待遇是其他任何國家從事日常巡邏的警察所無法比擬的。

64　對於戈洛以從《人物》（People）雜誌讀者中自行選擇的樣本為基礎進行的調查，不宜給予過多的重視。不過值得注意的是（戈洛也注意到了這一點），《人物》雜誌的讀者羣非常廣泛，且其中有相當比例的讀者是出身於勞動階級。

65 《倫敦上空的鷹》，以第二次世界大戰為時代背景，故事以真實事件為原型，用記錄戲劇的風格描寫了德國納粹在 1940 至 1941 年空襲英國本土，致使英國損失慘重的故事。—— 譯者註

66 大不列顛慶典，指英國於 1951 年 5 月 3 日舉行的全國性大型展覽，意在展示英國自「二戰」結束以後的戰後重建時期在科學研究、技術發明、工業設計、建築和藝術等領域所取得的成就。—— 譯者註

67 這是標準的韋伯式（Weberian）的區分。韋伯（Weber）（1964 ： 327）強調，合法性的特徵「在主觀上……可能存在差異，這一差異在『屈從』（submission）與『衷心贊同』（sympathetic agreement）之間尤為明顯」。換言之，將某一權威（例如警察）視為正當合法的，並不一定暗含着對其規則的具體內容及其執行的贊同，而僅僅意味着在最低限度上接受該權威機構具有制定或者執行規則的權力（關於對韋伯合法性概念的批評分析與討論，參見：比瑟姆[Beetham]，1991；萊斯曼[Lassman]，2000）。

68 不同階級之間採取妥協與競爭而不是進行徹底的衝突的立場，在英國政治發展進程中是一個包含內容非常寬泛的歷史模式。「統治迅速發展的工業資本主義社會，擁有土地的上層階級……他們（必須在合適的時間）作出適當的讓步才能避免遭到嚴重的挫敗。這個政策在沒有任何強有力的壓制機構存在的情況下是必需的」（B. 摩爾，1967 ： 39）。

69 這兩部法律是指《1835 年市鎮議會組織法》和《1839 年鄉村治安官法》，前者與地方政府改革有關。—— 譯者註

70 《1824 年反流浪法》（Vagrancy Act 1824，[5Geo.4.c.83]），是英國議會通過的一部法律，該法律規定所有的露宿街頭（sleeprough）和乞討行為都是犯罪行為。所有英格蘭和威爾士的公民，一旦被發現無家可歸或者企圖以乞討或索取財物為生，都將被依法逮捕。—— 譯者註

71 碧姬・芭鐸，1934 年 9 月 28 日生於法國巴黎。20 世紀中期著名的法國女電影明星，以美麗、性感著稱。—— 譯者註

72 埃德溫・查德威克（Edwin Chadwick，1800 年 1 月 24 日至 1890 年 7 月 6 日），二等高級巴思勳爵士（KCB），英國社會改革家，以改革《濟貧法》和改進衛生條件和公共健康著名。—— 譯者註

73 指本傑明・迪斯雷利，19 世紀英國政治家，曾經兩度出任首相。—— 譯者註

74 本傑明・迪斯雷利在《西比爾》一書中提出，英國已經分化為兩個國家 —— 窮人國和富人國，兩者貧富懸殊，相互隔絕。—— 譯者註

75 市政委員會（Watch Committee），或譯「監督委員會」，其法語的意思為「公安委員會」。在英格蘭和威爾士，市政委員會屬於地方政府機構，其主要職責是監管警務部門，該委員會及其職能一直存續到 1835 年，有的地方延續到 1964 年。—— 譯者註

76 白廳（White hall），英國倫敦的一條街道，為很多政府機關所在地，一般代指英國政府。—— 譯者註

77 《風暴警巡車》，是英國的一部電視劇集，描述的是英格蘭西北部的蘭開夏郡（現在名為默西塞德郡）柯克比市一個虛構的小鎮紐頓鎮的機動車制服巡邏警察的故事。—— 譯者註

78 我使用韋伯的關於官僚主義的觀點，作為在組織內部追求行政管理合理化的目標。這種觀點與積重難返的官僚習氣（red tape）、笨拙粗劣的、平庸刻板的壓迫者（faceless oppressors）這一貶損形象形成鮮明的對照，雖然這也許可能是韋伯模式（Weberian model）的功能

性失調的後果。

79　埃德蒙－戴維斯薪酬獎，是指埃德蒙－戴維斯男爵在時任工黨政府內政大臣支持下，建議給警方大幅加薪，以解決招募與留住警務人員方面的問題。—— 譯者註

80　馬丁內特 (Martinet)，是指吉恩・馬丁內特 (Jean Martinet，生年不詳，死於 1672 年)，17 世紀法國路易十四世時的軍事教官、陸軍中校、警察總監，以嚴格執行軍紀出名，是法王路易十四征服神聖羅馬帝國的開路先鋒。—— 譯者註

81　內線犯罪情報員，即犯罪團夥中 (包括本人也是罪犯的人) 向警方提供大量罪犯同夥活動情報的人員，也包括向警方告密的其他人員。—— 譯者註

82　康特里曼行動 (Operation Countryman)，意即「鄉下人行動」，是指 20 世紀 70 年代晚期針對倫敦警察廳警察貪腐行為進行的一項調查行動。—— 譯者註

83　口頭描述 (verballing)，是指警察部門偵訊人員根據訊問筆記隨意編寫嫌疑人的「供詞」。「捏造口供」(work the oracle)，本意是指「收買僧侶以得到所希望的神諭」，這裏的意思就是警察讓犯罪嫌疑人根據他們的提示作出供述或承認，即捏造口頭陳述證據 (fabricating statements)。—— 譯者註

84　吉爾福德四人案，是 1975 年至 1976 年期間被英國法院宣判有罪的兩個犯罪人羣體 (包括另外一個馬奎爾七人案羣體) 的集體代名詞。1974 年 10 月 5 日在英國的吉爾福德俱樂部發生了炸彈爆炸案，吉爾福德四人 (保羅・邁克爾・希爾 [Paul Michael Hill]、傑拉德・「格里」・康倫 [Gerard 'Gerry' Conlon]、帕特里克・「帕迪」・阿姆斯特朗 [Patrick 'Paddy' Armstrong] 和卡羅爾・理查森 [Carole Richardson]) 被法院認定為幫助愛爾蘭共和軍 (Irish Republican Army，IRA) 運送炸彈的臨時人員，並被判處終身監禁。為了尋求正義的訴訟結果，吉爾福德四人和馬奎爾七人的家人和律師經過漫長的上訴，兩組被告人有罪判決的案件最終因判決依據「不正確和不能令人滿意」而分別於 1989 年和 1991 年被撤銷，但兩組犯罪人已經在監獄服刑 15 至 16 年。在整個炸彈案件中沒有人被定罪，或者提供爆炸物品；警官被指控共謀妨礙司法公正罪，但最終沒有定罪判刑。—— 譯者註

85　朱迪思・沃德 (Judith Minna Ward，1949 年 2 月 10 日至)，因成為「證據不足的定罪」(unsafe convictions) 的受害者而知名於英國的女性，她因 1973 年發生在英國倫敦尤斯頓火車站 (Euston Station) 的炸彈爆炸案件、1974 年的國防學院 (National Defence College) 和一輛在高速公路上行駛的 M62 長途汽車 (滿載軍人及其家屬) 爆炸案等 12 項謀殺指控於 1974 年被法院宣判有罪。因證據不充分和警察的其他不當行為，法院於 1992 年 5 月 11 日撤銷了對她的指控，並釋放出獄。在審判過程中，她由於患有精神病而作出承認有罪的供述，導致她有意識地尋求證明自己的行為，因而作出了虛假供述 (false confessions)。法院對司法鑒定證據和她作的供述進行審查以後，最終撤銷了所有的指控，在朱迪思服刑多年出獄以後，將其被判刑入獄的整個經歷寫成了一本書並出版。—— 譯者註

86　克雷格與本特利案 (Craig and Bentley)，德里克・威廉・本特利 (Derek William Bentley，1933 年 6 月 30 日至 1953 年 2 月 28 日)，因在一次實施入室盜竊的過程中，與克里斯托弗・克雷格 (Christopher Craig) 共謀殺害了一名警察而在 1953 年被判處絞刑。事實上是克雷格開槍打死了警察，但是因為年齡太小 (16 歲) 而未被行刑。致命槍傷是否屬於本特利射擊造成的成為法庭審判中爭論的焦點。根據英國法律中基於「共同目的」(common purpose) 的「共同犯罪」(joint enterprise) 的原則精神，本特利作為謀殺案的共犯被判決有罪。在審判過程中，陪審團認定本特利罪名成立，是建立在檢察官對在犯罪過程中本特利

衝着克雷格叫喊的那句意義含糊的話「幹掉他！」的解釋基礎上的。在審判結束後，英國高等法院的王座庭庭長（Lord Chief Justice）戈達德（Goddard）描述本特利的行為時說，本特利從「精神上幫助了（克雷格）謀殺西德尼・邁爾斯［Sidney Miles］警官的行為」。因此，戈達德判處本特利死刑。本特利案件成為轟動一時並具有重大影響的著名案件（cause célèbre），並導致隨後長達 45 年的一系列尋求正義的活動。1993 年法院受理了申訴請求，並最終於 1998 年撤銷了對德里克・本特利的不公正判決。—— 譯者註

87　蒂莫西・埃文斯（Timothy Evans，1924 年 11 月 20 日至 1950 年 3 月 9 日），是指因 1950 年發生的倫敦諾丁山（Notting Hill）里靈頓廣場（Rillington Place）10 號住宅裏殺害其妻子和年幼的孩子而被判處死刑的一名威爾士英國人。1950 年 1 月，埃文斯因謀殺其女兒受審並被法庭判處絞刑。在審判期間，埃文斯聲稱是他的樓下鄰居約翰・克里斯蒂（John Christie）謀殺了埃文斯夫人。1966 年實施的一項調查證實克里斯蒂還謀殺了他的女兒。埃文斯在被執行了絞刑以後，獲得了正義。本案引發了眾多的爭議和公開辯論，被視為是嚴重的司法不公。着德里克・本特利案件、魯思・埃利斯（Ruth Elis）案件的公開，這些案件在英國最終於 1965 年廢止死刑的過程中發揮了極為重要的作用。—— 譯者註

88　警察支援分隊，是英國政府為了處理公共秩序騷亂和進行暴亂控制而經過特殊戰術訓練的一支警察力量。—— 譯者註

89　西約克郡的警察發佈了「個人防護設備」（personal protective equipment）指南，也即是板框（cricket boxes）和下體護身三角繃帶。當他們發現那些警官和督察巡官們使用的裝備要比普通警員的裝備要更大更好時，基層警員們開始抱怨在警察內部也存在階層歧視！

90　寇爾德巴斯菲爾茲監獄，又稱為「冷水浴牧場監獄」，位於倫敦克勒肯韋爾（Clerkenwell）芒特普萊森特（Mount Pleasant）地區的一所監獄。—— 譯者註

91　霍華德聯盟，是設立在英國倫敦的一個主張基於人道主義政策對刑罰進行改革的慈善機構。—— 譯者註

92　迷幻音樂，有的直譯為「酸屋」，一種由吸毒者用電子樂器演奏的、單調強勁的合成打擊樂。—— 譯者註

93　達斯・韋德，即黑武士達斯・韋德，是電影《星球大戰》裏的一名反面人物，原名阿納金・天行者，是星球大戰中的重要人物。—— 譯者註

94　史蒂芬・沃爾多夫，一個無辜的人，因被警察誤認為是監獄脫逃的逃犯而近距離射擊多槍，幸運的是他活下來了。

95　「丁布爾比講座」，即 Richard Dimbleby Lecture，是為了紀念英國電視史上最著名的新聞記者和廣播員理查德・丁布爾比（Richard Dimbleby，1913 年 5 月 25 日至 1965 年 12 月 22 日）而設立的。—— 譯者註

96　「吉姆穿上大馬靴」（Jim Puts in Jackboot），吉姆是詹姆斯的昵稱，此處指賈拉漢首相。Jackboot 本意是指過膝的軍用長筒靴或者警用高筒皮靴，往往有好戰、武斷等含義。此處意指強迫別人屈服的粗暴手段或專制統治政策，即鐵靴政策。—— 譯者註

97　即公開地為保守黨站台，死心塌地地支持保守黨的政策。—— 譯者註

98　大都會警察廳廳長彼得・英伯爵士（Sir Peter Imber）於 20 世紀 80 年代晚期發起了一項名為《附加計劃》（plus programme）的活動，旨在將整個警察部門的工作模式轉變成為社區警務和服務倫理。英國警察局長聯合會（ACPO）聲明，此舉是用服務理念對警察的使命任務進行定義的一次嘗試。開篇說道：「警察的宗旨是維護法律的公平公正；預防犯罪；對

違法者決不姑息，伸張正義；維持女王陛下治理國度的和平；保護、幫助社區居民，並使他們安心；根據正直誠實、常識、理性的判斷行事」（薩維奇，2007：140）。

99　益普索市場調查集團，成立於 1975 年，總部設在巴黎，目前為全球最大的市場研究公司之一。── 譯者註

100　倫敦地鐵恐怖襲擊案件與梅內塞斯案件，2005 年 7 月 7 日早上交通高峰時間，4 名受「基地」組織指使的英國人在倫敦三輛地鐵和一輛巴士上引爆自殺式炸彈，造成 52 名乘客遇難，700 多人受傷。2005 年 7 月 22 日，在倫敦南部斯托克韋爾地鐵站，27 歲的巴西籍葡萄牙人瓊·查爾斯·德·梅內塞斯（Jean Charles da Silva e de Menezes）被大都會倫敦警察誤認為是「自殺襲擊者」後，在沒有鳴槍示警的情況下，被追蹤而來的便衣警察、武裝警察連續開槍射擊八次當場擊斃。── 譯者註

101　流動的現代性（liquid modernity），也有的譯為「液態現代性」或「液體現代性」，是英國利茲大學和波蘭華沙大學社會學教授齊格蒙特·鮑曼（Zygmunt Bauman）提出來的一種社會學理論。該理論影響了 20 世紀後期以來的人類社會研究。借用「流體」這個比喻，齊格蒙特準確而又形象地抓住了高度個體化、全球化的當代社會那種流動性強、變動不居的特徵。── 譯者註

102　英國獨立警察投訴委員會，是根據 2002 年英國《警察改革法》，於 2004 年 4 月 1 日成立的，它是英國司法改革的一部分。主要職能是觀察、監察和覆核針對警察的投訴的處理和調查，並就投訴的處理結果或調查結果提出建議。該機構的成立主要是為增加公眾對司法制度的信心，加強對警察偵查活動的監督，確保警察公正執法。── 譯者註

103　例外論，是指某種國家、社會、制度、運動或者某個時期存在某種方式的「例外」（exceptional）（例如，異乎尋常或者非常特別），以至於不需要遵循或者順應正常規則（normal rules）或者一般原則（general principles）的一種觀念。── 譯者註

104　重構（restructuring），是與解構相對應的一個哲學概念，重構就是把原結構肢解還原而成的每個局部的基本原始單位重新組合，構成一個全新的、不同於以前的新物體結構。重構主義是一個哲學範疇，是對結構主義和解構主義的反思，強調個體與整體的協調。── 譯者注

105　大衛·卡梅倫（David William Donald Cameron，1966 年 10 月 9 日生至），出生於英國的一個貴族家庭，是英國保守黨的政治明星，2001 年成為英國下議院議員，2005 年在年僅 39 歲時成為英國保守黨領袖，2010 年 5 月 11 日起成為英國第 53 任首相，也是英國自 1812 年以來最年輕的首相。卡梅倫於 2006 年 6 月在社會正義中心（Centre for Social Justice）的一次演講中，着重強調了青少年違法行為問題，呼籲人們對青少年更多的理解，才能從根源上解決少年犯罪問題。當時的《世界新聞報》（*News of the World*）以頭版頭條的標題新聞「卡梅倫說：要擁抱穿連帽衫者」（Hug a hoodie, says Cameron）報道了卡梅倫的演講。在英國及歐美各國，許多行為不軌的青少年都穿着連帽衫，此話的意思就是「擁抱小混混」。── 譯者注

106　《警務風雲》，是自 1984 年開始在英國獨立電視公司（ITV）播放的一部家喻戶曉的關於警察日常執法程序的電視劇集。── 譯者註

第三篇 警務社會學

第四章 警察文化

107 籌款徵稅法令（Ways and Means Act），本意是指做某事現有的方法和資源、手段和財力。美國眾議院有一個專門負責籌款的委員會，成立於 1789 年，根據美國《憲法》第 1 條第 7 款的規定，所有關於徵稅的法律必須由眾議院制定或通過。意即「稅收法定」，這裏借指警方和其他安全機構為給自己的行為尋找借口而杜撰的並不存在的法律。—— 譯者註

108 麥克巴尼特的批評在許多方面與古爾德納（Gouldner，1968）和貝克（1963，1967）關於「標籤理論」的辯論有相似之處，斯考爾尼克（Skolnick）和其他一些互動理論家關於普通警察日常警務工作的研究也是其中的一部分。多琳・麥克巴尼特的論點指出，需要對警察自由裁量權進行結構性分析，而非文化分析，該論點得到了希林、埃里克森和 M. 布羅格登（1983）的進一步發展。對結構主義最縝密和一絲不苟的研究是格里姆肖和傑弗遜（1987）進行的，他們試圖發展一種對警務的馬克思主義分析法，試圖在互動理論與結構主義中形成一種綜合理論。參見麥克康維爾等人，1991 年；賴納和利［Leigh］，1992；D. 迪克遜，1997。

109 「黑體字」法律，這是一種非正式用語，意指普通接受之基本原則，在普通法中用來表示被法院普遍接受的或者體現在某一特定司法管轄區的制定法中的基本的法律原則。—— 譯者註

110 「藍體字」法律，或稱「星期日法律」，是出於宗教或世俗原因禁止和限制星期日各種活動的清教徒法規。—— 譯者註

111 選擇性親和性（elective affinity），起源於 18 世紀中期描述化學物質優化組合的技術術語「選擇性吸引力」（elective attraction）。19 世紀被廣泛地用為借喻，其中最為有名的是 19 世紀初期德國最重要的作家和詩人約翰・沃爾夫岡・歌德，他在其小說《親和力》中借用化學的親和現象作為比喻。—— 譯者註

112 工作人格或職業人格（occupational personality），是指人作為職業的權利和義務的主體所應具備的基本人品和心理面貌，是一個人為適應社會職業所需要的穩定的態度，以及與之相適應的行為方式的獨特結合。—— 譯者註

113 儘管在美國和英國已經通過了《平等就業機會法》，女性享有同等的機會，但警察的世界還是一個男人的世界（韋斯特馬蘭［Westmarland］，2001a、2001b；西爾維斯特里［Silvestri］，2003，2007；斯柯岡［Skogan］和弗里德爾［Frydl］，2004 ：147 至 152；海登索恩［Heidensohn］，2008）。多年來儘管一些警察部門已經讓女性從事日常街頭巡邏工作，但是她們仍然面臨着許多非正式的禁止性屏障，即「強行侵入」（breaking and entering）一個男性領域（歐利希［Ehrlich］，1980）。在早期進行的一些研究中，用 policeman（男警察）來指代警察，儘管不是男性至上主義者（對女性）的性別歧視的一種簡略的表達方式，但是確實是其字面意思的文字描述（literal description）。

114 《辣手神探奪命槍》，或譯《航髒的哈里》，是一部由美國好萊塢紅極一時的大牌導演唐・西格爾（Don Siegel）於 1971 年拍攝的動作驚悚片。其主人公哈里最早出現在由美國著名演員、導演、製片人和作曲家兼政治人物奇連・伊士活（Clint Eastwood）早期主演的系列警匪電視劇集《航髒的哈里》系列（Dirty Harry series）中。哈里性格孤僻、行動怪異，加上

平時不檢點，頂撞上司，有「骯髒的哈里」的綽號。這是一種任勞任怨，甚麼樣的棘手的髒活都敢幹、都能幹、都可以完成的「萬能警長」式的公正執法的硬漢警察英雄形象。——譯者註

115 犬儒主義，是一種帶着厭倦情緒的負面態度，對於他人行為的動機與誠信都採取一種無所謂的態度，現代通常將它理解為譏誚嘲諷、憤世嫉俗、玩世不恭。——譯者註

116 警服架子，即枉然穿着警服卻蒙混度日的警察。——譯者註

117 這也能解決「骯髒的哈里」的問題，即「警務通常將其從業者置於一種用骯髒的手段來達到良好結果的境地」。這是「名副其實的真正的道德困境……無論一個人做甚麼，都不能擺脫無罪」（克羅克卡爾斯［Klockars］，1980：33）。悲觀主義在很大可能上是心理原因導致的結果。

118 （警察具有的）懷疑一切的本性，不僅僅來源於警察工作環境的固有特性，還可能受到培訓的有意識的鼓勵。斯考爾尼克引用了一段摘自一本美國警察實用手冊中的內容，該手冊提供了有關進行現場審訊的詳細指南：「時刻保持懷疑，這是一種健康的警察態度。」在面對悖論式的進退維谷的兩難境地下，像《第 22 條軍規》一樣，在《抓捕罪犯的 22 條秘訣》中規定對任何「行為反常的」對象都可以實施攔截盤查：「7. 與警官接觸時態度過度誇張的冷漠或熱情；8. 當警察走近時明顯的『慌亂緊張』」（斯考爾尼克，1966：45 至 46）。英國倫敦大都會警察廳前助理廳長大衛·波伊斯（David Powis）曾經也編寫一本類似的英國警察手冊，詳細列舉了絕大多數人的「反常行為」。波伊斯認為，可以將懷疑的種類分為對政治激進分子的懷疑或者對那些滿嘴高喊「激進主義口號」的知識分子的懷疑；或者對那些時常舉着「捍衛我們的權利」的牌子的示威人士的懷疑（波伊斯，1977：92）。

119 自我實現的預言，也稱自我應驗預言，即本身會成為現實的預言。——譯者註

120 巴里·莫里斯·戈德華特（Barry Morris Goldwater，1909 年 1 月 2 日至 1998 年 5 月 29 日），美國政治家，商人。現代美國保守主義運動的奠基人，是 20 世紀 60 年代美國最為有名的保守主義政治復興運動的鼓吹者，是保守主義運動茁壯發展的主要精神領袖，對美國自由主義運動具有實質性影響。——譯者註

121 我記得我在 1971 年（在我開始研究警察之後不久）參加一個會議的經歷。研討會後，一位當地的警官帶我和其他兩個參會的社會學家以及兩名非本市鎮的警官去一家當地的酒吧喝酒。那裏大概有 50 個男人，三個女性——兩名脫衣舞女和一名個酒吧女招待。令人驚奇的事情是，不是那兩位社會學家參加與酒吧女的交談，而是最後這三名警官都試圖帶着三名酒吧女一起離開，在我們討論警察文化的同時，三位警官早已經孜孜不倦地與她們搭上了話。

122 種族形象定性，也有的翻譯為「種族畫像」，指警察等因膚色或種族而不是證據懷疑人犯罪，在美國主要是指警察根據駕車人的性別和種族而行使攔截和搜查盤問的權力，意指警察對有色人種濫用此項權力。——譯者註

123 黑人靠邊停車，是美國英語中用於描述黑人駕駛員的種族形象定性或種族畫像的術語，意思是機動車輛的駕駛人員僅僅因為他（她）們是黑人種族，就會經常被公路上執法的警察攔停路邊接受盤查詢問、進行車輛搜查，或者被指控為違反交通規則。——譯者註

124 社會地圖，在社會地理學中，社會地圖是指將社會制度或社會活動投射到一個平面上進行二維展現的插畫地圖。——譯者註

第五章　揭開警察的神秘面紗：社會研究與警察實踐

125 激進犯罪學理論（radical criminology），又稱新犯罪學學派，還被稱為西方馬克思主義犯罪學學派、批判犯罪學學派，是當代西方犯罪學理論中具有鮮明激進傾向的一種理論流派。它主要探討資本主義社會的犯罪問題，吸取了馬克思主義階級和階級鬥爭理論以及經濟與政治相聯繫的理論的部分內容，用批判的眼光分析西方國家的犯罪現象，並認為階級衝突是產生犯罪的基礎。—— 譯者註

126 魔法子彈，是德國諾貝爾獲獎者保羅・埃爾利希（Paul Ehrlich）在 1900 年提出的一個科學概念。埃爾利希在實驗中發現通過殺死導致疾病的某個特定細菌而不損害身體的健康，這種理念是可能的，他將這種治療性工具稱為魔球（zauberkugel）或魔法子彈（magic bullet）。經過進一步的研究，他發現人體的免疫系統可以產生魔法子彈的功效，並於 1909 年發現了治療梅毒的最早的藥物。他的工作奠定了免疫學的基礎，他因他的貢獻獲得了 1908 年的諾貝爾生理醫學獎。—— 譯者註

127《滅罪鑒證科》，是一部受歡迎的美國刑事系列電視劇集，描述一組刑事鑒識科學家的故事。小組成員們經常調查神秘、不尋常、有時甚至陰森恐怖的死亡案件。—— 譯者註。

128 阿爾・卡彭（Al Capone，1899 年 1 月 7 日至 1947 年 1 月 25 日），美國歷史上著名的黑幫頭目，人稱美國黑手黨教父、芝加哥王，因黑幫火拼被對手打傷臉部留下疤痕，之後卡彭以「疤面」的綽號走行黑道，是 1925 至 1931 年芝加哥黑手黨不可一世的領袖人物和標誌，以心狠手黑著稱。—— 譯者註

129 普羅克拉斯提（Procrustes）是希臘神話中橫行阿堤卡地區的著名的攔路大盜，綽號「鐵床匪」，他將抓獲的路人強行捆綁在鐵床上，用暴力強行將其腿拉長或者砍短以適應鐵床的大小長短。普羅克拉斯提之床即指強求一致的標準。—— 譯者註

130 除了文本中的實驗研究報告外，人們還試圖提示犯罪總量與警務的計量經濟學分析之間的相互關係（麥克唐納德，1976：第 6 章；卡爾—希爾 [Carr Hill] 和斯特恩 [Stern]，1979；P. 莫里斯和希爾，1981：16 至 18）。這些早期進行的研究發現，在警察局的規模大小和警力多少與犯罪率之間存在着正向關係，研究者將其歸因於犯罪報告記錄現象：警察越多，記錄在案的犯罪案件總數就越多。隨後進行的計量經濟學研究發現，總體而言，警力的加強與犯罪水平之間，只有很少的關係或者根本就沒有關係（埃克和馬奎爾，2005）。令研究人員感到困惑的一個問題是，需要解開複雜的相互依存的因果關係，即在警察與犯罪水平之間有可能存在複雜的相互依存關係。根據先驗推理，一個可能的結論是，警察人數的不斷增加，使潛在的犯罪分子增強了對被逮捕可能性的焦慮，同時某些犯罪分子被拘捕從而導致他們不能實施犯罪，因而導致犯罪的減少。但是，犯罪率的上升也可能是加大對警察財政經費投入的政治影響的結果，因而在警察人力與記錄在案的犯罪案件數量之間產生一種正相關關係。最近由萊維特（Levitt）主持的一個有影響力的研究有可能揭示出這種關係，他通過運用選舉周期的方法來評估由政治影響所引起的警員人數變化的比例。他的研究結果表明，警力的輕微增長，會導致犯罪減少（萊維特，2004）。儘管這種研究方法別出心裁，有其獨創性，但是也仍然存在這種可能性，即那些影響犯罪率變化性的不受控制的因素沒有被考慮進統計分析之中。因此，它不能真正地消除在正文中引用的實驗研究的影響，特別是當這些分析結論與似是而非、貌似真實的理論思考一致，並對僅僅依賴改變警察人數就對犯罪產生影響的可能性提出了質疑，這種情況除非在沒

有警察或者飽和警務（saturation policing）的極端情況下才會出現（斯柯甘和弗里德爾，2004：224至225）。

131 集體效能感，是指團體成員對於團體成功地完成特定任務或取得特定水平成就的能力的共同信念 —— 譯者註

132 沼澤行動（Operation Swamp），是英國大都會警察廳為了抑制位於倫敦南部的朗伯斯自治市布里克斯頓地區不斷上升的街頭搶劫，而採取的大規模攔截和搜查黑人青年的行動。—— 譯者註

133 柯克霍爾特入室盜竊預防計劃，由英國內政部組織，該計劃通過對柯克霍爾特地區入室盜竊狀況進行評估，以了解重複被害現象，並依據重複被害現象制定犯罪預防策略。—— 譯者註

134 有證據表明，對年輕的男性、失業人員和黑人的攔截和搜查的比例，與其所佔的人口比例是不相稱的。這些證據包括在以下學者們的研究成果中：A. 布羅格登記（1981：44至52）；威利斯（1983：14）；政策研究所，1983，i：95至102，i：96至97；J.D. 布朗，1997：19至27；伯克，1997；菲茨傑拉德，1999，2001；鮑林和菲利普斯，2002：138至147；羅，2004：第5章；沃丁頓等人，2004；菲利普斯和鮑林，2007：434至438；亨利，2007：82至87；鮑林等人，2008：617至619。

135 在過去，亞裔成為警察權力作用的犯罪嫌疑人的比例很低，有關的研究成果參見：謝斐遜等人，1992；菲茨傑拉德，1993；伯克，1997。後來的研究表明，亞裔人涉案的比例逐漸增多，主要的證據體現在包括以下人員的研究成果中：菲利普斯和鮑林，2007：435至436；菲茨傑拉德2009：413至414。另外，關於黑人年輕男性以及失業人員被逮捕的比例過高的證據，見之於以下的研究成果中：政策研究所，1983：i：118至126，i：88至91；謝斐遜等人，1992；菲茨傑拉德，1993；D. 布朗，1997：55至56；菲利普斯和布朗，1998：第1章；菲利普斯和鮑林，2007：438至441；鮑林等人，2008：621至622。

136 社會分化，是社會結構理論的一種過程，主要是指社會結構要素之間的分化，是構成社會結構系統的要素不斷分解成新的社會要素，各種社會關係分割重組並最終形成新的結構及功能專門化的過程。—— 譯者註

137 社會剝奪，是指社會成員在其生長過程中剝奪其社會關係。意即與社會相隔離，在孤立的條件下飼育，因而又稱為社會隔離（social isolation）。—— 譯者註

138 有關對女性警察的歧視的證據，可以參見：S. 瓊斯，1987；格雷夫，1989：第6章；M. 楊格，1991：第4章；海登索恩，1992，1994，2008；菲爾丁和菲爾丁，1992；菲爾丁，1994a；C. 馬丁，1996；J. 布朗等人，1999；布朗和海登索恩，2000；韋斯特馬蘭，2001a，2001b；西爾維斯特里（Silvestri），2003、2007。

第六章　神秘的警察：媒體視野中的警務

139 這種觀點忽視了一個從根本上講完全不同的觀點，即從媒體專業人士自身的角度來看，忽視了佔主導地位的一種觀點。人們一直認為新聞的產生是「混亂理論」（cock up theory，也稱「誤打誤撞」理論或「錯誤造成論」，認為事故皆因人類的錯誤行為造成的理論。用公雞理論比喻警察形象的塑造，是指強迫人們接受某種觀念反而會引起抵制和反感，放任人們自由選擇可能會產生積極的效果。—— 譯者註）的結果。媒體的報道與犯罪小說的關係，

也只是鑒於它僅被視為純粹無害的「娛樂」而已。在這些從業人員看來，不管是以媒體實事求是地「告訴大家的是事實真相」為理由，或是由於媒體報道「僅僅是」虛構的故事的原因，而否認其所包含的社會或政治意蘊，這都是媒體報道的共同主題。但是，媒體所報道的警察形象，從來都不是天真無害的社會和政治含義，雖然就絕大部分而言，這並不是有意識或故意造成的。

140 兩者之間的這種差別是非常小的，甚至可以說是微不足道的。犯罪小說就其風格而言，經常是現實主義的最新代表，然而，「現實生活」中的警察形象毫無疑問受到媒體報道印象的影響。1980 年我在洛杉磯警管區巡邏時，該警管區是約瑟夫‧瓦姆鮑 (Joseph Wambaugh) 的著名小說《唱詩班的少年》(*The Choirboys*)（及其根據其小說改編的同名電影）的創作地和背景地，許多警官穿着的腰帶和肩掛帶上，都有「我是一名唱詩班少年」的銘文。隨着「紀實性」(fly on the wall) 的文獻紀錄片的出現，正如文獻紀錄片的先驅羅傑‧格雷夫 (Roger Graef) 在 1981 年製作的具有開創性的《泰晤士河谷警察》系列紀實片中，僅僅簡單地將其紀錄片稱為《警察》(*Police*)，並將其體裁設定為「真實的」警察程序，由此以來，現實生活中「真實」的警察形象與小說及媒體「虛構」的警察形象之間的差異就進一步受到了削弱（基德‧休依特 [Kidd Hewitt] 和奧斯本 [Osborne]，1995；菲什曼和卡文德爾，1998；希爾，2000；布朗，2003：第二章；利什曼和梅森，2003：第三部分）。屬於虛構系列的警察形象的媒體描述，如《法網內外》(*Between the Lines*) 和《警察》(*Cops*) 等，也通過使用紀實性的文獻紀錄片形式，模糊了兩者間的界線。

141 倫敦弗利特街，又譯艦隊街，倫敦報業集中地和報業中心，英國倫敦新聞界的代名詞，此街因倫敦弗利河而得名。—— 譯者註

142 毒樹，是指違法搜集的證據；毒樹之果 (fruit of the poisonous tree) 是指在美國的刑事訴訟活動中，以違法收集的證據為線索進一步獲得的證據。—— 譯者註

143 全國犯罪調查特勤局組，是英國專門負責處理全國或跨國有組織犯罪和嚴重犯罪的警察機構。在合併了六個前地區犯罪調查特勤隊的基礎上於 1998 年 4 月正式成立，並於 2006 年 4 月 1 日與皇家海關國家調查局 (HM Customs National Investigation Service) 和全國刑事犯罪情報中心 (National Criminal Intelligence Service) 合併，成為嚴重有組織犯罪調查總署 (Serious Organised Crime Agency)。—— 譯者註

144 單景監獄，是挪威社會學家托馬斯‧馬西埃森 (Thomas Mathiesen，1933 年 10 月 5 日至) 於 1997 年的一篇題為《觀察者的社會：重新審視米歇爾‧福柯的『全景監獄』理論》(*In The Viewer Society: Michel Foucault's 'Panopticon' Revisited*) 的文章中提出的概念。馬西埃森使用「Synopticon」（單景監獄）的概念或者「少數人對多數人的監視」(surveillance of the many by the few)，作為對福柯在《規訓與懲戒》(*Discipline and Punish*) 一書中所創造的「全景敞視主義」理論 (Panopticism) 的社會學上的互換概念。—— 譯者註

145 這句話借用的是英國廣播公司 (BBC) 以新聞時事為主的無線廣播第四台的午間新聞節目《一點國際》(*The World at One*) 的名稱。BBC 公司自己認為該節目是「英國最重要的政治性新聞節目，因其嚴謹和注重原始調查資料而聲譽卓著，它是位於威斯敏斯特的英國議會的政治家們必聽的節目」。—— 譯者註

146 羅伯特‧赫尼‧費邊 (Robert Honey Fabian，1901 年 1 月 31 日至 1978 年 6 月 14 日)，英國警官，曾經擔任大都會警察廳偵探總監 (Detective Superintendent)。他退休以後，成為職業的犯罪小說作家。他的帶有戲劇性的工作經歷和撰寫的犯罪戲劇小說，被英國 BBC

製作成系列電視劇集劇集《費邊偵探社》(*Fabian of the Yard*)。——譯者註

147 克雷孿生兄弟黑幫,是 20 世紀 50 年代至 60 年代英國倫敦東區最著名的有組織犯罪黑幫,以羅納德·「羅尼」·克雷(Ronald 'Ronnie' Kray,1933 年 10 月 24 日至 1995 年 3 月 17 日)以及雷金納德·「雷吉」·克雷(Reginald 'Reggie' Kray,1933 年 10 月 24 日至 2000 年 10 月 1 日)孿生兄弟為核心成員,他們組建了自己的商業「公司」,主要從事武裝搶劫、縱火、收取「保護費」(protection rackets)、傷害等犯罪活動。——譯者註

148 理查森黑幫,是 20 世紀 60 年代英國倫敦南部地區的犯罪黑幫,該黑幫以查利·理查森(Charlie Richardson,1934 年 1 月 18 日至 2012 年 9 月 19 日)、埃迪·理查森(出生於 1936 年 1 月)和艾倫·理查森(出生於 1940 年)家族兄弟以及喬治·科內爾(George Cornel)、「瘋子」弗蘭基·弗雷澤('Mad' Frankie Fraser)等為核心,是那個時期英國倫敦最臭名昭著和殘暴的黑幫。——譯者註

149 理查德·「迪克」·特平(Richard 'Dick' Turpin,基督教浸禮會教徒,1705 年至 1739 年 4 月 7 日),是英國歷史上具有浪漫色彩的攔路搶劫大盜,因為盜馬而在約克郡被執行絞刑。——譯者註

150 傑克·謝潑德(Jack Sheppard,1702 年 3 月 4 日至 1724 年 11 月 16 日),是英國臭名昭著的竊賊和 18 世紀早期倫敦最為有名的越獄慣犯。——譯者註

151 尤金·弗朗索瓦·維多克(Eugene Francois Vidocq,1775 年 7 月 24 日至 1857 年 5 月 11 日),是法國罪犯和刑事犯罪偵查學專家,他的傳奇人生經歷激發了許多作家的創作靈感,包括維克多·雨果(Victor Hugo)、埃德加·愛倫·坡(Edgar Alan Poe)和奧諾雷·德·巴爾紮克(Honoré de Balzac)。——譯者註

152 埃德加·愛倫·坡(Edgar Alan Poe,1809 年 2 月 19 日至 1849 年 10 月 7 日),美國詩人、小說家、文學評論家,被文學界譽為美國現代短篇小說的創始人。——譯者註

153 陳查理,是美國小說家和劇作家厄爾·德爾·比格斯(Earl Derr Biggers,1884 年 8 月 26 日至 1933 年 4 月 5 日)所創作的系列偵探小說中所刻畫的華人偵探形象。在美國的流行文化中,陳查理和傅滿洲是最有名的華人人物。——譯者註

154 聖徒,又名西蒙·鄧普勒,是英中混血作家萊斯利·查特里斯(Leslie Charteris)在 20 世紀 20 年代創作的驚險小說中羅賓漢(Robin Hood)式的俠盜。——譯者註

155 《神探特雷西》是 1990 年 6 月上映的美國動作驚悚喜劇電影,改編自切斯特·古爾德(Chester Gould)於 20 世紀 30 年代創作的經典連環漫畫《神探迪克·特雷西》中的同名人物。——譯者註

156 薩姆·斯佩德是達希爾·哈米特(Dashiel Hammett,1894 年 5 月 27 日至 1961 年 1 月 10 日)在 1930 年發表的一部小說《馬耳他之鷹》(*The Maltese Falcon*)中的主人公。在歐美家喻戶曉的薩姆·斯佩德,不忠於法律,只遵循秩序;既不代表警方,也不代表普通民眾;唯一的財富是生命,最大特點是不怕死。他在一個盜匪橫行、腐朽透頂的世界裏孤軍奮戰,找不到愛,得不到信任,唯一的成就就是付出幾條人命的代價,伸張一丁點兒正義。——譯者註

157 這種分類方法排除了一種重要的小說類型,即不包括兒童文學讀物(莫里森,1984)。一個常見的主題是警察(無論他是有趣可笑的形象或是討人喜歡的可愛形象)對社會秩序的維護都起着非常重要的作用。例如,在伊妮德·布萊頓(Enid Blyton,1897 年 8 月 11 日至 1968 年 11 月 28 日,英國兒童文學作家)的《普羅德先生和小諾迪》(*Mr. Plod and Little*

Noddy）中，當普羅德先生受傷時，幼稚愚蠢的民眾開始哀歎他們的困境。「誰來保護我們不受強盜的攻擊？」毛茸茸的貓小姐（Miss Fluffy Cat）問道。不倒翁先生（Mr. Wobbly Man）也對她關心的問題隨聲附和。對大多數現代人而言，沒有警察的社會秩序是不可思議的——這正是我將其稱為警察盲目崇拜（警察拜物教）的原因——這應當歸功於大量此類故事的不斷重複。

158 《嗜血法醫》是一部美國神秘犯罪劇。劇中主人翁白天是警署的血跡鑒證官，夜晚則成為專殺其他連環殺手的連環殺手。——譯者註

159 這些研究包括以下四類：對犯罪電影的分析研究，包括：麥克阿瑟（McCarthur），1972；薩多易安（Shadoian），1977；羅素（Rosow），1978；克拉倫斯（Clarens），1997；拉夫特（Rafter），2006。對偵探小說的研究，包括：海克拉夫特（Haycraft），1941、1946；沃森（Watson），1971；西蒙斯（Symons），1972；凱威爾蒂（Cawelti），1976；帕爾默（J.Palmer），1978；莫斯特（D. Most）和斯托（Stowe），1983；曼德爾（Mandel），1984；阿什利（Ashley），2002；奈特（Knight），2003；普里斯特曼（Priestman），2003；霍斯利（Horsley），2005。對偵探電影的研究，包括：埃弗森（Everson），1972；圖什卡（Tuska），1978；帕里什（Parish）和皮茨（Pitts），1990a。對偵探電視劇集的研究：邁耶斯（Meyers），1981、1989。

160 阿加莎・克里斯蒂（Agatha Christie，1890 年 9 月 5 日至 1976 年 1 月 12 日），被尊稱為「偵探小說女王」、「神秘女人」，是多產的英國偵探小說家、短篇小說家和戲劇家，代表作有《斯泰爾斯莊園奇案》、《尼羅河上的慘案》、《陽光下的罪惡》、《東方快車謀殺案》等。——譯者註

161 赫爾克里・波羅是阿加莎・克里斯蒂的偵探小說中兩大主人公之一。大偵探波羅是比利時退休警官，具有非常聰明的大腦和敏銳的洞察力，憑着充滿自信的做事風格，屢屢解決疑難事件。

162 弗里曼・威爾斯・克羅夫茨（Freeman Wills Crofts，1879 年 6 月 1 日至 1957 年 4 月 11 日），偵探小說黃金時代的愛爾蘭裔英國神秘小說作家。——譯者註

163 恩加伊奧・馬什女爵士（Dame Ngaio Marsh，1895 年 4 月 23 日至 1982 年 2 月 18 日），新西蘭犯罪小說作家和戲劇編輯、劇場總監。馬什的作品風格是將偵探故事、性格分析和風俗小說融為一體，讀來很有藝術韻味，尤其是背景描寫更見功力。——譯者註

164 邁克爾・英尼斯（Michael Innes，1906 年 9 月 30 日至 1994 年 11 月 12 日），蘇格蘭作家、教育家及學者。他既是推理小說家，又是知名的文學系教授；這兩種身份背景，使得他的作品在謀殺謎團中仍保有學院派的文學風采，並且節奏輕快鮮明，閱讀起來趣味橫生。

165 雷克斯・斯托特（Rex Stout，1886 至 1975 年），被譽為美國歷史上「智商最高的作家」，和埃勒里・奎因一道並稱為美國偵探小說黃金時代最高成就者。他的小說情節緊湊，幽默搞笑，將黃金時代解謎至上的原則和美國特有的「嘻哈文化」巧妙融合，成為世界偵探文學史上最具特點的經典作品。——譯者註

166 菲莉斯・桃樂茜・詹姆士（Phyllis Dorothy James，1920 年 8 月 3 日至 2014 年 11 月 27 日），是英國當代最著名的犯罪推理小說女作家，被尊稱為「推理小說第一夫人」。她自 20 世紀 50 年代開始寫作，因在系列小說中成功地塑造了英國當代最著名的偵探形象之一：探長兼業餘詩人亞當・達爾格利什（Adam Dalgliesh），而聲名遠播，已出版 20 多部作品。——譯者註

167 冷硬派偵探小說（hard boiled private eye），主要指雷蒙德‧錢德勒（1888 至 1959 年）、塞繆爾‧達希爾‧哈米特（Samuel Dashiel Hammett，1894 至 1961 年）、羅斯‧麥克唐納（1915 至 1983 年）等美國作家在 20 世紀 30 至 50 年代期間創作的、帶有濃鬱美國氣息的偵探小說。除了演繹推理之外，它特別注意繼承福爾摩斯等大偵探與罪犯鬥智鬥勇的情節描寫。「冷硬」（hard boiled）一詞原指煮得較老的雞蛋，後來指不輕易流露情感，用到推理小說中，即指既冷酷又強硬的偵探角色。—— 譯者註

168 羅斯‧麥克唐納（Ross MacDonald），是美裔加拿大籍犯罪小說家肯尼思‧米勒（Kenneth Millar，1915 年 12 月 13 日至 1983 年 7 月 11 日）使用的主要筆名。他以南加州為背景，撰寫了以私人偵探盧‧阿切爾（Lew Archer）這個人物為主角的系列冷硬派偵探小說而聞名於世，與哈米特、錢德勒一道並稱「冷硬派偵探小說三大巨頭」。—— 譯者註

169 米奇‧斯皮蘭（Mickey Spillane），本名弗蘭克‧莫里森‧斯皮蘭（Frank Morrison Spillane，1918 年 3 月 9 日至 2006 年 7 月 17 日），美國犯罪小說家，他給自己筆下的私人偵探邁克‧哈默（Mike Hammer）烙下了許多自身成長經歷的印記，甚至還在影視劇中親自扮演過哈默角色。—— 譯者註

170 羅伯特‧B‧帕克（Robert Brown Parker，1932 年 12 月 17 日至 2010 年 1 月 18 日），美國犯罪偵探小說作家。他在近 40 部犯罪偵探小說中塑造了一個家喻戶曉、令人難忘的私人偵探形象 —— 波士頓的私家偵探斯賓塞（Spenser）。斯賓塞有着絕世的智慧，屬於錢德勒筆下的馬洛式的外表冷硬而內心溫柔的硬漢偵探，慣於邏輯推理，抽絲剝繭同時卻又不乏油滑習氣，語言尖刻，得理不饒人，同時還滿口搜文，文學典故信手拈來，其偵探形象貼近社會，熱愛生活，時有妙語連珠，堪稱偵探推理小說中暴力與美學的混合體。—— 譯者註

171 詹姆斯‧李‧伯克（James Lee Burke），美國著名犯罪偵探小說家，其作品如同一部美國南部編年史，記錄了被種族主義和貧富差距折磨得遍體鱗傷的南方社會。他關注現代工業對傳統和自然的影響，崇尚人道主義和英雄主義，擅長心理描寫，這些特點為他在評論界贏得了「犯罪小說中的福克納」的美名。—— 譯者註

172 莎拉‧帕雷特斯基（Sarah Paretsky，1947 年 6 月 8 日出生），美國偵探推理小說作家，因在其偵探小說中塑造了女神探沃莎斯基（V. I. Warshawski）這個主人公而在偵探推理小說界中聞名遐邇。—— 譯者註

173 警察程序小說，也稱警察小說，是一個概念相當寬泛的名詞，指那些以在政府警察部門工作的警察為主角的故事。—— 譯者註

174 約翰‧克里西（John Creasey，1908 年 9 月 17 日至 1973 年 6 月 9 日），榮獲大英帝國勳章（MBE），英國犯罪與科學小說作家，使用 28 個不同的筆名總共發表了 600 部小說。—— 譯者註

175 《除暴安良》，也譯《特警搭檔》，是 20 世紀 70 年代英國熱播的警察故事電視劇集，主要講述倫敦大都會警察廳特勤小組。這是一支打擊倫敦武裝搶劫和暴力犯罪的專業化隊伍，主要圍繞兩名警探即探長傑克‧里根（Jack Regan）及其搭檔緝警長喬治‧卡特（George Carter）展開。—— 譯者註

176 《目標》，是英國 1977 至 1978 年播出的警察故事電視劇集，該劇是 BBC 一台為了與獨立電視台非常成功的熱播劇《除暴安良》競爭而製作的警察故事。—— 譯者註

177 納普委員會，珀西‧惠特曼‧納普（Percy Whitman Knapp，1909 年 2 月 24 日至 2004 年

6 月 14 日），美國聯邦法官。1970 年，紐約市長約翰・林賽（John Vliet Lindsay）任命惠特曼・納普為紐約市警察腐敗特別調查委員會五人小組的主任，專門負責調查紐約市警察部門普遍存在的腐敗問題，後來該委員會被稱為「納普委員會」。—— 譯者註

178 弗朗西斯科・文森特・「弗蘭克」・賽皮科（Francesco Vincent 'Frank' Serpico），1936 年 4 月 14 日出生，是一名意大利裔的美國紐約市的退休警察，因其在 20 世紀 60 年代晚期和 70 年代初期揭發紐約警察部門普遍存在的腐敗問題而引起社會對他的關注。—— 譯者註

179 B 級電影，是經濟大蕭條的產物，20 世紀 30 年代初，電影院觀眾人數銳減，電影公司為了贏得觀眾推出雙片（double bill）的放映制度，基本上就是一部正片加一部 B 級片。B 級片的特點是：粗野、直接、感官刺激強烈，題材總是離不開恐怖、暴力與色情。—— 譯者註

180 《一團亂麻》，是一部拍攝於 1936 年的美國偵探電影，由查爾斯・維多（Charles Vidor）導演，劇本由歐文・格爾西（Erwin Gelsey）改編。—— 譯者註

181 《要塞風雲》，是由約翰・福特所導演的「騎兵三部典」之一，影片講述一位好戰的騎兵隊將領因為求功心切，輕舉妄動地大舉入侵印第安人根據地，結果遭到全軍覆滅的故事。—— 譯者註

182 《警網》，是美國熱播的以巴爾的摩市和馬里蘭為背景製作的犯罪電視劇集。—— 譯者註

183 警花朱麗葉・布拉沃（Juliet Bravo），象徵着 20 世紀 80 年代女警察主人公的新形象，在諸如《女警察》（*Police Woman*）、《查理的天使》（也有譯為《霹靂嬌娃》[*Charlie's Angels*]）、《文雅的接觸》（*The Gentle Touch*）、《警花拍檔》（又譯《卡格尼和萊西》[*Cagney and Lacey*]）以及《頭號嫌疑犯》（*Prime Suspect*）等影視劇中，也可找到類似形象的主人公。其他的電視劇和電影也開始拍攝由不同的少數族裔人士為主角的電視劇，試圖以此超越原先由白人男性（[WASP] 主要指祖先是英國新教徒的美國人）為主角的主流風格，塑造了各種不同風格的少數族裔警察主人公形象。

184 《心跳》，是一部以 20 世紀 60 年代英國約克郡北賴丁區為場景的警察電視劇集，故事以北約克莫爾斯地區的戈斯蘭德村（Goathland）的真實生活情景為藍本，虛構了劇情的主要發生地艾登斯菲爾德（Aidensfield）。故事來源於前警官彼得・沃克（Peter Walker）以尼古拉斯・雷亞（Nicholas Rhea）為筆名發表的小說《巡官》（*Constable*）。選擇《心跳》作為劇目名稱是代表「『博比式』警察的服務公眾之心，以及『心跳』一詞的醫學含義」。借用醫生治病救人的「醫學主題」，寓意警察治理犯罪等社會問題時，也應當像醫生治病一樣，仁心仁術。—— 譯者註

185 G. K. 切斯特頓（G. K. Chesterton）在他的小說《布朗神父》（*Father Brown*）中，塑造了一個被社會視為無形的身着制服的僕從的形象，這種寫作技巧使故事更具撼動力。故事裏的殺人兇手也是一個看上去貌不驚人的普通郵遞員，但同時也安排了一個老套的結局：「the butler done it」。

186 犯罪體裁的小說一直以來都是時下關注的主題，並給公共故事帶來「熱點標題」（hot from the headlines）。儘管在表述貌似真實的情景設置上各不相同，為達到逼真效果的手法風格迥異（所有的警察故事小說的保質期都特別短暫，因而描述過去的形式帶有明顯的人工痕跡），警察故事總是力求將其歸於所謂的「現實主義」小說。因此，沒有任何懸念，犯罪體裁的小說就是應當迅速地記錄和反映有關警察的各種發展變化模式與爭論。

第四篇　法律與政治視野下的警察

第七章　警察權與責任性

187 英國在《1964 年警察法》裏，建立了警察治理的一種三重管理機制（tripartite system for police governance）。主要的制度設計是：內政部負責制定全國的警務目標任務並且監督此種目標的實施；以內政部的目標為基礎，地方警察當局制訂本地區的警務目標任務並監督其執行；警察局長則具體負責執行內政部和地方警察當局制訂的警務目標。內政部的主要職能是決定全國的警務目標，制訂全國年度警務計劃並提交議會，當女王陛下警務督察官認為警察工作效率低下或無效時，內政部可以要求他們採取補救措施進行矯正，決定給地方警察當局的財政撥款，批准警察局長的任命；地方警察當局負責維持地方警務的高效和有效運作，決定地方警務中的優先工作和與國家警務計劃相一致的三年發展規劃，徵集公眾對警務的意見，建立一個專門機構負責制訂警務財政預算和資源的分配，負責任命或解除警察局長。該機構由十七名成員組成，其中九名來自地方政府，五名是當地的「獨立人士」，三名是地方官員；警察局長負責指揮和控制整個警察力量，起草與地方警察當局一致的警務計劃，負責完成地方和國家的警務目標，負責警務裝備的分發等。這種管理體制隨着後來一系列的法律（本章中討論的《1984 年警察與刑事證據法》等）和警務改革計劃的頒佈與實施，以及警察獨立投訴委員會的成立，令警察的治理體系發生了巨大的變化，日益突出中央通過財政助對地方警察的管控。── 譯者註

188 行刑隊，字面意思是「吊死或鞭打的警察聯隊」，在英國政治中通常用於描述任何贊同和支持死刑、體罰以及廢除某些「人權保護」法律的極右翼團體。── 譯者註

189 文化主義（culturalism）或文化心理分析（culturalist psychoanalysts），某些精神分析學家由於他們對行為發生的文化解釋的突出貢獻，也被貼上「文化主義者」的標籤或者被歸屬於「無產階級文化流派」（cultural school）。其中最為有名的文化心理分析學家也許是埃里克・弗洛姆（Erich Fromm），緊隨其後的是卡倫・霍妮（Karen Horney）和哈里・斯塔克・蘇利文（Harry Stack Sullivan）。── 譯者註

190 引自 1971 年的一部電影《辣手神探奪命槍》（*Dirty Harry*）。在該影片中，由奇連・伊士活（Clint Eastwood）所扮演的偵探哈里・卡拉漢（Harry Callahan），面臨要麼違反程序，要麼不能將明顯的變態殺手捉拿歸案的選擇。

191 皇家檢控總署，是英格蘭和威爾士的主要公訴機構，在公訴檢察官（Director of Public Prosecutions）的領導下開展工作。在英格蘭和威爾士，一旦警察指控某人犯有刑事罪，皇家檢察總署就要接管此案，並獨立地審核證據以決定是否起訴。其主要的職責是為警察或其他調查機構在刑事犯罪案件的偵查期間提供相關的法律建議和諮詢，在案件偵查結束以後決定是否對犯罪嫌疑人提出刑事指控，以及是否向治安法官法院（Magistrates Courts）和皇家巡回刑事法庭（Crown Court）提起公訴。英格蘭和威爾士的總檢察長（The Attorney General for England and Wales）負責監管皇家檢察總署（CPS）的工作並在議會上回答質詢，儘管總檢察長不會影響檢控行為，除非是涉及國家安全的犯罪案件的訴訟或少數需要由總檢察長的批准才能提起檢控和公訴的案件。── 譯者註

192 普通議員法案，即沒有在政府部門擔任公職的議員向議會提出的個人議案，與由政府提交的議案相對，但是不同於私法法案（Private Bill，議會中僅涉及私人、社團或公司利益的

法案)。如果審議通過,仍屬於普遍適用的公共法案。── 譯者註

第八章 結語:超越《火星生活》── 一部未來史

193 後現代性(post modernity),是一種思想風格,它質疑客觀真理、理性、同一性和客觀性這樣的經典概念,質疑普遍進步或人類解放,不信任任何單一的理論框架、大敍事或終極性解釋。與這些啟蒙時代的規範相左,後現代性認為世界充滿偶然性、沒有一個堅實的基礎,是多樣化、不穩定的;在它看來,這個世界沒有一個預定的藍圖,而是由許許多多彼此不相連的文化系統和解釋系統組成。後現代性具有以下三種比較鮮明的態度:否定性(解構性)的後現代性,建設性(建構性)的後現代性,虛假(迪士尼式)的後現代性。── 譯者註

194 後福特(post-Fordism),指以滿足個性化需求為目的、以信息和通信技術為基礎、生產過程和勞動關係都具有一定靈活性(彈性)的生產方式。新福特制管理的核心內容有兩個方面:一是責任自主制;另一是團隊合作,兩者主要由知識工人的工作特點所決定。在新的信息通信技術條件下出現的新福特制,實質上涉及組織構成的權力與主體性,它經由對文化、規訓、監視、控制與競爭等的運作改變着組織內部的社會關係。── 譯者註

195 渦輪資本主義(turbo capitalism),是美國戰略分析家愛德華·勒特韋克在《渦輪資本主義 ── 全球經濟中的贏家與輸家》一書中提出的一種反全球化觀點,是指資本主義在帶來創新和效率,飛速前進的同時,也帶來各種社會問題,這種社會就像渦輪發動機一樣,每個人身在其中卻身不由己。── 譯者註

196 放鬆管制,或者解除政府管制,是指採取比較寬鬆的管制辦法,如降低市場門檻、准許與鼓勵有條件的自然人與法人參與競爭、政府不干預企業經營權限內的事務等。── 譯者註

197 馬卓安爵士(Sir John Major,KG,CH,1943 年 3 月 29 日至),英國政治家,於 1990 年至 1997 年出任英國首相。1994 年 9 月 17 日,馬卓安呼籲法院發出「明確無誤的信息」:觸犯法律者將受到懲處,受害者將得到支持,並採取嚴厲措施打擊違法者。主張對於輕微犯罪開展一次閃電戰,以摧毀英國的「無賴文化」。── 譯者註

198 內城,通常指大城市常存在的社會、經濟問題嚴重的市中心貧民區,這些地方蕭條破敗、生活貧困且治安惡劣。── 譯者註

199 維多利亞價值觀,是指英國在維多利亞女王(Alexandrina Victoria)的統治時期(1837 至 1901 年,前接喬治時代,後啟愛德華時代,英國資本主義的鼎盛時期)所形成並主導社會思潮的一種社會價值體系,其核心內容是「自由放任」和「個人主義」。── 譯者註

200 新管理主義(new managerialism),新管理主義是在商業企業管理中流行的一套管理哲學,主要包含如下幾點核心觀念:第一,社會進程的主要途徑在於經濟學意義上的生產力的持續增長;第二,這種生產能力的增長以「管理」功能對勞動力要素和複雜的信息技術、組織技術、物資形態商品的生產技術的有效組織為前提;因此,第三,管理是一項重要的、分離的和特殊的組織功能,在諸如計劃、執行和衡量生產力的實質進展方面發揮關鍵作用,商業的成功越來越依賴於高素質和職業化的管理者。── 譯者註

201 情境犯罪預防(situational crime prevention,簡稱 SCP),是美國犯罪學家羅納德·克拉克(Ronald V. Clarke)等所倡導的一種犯罪預防理念。所謂情境犯罪預防,是指對於某些高發生率的犯罪,通過直接管理、設計、調整的方式持久有機地改變環境,從而盡可能地使行

為人認識到犯罪行為難度增加，被捕的可能性增大，收益減少，以此來減少犯罪。——譯者註

202 喬治‧迪克遜警官，是由著名演員傑克‧華納在英國電視劇集《警探迪克遜》(*Dixon of Dock Green*) 中塑造的一個業務嫺熟又有親和力的警察形象。——譯者註

203 集體意識，是指成員對集體的認同態度，是社會成員具有的信仰和情感的總和，是與歸屬感和認同感相聯系的現代組織意識。——譯者註

204 日常生活的犯罪學，主要是指犯罪學中的日常活動理論 (Routine Activity Theory)，是美國犯罪學家科恩 (Cohen) 和費爾松 (Felson) 提出的一種犯罪學理論，與理性選擇理論相似，源自古典犯罪學派人類具有自由思想的觀點。日常活動理論始於科恩和費爾松對第二次世界大戰後美國家庭的研究，他們在研究中發現，當經濟發達，雙親家庭更加普遍時，婦女在家的時間減少，犯罪率便會上升。同時，當科技越來越發展，商品貨物設計越來越輕巧及方便時，犯罪率亦會上升。基於以上研究，他們認為人類的活動模式與犯罪有密切的關係，在社會環境中存在着三個導致犯罪的要素，分別是有犯罪動機的人、合適的目標及缺乏有能力的監管人，當這三項要素出現時，犯罪的機會便會上升。1996 年，費爾松在他的著作《犯罪與本質》中再添加了三項元素，分別是對犯罪動機者有約束力的操縱者、負責保護合適目標的監護者及負責看管物業場地的場所管理者，以上六項因素成了犯罪者的推力及反推力。——譯者註

205 保險精算風險，保險精算是指運用數學、統計學、金融學、保險學及人口學等學科的知識與原理，去解決商業保險與各種社會保障業務中需要精確計算的項目，例如死亡率的測定、生命表的構造、費率的厘定、準備金的計提以及業務盈餘分配等，以此保證保險經營的穩定性和安全性。——譯者註

206 傑米‧巴爾傑 (Jamie Bulger，1929 年 9 月 3 日出生)，即詹姆士‧約瑟夫‧巴爾傑 (James Bulger)，是位於波士頓的愛爾蘭裔美國犯罪組織「冬山幫」(Winter Hill Gang) 的頭目。該組織在波士頓南部從事走私毒品和敲詐勒索活動，從販賣毒品到倒賣軍火無惡不作，另外他們和包括愛爾蘭共和軍 (Irish Republican Army) 在內的北美及歐洲許多主要的犯罪集團都有聯系。——譯者註

207 累犯三次打擊法，也有的譯為「三振出局法」，是借用自棒球術語「三振出局」，即一名擊球手只允許擊打不超過三次，否則將被判出局。這裏指犯罪嫌疑人如果此前已經兩度因犯有嚴重犯罪行為被判有罪，那麼在第三次犯罪之時就應當從嚴處罰。——譯者註

208 赫伯特‧喬治‧威爾斯 (Herbert George Wells，1866 年 9 月 21 日至 1946 年 8 月 13 日)，英國著名小說家，新聞記者、政治家、社會學家，尤以科幻小說創作聞名於世，對後世的科幻小說的創作影響深遠。1895 年出版《時間機器》一舉成名，隨後又發表了《莫洛博士島》、《隱身人》、《星際戰爭》等多部科幻小說。威爾斯一生創作了一百多部作品，內容涉及科學、文學、歷史、社會、政治等各個領域，撰寫了《基普斯》等大量關注現實、思考未來的作品，是現代最多產的作家之一。——譯者註

209 世紀末恐慌，是法語中用於表達一個世紀結束的用語，同時在 20 世紀初的英語習語中也有相同的表達，主要是指一個世紀的結束和另一個新紀元的開始，尤其是指 19 世紀末這個新舊交替時代在文學、藝術等方面所表現出來的一種恐慌心態。——譯者註

210 社會融入 (social inclusion)，是與社會排斥相關聯的一個社會學概念，是指使社會全體成員都感到自己的價值和重要性的舉措。——譯者註

211 《2020》(*Blade Runner*),或譯為《銀翼殺手》、《刀鋒戰士》,是一部拍攝於 1982 年的科幻片,是有史以來最具影響力的科幻影片之一。這部未來派的經典之作向人們展示了一個灰暗的未來時代,並使得所謂「反烏托邦」式的非理想的社會狀況再次流行於銀幕。—— 譯者註

212 羅莎‧盧森堡(1870 至 1919 年),波蘭和德國工人運動的卓越的女活動家,德國社會民主黨的領袖之一,德國共產黨的創始人之一,傑出的馬克思主義理論家。—— 譯者註

213 傑克‧鮑爾,美國電視劇《反恐 24 小時》中主要人物之一,由基弗‧薩瑟蘭(Kiefer Sutherland)扮演,是一貫受到觀眾歡迎的傳統英雄形象,他在該劇中樹立起一個好丈夫、好父親、好美國公民的形象。該劇也真實地反映了「9‧11」之後美國的社會心態,對外來的報復性恐怖主義行動極為敏感,傑克‧鮑爾則痛快地教訓了恐怖主義分子。—— 譯者註

214 綜合萬能,意思是指一種優選組合方法,即能夠從各種不同的可能性中自動地選擇最佳方案的智能化優選比較法。—— 譯者註

附錄：警察史大事年表

警察創建時期的奮鬥歷程：1750 至 1829 年

1785 年	戈登騷亂和《皮特警察法案》的流產
1786 年	《都柏林警察法案》
1792 年	《米德爾塞克斯法官法案》
1750 至 19 世紀 20 年代	菲爾丁、科爾奎豪恩：「警察科學」
1800 年	《泰晤士水上警察法案》
1814 年	皮爾建立的愛爾蘭「治安維護」(peace preservation) 警察
1819 年	彼得盧大屠殺
1822 年	議會警察委員會成立
1829 年	《大倫敦警察法》頒佈

皮爾式警察的普及與合法化時期：1829 至 1919 年

1833 年	寇爾德巴斯菲爾茲騷亂 (Coldbath Fields Disorder)
1835 年	《市鎮議會組織法》頒佈
1839 年	《郡縣警察法》頒佈
1839 年	《倫敦城警察法》頒佈
1842 年	蘇格蘭場偵探部門成立
1856 年	《郡縣和自治市警察法》頒佈
1888 年	《地方政府組織法》頒佈

警察職業化和警察獨立時期： 1919 至 1969 年

1918 至 1919 年	警察罷工，德斯伯勒委員會（Desborough Committee）成立，《警察法》頒佈
1929 年	警察權力與程序皇家委員會成立
1930 年	費希爾訴奧爾德姆案件（Fisher v. Oldham）
1934 年	亨頓警察學院（Hendon Police College）成立
1936 年	《公共秩序法案》頒佈
1948 年	奧克西委員會（Oaksey Committee）；國家警察學院（即現在的布拉姆希爾 [Bramshill] 皇家警察學院）成立
1959 至 1962 年	警察皇家委員會成立
1964 年	《1964 年警察法》頒佈
1965 年	警管區巡邏班組重建，倫敦警察特別巡邏小組建立
1968 年	女王訴大都會警察局局長偏袒布萊克伯恩案件（R v. Metropolitan Police Commissioner ex. p. Blackburn）

警務政治化時期： 1969 至 1986 年

1969 年	蘇格蘭場腐敗醜聞
1972 年	索爾特利門（Saltley Gate）礦工大罷工事件
1972 年	羅伯特・馬克廳長發佈丁布爾比演講
1975 至 1979 年	警察聯合會發起「法律與秩序」戰役
1976 年	《1976 年警察法》頒佈
1977 年	有關馬克斯韋爾・康菲特謀殺案的《費希爾報告》發佈
1979 至 1981 年	刑事訴訟皇家委員會成立
1981 年	城市騷亂，《斯卡曼報告》發佈
1984 年	《警察與刑事證據法》（PACE）頒佈

1984 至 1985 年	礦工大罷工
1985 年	城市騷亂（漢茲沃斯、布里克斯頓、布羅德沃特農場騷亂）
1985 年	《地方政府法》頒佈
1986 年	《公共秩序法案》頒佈

消費主義者共識：「務實高效」的警務——私有化與多元化時期： 1986 至 1993年

1983 年	內政部通告 1983/114
1987 年	警察績效指標的人機界面矩陣（HMI Matrix）
1988 年	內政部通告 1986/106
1988 年	諾森布里亞警察局（Northumbria Police Authority）事件
1989 至 1991 年	「吉爾福德四人案」、「馬奎爾七人案」、「伯明翰六人案」上訴案
1990 年	警務行動審查 / 公共目的與價值陳述
1990 年	審計署關於《支付法案》（Footing the Bill）的報告
1990 年	人頭稅（Poll Tax）騷亂
1992 年	國家刑事犯罪情報中心成立
1992 年	《馬斯特里赫特條約》頒佈；「歐洲警察局」成立
1991 至 1993 年	皇家刑事司法委員會成立
1993 年	G4 安保公司（Group 4）獲得囚犯運輸合同

新自由主義法律與秩序的政治植入：深度協商的共識，狂熱的衝突，務實主義 / 夥伴關係對決懲罰性恐慌 1993 至 2009 年

1993 年	詹姆斯・巴爾吉爾謀殺案（2 月）
1993 年	史蒂芬・勞倫斯謀殺案（4 月）

1993 年	貝理雅提出「嚴厲打擊犯罪，徹底鏟除犯罪原因」
1993 年	《希伊報告》、《警察改革白皮書》頒佈
1994 年	《警察與裁判法院法》頒佈
1994 年	《刑事司法與公共秩序法》頒佈
1995 年	《核心與輔助任務審查》（波森報告）發佈
1996 年	《1996 年警察法》頒佈
1997 年	《1997 年警察法》頒佈
1998 年	女王訴蘇塞克斯郡警察局局長偏袒國際商船渡運公司案件
1998 年	《1998 年犯罪與擾亂社會秩序法》頒佈
1999 年	《關於史蒂芬・勞倫斯謀殺案的麥克弗森調查報告》發佈
1999 年	帕滕（Patten）報告：《北愛爾蘭的警務》
2000 年	《2000 年反恐怖主義法》頒佈
2000 年	《2000 年偵查權管控法》頒佈
2000 年	《大都會警察廳組織法》（Met Police Authority [chaired by Mayor]）
2001 年	《2000 年刑事司法與警察法》（中央交換機，便攜式導航設備）（Centrex, PNDs）
2001 年	《2001 年私人保安業法》
2001 年	奧爾德漢姆、伯恩利（英國議會選區）和布拉德福特騷亂
2001 年	《新世紀的警務白皮書》發佈
2001 年	紐約恐怖襲擊（「9・11」事件）
2002 年	《警察改革法案》（社區志願警察 [PCSOs]，警察標準工作組，獨立警察投訴委員會 [IPCC]）發佈
2002 年	內政部《警察與刑事證據法（PACE)》評估報告發佈
2003 年	《2003 年反社會行為法》發佈

2003 年	上議院審查克林漢姆案件［涉及《反社會行為法案》］（House of Lord's Case [on ASBOs]）
2004 年	《國家警務改革規劃（2005 至 2008 年）》發佈
2005 年	《防止恐怖主義行為法》（2005 年 3 月）
2005 年	《2005 年嚴重有組織犯罪與警察法》（嚴重有組織犯罪調查局［SOCA］，對所有犯罪行為的逮捕權，授予社區志願警察［PCSOs］的搜查權）
2005 年	倫敦恐怖主義炸彈襲擊（2005 年 7 月）
2005 年	瓊・查爾斯・德・梅內塞斯被警察槍擊致死案件（7 月 22 日）
2006 年	上議院關於吉蘭（Gillan）案件的審查（涉及《2000 年反恐怖主義法》第 44 條規定的「攔截搜查權」問題）
2006 年	《2006 年反恐怖主義法》
2006 年	《警察與司法法》（根據該法設立「國家警務改進局」［NPIA]）
2007 年	內政部《警察與擾亂社會秩序法》評估審查
2007 年	弗拉納根《警務評估報告》
2007 年	內政部戰略：《減少犯罪：新的合作夥伴關係 2008 至 2011 年》
2007 年	《國家社區安全規劃 2008 至 2011 年》
2008 年	警務藍皮書《從鄰里警務到全國戰略：警務促進社區團結和睦》
2008 年	《警務與犯罪法案》
2008 年	大都會警察廳警察局長伊恩・布萊爾因不獲市長信任提出辭職
2009 年	上議院對奧斯丁（Austin）案件的審查（涉及「水壺式圍堵戰術」的使用問題 [on 'Kettling']）

2009 年	20 國集團峰會抗議活動，伊恩 · 湯姆林遜〈Ian Tomlinson〉死亡案件〈4 月 1 日〉
2009 年	女王陛下警務督察總署〈HMIC〉關於《適應抗議活動的警務》〈*Adapting to Protest*〉的報告

關鍵詞英漢對譯表

accountability 問責，責任制，責任承擔

Alderson, John 約翰・奧爾德森

amalgamation of forces 合並暴力，混合暴力

Anderton, Sir James 詹姆士・安德頓爵士

anti-apartheid demonstrations 反種族隔離示威

anti-social behavior orders 反社會行為令

Ascoli, D D・阿斯科利

Association of Chief Police Officers 警察局長協會

Audit Commission 審計委員會

avoider (police officer type) 逃避者（警察類型）

Banton, Michael 邁克爾・班頓

Barton, Marcia 馬西婭・巴頓

Basic Command Units 基本指揮單元

Bentham, Jeremy 謝里米・邊沁

Bentley, Derek 德里克・本特利

Bichard Report《比沙德報告》

Birmingham Six 伯明翰六人案件

black communities 黑人社區

Blair, Sir Ian 伊恩・布萊爾爵士

Blair, Tony 貝理雅

Blakelock, PC 布萊克洛克警員（PC，意指英國最低級別的男性警察）

Blanket's Bobbies 布倫基特式警察

Bloody Code 血腥法典

Blunkett, David 戴維・布倫基特

bobby 博比（警察）

Bow Street Runners 弓街巡警隊

Bramshill Scholarships 布拉姆希爾獎學金

Bridgewater, Carl 卡爾・布里奇沃特

British Crime Survey 英國犯罪調查

British police ideology 英國警察理念

British Transport Police 英國交通運輸警察

Brixton riots 布里克斯頓暴動 / 騷亂

'broken windows' hypothesis「破窗」理論

Brown, Gordon 戈登・布朗

Bulger, James 詹姆士・巴爾傑

Bunyan 班揚，美國民間故事中的伐木巨人，力大無比，後成為美國體量與力量的象征，並用作木材公司的廣告形象

bureaucratic organization 官僚組織

Bush-Cheney administration 布什－切尼政府

'businesslike' criminal catching「企業型」的犯罪抓捕

Callaghan, James 賈拉漢

Calvert-Smith Report《卡爾弗特－史密斯報告》

Cameron, David 戴維・卡梅倫

capital offences proliferation 死刑犯罪的擴大

capitalism 'new' police 資本主義「新」警察

categorical discrimination 絕對性歧視，無條件的歧視

CCTV camera 閉路電視攝像機

Central Drugs and Immigration Unit 中央毒品與移民管理處

Central Police Training and Development Authority (Centrex) 中央警察培訓與發展局（交流中心）

Chadwick, Edwin 埃德溫・查德威克

challengers (social categorization) 挑釁者（社會分類）

Chartism (19 世紀英國的) 憲章主義運動

enforcer (police officer type) 執法者（警察類型）

equal opportunitiy 機會均等，機會平等

ethnic minoritiy 少數民族，少數族裔人士

Evans, Timothy 蒂莫西・埃文斯

extended statutory power 擴大的法定權力

Fabian, Robert 羅伯特・費邊

factual image 真實形象，有事實根據的形象

female cop hero 女性警察主角

fictional image 小說虛構的形象

fictional portrayal 小說的虛構描畫

Fielding, Henry 亨利・菲爾丁

Fielding, John 約翰・菲爾丁

'fire-brigade' policing「消防隊式」警務

Fisher Report《費希爾報告》

Fisher, Sir Henry 亨利・費希爾爵士

Flanagan, Sir Ronnie 羅尼・弗拉納根爵士

Frendz 弗倫茲

gender discrimination 性別歧視

good class villain (social categorization) 道貌岸然的惡棍（社會分類）

good cop 友好警察，善良警察

Goodhart, Dr A L 古德哈特，AL 博士

Gordon riots 戈登暴動 / 騷亂

Graduate Entry Scheme 大學畢業生入警計劃

Greater London Council 大倫敦市議會

Green, Damian 戴米安・格林

Grieve, Dominic 多米尼克・格里夫

Griffiths, Eldon 埃爾登・格里菲思

Guildford Four 吉爾福德四人案

Halford, Alison 阿利森・哈爾福德

Hambleton, Arthur 亞瑟・漢布爾頓

hard cop 硬漢警察

Harman, Harriet 哈里特・哈曼

Henderson, Edmund 埃德蒙・亨德森

Her Majesty's Inspectorate of Constabulary 女王陛下警務督察總局

Home Affairs Select Committee 內政事務特別委員會

Home Office Five Year Strategy for Criminal Justice 內政部刑事司法五年戰略規劃

Home Office Research Unit 內政部研究室

Howard, Michael 邁克爾・霍華德

Hughes, Everett 埃弗雷特・休斯

Human Rights Act (1998)《1998 年人權法案》

Imbert, Sir Peter 彼得・英伯特爵士

Independent Police Complaints Commission 獨立警察投訴委員會

Inspectorate of Constabulary 警務督察局

Institute for Public Policy Research 公共政策研究所

institutionalized discrimination 制度化 / 機制化歧視

interactional discrimination 互相歧視，相互作用的歧視

isolation 孤立，隔離狀態

Jardine, Jim 吉姆・賈丁

Johnson, Boris 鮑里斯・約翰遜

Kelaher, Detective Chief Inspector 克拉赫偵探總督察

'kettling' tactic「水壺式」戰術

King, Rodney 羅德尼・金

Kinnock, Neil 尼爾・金諾克

Kirkholt Burglary Prevention project 柯克霍爾特入室盜竊預防計劃

knowledge workers 知識工作者

Lander, Sir Stephen 史蒂芬・蘭德爵士

Lane, Lord 萊恩勳爵

'law and order' myth「法律與秩序」的神話

law-and-order strategies 法律與秩序戰略

law of opposites 對立法則

Lawrence, Stephen 史蒂芬・勞倫斯

Lee, Melville 梅爾維爾・李

legalistic style 法制主義風格

legitimation 合法化，合法性，法律認可

'let' em have it' (fictional police type)「置若罔聞」(虛構的警察類型)

Liberty 自由權，選擇自己生活方式的權利

Lighting and Watching Act (1833)《1833 年照明和守夜法》

Livingstone, Ken 肯‧利文斯頓

Local Government Act (1985)《1985 年地方政府法》

London Quarterly Review《倫敦評論季刊》

machismo 大男子主義，男子氣概

Macpherson Inquiry and Report《麥克弗森調查報告》

'magic bullet' myth「魔法子彈」的神話

Maguire Seven 馬奎爾七人案

management cops 管理警察

mandatory arrest policies 強制拘捕政策

Manning, Peter 彼得‧曼寧

Mark, Sir Robert 羅伯特‧馬克爵士

Matrix of Police Indicators 警察指標矩陣

Maudling, Reginald 雷金納德‧莫德林

Mayne, Richard 理查德‧梅恩

McNee, Sir David 大衛‧麥克尼爵士

Metropolitan Police Act (1829)《1829 年大都會警察法》

Metropolitan Police Act (1839)《1839 年大都會警察法》

Metropolitan Police Authority 大都會警察廳

Metropolitan Police Special Patrol Group 大都會警察特別巡邏組

Metropolitan Police 大都會警察

Middlesex Justices Act (1792)《1792 年米德爾塞克斯司法法案》

minimal force 最低限度暴力

'minimalist' policing approach「最低限度」警務方法

miscarriage of justice 審判不公，司法不公

Morgan Report《摩根報告》

'mugging' scare「攔路 / 蒙面搶劫」恐慌

Municipal Corporations Act (1835)《1835 年市議會組織法》

Muntz, George 喬治‧穆茲

National Centre for Policing Excellence (NCPE) 全國卓越警務中心

National Community Safety Plans 全國社區安全計劃

National Council for Civil Liberties 全國公民自由聯盟理事會

National Crime Squad 全國犯罪調查特勤組

National Criminal Intelligence Service 國家刑事犯罪情報中心

National Police Improvement Agency 國家警察促進局

National Policing 2005-8 Plan five-key priorities 2005-2008 年國家警務規劃五個關鍵領域的優先發展規劃

National Policing 2005-8 Plan 2005-2008 年國家警務規劃

National Reporting Centre 國家報警中心

National Unemployed Workers' Movement 全國失業工人運動

negative evidence 反證，反面證據，消極證據

Neighbourhood Policing Programme 鄰里警務計劃

Neighbourhood Watch 鄰里守望

neo-liberalism policing 新自由主義警務

neo-Reithian revisionist synthesis 新里思修正主義推論

new centurion (police officer type) 新百夫長 (警察類型)

New Labour Crime Reduction Programme 新工黨減少犯罪計劃

New Public Management 新公共管理